活力·科研

北京小学通州分校办学

十周年科研成果集

刘卫红◎主编

（上　册）

九州出版社
JIUZHOUPRESS

图书在版编目（CIP）数据

活力·科研：北京小学通州分校办学十周年科研成
果集：上下册 / 刘卫红主编 . —北京：九州出版社，
2021.8
ISBN 978-7-5225-0340-0

Ⅰ.①活… Ⅱ.①刘… Ⅲ.①小学—办学经验—通州
区—文集 Ⅳ.① G627-53

中国版本图书馆 CIP 数据核字（2021）第 147860 号

活力·科研：北京小学通州分校办学十周年科研成果集（上下册）

作　　者　刘卫红　主编
责任编辑　陈春玲
出版发行　九州出版社
地　　址　北京市西城区阜外大街甲 35 号（100037）
发行电话　（010）68992190/3/5/6
网　　址　www.jiuzhoupress.com
印　　刷　天津中印联印务有限公司
开　　本　710 毫米×1000 毫米　16 开
印　　张　38.5
字　　数　562 千字
版　　次　2021 年 8 月第 1 版
印　　次　2021 年 8 月第 1 次印刷
书　　号　ISBN 978-7-5225-0340-0
定　　价　98.00 元（全二册）

序言
Preface

　　教育是国之大计、党之大计。作为一名在教育一线深耕多年的工作者、管理者，我深信教育始终要满足国家发展之要求，社会百姓之需要；我也深知教育和人才培养有其客观的内在规律与机理。因此，在加速变革和发展的新时代，面对"加快推进教育现代化，建设教育强国，办好人民满意的教育"的发展要求，发挥教育科研对教育改革发展的支撑、驱动和引领作用，探索规律、破解难题、引领创新尤为关键，这是每一名教育工作者义不容辞的责任与使命。

　　在当今中国教育现代化进程中，推动以高质量发展为核心的内涵式发展，是每所学校都面临的核心发展命题。教育科研是促进学校内涵式发展的推动力，也是促进教师专业发展的催化剂。而在我校活力教育的文化场域中，更是如此。活力教育的核心诉求在于让师生拥有活力的生命状态，即一种生命本真的、自发的、向上的、不竭的力量。有人说，当人类开始仰望星空，对未来的探索就从未止步。活力科研旨在有效激发每一个人探求真理的渴望，以科研赋予生命以活力能量，以活力给予科研以无限空间，从而提升活力教育的高度、深度与广度。

　　建校至今，我校以《通州区"十二五"教育科研发展规划纲要》《通州区"十三五"教育科研发展规划纲要》为指导，以科研为先导，按照"课程+课堂+课题"的发展路径，引领学校各方面工作科学化、高质量发展。在这一过程中，我们坚持理论指导与实践探索的辩证统一，始终聚焦学校教育教学实践中迫切需要解决的"真问题"，不断在教育理论研究中深化认识，在教育实践经验中总结提炼，以发展的眼光探索创新的新理念、新经验与新方法，努力实现理论实践性与实践理论性的良性互促，逐步构建起横向融合、纵向贯通、科学系统的活力科研网状体系。

苏联教育家苏霍姆林斯基说："如果你想让教师的劳动能够给教师带来乐趣，使天天上课不至于变成一种单调乏味的业务，那你就应该引导每一位教师走上从事研究这条幸福道路上来。"我们坚信，教师之所以成为教师，更多的是"自造"，而不是"被造"。教师的成长有外部需求的驱动，但更多的是激发教师内在专业发展的驱动。教育科研能使教师面对的问题得以解决，感受到专业成长的欢乐与幸福。我们唯有以科研武装自己，才能在三尺讲台上开创出无限活力的天地。因此，我校创新教育科研工作机制，以科研核心组这一精品科研团队牵引学校全员科研，以课题负责人为龙头，坚持"三三"课题动态管理机制、"四个三"的科研模式，以"专家引领，同伴互助，自我反思，行动研究"为主要活动形式，激励每位教师都参与到科研中来，培养教师科研意识、浓厚学校科研氛围、提高教师科研能力，进而真正激发教师的工作热情，增强教师的工作动力，充分彰显和发挥教师的潜能，从而铸就团队的生命本质和生命力量。

活力是深沉的、广阔的、智慧的，如同一条激越的溪流，奔涌在生命成长的原野上，"务实求真，创新求活"的"北分"科研不断叩问着教育的真谛，如同溪流的源头，给予发展不竭的动能，亦如原野上方向如一的劲风，指引发展前行的方向。活力不竭，发展不息。

未来，我们还将坚持不懈努力，怀揣活力教育之初心，在新发展阶段以新发展理念为指引，进一步健全和完善我校活力科研的新发展格局。在活力科研的漫漫长路上，始终求索向前。

刘卫红

2021年3月

目录
Contents

课题篇

论文篇

课题篇

基于学生核心素养发展的活力课程构建与
实施的实践研究

刘卫红

一、课题研究的背景

（一）选题缘由

1. 理论方面

课程改革是教育改革与发展的重要组成部分。国际课程改革的发展趋势与特点显示，当前世界各国注重促进学科融合，发展学生综合能力，以学生核心素养模型来推动和促进课程改革的发展成为重要方式。主要国家核心素养与课程体系相互关系呈现三种模式：核心素养独立于课程体系之外的美国模式，在课程体系中设置核心素养的芬兰模式以及通过课程标准内容设置体现核心素养的日本模式。

通过归纳、借鉴国际上核心素养和课程体系的相互关系，分析国内课程标准改革面临的挑战，找准学校在课改进程中存在的问题，根据校情、学情实际，构建基于学生核心素养发展的活力课程体系，科学实施，实现学校育人目标，促进师生的可持续发展。

基于这样的目的，学生的核心素养是涉及学生知识、技能、情感态度价值观等多方面能力的要求，是个体能够适应未来社会、促进终身学习、实现全面发展的基本保障。学生的核心素养模型旨在促进学生核心能力培养的教育模式生成，需要与学校活力教育教学实践相互结合。学生核心素养模型的建立归根究底是从过去重视教学当中学科知识体系的科学性和完备性，转向重视学生核心能力和素养的生成；从过去重视学生知识结构而忽视学生能力培养，转向促进学生能力提升和全面发展。本着这个目的，学校学生核心素养需要与活力教育教学实践相结合，在核心素养理论的指导下，促进活力课程体系的改革与发展，这样才能让学生核心素养模型更有效地发挥作用。

2. 政策方面

近年来，我国一直以课程改革的方式来促进教育的改革与发展。1999年"深化教育改革，全面推进素质教育"的决定，2010年《国家中长期教育改革和发展规划纲要（2010—2020年）》，2001年开始的、实施已有十余年的新一轮课程改革，2012年各学科修订后的国家课程标准正式颁布，2015年关于落实《北京市实施教育部<义务教育课程设置实验方案>的课程计划（修订）》的实施意见等重要政策文件，均对课程的建设与推进提出了更高的要求。

3. 实践方面

学校建校6年来，基于"活力教育"办学特色、育人目标，结合校情、学情实际，构建了"必修＋专修＋选修＋精修"的活力课程体系；为了更好地满足师生成长需求，让每一位教师实现最大价值，让每一位学生获得多元发展，开发了4大类、15个学科、60余门活力校本课程。在构建活力课程体系且协调发展的背景下，实施"四态"课程：姿态类课程、学态类课程、心态类课程、常态类课程，提升了教师的课程意识，最大化地发挥着校本课程的教育功能和教育价值，力求实现学生培养目标，即健康活泼的姿态、积极活跃的学态、乐观活气的心态、持久活润的常态。并不断挖掘课程资源、发挥团队优势，坚定不移地培养德、智、体、美、劳全面发展的"五好活力少年"。

（二）课题研究的价值和意义

随着课程改革的深入推进和对活力课程建设的不断实践，我们活力课程有了新的理解，即在课程建设中：一是要把国家的课程要求与学生的成长需求、教师的发展需求、学校的特色建设需求有机结合在一起。通过活力课程帮助学生发展和培养兴趣，提升活力学生的核心素养，促进个性发展和学生潜质的开发；二是要对三级课程进行整体思考，确保三级课程总目标的一致性。坚持国家课程标准，突出校本课程特色，促进学校全面而有个性的发展；

三是提升课程领导力和执行力，充分发挥学校课程管理的权利和作用。根据国家课程方案规定的课程结构、科目、课时，因地制宜、因校制宜地制订学校活力课程规划和教学安排；四是课程建设和学校的办学理念、育人目标、特色形成、学校课程的整体建设结合在一起进行整体的思考和谋划，力求使国家、地方、校本课程最大化发挥其教育功能和教育价值，实现学生的全面健康成长，教师的专业发展，学校办学质量的提升。

实施本课题研究的意义在于，通过构建基于学生核心素养发展的活力课程体系，深入实施过程中进行活力课程的开发研究、实施研究、发展性评价研究，以弥补学生在课程学习过程中课堂生成性、探究性、动态性、综合性的不足，使学生更有效地学习，不断提升核心素养，实现个性发展，从而促进学校内涵发展，形成学校的办学特色，为学生的全面发展奠基。

二、文献综述

（一）核心概念的界定

1. 核心素养

《辞海》对"素养"的解释是，经常研习的涵养、修养。经济合作与发展组织指出，综合素养不是知识，不是技能，是个人获取应用知识和技能的能力，以及兴趣、动机、学习策略。人文素养、科学素养、技术素养，是学生在今后工作、生活中所需要的核心素养。北京教育科学研究院褚宏启认为，核心素养是适应个人终生发展和社会发展所需要的必备品格与关键能力，是所有学生应具有的最关键、最必要的共同素养。或者说，核心素养是学生在21世纪最应该具备的那些最核心的知识、能力与态度。

核心素养是以适应当今时代和未来生活人的发展为指向的知识、能力和情感态度价值观的综合水平。学生核心素养是从人的全面发展角度出发，按照学生发展规律规定一定教育经历后必须拥有的基本素养和能力，是经过一系列课程之后，学生所积淀形成的核心技能。学生的核心素养是整个学校课程的灵魂，统整学校课程规划和建设的各个要素。在本研究中，学生核心素养是从人的全面发展角度出发，体现"促进人的全面发展、适应社会需要"这一要求，按照学生发展规律规定了一定教育经历后其必须拥有的基本要素，素养并不是与生俱来的，而是后天学习的结果，强调促进个人发展和形成运作良好的社会。

2. 活力课程

（1）活力教育

活力教育即充满旺盛生命力的教育。活力教育是培养学生身心健康、可持续发展的正能量的素质与能力教育。可持续是"以人为本"教育理念的践行和升华，活力教育是适合孩子的教育，是以儿童健康活泼发展为本的教育。活力教育尊重人的天性，强化学生的自主意识，注重学生生命成长过程中的需求；活力教育注重教育的多样性和个性化，活力教育创设学生充分表现的机会和舞台，挖掘学生的潜能，促进学生涌动活力、全面而和谐，自由而充分，独特而创造的发展。

（2）活力课程

活力课程是围绕学校的办学理念和育人目标，有效整合课程资源，建构三级课程体系，整体推进三级课程建设，力求实现国家与校本课程整合、教育与教学融合、学校与家庭、社会联合之合力，以活力教育理念为依据，以学生发展的人文素养、科学素养、技术素养为发展维度，以激发学生的认知活力、行为活力、情感活力为主体，而开发的课程。

（二）国内外研究现状述评

1. 国内方面

（1）核心素养的相关研究

辛涛等人在《我国义务教育阶段学生核心素养模型的构建》一文中，通过总结质量标准建立的需要，梳理国家宏观教育目标，分析当前国际形势，提出我国基础教育阶段学生核心素养的概念内涵；并指出核心素养必须能够指导教师日常教学、促进教育评价、指引教育改革发展方向；在进行核心素养的遴选时要遵守素养可教可学、对个体和社会都有积极意义、面向未来且注重本国文化这三个原则。我国义务教育阶段学生核心素养的遴选应注重一贯性、发展性与时代性，其建立过程需要广泛征集教育利益相关者意见，要处理好核心素养与教育改革和发展的关系，让其更好地服务教学实践，要完善核心素养测量与评价体系，推进其服务教育评价领域。

王烨辉等人《国际学生核心素养构建模式的启示》一文对英国、澳大利亚和芬兰等主要国家基于核心素养的课程体系进行系统分析比较，为我国当前的课程改革提供新的思路和有益启示。启示有三：一是立足学生发展，建立以社会主义核心价值观为中心的学生核心素养体系；二是在学生核心素养体系的框架下，进行课程设计与改进；三是基于核心素养体系，建立系统的学业质量评价标准。

夏雪梅在《基于学生核心素养的学校课程建设》一文中，以学生核心素养与课程的关联一致性作为划分标准，将当前的学校课程分成六种水平：水平1：无关联的单一课程；水平2：无关联的碎片课程；水平3：表面关联的课程；水平4：实质关联的课程；水平5：部分实质关联的课程；水平6：有质量的素养课程。以S学校的课程干预研究为例，呈现将一所处于水平2的学校提升至水平4构建实质关联的学校课程的路径。

褚宏启在《我国学生的核心素养及其培育》一文中提出，我国应根据人的发展与社会发展的要求确定核心素养，突出"关键少数"素养，并将核心素养具体化为针对不同学段学生的具体素质发展的阶段性要求。培育学生的核心素养，需要从课程体系开发、教学方法改进、教师素质提升以及评价改革等方面着手。

（2）学科核心素养的相关研究

东北师范大学马云鹏教授在《小学数学核心素养的内涵和价值》一文中认为，《义务教育数学课程标准（2011年版）》明确提出了10个核心素养，即数感、符号意识、空间观念、几何直观、数据分析观念、运算能力、推理能力、模型思想、应用意识和创新意识。在《数学课程标准解读》等一些材料中，曾把这些称之为核心概念，但严格意义上讲，称这些词为"概念"并不合适，它们是思想、方法或者关于数学的整体理解与把握，是学生数学素养的表现。该文把这10个词称之为数学的核心素养，并结合小学阶段（第一、二学段）的数学内容以及具体的教学案例分析了核心素养的内涵和价值。

英语教育专家张连仲认为，英语学科核心素养作为对学生培养目标的一种带有结果性的规定，也必须要通过课程方案、课程标准、教材、教学和评价，以及各学段、教育各环节的有效传递与落实，最终体现在学生成长和发展上。而这其中最为关键的是上百万英语老师的认识、信念和自觉行为。

（3）基于核心素养的课程构建的实践研究

清华大学附属小学的窦桂梅校长，在《聚焦完整人的核心素养——清华附小"1+X课程"亮点》一文中提出，课程是培养学生核心素养的重要载体，如果说教育是一种供给，课程就是其中的核心供给力。在清华附小"1+X课程"体系中，健康体育与书香阅读可谓是两大亮点，更是学校通过课程培养学生核心素养的重要途径。

综合国内对学生核心素养的研究现状，主要聚焦在宏观层面对我国学生核心素养的内涵、价值、框架的构建方面研究以及对课程建设的相关探讨，有部分研究探讨了学科层面的核心素养，在实践层面的实施上仅有清华附小的相关研究报道。鉴于学生核心素养的发展需要从基础教育阶段奠基，处于义务教育小学阶段的学生正处于发展核心素养的关键阶段，在此情况下，开展实践层面的课程构建和实施，以学生全面发展作为出发点设计学校课程的架构尤其显得重要。

学校自建校之处即开展了以"活力"课程为特色的课程搭建工程，全面而多角度设计学生成长路径，基于学生的核心素养整合课程的结构，实施课程横向与纵向的系统化整合一直是学校规划的课程蓝图。本研究正是基于学校课程实践现状，瞄准当今义务教育阶段课程综合改革的宏观方向，积极探索课程构建和实施过程中的策略，以期形成科学规划、成果突出、特色鲜明的学校课程体系，服务于学生整体而全面的发展

2.国际方面

（1）国际上对学生核心素养的研究

从现在的检索资料看来，由于国家制度的差异、研究视角的差异等，国

外学者对学生核心素养有多角度的论述和评价。学者们各执一词是因为他们各自从某一方面进行着实践探索或理论表达。比如，在学生素养评价指标体系方面，学者Russell. F. Waugh主张学生的核心素养至少包括以下几方面：天赋、信息处理能力、艺术、科学、写作和职业、合作等；学者J. G. Donald和D. B. Denision通过大量的问卷调查，对影响学生综合素养的25项指标进行筛选，得出结论；在实证研究，A. M. Daleney通过因子分析法产生评价量表，对评价量表进行了可靠性检验，同时运用方差分析法对评价结果和评价机构的研究结果进行了比较。1995年，E. A. Jones采用特尔菲法以学生的写作、听力、表达及思维能力为内容建立了学生学习能力评价指标体系；还有其他学者对学生素养的评价内容、评价模型，对学生的情商评价等进行了很好的理论探索。

（2）国际上对课程构建和实施的研究

课程体系改革是促进教育改革与发展的重要抓手。近些年，世界各国不断推进课程体系的改革。通过对世界各国近年课程改革中课程模型与课改实施模式发展的回顾，可以看出国际课程改革发展的一些共同的发展趋势与特点。

关注学生发展，强调培养适应现代社会所需的能力。世界各国在课改中越来越重视学生的发展，认为学习不仅仅是课程内容的学习，还是学生智力建构与社会性发展的综合过程。学生能在学校中学到什么，获得怎样的进步成了课程改革的关注焦点。各国的课程改革从之前对课程内容简单识记的关注转向如何灵活运用知识的能力的培养，强调学生需要掌握适应现代社会所需的各种技能。且随着课程改革的不断推进，各国在其课程改革中设定了更高的标准，对学生提出了更高的要求，从而进一步提升本国年轻一代的整体素质。

强调课程的整合性，注重学科之间的相互融合。各国课程改革中的整合性特点主要体现在以下两个方面。从学科角度来看，各国充分认识到知识相互之间不是孤立存在的，在解决实际问题中，学生需要综合运用多种学科知识。因此越来越强调传统学科相互之间的融合，例如科学、社会科学、艺术等。这样的整合目前仅在部分学科，且主要是在低年级阶段得以实现，随着年级的升高，由于课程知识体系的复杂性使得课程的整合性下降。但可以明确的是，强调学科知识的整合已成为各国的共识。从学生的角度来看，在国际社会强调人权、强调人人都要接受公正公平的教育机会的大环境下，相对于分层教学，各国在课程改革中越来越强调各种能力水平、各民族学生的整合和全纳教育。

在课程中融入了质量评价标准，强调问责评价是当前各国课程改革中的一个重要议题，由于对基于结果的问责的强化，学校、教师和学生需要接受大量的外部评估，但在这种外部评估中存在一个问题：与课程相互之间存在脱节，也就是说评估所依据的标准与课程或者说课程标准相脱离。这给教师的教学带来了混乱——应该按照课程标准还是评价标准来进行教学？为了获得更高的评价结果，教师往往按照评价标准来进行教学，使得评价标准替代了课程标准。这个困境在近些年得到了充分的重视，基于标准的课程模型就试图解决这个问题：即把评价标准或者质量标准融入课程之中，使课程既能提供课程规划、教学和学习的标准，又同时能够提供评估的客观标准。到目前为止，美国、英国、瑞典、法国、芬兰等多个国家已经通过各种模式建立起本国的质量标准，并将其与课程标准相结合，融为一体。

三、研究设计

（一）研究目标和研究假设

1. 研究目标

本课题研究旨在建立学校学生核心素养模型的基础上，构建基于学生核心素养发展的活力课程体系，包含具体化的课程目标、课程内容标准、课程实施建议和课程质量标准四部分；以具体化的课程教学目标和课程质量标准体现学生核心素养，以课程内容标准和课程教学实施等促进学生形成核心素养。

聚焦活力学生的核心素养，科学设计学校活力课程，精心选择课程内容，落实以人为本的素质教育理念；根据学生发展核心素养，建立从知识向能力、从能力向素养不断提升的发展水平等级标准，借以对学生发展核心素养进行观察评估，实现学校对教师教育教学行为的有效反馈与指导。

2. 研究假设

通过课题研究，一方面，构建基于学生核心素养发展的活力课程体系，在实施过程中，使教师由被动的教材的传授者，转变为教材、课程的研发者，极大程度地提升教师的课程研发能力，促进教师全面而优长的发展；另一方面，通过实施"四态"课程，最大化发挥三级课程的教育功能和教育价值，培养并发展学生相应的核心素养，实现学生全面、健康、个性的成长，凸显学校活力教育办学特色。

（二）课题研究内容

1. 活力课程的建构

整合三级课程资源，构建四态课程体系，明确课程内容、质量标准，优化各学科课程组合与知识结构，合并重复交叉部分，加强学科教学的系统化，推进活力课程的综合化发展进程，最终发展学生的核心素养。

2. 活力课堂的建构

建构"学科课程标准—学科质量目标—教材—课堂学习单—学科评价"体系，搭建起课程标准、教材、教学之间的桥梁，促进学生形成核心素养。

3. 改革课时设置

在学校的课程设计与实施中，课时安排是一个关键性问题，其表现形式就是学校的课表。课表能够反映出学校是否以核心素养为导向，对课程进行了科学合理的设置安排，学校的课程是否能够反映学校的办学理念和课程理念。

（三）研究方法

1. 调查法

针对国内外课程实施现状，和学校课程建设存在的问题，采用座谈、访谈、调查等方式了解教师在三级课程实施中的困惑，学生、家长、社会对学校课程建设的新要求，并进行客观分析，找准课题的研究问题。

2. 文献研究法

研究国内外新的课改发展动态，特别是课程体系的构建与学生核心素养发展的有关理论；及时总结、学习，借鉴已有及新的理论成果，支撑和构建本课题的理论框架和方法论，转变教育思想。

3. 行动研究法

定期组织研讨，组织听课、评课、说课等活动，以年级综合实践活动课为阵地，把实践研究与教师能动的活动结合在一起；借助北师大项目，以语文、数学、英语三门为实验学科，在尊重国家课程的法定性的前提下，努力从学生发展的需要出发，对国家规定的教学内容进行整合、优化和加工，并注重对实施方式与实施途径的创新，促进学生核心能力培养的教育模式生成，以服务于学生核心素质发展的需要，避免课题研究从报告中开始，又在报告中结束的不务实际的做法。

四、研究重点和难点

学校以活力教育的育人目标，即培养具有健康活泼的姿态、积极活跃的学态、乐观活气的心态、持久活润的常态的活力少年为依据，依托姿态类课程、学态类课程、心态类课程、常态类课程，四态课程，发展活力学生"健体、力行、博学、灵动、友善、乐群、自律、创新"的核心素养，建立活力学生核心素养模型，构建基于学生核心素养发展的活力课程体系，在国家课程的框架下，整合地方课程、校本课程，拓展实践活动课程，积极探索三级课程的校本化实施，开发具有地方特色和学校特点的校本课程、综合实践活动课程等活力课程体系，以活力课程的有效实施，不断培养、发展学生的核心素养。

基于学校实际和师生发展需求，建立活力学生核心素养模型，将办学理念、育人目标、课程内容、办学方式及办学过程进行整体构思和设计，形成并落实课程规划，使学校活力教育教学理念、内容，在教育教学过程中有机地结合、渗透，构建了满足个性发展的"必修＋专修＋选修＋精修"的三级课程体系，构建新型活力课程模式，将活力课程分为四大模块，即姿态类课程、学态类课程、心态类课程、常态类课程，通过实施"四态"课程，最大化发挥三级课程的教育功能和教育价值，培养并发展学生相应的核心素养。

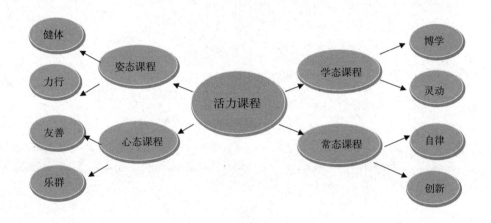

五、研究的实施计划及人员分工

（一）实施计划

准备阶段（2015年10月—2016年1月）：完成实验方案，收集与本课题有关的资料，组织申报和开题论证等。分析活力课程体系构建与实施的现状和基本情况，归纳存在的问题，为进一步研究提供有力的数据参考，并提出基于学生核心素养发展的活力课程构建与实施发展的目标和重点，研究、探讨课程实施过程中所出现问题，为发展学生的核心素养定理论基础。

实施阶段（2016年3月—2017年10月）：实施实验方案，及时反馈与经验总结，推广阶段性研究成果。

总结阶段（2017年11月—2018年10月）：收集、整理资料，撰写研究报告，组织结题鉴定，推广研究成果。

（二）人员分工

刘卫红　校长　全面主持课题研究工作

马军华　教学主任　全面负责课题的申报和实施工作

张文军　教学校长　负责课题的实施工作

靳朝霞　教学主任　负责课题的实施工作

韩振伟　德育副校长　负责课题的实施工作

郎红艳　数学教师　负责课题的实施工作

田亚男　语文教师　负责课题的实施工作

冯　颖　英语教师　负责课题的实施工作

王艳芬　品社学科教师　负责课题的实施工作

（该课题于2016年3月被批准立项为北京市通州区教育科研规划重点课题）

以动手制作为途径提升小学生探究能力的实践研究

韩秋军

一、国内外研究背景

（一）国外研究背景

2014年6月18日奥巴马于美国白宫首次举办了创客嘉年华，并在活动上宣布了由白宫主导的推动创客运动的整体措施。许多团体、企业都答应支持这个由各种形式推进创客的"美国制造业的群众文艺复兴"。2014年6月19日，奥巴马在白宫参观发明展（也称"创客嘉年华"），并宣布举措振兴制造业，称希望今天的发明，能成为明天的"美国制造"。奥巴马观看了一只5米高的长颈鹿机器人、一座12平方米的随身携带小房子、一个3D煎饼打印机以及其他各式各样的发明。这些发明来自25个州的100多名学生、工程师、企业家和研究人员。作为第一次白宫发明展览活动，总统奥巴马宣布了一系列新举措，通过提升美国人创新能力来推动生产技术、技术革新和企业发展。当天的手工发明创造庆祝活动，突出了设计、制作的重要性。这些制作者在白宫演示着用先进技术和工具制作的东西，并分享了鼓舞他们创新制作的故事。在参观了展览后，总统奥巴马宣布，政府以及政府外的主要合作伙伴将努力帮助来自不同背景的美国人创业，尤其是擅长科学技术、工程和数学并致力于美国制造业复兴的这些人。

（二）国内研究背景

2015年3月5日，李克强总理在政府工作报告中指出，推动大众创业、万众创新。3月11日，国务院办公厅印发《关于发展众创空间推进大众创新创业的指导意见》，部署推进大众创业、万众创新工作，在公共服务、财政支持、投融资机制等方面予以支持。政府工作报告鼓励大众创业、万众创新，国务院办公厅发指导意见推进，创业政策环境持续改善。2013年，中关村创业大街还是一条图书城步行街，2015年已有10余家创业、创投平台入驻。2020年，中关村创业大街上的创业者，就是李克强总理在政府工作报告中首次提及的"创客"人群的缩影。创业，尤其是互联网创业，正迎来多年来最好的政策环境。

二、核心概念的界定

（一）动手制作

动手制作包含的方式众多，本研究主要以创客型动手制作和DIY型动手制作为主要工具来提升小学生研究能力。首先是创客型动手制作，那么什么是创客呢？"创客"一词来源于英文单词"Maker"，是指出于兴趣与爱好，努力把各种创意转变为现实的人。创客的共同特质是创新、实践与分享，但这并不意味着他们都是一个模子里铸出来的人，相反的是，他们有着丰富多彩的兴趣爱好，以及各不相同的特长，一旦他们聚到一起，相互协调，发挥自己特长时，就会爆发巨大的创新活力。（1）创意者：他们是创客中的精灵，他们善于发现问题，并找到改进的办法，将其整理归纳为创意和点子，从而不断创造出新的需求。（2）设计者：他们是创客中的魔法师，他们可以将一切创意和点子转化为详细可执行的图纸或计划。（3）实施者：他们是创客中的剑客，没有他们强有力的行动，一切只是虚幻泡影，而他们高超的剑术，往往一击必中，达成目标。创客型动手制作就是要让学生通过自己动手制作把自己的想法实现出来，表面上我们是在锻炼学生的动手能力，其实我们主要培养的是一个创意者，想通过本次研究让学生提高探究能力，从一个被动接受知识和信息的方式，转变为一个能自主探究和发展的方式。其次DIY型，什么是DIY？DIY是Do it yourself 的英文缩写，意为"自己做"。DIY手工制作，即"自己动手做手工"。随着生活越来越丰富多样化，很多没用的生活物品无法处理，不得不被我们扔掉。学会自己动手DIY，可以不用花一分钱，不用费一点力，轻松改造旧物，瞬间让物品会"说话""活起来"。在制作的同时可以把心意融入礼物、把情意融入祝福，看到的都是世界上绝无仅有的。每个DIY作品都有丰富的内涵，都是全世界独一无二的存在。DIY型的动手制作主要是让学生把"变废为宝"的理念深化下去，从身边生活中寻找材料，而差的就是头脑中的"灵光一闪"。创客型与DIY型动手制作都是让学生充分发挥想象，鼓励学生做出属于自己、独立无二的作品。

（二）探究能力

探究能力是21世纪人才的必备素质，对探究能力的培养，是当前我国素质教育中的一大任务。探究能力，作为人们探索、研究自然规律和社会问题的一种综合能力，通常包括提出问题的能力、收集资料和信息的能力、建立假说的能力、进行社会调查的能力、进行科学观察和科学实验的能力、进行科学思维的能力等等。

三、研究的主要内容

通过动手制作提升学生提出问题的能力：能从日常生活、自然现象或实验现象的观察中发现与物理学有关的问题；能书面或口头表述这些问题；认识发现问题和提出问题对科学探究的意义。

通过动手制作提升学生制订计划与设计实验的能力：探究目的和已知条件，经历制订计划与设计实验的过程；尝试选择科学探究的方法及所需要的器材；尝试考虑影响问题的主要因素，有控制变量的初步意识；认识制订计划与设计实验在科学探究中的作用。

通过动手制作提升学生交流与合作的能力：能写出简单的探究报告；有准确表达自己观点的意识；在合作中既坚持原则又尊重他人；能听取别人的意见，改进自己的探究方案；有团队精神；认识到科学探究中必须有合作精神。

四、研究的目的

通过动手制作提升学生的探究能力是为了培养学生的学习兴趣：兴趣是最好的老师，是推动学生的直接动力，教师只有善于激发学生对所学知识产生浓厚的学习兴趣，才能达到获取知识、发展能力的目的。而兴趣的培养应渗透到每一个教学环节，贯穿于整个教学过程。这样才能调动学生的学习积极性和主动性，使学生在课堂中保持学习兴趣盎然。针对科学这一学科而言，如何激发学生科学学习的兴趣就显得尤为重要。创设情境，引发兴趣。常言道："良好的开端是成功的一半。"创设情境是课堂教学的主要环节之一，它直接影响着整堂课的效果，而恰当的教学情境能唤起学生强烈的求知欲望，促使他们保持持久的学习热情，从而获得最佳的学习效果。要使学生在课堂上保持生动活泼的状况，就必须为学生创设一定的学习情境。教师对学生的积极感情也会增强教学效果，缩短教师与学生在空间和心理上的距离，使教师更准确地认识学生、亲近学生，从而使知识传播的渠道更加通畅。师生心理相通、感情相融，学生才会"亲其师，信其道"，使教学收到事半功倍的效果。

五、研究的意义

新一轮课改将"科学探究"列入了课程标准，它既是"过程、方法与能力"目标的组成部分，也是一种重要的教学方式。但在实际教学中也存在着一定的认识和操作误区。

（一）学生动手多，动脑少

我们经常可以看到在课堂上，学生经过的一番猜想、讨论与交流之后，就展开了轰轰烈烈的探究，而且探究时间也比较长。然而在探究的过程中，学生是动手操作了，但往往只是动动手而已，缺乏严谨认真、持之以恒、实事求是的探究精神和科学的探究方法。到底在探究什么，怎样观察，观察到了什么现象，观察到的现象说明了什么，从中发现了什么，学生却说不上来。

这样的探究几乎流于形式，绝大多数学生并没有真正参与进去，热闹的是课堂气氛，冷却的是学生思维。

（二）少数学生当主角，多数学生是观众

学生探究活动往往以小组合作的形式进行，但由于学生认识上的差异、性格上的不同和探究能力上的高低等原因，小组活动中，个别学生承担探究全部任务，成了小组探究活动的主角，其他学生成了观众的现象不在少数。有调查发现，有五分之二的学生基本上不参与小组活动，只是看别的学生探究。所谓探究交流也只是少数学生的霸权。

（三）教师为完成目标进行轨道式教学

教师为追求探究课形式的完美和目标达成的圆满，在探究课堂上按照自己的事先预设主宰着课堂。问题的提出、猜想与假设、收集事实与证据、实验或检验、对实验结果的评价等环节看似是学生的"功劳"，实质还是由教师"强导硬诱"，"包"干出来的。表面看学生似乎是在主动学习，但其实质仍然是以教师为中心。教师预设好结论，然后千方百计引导学生猜测，并以预先设定好的答案为最终目标，以此锁定学生的思维。这种轨道式教学，仍然是一方强制灌输，一方消极接受的方式，不利于学生探究能力的培养。

面对科学教学中存在的问题，教师的注意力必须从"学生做什么探究"转到"学生应该怎样做探究"之上，把问题的重点放在思维构建上来。教师在探究教学中应始终将学生置于主体地位，让学生真正做到自己提出问题、自己解决问题，使教学过程成为学生自主探究的过程。

（该课题于2016年3月被批准立项为北京市通州区教育科研规划一般课题）

在数学学习过程中培养小学生几何素养的实践研究

张聪聪

一、研究的背景

（一）选题的目的和意义

1.学生几何学习的重要性

从宏观上看，几何和社会的发展是分不开的；从微观上看，也就是从几何学科自身的发展来看，几何和人类认识世界、人类的自我提高密切相连。几何不仅仅是数学中的重要分支，它还存在于我们现实空间的每一个角落。

一直以来，几何在教育中占有重要地位，在人类教育史上，几何不但是作为对"空间与图形的研究"，而且几何中的公理化思想、演绎逻辑推理等对人的教育发展也起到很大的作用。几何有着丰富的教育价值，这是由几何的多样性所决定的。首先，几何有着多种多样的特征：直观性、操作性、演绎性、工具性等；再者，人们认识几何的角度是多样的：从视觉、结构、逻辑等方面，几何呈现出不同的形式。

2.培养学生几何素养的重要性

作为人类教育中不可或缺的学科，数学在学校教育中占有显著的地位。无论什么时代，培养人才，除了认识文字之外，就是对数字和图形的把握；数学不仅是人类独特而有魅力的文化，更是作为社会中的人所应该具有的素质之一。随着社会的发展，无论生活、工作或学习，对人的素质有着新的要求，人要在社会上生存，应该具有什么样的基本素养，才能适应社会的发展，才能得到进一步的提高，并为社会服务。在现代社会，人们要具备各种各样的素养，例如：信息素养、科学素养、数学素养、阅读素养、政治素养等等。

在这些素养中，培养人们具有理性思维的就是"数学素养"；具有一定的数学素养，对于提高全民族素质，为培养社会主义建设人才奠定基础是十分必要的（中华人民共和国教育部，2000）。事实上，素养教育必须和学科相结合。对于数学素养而言，必须从具体的分支来探讨，结合具体的内容和学习领域，几何是数学中最基础的领域之一。几何的特性使之容易接近而激发学习者的兴趣，同时它和具体的现实世界不可分离；学生学习数学，首先是数字，其次就是形状与空间，实际上，"形"在"数"之前，数字是对具体的形象的一种抽象。几何是如此的丰富多彩，它不仅在数学中变幻无穷，而且与建筑、艺术、设计等都有着千丝万缕的关系。在数学素养的研究中，注重学生在几何方面的成就十分必要，因此我们需要培养学生的几何素养。

（二）选题的研究价值

我国的几何教学注重学生的基础知识和技能训练，在我国的数学课程中，几何占有重要地位，学校教育重视发展学生的空间观念，力求帮助学生做到：从实物想到其图形，又从图形想到其实物；认识与思考图形的变化和运动；从一个复杂的图形中分析出基本的图形；发现图形的基本元素及其相互关系；根据给定的条件做出图形，发现和证明图形的有关性质；在各种各样的线索中借助于图形说明问题。在我国数学教学中，教师要求学生理解重要的概念、公理和定理，掌握相关的公式，理解和掌握数学知识的基本体系，等等。我国几何教材向来以严密的演绎体系而著称，自从义务教育教材采取"一纲多本"政策后，几何教材改革出现了一些新局面。在基础教育阶段，培养学生具有一定的几何素养，必然要结合具体内容的教学使学生的几何素养得到不断提高。

二、文献综述

（一）核心概念界定

几何素养是指学生在解决具有一定背景的问题的过程中，面对不同形式的几何对象，使用适当的几何知识和技能进行探究，表现出的几何思维水平和几何应用能力，这个能力的表现受到学生几何信念和对几何文化理解的影响。

（二）国内外研究现状述评

1. 国内关于培养学生几何素养的相关研究

国内对于学生几何素养方面的研究主要集中在对学生几何素养内涵的探究及评价方面，对如何结合课程设置，依托教学内容，培养学生的几何素养方面的研究相对薄弱。还有依托于课程标准中"图形与几何"内容，对如何培养学生的空间观念进行探究的相关研究。空间观念是指对物体的方向、大小和形状的知觉，是客观世界空间形式在人脑中的表象。空间观念是在空间知觉的基础上形成的关于物体的形状、大小和位置关系的表象，它是在综合同一类事物的多次感知的基础上形成的，是记忆的重要形式，是想象的必要材料，是形成空间想象力的基础。从内涵分析我们不难看出空间观念并不等同于几何素养。

2. 国外关于学生几何思维能力培养的研究

国外对于学生几何思维的研究影响力最为广泛的主要有两个，一个是范·希尔夫妇的几何思维水平的研究，另一个是皮亚杰和英海尔德对儿童空间概念的研究。丹麦的范·希尔夫妇在教学中发现学生学习几何存在着困难，这促使他们去研究学生的几何思维水平。经过教学实践和理论研究，他们将几何思维的发展划分为5个水平，概括成一个比较完整的理论体系；后来这5个水平又改为3个水平，不过一般人们认为5个水平比较细致、确切。在范·希尔提出5个水平之后，其他研究者发现，在第一个水平之前还存在一个更低的水平：水平0。皮亚杰和英海尔德认为，儿童认识欧氏空间有三个阶段。范·希尔的几何思维水平成为许多关于几何研究的基础，而皮亚杰、英海尔德的空间概念理论也有广泛的影响。但是从这两个研究来看，主要关注学生几何思维水平发展阶段的特征与水平划分，对于结合教学内容培养学生的几何思维能力缺乏具有针对性的指导。

三、研究设计

（一）研究目标

本研究将结合具体教学内容，将几何知识按照体系分类。探究如何在教与学的过程中，通过教学设计，为学生提供辅助学习工具，安排直观观察、操作实验、合作探究等学习方式作为手段，针对不同类型的几何知识，探究适合的教与学的模式；提出培养和提升学生几何素养的指导性意见与实施建议；完善小学生几何素养的理论内涵定义。

（二）研究内容

1.小学阶段几何知识的体系分类；

2.小学生几何素养在几何知识中的不同体现；

3.不同类型的几何知识适合的学与教的模式；

4.在几何知识的学习中如何培养小学生的几何素养；

5.小学生几何素养的理论内涵定义。

（三）研究假设

本研究主要基于以下几方面研究假设：

1.学生在进行不同类型的几何知识的学习过程中，有着适用的、不同类型的学与教的模式；

2.这些模式在选择、实施、评价等方面存在一定共性与规律，能够对教学实践进行一定程度的指导；

3.学生在适合的学习方式指导下，在对不同类型几何知识的学习过程中，几何素养能够得到更好程度的培养和提升。

（四）研究的拟创新点

1.本研究不同于高位的理论研究（素养内涵研究、发展阶段划分等等），而是扎根于教学的实践研究。研究载体为小学生的几何学习内容，研究内容是对几何知识的学习过程，研究目的是为了提升小学生的几何素养。

2.就本质而言，本研究致力于教与学的方法指导，提高教学有效性，促进学生能力发展的实践研究。对于教学实践具有较强的针对性和指导意义。

3.本研究还将着力于对小学生几何素养的内涵进行基于实践研究的理论完善与补充。

四、研究的重点和难点

研究重点：如何培养小学生几何素养。

研究难点：不同课型适合的学与教的模式。

五、研究的实施计划及人员分工

（一）实施计划

第一阶段：文献研究阶段。

在本阶段，研究者将通过详尽地分析国内外相关研究成果，阅读大量专著等文献，结合教育心理学、数学教学理论、数学学习认知科学的相关理论与实践研究，对本研究的核心概念及研究思路进行科学的定义与系统的论述。

第二阶段：行动研究阶段。

立足于第一阶段的梳理与论证，本阶段研究者将致力于针对不同类型的几何知识，结合概念教学、合作探究学习等教与学的具体类型，对探究不同类型的几何知识所适合的学与教的模式；探究如何针对不同类型几何知识培养学生的几何素养进行行动研究并记录研究过程，以供接下来进行质性分析。

第三阶段：质性分析阶段。

针对第二阶段的研究资料，研究者将从行动研究的实践者，转变角色为质性研究的分析者。通过对教学设计、教学录像、学生作业作品、学生访谈资料等进行分析，初步对不同类型几何知识所适合的学与教的模式提出方法指导和实施建议；对如何根据不同类型几何知识的学习过程培养和提升学生的几何素养提出方法指导和实施建议。

第四阶段：实证论证阶段。

对于第三阶段分析出的初步研究成果，在本阶段将进行新一轮的实践研究，在教学实践中进行实证论证，一方面论证结论的科学性与可实施性；另一方面，力图对小学生几何素养的内涵进行基于实践研究的理论完善与补充。

（二）人员分工

课题负责人：张聪聪

课题成员：邓艳楠、李晶晶、吴亚松

张聪聪：前期立项、课题资料的整理

邓艳楠：参与研究

李晶晶：参与研究

吴亚松：参与研究

（该课题于2016年3月被批准立项为北京市通州区教育科研规划一般课题）

小学数学综合实践课程中体验式学习的应用研究

邓艳楠

一、研究的背景

（一）选题缘由

2015年7月《北京市实施教育部〈义务教育课程设置实验方案〉的课程计划（修订）》开始实施，方案中要求：中小学各学科平均应有不低于10%的课时用于开展校内外综合实践活动课程。同时指出：综合实践要注重学生亲身体验的实践活动课，通过学生的亲身实践，培养学生的人文素养和科学素养，培育和践行社会主义核心价值观。同时，提高学生的多种能力。要让学生有适当的劳动体验，适度地出出力、流流汗，培养正确的劳动价值观。

《数学课程标准》在综合与实践方面要求学生参与综合与实践活动，积累综合运用数学知识、技能和方法等解决简单问题的数学活动经验。在综合与实践活动中，发展合情推理与演绎推理能力，清晰地表达自己的想法。并初步学会从数学的角度发现问题和提出问题，增强创新意识；综合运用数学知识解决简单的实际问题，增强应用意识，提高实践能力。获得分析问题和解决问题的一些基本方法，体验解决问题方法的多样性，发展创新意识。在数学学习过程中，体验获得成功的乐趣，锻炼克服困难的意志，建立自信心。体会数学的特点，了解数学的价值。

在教学实践中，很多教师认为数学就是多做习题，这就把数学教学的基本特征定性为"解题文化"，从而导致学生在现实中的数感不强，运用数学知识解决生活问题的能力弱化。我们还发现许多老师对数学综合实践课认识不足，有的老师把它作为知识性的内容或者是一种练习题来进行讲解，有的老师认为无足轻重，根本不讲，使得数学实践活动培养学生数学意识、提高学生动手能力、促进合作、交流与竞争的素质发展目的得不到体现。随着课程改革的逐步推进，数学实践活动已逐渐为广大教师所了解，但针对小学数学实践活动开展系统的实践研究还很少，把数学综合实践课和"体验式学习"结合起来研究几乎没有。

基于此，数学综合实践活动课必须改变现有的学习方式和教学方式，倡导有效的教学策略，在小学数学综合实践课程中开展"体验式学习"，这是新形势下教学改革的趋势和要求。再有数学综合实践活动课已是国家和北京市规定的必修课。所以本课题的研究具有现实的针对性、紧迫性和新颖性。

（二）研究意义

通过数学综合实践活动课，可以更好地培养学生的实践能力；增强学生在实践活动中的亲身体验；能够加强学生和社会的联系，使学生在生活体验和寻求学习的动力；促使学生的学习渠道和空间多样化、学习方式情趣化、生活化，同时还可以形成学生的服务意识，强化学生的社会责任感。《基础教育课程改革纲要（试行）》中也提出，培养学生形成积极主动的学习态度，注重过程、情感态度和价值观的形成，体验学习的主要目的就是引起学生内心世界的改变。可见，上好数学综合实践活动是着眼于发展学生的综合实践能力、创新精神和探究能力的发展性课程。对学生的成长和终身发展有着不可估量的意义。

所以本研究的意义在于：

1.改变教师的观念，引起教师对学生体验的关注，关注学生的体验，就是关注学生的个性发展。

2.试图说明体验式学习是一种有效的学习方式。通过案例的研究证明，体验式学习可能是一种没有效率的学习方式，但却是能达到对学生影响深远的效果的学习方式。

3.在体验式学习的操作层面上试图给出一些策略性的建议，比如如何引导学生提出问题、如何促进学生的反思等。

二、文献综述

（一）核心概念的界定

实践活动是一类以问题为载体、以学生自主参与为主的学习活动。

实践活动要突出"综合"。这种综合不仅表现为数学内部各分支（如几何、代数）之间的综合，数学与其他学科的综合、数学与学生日常生活实际的综合；还表现为解决问题的过程要求学生的各种能力、各种方法、各种工具的综合。它不是具体知识点的直接应用，也不是已有数学知识、方法放射式的套用，它应该给学生一个综合应用学生以往学过的所有数学知识、方法（甚至可以是跨学科的知识），去实际解决一个数学内部或生活实际问题的机会。

实践要突出"过程"。它有别于学习具体知识的探索活动，更有别于课堂上教师的直接讲授。教师通过问题引领，让学生全程参与、实践过程，经历相对完整的学习活动。它的核心是学生在老师的引导和帮助下有目标的自主的实践活动。学生应当有足够的时间和空间经历观察、实验、猜测、计算、推理、验证等活动过程（发现和提出、分析和解决问题的过程）。在活动形式上要鼓励学生独立思考、多采用诸如小组合作、实景观察、实地测量、动手操作、直接收集数据、问卷调查、真实数据计算等活动形式，使学生能真正"动起来"。

体验。体验是指学习者通过实践来认识事物，在亲身经历的学习与探究活动中获得情绪感受，融入自身的经验，并对原有经验发生影响，是影响学习者情感、态度、价值观的重要活动。

体验式学习。体验式学习是一种基于学习者自身的活动，强调让学生通过模拟情境和真实情境的体验活动，获得真实感受。体验学习的重要价值不在于学生获得某种技能，学会某种操作方式，关键在于学生在活动中所获得的真实感受。本研究的体验式学习的内涵应该是：面向全体学生，以学生为教学主体，在教学过程中，注重对教学内容的感性把握，允许学生根据各自的个性特点对教学内容产生各自不同的体验、感悟，它是一种适应时代要求的以学生发展为教学理念的教学方法。

教学策略是实施教学过程的教学思想、方法模式、技术手段这三方面动因的简单集成，是教学思维对其三方面动因的进行思维策略加工而形成的方法模式。教学策略是为实现某一教学目标而制定的、付诸教学过程实施的整体方案，它包括合理组织教学过程，选择具体的教学方法和材料，制定教师与学生所遵守的教学行为程序。

数学综合实践活动课可以在课堂上完成，也可以课内外相结合。本课题只研究课内完成的数学综合实践活动，以认知性实践活动和模拟性实践活动为主。

（二）国内外研究现状

对实践活动的研究在国内外的不同领域自古有之。辩证唯物者认为实践是检验真理的唯一标准。波利亚研究表明，学习任何新知识的最佳途径是通过自己的实践活动去发现，因为这种发现理解最深，也最容易掌握内在的规律、性质和联系。

体验教学的建立可以追溯到20世纪初，并且与室外教育和源于杜威的进步教育运动享有共同的哲学基础。库尔特·哈恩进一步强调了个人体验的重要性，而且导致了户外锻炼活动和相似教育机构的发展。杜威放弃实验室的研究方法，而把真实的学校生活作为研究对象。他反对传统教学以教师为中心、课堂为中心、教材为中心，主张教学应以学生为中心、活动为中心、经验为中心。他创造性地提出儿童的生长就是积极地学习社会、适应社会的观点，坚持学生在现实社会生活中发展的思想，从而为教学研究与实验的整体主义模式奠定了教育学基础。

体验教学思想在我国有深厚的历史渊源，古代的教育家、思想家以自己的远见卓识提出了蕴涵体验式教学思想的教学观。1999年，国家少工委在全国第四次少代会工作报告第六部分鲜明地提出"在实践中体验"的教育思想。从20世纪90年代中期开始，国内展开了体验式教学理念的梳理和介绍的研究，对于体验式教学理念在教学领域的应用研究较少，主要在体育教学、外语口语的模拟情境教学、语文教学的作文和阅读教学中。从我国整个教育界来看，已经意识到体验式学习在我国基础教育中的重要性。1999年，我国正式启动了基础教育课程改革，此次改革的宗旨就是要实现教师教学方式和学生学习方式的变革，改变以接受式学习为中心的单一的教学模式。2001年，我国颁布了义务教育各学科国家课程标准。各学科在课程目标上按结果目标和体验目标来进行描述。体验式教学研究日益受到重视。

国内外学者已经对体验式教学的概念、理论依据和实施策略等方面进行了研究，为本研究提供了很多资料和重要的启示。以体验为理念进行的教学模式创新，可以使理论教学与实践教学紧密结合、教学方法从单一转向多元化、教学活动从以"教"为中心转向以"学"为中心，教师传授知识、学生培养能力、提高素质融合在一起。在现实的实践教学领域，无论在学校还是培训机构，体验式教学还处在初步尝试阶段，缺乏系统的理论与实践相结合的研究成果支持。本研究综述希望能够通过小学数学的综合实践课程，总结以往的研究内容，应用体验式学习来开展综合实践课程的教学研究。

（三）研究的创新点

《数学课程标准》将"实践与综合运用"正式列为课程学习内容，国家试图通过课程的形式，达到培养和锻炼学生的数学应用意识、应用能力，提高学生相关素质的目的。但是结合数学学科特点和学生的年龄特点，数学综合实践活动应该怎么上、怎么让学生进行体验，这一领域无人问津，形同虚设，更没有形成教学策略，这将是本课题的最大创新点。该课题研究的基本思想是通过课题研究，开发数学综合实践活动课程资源，形成数学综合实践活动课体验式教学的教学策略，以点带面，通过数学综合实践活动课培养学生实践能力、综合运用所学知识解决简单实际问题的能力。

三、研究设计

（一）研究目标和研究假设

通过本课题的研究，探究出数学综合实践活动课中体验式学习的教学策略。

通过课题研究，将这种教学方法加以推广，引导更多老师转变教学观念，实施体验式学习，以帮助学生养成自主、合作、探究的学习习惯，培养学生的创新精神和促进学生数学素养的提高。

提高学生综合运用数学知识解决简单的实际问题，增强应用意识，提高实践能力。同时获得分析问题和解决问题的一些基本方法，体验解决问题方法的多样性，发展创新意识。

（二）研究内容

通过广泛深入的文献资料研究与实践案例分析，了解体验式学习的历史及现状，探究体验式学习的理论支撑，并通过教学实践中大量的教学案例总结与归纳小学数学综合实践课程中体验式学习的教学策略。

根据小学各年级学生的年龄特点和小学数学教材要求，开发适合小学各年级数学综合实践活动的课程资源。

根据小学各年级数学综合实践活动课的目标和数学学科的特点，探索小学数学综合实践活动课的学习、活动方式，并在此基础上形成多种切实可行的可操作的数学综合实践活动教学策略。

通过数学综合实践活动培养学生综合运用数学知识解决简单的实际问题，增强应用意识，提高实践能力。同时获得分析问题和解决问题的一些基本方法，体验解决问题方法的多样性，帮助学生养成自主、合作、探究的学习习惯，培养学生的创新精神和促进学生数学素养的提高。

（三）研究方法

1. 文献资料法

通过查找、学习、研究相关文献资料，建立有效的理论支撑，及时借鉴同类研究的成功经验，并在各实验阶段指导实验工作。

2. 行动研究法

在数学综合实践活动中，边实践、边探索、边检验、边完善、边归纳、边总结，对体验学习的现有研究和相关理论进行了梳理和辨析，把实践与研究紧密地结合起来，逐渐形成数学综合实践活动中体验式教学的教学策略。这是本课题主要采取的研究的方法。

3.案例研究法

选取具有典型意义和研究价值的教学片段或某个实施环节进行案例分析与研究，形成数学综合实践活动中体验式教学的教学策略。

4.经验总结法

及时反思、总结实验过程中的经验教训，分析教育现象中所蕴含的内在联系和规律，从而更加合理地改进自己的教学行为。

四、研究的重点、难点

（一）研究重点

根据小学数学学科的特点，探索小学综合数学实践活动课中体验式学习、活动方式，并在此基础上形成多种切实可行的可操作的数学综合实践活动课体验式教学的教学策略。

（二）研究难点

有些教师对综合实践课程重视程度不够，认为体验式学习会占用较多的教学时间，在研究过程中学生活动经验少。在数学综合实践活动课中怎样设计出适合学生体验的活动设计，形成教学策略时有困难。

通过数学综合实践活动培养学生综合运用数学知识解决简单的实际问题，增强应用意识，提高实践能力。同时获得分析问题和解决问题的一些基本方法，体验解决问题方法的多样性，发展创新意识。

（该课题于2016年3月被批准立项为北京市通州区教育科研规划重点课题）

在低年级计算教学中实施自主学习的策略研究

范素杰

一、研究的背景

（一）选题缘由

1. 学生方面

计算能力是学生学习数学的基础，在小学低段培养良好的计算能力将决定学生未来数学学习的质量。低年级计算是整个小学数学学习的基础阶段。这个基础没打好，将直接影响到学生以后的数学学习。小学生的思维特点是具体形象思维为主，尤其是低年级学生更为突出。在教学中，我们通过形象直观使学生充分感知，理解算理。不仅让学生知其然，更重要的是让他们知其所以然，这是培养学生计算能力和良好数感的基础。而学生的自主学习能够让学生更充分地理解算理，因此探究在低年级计算教学中如何实施自主学习显得尤为必要。

2. 课程标准方面

《数学课程标准》指出："有效地数学学习活动不能单纯依赖模仿与记忆，动手实践、自主探索与合作交流是学生学习数学的重要方式。"倡导自主、合作、探究学习，重视学生的学习过程是当前小学数学教学改革的中心课题。所以，我们必须高度重视学生自主合作探究能力的培养，让每个学生成为课堂思维张扬的舞台，打造出高效课堂、活力课堂，实现教学相长。为此，我们设想立足于课堂教学，探索有利于学生自主学习能力培养的教学形式和方法。让学生在一个和谐的教学氛围中努力形成自主学习的习惯和能力，从而促进自身素质的提升。

3.实践教学方面

新课标实施以前，教师为了让学生的计算能力达到准确、快速的要求，往往通过大量重复性、机械性的训练来培养学生的计算能力。即便是新课标出台，这种题海战术思想依然根深蒂固，在数学界很多教师仍然在使用这种方法。因为从实际情况上看，题海战术也确实可以保证在短时间内让一个班级绝大部分的学生达到快速提升计算速度和正确率的效果。但这种大量机械性的练习使计算教学课堂变得枯燥乏味，而且占用了学生大量的课堂时间甚至是课后的时间，大大降低学生对计算学习的兴趣，缺失了对计算学习的动力。

（二）研究意义

本课题旨在通过课堂观察、课堂实践，找出适合低年级计算教学的自主学习策略。改革传统计算教学模式，从而使学生更好地理解算理，内行数学的方法和思想。通过本课题的研究，可以培养学生的自主学习能力、合作探究能力和解决问题能力，为学生综合素质的提升打下良好基础。

二、文献综述

（一）核心概念的界定

在大量参考国内外相关文献的基础上，结合低年级计算教学的特点。我们认为自主学习应该涵盖以下五个方面的内容：（1）了解教师的教学目的与要求；（2）确立学习目标和制定学习计划；（3）有效使用学习策略；（4）监控学习策略的使用情况；（5）监控和评估计算学习的过程。因此，本课题界定的自主学习定义是一种以学生为中心、强调学生积极参与并自主管理自己学习的新型的教学模式。它既是一个教育目标、教学理念，又是一种学习策略、学习环境。

（二）国内外研究现状述评

1. 国外学者的研究

"自主"一词源自希腊文"autonomia"。意为"自治、自制权、自由"。"自主学习"这一概念是教育学领域对教与学的新认识，属于教育哲学的范畴，反映了教育向个性化、自主性、合作性、探究性方向发展的新趋势。自主学习的思想源远流长。继古希腊的苏格拉底、柏拉图、亚里士多德之后，卢梭、第斯多惠、杜威等都是自主学习思想的倡导者。从20世纪50年代开始，自主学习成为教育心理学研究的重要课题。20世纪80年代末出版的《自主学习和学习：理论、研究和实践》一书中也系统总结了维果斯基学派、操作主义、现象学派、社会学派、意志理论、信息加工心理学等不同角度对自主学习做过的一些探讨。

以维果斯基为代表的维列鲁学派认为，自主学习本质上是一种言语的自我指导过程，是个体利用内部言语主动调节自己的学习的过程。

以斯金纳为代表的操作主义学派认为，自主学习本质上是一种操作性行为，它是基于外部奖赏或惩罚而做出的一种应答性反应，包含三个子过程：自我监控，自我指导，自我强化。

以班杜拉为代表的社会学习理论从行为、环境、个体的内在因素三者之间的交互作用来解释自主学习。认为自主学习本质上是学生基于学习行为的预期、计划与行为现实之间的对比、评价来对学习进行调节和控制的过程，包括三个具体的过程：自我观察，自我判断，自我反应。

以弗拉维尔为代表的认知建构主义学派认为，自主学习实际上是元认知监控的学习，是学生根据自己的学习能力、学习任务的要求，积极主动地调整学习策略和努力程度的过程。自主学习要求个体对为什么学习、能否学习、学习什么、如何学习等问题有自觉意识和反应。

齐莫曼认为，当学生在元认知、动机和行为三个方面都是一个积极的参与者时，其学习就是自主的。自主学习的动机应该是内在的或自我激发的，学习的方法应该是有计划的或已经熟练达到自动化程度，自主学习者对学习时间的安排是定时而有效的，他们能够意识到学习的结果，并对学习的物质和社会环境保持高度的敏感和随机应变能力。

通过对国外自主学习的实践研究的考察，我们不难发现，虽然研究者们的出发点不同，具体的促进学生自主学习的方式也千差万别，但总有些大体相同的内容，如注重教师的引导；注重给学生创设主动、积极求知的氛围；强调学生自己获得知识；教给学生具体的策略，让学生不断尝试；让学生学会自我监控；注重学生的自我评价、反思与自我强化等等，尤其是斯金纳行为主义提出自主学习包含自我监控、自我指导、自我评价和自我强化这四个过程和开发出的——自我记录技术、自我指导技术、自我强化技术，以及齐莫曼把自主学习分为：计划阶段和、行为、意志控制和自我反思阶段的研究对本课题都有借鉴作用。

2. 国内学者的研究

我国对自主学习的系统研究，始于20世纪80年代。许多学者做了研究并在一些地方进行了实验，取得了一定成果。在1979年前后，我国就出现了不少以指导学生自主学习为目标的教学实验。20世纪90年代以后，随着我国教育改革的进一步深入，特别是随着主体性教育理论的逐步确立和完善，自主学习的重要性引起了我国教育理论界和实践界的广泛关注，如卢仲衡的《自学辅导心理学》，邱学华的《尝试教学法》，李敬尧、韩树培的《导学式教学体系》。庞国维从横向和纵向两个角度来定义自主学习。从横向角度是指从学习的各个方面或纬度来综合界定自主学习。北师大裴娣娜等人主持了学习主体性研究，福建省的王勇等开展了指导——自主学习的研究，董奇等人还开展了自主学习的心理学研究，庞国维对中学生自主学习的指导模式进行了研究。2000年9月至2003年4月，浙江省义乌市绣湖中学在初中各学科全面进行了基于自主学习的课堂教学引导策略的研究。

三、研究设计

（一）研究目标和研究假设

通过本课题的研究，分析目前低年级计算教学的现状及存在的问题，聚焦课堂和教育教学活动，认真分析低年级计算教学问题产生的原因，通过"倾听、自主、分享"的专题活动，找出通过自主学习改革低年级计算教学的途径和模式，培养学生的自主学习能力和解决问题的能力。

（二）研究方法

本课题采用文献法、观察法、访谈法、调查法等研究方法，对自主学习能力培养的理论基础进行了阐述，对自主学习的概念进行了界定，并梳理了国内外对自主学习的研究成果；进而分析了当前低年级计算教学的现状及原因；初步总结出在小学低年级计算教学中培养自主学习能力的策略，在预习、新授和复习中建立自主合作的学习方式，从而选择适合低年级学生身心发展水平的自主学习策略。

四、研究的重点和难点

（一）研究重点

本课题将自主学习和数学计算教学紧密结合起来，提出具体的操作模式和形式，使得研究成果能够切实被运用到教学实践中去。

（二）研究难点

受传统教学方式的影响，很多教师对于自主学习的方式不够认可，所以在推广实验时有一定阻力。此外，还需要探索出低年级计算教学中自主学习的模式，也是研究中的难点。

五、研究的实施计划及人员分工

准备阶段：2015年9月—2016年4月。

调查、观察小学低年级计算教学的现状；发现低年级学生在传统计算教学方式中存在的问题。确定研究课题，成立课题组，拟定课题方案。

实施阶段：2016年5月—2016年10月。

整理分析学生在计算学习中存在的问题，并找出问题存在的原因；根据计算学习困难的原因，课题组内交流研究体会和改进措施，初步形成在计算教学中实施自主学习策略；每个年级开始实施计算教学的自主学习策略，对自主学习教学策略进行检验和改进，为研究提供分析的素材。

课题组成员定期交流研究体会及结果，积极撰写相关的阶段研究成果。

成果总结阶段：2016年11月—2017年2月

材料汇总，各成员写结题报告，专家论证，修改总结。

形成研究报告：2017年3月

整理材料，形成研究报告。

（该课题于2016年3月被批准立项为北京市通州区教育科研规划一般课题）

小学中年级语文综合实践活动课中提升学生口语交际能力的策略研究

肖 娟

一、核心概念的界定，国内外研究现状述评

（一）核心概念的界定

1.口语交际

小学中年级口语交际，是指小学三四年级的口语交际。口语交际是听与说双方的互动过程，交际双方要不断地表达信息、理解信息，而且听者和说者的地位也随着交际的需要不断变化。说者要根据听者的情绪反馈，及时调整自己的语气语调或语言材料；而听者根据说者的表述及时做出相应的对答。此时，双方的信息通道是畅通的，双方的表达是相互促进的。口语交际是听话、说话的发展，是一种双向，甚至多向互动的言语活动。学生只有在动态的双向或多向的互动活动中，才能增强口语表达能力，才能学会分析、归纳、评价的思维方法，才能形成由语言、做人、生存等因素构成的口语交际能力。口语交际还是一种行为。英国学者奥斯汀把"说话"看作"做事"，把"话语"看作"行为"，也就是把"行为"（主要是"言外行为"）看作话语所包含的必不可少的意义部分。事实上人们在交际过程中时时离不开这种意义的传达。当两人久别重逢说"你好"时，不也同时在向对方互致"祝贺"之意吗？也就是说人在口语交际的过程中不单单是构词造句，提供某种信息，同时还利用语句的信息来完成各种行为。因此，口语交际本身是一种行为，一种言语行为。口语交际的基本特征是交际的互动性与能力的综合性。

2.综合实践活动课程

综合实践活动是现代教育中的个性内容、体验内容和反思内容，与传统教育片面追求教育个体的发展、共性和知识有所不同，综合实践活动提供了一个相对独立的学习生态化空间，学生是这个空间的主导者，学生具有整个活动绝对的支配权和主导权，能够以自我和团队为中心，推动活动的进行。在这个过程中，学生更谋求独立完成整个活动，而不是聆听教诲和听取指导。教师在综合实践活动这个生态化空间里，只是一个绝对的引导者、指导者和旁观者。与传统实践活动强烈的目标性不同，综合实践活动更强调多种主题，多种任务模式，多种研究方法的综合，这种复合不是来自教师的人为复杂化，而是来自学生个体对实践活动主题的更深入认识和挖掘过程。从小学至高中设置综合实践活动并作为必修课程。强调学生通过实践，增强探究和创新意识，学习科学研究的方法，发展综合运用知识的能力。增进学校与社会的密切联系，培养学生的社会责任感。在课程的实施过程中，加强信息技术教育，培养学生利用信息技术的意识和能力。了解必要的通用技术和职业分工，形成初步技术能力。而综合实践活动课程指的是：在教师的指导下，由学生自主进行的综合性学习活动，他是基于学生经验，密切联系学生的生活和社会实际，体现对知识综合应用的学习活动。

2015年，北京市在各中小学全面推广实行《北京市实施教育部〈义务教育课程设置实验方案〉的课程计划（修订）的通知》（以下简称《通知》）。《通知》明确要求加强综合实践活动基地建设，加强学科实践活动课程建设。学科实践活动课程的开发与实施，要避免用学科教学内容简单代替，要突出实践性、探究性，尽量依托参观、调研、制作、实验等形式，要逐步形成学科内综合以及跨学科多主题、多层次（知识类、体验类、动手类、探究类等）的系列活动课程。

（二）国内外研究现状述评

口语交际研究作为一个重要的课题，国内外不少教育专家和教育工作者对此有着专门的论述和实践。如德国教育家第斯多惠说："学生必须毫无例外地用自己的话口述一切领会的东西。"著名语言学家斯特恩也曾指出："优秀的语言学习者愿意实践,他能抓住每一个机会实践……愿意在各种交际场合将自己'浸泡'于语言运用之中。"一些国家还专门编写了这方面的教材,如德国莫显茨·迪斯特威克出版社出版的《说话教育》等。口语交际教学越来越表现出社会性、生活性、人文性、互动性。

1. 国内研究

姚满意认为,口语交际能力培养的教学策略有:(1)引导有序观察,培养交际的灵敏性;(2)学会倾听,培养良好的交际品质;(3)规范口头语言,提高语言质量,丰富语言表达;(4)在质疑解疑、评议争论中加强口语交际训练。王宁波认为,口语交际能力培养的一般策略有:创设情景,激发兴趣;双向互动,多向交流;整体训练,全面发展;积累生活,积累语言。毛勇认为,培养学生的口语交际能力主要从交际方式、交际能力、交际创造和人文素养四个方面来培养……人民教育出版社编审崔峦说:"口语交际的教学任务是规范学生的口头语言,提高学生的口语交际能力,培养良好的听说态度和语言习惯。"这些都说明口语交际研究具有重要的现实意义。现代语言学认为交际的过程就是信息传递的过程,是交际双方在特定的语境里,为了特定的目的,运用语言手段和适当的表达方式而进行的思想情感的交流,是听说双方的互动过程。因此,口语交际能力的培养应重视交际双方文明态度和语言修养,应在具体的交际情境中,选择贴近生活的话题,采用灵活的组织形式进行。这一理论为口语交际教学指明了方向,对口语交际教学的研究作了理论上的支撑。

关于综合实践活动课,1958年以前,我国活动课程主要以课外活动为主要形式。将课外活动作为课堂活动的补充和延伸,坚持了以课堂活动为主和以课外活动为辅的原则。20世纪80年代以后,在教育界展开了课外活动课程化的大讨论,经历了从"课外活动"到"活动类课程"的发展历程,对活动课程价值的肯定,标志着我国活动课程的理论与实践的飞跃性发展。

21世纪以来,随着社会科技的迅猛发展,人类社会呈现出了全球一体化、信息化、国际化的发展趋势,知识体系不断出现新的分化与综合,交叉学科、边缘学科、系统科学不断涌现，自然科学和社会科学之间的交叉渗透日益加强。为适应新情况，世界各国、各地区都推出了旨在适应新世纪挑战的课程改革举措。"综合学习"这种模式越来越受关注，"综合学习"的提倡不仅对于学科知识学习，而且对活动课程的深化也起到了良好的促进作用。几年来对于综合实践活动课的研究多了起来，西南大学杜建群发表博士论文《实践哲学视野下的综合实践活动课程研究》，给综合实践活动课做了界定。华中师范大学沈旎《小学综合实践活动课程常态化实施策略研究》中对小学综合实践活动课提出了具体可行的实施策略。一些学者就综合实践活动课程的实践展开调查，如湖南师范大学欧阳秋便就长沙市小学社会实践活动课展开调研并撰写了《长沙市小学综合实践活动课程实施现状调查及影响因素分析》，为综合实践课程在学校中的实施做的先锋研究工作。

2. 国外方面

美国学者伯尼·特里林与查尔斯·菲德尔在他们共同著述的《21世纪技能为我们所生存的时代而学习》一书中明确指出：现代的学习者较之于以前的学习者，学习方式发生了巨大的变化。教育在21世纪中的作用主要是以下四个方面：为劳动和社会做贡献，展现个人才华，履行公民责任以及弘扬传统与价值。而现在的学习方法主要分为：协作式小组学习法、项目学习法、基于问题学习法、基于设计学习法。正是因为学习目标与学习方法的转变，学校教育也开始重组整合，落实到实际中，即是现今的综合实践课程。关注点在于：第一，基于研究的教学实践，避免用学科教学内容简单替代，学科内主题应有探究性、实践性；第二，应有严格而有针对性的国际性课程标准（包括学科知识、学习技能和技术手段技能），这种课程标准应与地方课程、校本课程实现良好结合；第三，教学手段在各个学科之间的整合。各个学科之间再也不是分门别类的抽屉式知识，而应实现学科融合，在这种背景下，教学手段也应相应地发生整合。

日本的综合学习时间可以选择自然体验、社会体验、观察、实验、体验学习、调查、情报收集和志愿者活动等为学习的内容。该课程开设的目的是"要发展孩子的生存能力"。这里的"生存能力"主要有三个方面内容：能够独立发现问题、独立学习与独立思考，能够独立判断和解决问题；能自律，并能与他人很好地协调和合作，能从他人的角度思考问题，具有丰富的同情心；具有旺盛的生命力所必备的健壮的身体。法国的研究性学习课程称为"多样化途径"，先是由几名学科教师组成指导小组，提出一个涉及指导教师所属学科知识内容的课题，然后指导教师根据课程目标，按每周2学时设计一整套活动方案，以此作为指导学生的依据。学生根据自己的兴趣，选择指导教师提供的不同课题方案。德国的自由学习是指学生依据课程计划的要求，有选择学习活动的自由的一种学习方式。其课程目标在于"激发学生的学习兴趣，增强自信心，提高学生的自主意识和自主能力；发挥创造力，培养学习毅力；发展学生社会意识"。这类课程虽然名称不同，但目的均是适应当代社会背景，培养符合新世纪要求的具有创新精神与实践能力的人；课程内容上，向生活回归，其学习方式均提倡"探究"；重视活动过程的评价，强调评价多元化，倡导定性评价与定量评价相结合。

综上所述，综合实践活动课程是由"活动课程"逐步发展而来的，有着新的内涵，就其内容的综合性来看，它是在课程领域中综合程度最高、开放性最强的课程，并且有更加丰富的课程资源给口语交际训练提供了很好的平台。而口语交际是小学课标中重点培养项目，小学中段学生又具有了一定口语交际能力基础，研究相对容易切入。但是，目前针对综合实践活动课程中的口语交际策略研究较少。面对新环境下的课程目标、课程教学，口语交际需恰当有效地利用综合实践活动课，提升学生口语交际能力。

二、目的、意义及研究价值

（一）背 景

1. 理论方面

建构主义认为，知识不是通过教师传授得到，而是学习者在一定的情境即社会文化背景下，借助学习获取知识的过程，利用其他人（包括教师和学习伙伴）的帮助，利用必要的学习资料，通过意义建构的方式而获得。建构主义理论的核心只用一句话就可以概括：以学生为中心，强调学生对知识的主动探索、主动发现和对所学知识意义的主动建构。建构主义理论的主要代表人物皮亚杰关于建构主义的基本观点是：儿童是在与周围环境相互作用的过程中，逐步建构起关于外部世界的知识，从而使自身认知结构得到发展的。综合实践活动课是活动过程，强调自主、探究、合作，这为学生的口语交际提供了交流情境，能够让学生通过协作、会话等方式去建构有关知识的意义，实现口语交际能力的提高。

2.课标方面

《义务教育语文课程标准（2011版）》（以下简称《标准》）指出，语文课程要提高学生的语文素养。学生的语文素养就包括口语素养；语文课程是一门学习语言文字运用的综合性、实践性课程。语言文字运用，包括生活、工作和学习中的听说读写活动以及文学活动。可见，听说能力是学生必备的重要能力。《标准》还明确提出，要让每个学生成为"自信的表达者，能积极思考的听众"。

3.实践方面

口语交际能力与学生的学习和职业生涯息息相关，是教学中应致力培养的学生能力。目前，班级大部分学生并不能够充分地说，不能够自信地表达，同时不能成为很好的倾听者。而综合实践活动课程中不仅有跨学科的知识交流，更为学生口语交际能力的提升提供了机遇和开放平台，作为研究者应适时抓住这个培养空间，有策略地训练孩子的口语交际能力。

（二）价值和意义

本课题的研究旨在探索出综合实践活动中提升学生口语交际的有效策略，从而能恰当有效地利用综合性实践课程，在课程中提升学生的口语交际能力，实现学生的发展以及培养目标的达成。

三、研究目标、研究内容、研究假设和拟创新点

（一）研究目标

通过本课题的研究，分析学生的口语交际现状和基本情况，围绕综合性实践活动课程，探索提升学生口语交际能力的策略。

（二）课题研究内容

1.小学中段口语交际训练的策略研究

小学中段口语交际训练的概念界定、小学中段口语交际训练的开发与案例分析、小学中段口语交际训练的策略研究。

2.小学中段综合性实践活动课程有效开展策略的研究

小学中段综合实践课程开发的必要性和意义、小学中段综合实践课程开发中问题与改进、小学中段综合实践课程开发策略。

3.小学综合性实践活动课程中口语交际能力提升的有效策略

小学中段综合实践课程中口语交际训练的必要性、综合实践活动课中口语交际训练策略研究、综合实践活动中口语交际训练的成功案例分析、综合实践活动中口语交际训练的成果分析。

（三）拟创新点

首先，口语交际能力是学生必备的能力，是课标培养目标。这是一个有意义、有价值的问题。语文综合实践活动课，学科融合性强，强调学生活动、体验，课程中需要师生、生生不断地交流。《标准》指出，口语交际能力的提高需要置身于口语情境中。因此，语文综合实践活动课无疑为口语交际提供了良好的情境与平台。

其次，课程改革强调综合实践课的重要性。综合实践课在课程改革中将扮演重要的角色。因此，该课题摸索探究综合实践课中提高口语交际的能力策略研究，对充分利用综合实践活动课、发挥课程的价值、提高学生口语能力具有很强的意义。

最后，该课题依托学校的指导与培训。学校致力于学校的发展，积极进

行综合实践活动课程探索与实践。学校积极请专家领导进校指导，依托首师大、研修中心、北小总部、名师工作室四方力量，这是探索综合实践课的强大保障。因此，实施小学中段语文综合实践课中的口语交际能力的策略研究，有意义、有价值，是必要的，可行的。

四、研究思路、研究方法、技术路线和实施步骤

（一）课题研究方法

1.文献法

通过阅读相关书籍或通过网络查寻相关知识，特别重视口语交际与综合实践课程发展的相关理论，及时总结、学习，借鉴已有及新的理论成果，支撑和构建本课题的理论框架和方法论，转变教育思想。

2.个案研究法

对一名或几名学生实施不同的策略，建立学生成长记录袋，记录口语交际能力变化；从而总结出综合实践课程的有效策略。

3.行动研究法

分析综合实践课程中的学生口语交际情况，将口语交际的新理论、新策略运用到综合实践活动课程中。

4.调查法

针对学生口语交际情况，采取访谈、问卷等方式了解学生口语交际情况，及掌握策略有效性情况。

（二）实施步骤

准备阶段（2015年10月—2016年3月）：收集与本课题有关的资料，组织申报和开题论证等。了解中年级学生口语交际现状和基本情况，分析存在的问题，并研究、探讨综合实践活动课程有效开展的认识实践理论，以及口语交际能力提高的相关理论，为两者的有效结合奠定理论基础。

实施阶段（2016年3月—2017年3月）：实施实验方案，及时反馈与经验总

结，推广阶段性研究成果。通过研究，提出更具操作性和高效性的综合实践活动课程的中年级口语交际能力提升策略。

总结阶段（2017年3月—2017年7月）：收集、整理资料，撰写研究报告，组织结题鉴定，推广研究成果。

参考文献

［1］姚满意.诱"情"，顺"序"，得"法"——小学语文口语交际课策略初探［J］.宁波教育学院学报，2005，7（3）.

［2］毛勇.对民族地区小学语文教学中培养学生汉语口语交际能力的思考［J］.雅安职业技术学院学报，2006（1）.

［3］王宁波.关于小学语文口语交际研究与实验的几点思考［J］.四川教育学院学报，2005，21（8）.

（该课题于2016年3月被批准立项为北京市通州区教育科研规划一般课题）

少教多学理念下的语文"1+X"拓展型课堂
教学实践与研究

靳朝霞

一、意义及价值

（一）意　义

"少教多学"作为一种理想的教学境界，是对传统教学思想、教学理念的一次颠覆，即从原先的以教为主，转向新课改以后的以学为主。学校语文"1+X"拓展型课程在于利用有限时间拓展学生学习的空间、内容，标志着我们传统教学思想的转移，解决了学校语文课程重置内容的广阔性、结构性、系统性、灵活性，具有以下意义。

1. 有利于改变传统教学模式，激发课堂活力，提高课堂教学的实效性

在教学过程中，教师起组织、指导作用，让学生进行自主性、探索性的学习活动。充分发挥学生的内在动力，给学生创造无数选择的权利，让他自己做主；给学生充分的探究机会，让他自己去体验；激发学生的学习热情，强化学生的自主探究能力。增强学生的自信、自理能力，真正实现知识、能力和情感的有机整合，推动高效课堂的建构。

2. 有利于教师改变教学观念，促进教师专业发展

课堂教学改革不仅要改变教师根深蒂固的传统教育观念，还要改变教师习以为常的教学行为、教学方式乃至生活方式。"少教多学"理念的推行，有利于解放教师的手脚，有利于促进教师专业的发展，另外，"少教多学"要求教师必须自学各种新知识，而且确保不是略知一二。教师只有不断完善自己的专业知识，努力提高自己的素质、素养，才能真正推行"少教多学"。

3. 有利于推动新课程改革的不断深入

叶圣陶先生指出："教任何功课，最终的目的都在于达到不需要教。"这种境界其实质就是学生的多学，自主地、主动地学。在这种教学状态下，教师自然不需要霸占课堂，自然不需要包办代替，自然可以"少教"。"少教多学"与新课程标准是不谋而合的：均在学习方式的变革上做足了文章，且均与"教"和"学"关系密切；均重视培养学生的创新能力和探究能力；均鼓励学生个体主动地发现问题，合作解决问题。"少教多学"理念的提出，对于彻底解决新课程改革中的一些颇为棘手的问题起到了一定促进的作用，从而更好地推动了新课程改革的深入。

4. 有利于梳理与整合教材，建立"大语文观"

语文1+X拓展型课堂教学，解决了学校语文课程重置内容的广阔性、结构性、系统性、灵活性。它使语文教学内涵更加丰富，形式更加灵活多样，唤醒了师生学习语文的热情，语文教学也变得更加轻松愉悦。

（二）价 值

1. 理论层面

本课题可以从理论层面上深入研究学科特色的含义，便于一线教师准确把握学科本位特征，达到活用教材的目的，并且在实践的过程中，能够充分发挥教师的教育智慧，积极探索高效课堂的途径。同时，转变教师的思考角度，在给教师减轻教学压力、给学生减轻课业负担的情况下，提高教师的教学效率，提高学生的学习效率。

2. 实践层面

本课题能够极大地调动教师研究的积极性和主动性，把常态教学研究统一并规范到提高课堂效率研究上来，是教学方式方法的一次有较大意义的变革，充分挖掘体现学科本质特点的教学资源，充分发挥师生的互动作用，变革教学模式，改变行为方式，促进师生和谐发展，最终达到课堂教学效率的最大化。使教师和学生最终走上思考探究和思维解放的终身发展之路。

二、主要内容和拟解决的关键问题

（一）子课题研究的主要内容

针对当下小学语文课堂教学中出现的教师提问多，激发思维少；低效互动多，当堂落实少；课型研究少，课堂效率低；继承传统多，自主创新少；教师讲得多，学生活动少等问题，探究提高课堂教学效率、效果和效益的实践策略。

（二）子课题研究的关键问题

如何教会学生主动学习，激发学生的内在学习动力，充分提高学生自主、合作、探究的能力。教师转变传统"一言堂"的观念，将课堂还给学生，真正以生为本。学生实现从客体到主体的转变。

如何在小学语文课堂中完成教学关系由传统的"以教代学、以教抑学"转为"以学定教、以教导学"的转变。引导教师在课堂上发挥指导者的作用，提高教师反应机智能力，点拨及时、精准、到位。

如何将"少教多学"在理论和实践层面进行碰撞和融合，不断发展理论，创新实践，最终建构系统化的教与学策略体系。

如何积极指导教师立足"少教多学"，对自己的教育教学实践、教学经验和方法的得失进行自我反思与评价，改善教学行为，提升教育教学水平。

语文1+X拓展型课堂教学教材梳理与整合，构建合理的课程体系，提高教学效率。

三、课题研究实施步骤、阶段性目标和最终成果

（一）继续学习，提高认识（2016.9—2016.12）

搜集相关理论知识并进行相关理论知识的学习培训，方法指导，明确课题组成员分工，开展研究探讨。

掌握各年级各班学生的读书现状及心理状态，由此筛选整理出小学生常

用的一些具体阅读方法和喜爱的书籍，提炼归纳出可操作的阅读基本策略，筛选、整理出适合学生阅读的课外书籍，并以此作为读书教学的基本内容。

（二）课题实施阶段（2016.9—2019.3）

整理、总结出适合学生海量阅读的有效途径与方式方法以及对于实验的课堂模式让每位实验教师在平时教学过程中进行观察和记录，展开研究，重点探索和研究开展课堂模式以及课型有效性的探讨。

开设多元的语文课型的尝试：一带多篇的教材整合课、以例悟法的名家鉴赏课、语文读本阅读欣赏课。

在全面展开活动的基础上，对原始感性材料进行目标检测、分析、筛选、综合，及时调整，使活动有效开展。

（三）课题总结阶段（2019.12）

学生基本掌握适用的读书策略，养成良好的读书习惯。

实验教师对本学期班级中每名学生的语文学习情况及阅读量进行评比、统计，并做好原始记录。

各种材料进行整理、分析，撰写论文，形成本课题的研究报告，并在这一轮的研究基础上，进一步推广。

（该课题于2016年12月被批准立项为北京市教育科研规划一般课题）

小学家长课程建设的研究

代 佳

一、问题的提出

（一）研究的政策依据、理论依据、实践依据

1. 政策依据

近10年来，国家一直非常重视家校合作和家庭教育。《国家中长期教育改革和发展规划纲要（2010—2020年）》中指出，要推进现代学校制度建设，完善中小学幼儿园管理制度，建立中小学幼儿园家长委员会。教育部《关于建立中小学幼儿园家长委员会的指导意见》也提出，家长委员会应在学校的指导下履行参与学校管理、参与教育工作、沟通学校与家庭，发挥好家长委员会支持学校工作的积极作用。2015年教育部《关于加强家庭教育工作的指导意见》中进一步明确家长在家庭教育中的主体责任：依法履行家庭教育职责；严格遵循孩子成长规律；不断提升家庭教育水平。充分发挥学校在家庭教育中的重要作用：强化学校家庭教育工作指导；丰富学校指导服务内容；发挥好家长委员会作用；共同办好家长学校。

尤其是党的十八大以来，习近平总书记谈家风系列讲话多次在不同场合强调家庭、家教、家风的作用，"家庭是社会的基本细胞，是人生的第一所学校"，"无论时代发生多大变化，不论生活格局发生多大变化，我们都要重视家庭建设，注重家庭、注重家教、注重家风，使得千千万万个家庭成为国家发展、民族进步、社会和谐的重要基点。"

北京市在2018年9月下发了《北京市关于进一步加强中小学家庭教育指导服务工作的实施意见》，文件明确指出，"进一步发挥学校在家庭教育工作中

的重要作用，推动形成学校组织、家长参与、社会支持的家庭教育工作格局；进一步构建和谐的家校合作育人关系，促进学校家庭教育指导服务专业化、精细化。"

2.理论依据

按照现代理论——系统论的观点，任何系统都是一个有机的整体，它不是各个部分的机械组合或简单相加，系统的整体功能是各要素在孤立状态下所没有的。系统论的创立者贝塔朗菲还用亚里士多德的"整体大于部分之和"的名言来说明系统的整体性，反对那种认为要素性能好，整体性能一定好，以局部说明整体的机械论的观点。由此可见，家庭与学校作为社会这个大系统中的组成要素，在教育这个过程中是不能将二者割裂开来的。

教育学也一再强调，教育是一个连续的过程。这种连续不仅表现在时间（即纵向）的连续上，而且也表现在空间（即横向）的连续上。教育时间的连续性是指教育过程是贯穿每个个体生命的始终，即从个体出生直至死亡为止，一直接受着教育的整个过程。教育空间的连续性就表现在个体的教育过程不仅限于专门区域性的教育（如幼儿园、中学、大学等），在个体的生命活动中，不同的活动区域都存在着教育。因而家庭教育只是区域性的定义，而不应是一个时间上的定义，这是由家庭这个社会最基本单位的特点所决定的。那么家庭教育就应一直存在于个体成长的过程中，而不应主观上将之割裂开来。而在小学阶段一年级和六年级这两个年级分别承担着衔接的作用，所以通过家长课程的落实来实现家校共育的育人目标是十分正确的方向。

3.实践依据

北京小学通州分校已建校十年。在这十年中学校在幼小衔接、家长开放日、家委会组建以及平日的班主任工作中积累了大量的家校合作经验。同时，学校在工作中不仅认可家校合作的教育理念更是在实践中踏实践行。最后，通过入学调查，学校的家长大多具备一定的文化素质水平，也为更好的家校合作提供了可能性。从学校的工作经验、家长的组成以及学校的办学理念来看家校合作都为学校提供了研究的条件。学校完全有能力更有研究家校合作课题的意愿。

（二）研究主题的本质

教育是一项社会系统工程，学校教育、家庭教育、社会教育是现代教育的三大支柱，需要社会各方面尤其是家庭的通力合作。注重家校合作在教育教学中的重要地位，是学校一贯遵循的办学宗旨。学校在家校合作方面积累了丰富经验，针对幼小衔接和小升初衔接，开发了入学季和毕业季家长课程，包括家长成长课程和家长讲堂课程。教学是双向的，学校方面将制订家庭教育计划，聘请专家、资深教师、优秀家长为家长授课，提高家长在家庭教育方面的专业性；同时也将组织家长走进课堂，走上讲台，发挥自身潜质和优势，向学生分享自己的职业特色及人生感悟。这样既加强了家校合作关系，又提高了家长育子水平，使学生全方面健康成长。

（三）研究课题的界定与假设

1.研究课题界定

（1）小学一年级、六年级

小学一年级和六年级是幼小衔接和小升初衔接非常重要的两个阶段，面对新的学习环境，学生、家长、教师都面临很多现实问题。本研究旨在探索符合学校办学理念的家校共育途径，让学生更平稳地度过这两个重要时期，为培养身心健康的活力少年做准备。

（2）家长课程

本研究中的"家长课程"有两层内涵。一是指学校入学季、毕业季课程中针对家长需求，为家长开设的培训课程；二是指家长或家长是资源提供者，为学生（或教师）提供的讲座课程、考察课程及社团课程等。

2.研究假设

本研究假设把家长纳入课程改革体系之内，对学生、学校和教师、家长、社会都有重要的意义和作用。通过建立机构、设计与实施家长课程、家校互动的形式，构建起以学校教育为主体、以家庭教育为基础、以社会教育为依托的合作育人体系，使校内和校外教育协调一致，形成家校合力，共同促进学生健康成长，让家长成为教育的同盟军，进而全面提升学校的育人水平。

二、研究目标

（一）研究的理论、实践、技术性突破的目标

总体目标：形成一年级、六年级家长课程建设和实施的有效工作机制。

家长成长课程目标：完成幼小衔接、初小衔接特殊时期家长培训的课程建设及有效实施的机制，帮助学生和家长科学从容应对，平稳实现过渡。

家长讲堂课程目标：挖掘家长资源，建设适合一、六年级学情的家长讲堂课程，形成有效实施机制，丰富学生认知和感悟，实现高效衔接。

（二）是否达成指标

经过研究，各项目标均已达成。形成了家长成长课程及家长讲堂课程建设和实施的工作机制。同时研究家长课程建设和实施在一年级（幼升小）和六年级（小升初）的家校共育实践中的教育价值和借鉴价值。获得了丰厚成果，达成了研究目标。

三、课题研究系列项目描述

1. 健全机制，提供保障

研究一套适合本校的家校合作机制，提供有力保障，确保课题研究的顺利开展。

2. 研发课程，提升能力

引领家长积极参与学校的课程改革，构建家长课程体系，研发家长导师课程、家长成长课程，促进了家校合作共育目标的达成。

3. 深度参与，有效沟通

面对面沟通，深度体验中促进家校同心；线上交流，及时互动中融洽家校关系。

4.研究体系，进行评估

研究评价体系，对学生及家长课程学习成果进行评估。

四、研究结果与分析

（一）课程目标

总体目标：形成一、六年级家长课程建设和实施的有效工作机制。

家长成长课程目标：完成幼小衔接、初小衔接特殊时期家长培训的课程建设及有效实施的机制，帮助学生和家长科学从容应对，平稳实现过渡。

家长讲堂课程目标：挖掘家长资源，建设适合一、六年级学情的家长讲堂课程，形成有效实施机制，丰富学生认知和感悟，实现高效衔接。

（二）课程主题框架内容

家长成长课程

年级	课程主题	课时数
一年级	绘本共读(必修)	2
	读懂孩子(必修)	2
	家长提升(必修)	2
	孩子出现分离焦虑怎么办(选修)	4
	孩子课上注意力不集中怎么办(选修)	4
	如何培养孩子的自理能力(选修)	4
	孩子有攻击性行为怎么办(选修)	4
六年级	青春前期生理及心理特点(必修)	6
	与青春期孩子的有效沟通(必修)	6
	正面管教的智慧(必修)	6
	帮助孩子做好上初中的准备(必修)	4

家长导师课程

年级	课程主题	课时数
一年级、六年级	职业体验	4
	故事爸妈进校园	4
	国旗下讲话	4
	有趣的博物馆	4
	精彩社团	4
	心理团课	4
	校外实践	4

（三）课程实施方式

1. 家长导师课程

为丰富学生校园生活，开阔学生视野，建立优秀家长形象，学校充分挖掘家长资源，建立家长课程资源库。从《家长资源调查表》中了解家长的职业、爱好、特长及参与家长课程的意愿，将信息进行整理汇总，提供给年级组长、班主任老师，由年级组长和班主任牵头，家委会把关，安排年级和班级特色家长导师课程，并在周五下午综合实践活动时间实施，每学期不少于6次。家长们将自己的职业经验或专业特长等知识讲授给孩子们，让孩子们在更加广阔的领域中学习知识与技能。

2. 家长成长课程

提高家长学校课程的效率与水平，增强学习的针对性，满足家长对家庭教育知识个性化需求，逐步开发、建设了"主题（必修）、系统（选修）、个性（帮辅）"三级家长课程，为家长打造了一个立体、全面、灵活、多样的学习平台，有力促进了家长与孩子、学校教育与家庭教育同步同轨发展。

以学校一年级入学季课程为例。首先将家长成长课程纳入一年级入学季课程体系，将"绘本共读、读懂孩子、家长提升"三项主题设为必修课，在入学报名及开学前两天，集中授课，引导家长了解本阶段孩子的身心发展特点、面临的挑战及应对策略；聚焦家长高度关注甚至颇为焦虑的问题，带领家长分析、觉察，初步掌握调适自己和帮扶孩子的方法；通过绘本共读意义、方法的讲解，引导家长树立高效陪伴的观念，创建书香家庭，融洽亲子关系。每个家庭、每位家长面对的问题并不相同，我们通过调查问卷了解需求，对接需求在一年级设计开发出《孩子出现分离焦虑怎么办》《孩子课上注意力不集中怎么办》《如何培养孩子的自理能力》《孩子有攻击性行为怎么办》等4大主题60个课题方便家长自选学习。

自选课题学习突出课程菜单化（每月公布一次课程菜单）、选择自主化、时间固定化（周五下午3:10—4:10）、讲师专业化（专家、共育导师团）、报名优先化（每次培训不超过25人次）特点，家长按照自己的需求走进课堂、走进沙龙，通过与专家、导师的互动交流，满足自身需求，达到解决实际问题的目的。同时讲师对报名的家长进行建档，以QQ群或微信群的形式不断答疑和追踪。针对问题复杂、个性化突出、急待解决的情况，学校开展专家—对一（个性帮辅）课程。邀请专家、心理咨询师开展一对一咨询服务，建立档案，追踪帮辅。

五、讨论及结论

在当前新课程理念指导下，只有当学生家长成为课程改革的助力者，并与学校和教师齐心协力的时候，"新课程"才能真正地顺利前行，我们才能扎实有效地深化教育改革。把家长纳入课程改革体系之内，对学生、学校和教师、家长、社会都具有重要的意义和作用。

家长课程是北京小学通州分校实施德育课程的重要组成部分，通过建立机构、开展活动、家校互动的形式，构建起以学校教育为主体、以家庭教育为基础、以社会教育为依托的合作育人体系，使校内和校外教育协调一致，形成家校合力，共同促进学生健康成长，让家长成为教育的同盟军，进而全面提升学校的育人水平。

为推进学校课题"一、六年级家长课程的研究"的实施和研究，学校立足课题组，讨论并确定课题的研究方向和实施方法，并召开课题组成员研讨会，老师们共同研究课题研究的方向和实施方法。在全体课题组老师的共同讨论下，最终确定了学校课题的研究目标为：主要聚焦小学阶段的一、六年级家长课程建设。我们认为这两个年级是小学幼小衔接和小升初衔接非常重要的两个阶段，通过家长课程的研究、建设和实施，落实家校共育的学校育人目标。研究重点为：确定研究内容、创新研究方法、构建课程体系。课题研究路径为：采用问卷调查、访谈、讨论、观察等方法对学校学生家长进行调查研究，了解家长课程建设中的合作效果、进展情况、取得的经验和存在的问题。发挥学生的沟通桥梁作用，建立良好的家校关系、师生关系：引导家长为学校教育提供观念和资源支持；把家长请进学校，参与校本课程开发；创造机会，让家长之间共享良好家庭教育经验；请家长参与学校的决策、监督和评价。开发和利用家长课程资源的过程中，尊重理解学生家长，平等沟通，一视同仁；注意时间、数量、形式上的安排；给予家长指导和帮助；班主任和各科教师之间互相配合。

本项研究在探索一、六年级家长课程的建设与实施等方面积累了丰硕的成果，充分挖掘了学校和家庭资源，为幼小衔接及小初衔接的平稳过渡提供了有效的理论指导、实践经验。

（该课题于2017年5月被批准立项为北京市教育学会一般课题）

"互联网+"背景下小学党建工作的创新研究

刘卫红

一、课题研究背景

（一）选题意义

小学是培养社会主义事业建设者和接班人的重要阵地。学校组织管理中，学校的党组织承担着重要的管理工作职责。学校党组织作用的发挥也直接影响着学校整体工作的推进和发展。在"互联网+"不断发展的今天，学校内的各个组织必然是协同发展的。学校党建信息化建设也已经成了学校党组织重要的建设任务，成了加强和改进学校党组织建设的有效载体，成了党组织紧紧围绕适应和服务于学校科学发展工作大局的重要抓手，成了学校党组织创造性地开展工作，寻求组织自身变革，增强组织活力的积极举措。

（二）研究价值

从理论方面说，不单单对提高学校党建理论的水平、完善学校党建理论体系有所裨益，同时为以后小学"互联网+"党建工作全面、健康、高效的开展提供了理论上的支持。

从实践方面说，"互联网+"是信息化时代开展基层党建工作的新兴渠道，充分利用好这一渠道，对基层党建工作的平稳发展具有重大的时代意义。

二、文献综述

（一）国外研究现状

在一些较早开始信息化进程的西方发达国家，为了应对新变化，在一定程度上已把"互联网+"运用在政治生活和政党建设中。例如在 2008 年美国总统的选举中，奥巴马通过手机短信、E-mail、Facebook等各种工具，吸引着庞大的人群，诞生了"世界上第一位互联网总统"。这一事例显示了信息网络技术的强大威力。

（二）国内研究现状

已有研究成果从不同的研究视角、研究领域及研究形式对党建问题展开了一系列探讨，为选题的研究提供了丰富的理论参考依据。现有的相关研究成果主要分为以下两个方面。第一，关于"互联网+"与基层党建方面的研究。主要论述了"互联网+"作为党建的新阵地，有利于创新党的工作管理机制，加强党的执政能力，永葆执政党在时代发展中的领导核心地位。近几年，有关"互联网+"党建方面的著作已陆续问世，对相关问题进行了一系列探索，并提出了一些有建设性的观点；第二，关于基层"互联网+"党建方面的研究。主要包括针对农村、街道社区、企业、机关和高校等区域的基层党建方面的研究。

可以看出，学者们对"互联网+"在党建工作中的影响等问题进行了研究，主要研究成果为：对"互联网+"党建的起源、发展、成效、意义等进行了一定的阐述；对"互联网+"党建运用于基层的具体情况进行了实践调查，并针对存在的问题提出了改进的建议；从重要性方面说明"互联网+"对于党建工作的创新具有重要意义。但是对"互联网+"背景下小学党建工作的相关研究少之又少，因此，很有研究的必要。

（三）概念界定

"互联网+"就是"互联网+各个传统行业"，但并不是简单地两者相加，而是利用信息通信技术以及互联网平台，让互联网与传统行业进行深度融合，创造新的发展生态。它代表一种新的社会形态，即充分发挥互联网在社会资源配置中的优化和集成作用，将互联网的创新成果深度融合于经济、社会各领域之中，提升全社会的创新力和生产力，形成更广泛的以互联网为基础设施和实现工具的经济发展新形态。

党建，即党的建设的简称。包括：思想建设、组织建设、作风建设、制度建设、反腐倡廉建设、纯洁性建设、政治建设等，具有鲜明的党性和实践性，适应党在不同时代、不同情况下的工作与活动。

本课题中提出的"互联网+"背景下的小学党建工作，是指党支部发挥信息网络传播速度快、覆盖面广、易于各方互动、不受地域与时间限制、省时省力等优势，解决党员党性教育与业务工作时间冲突的问题，提高小学党建工作的效率，促进学校活力教育可持续发展。

三、研究设计

（一）研究目标

通过本课题研究，开创丰富多样的服务载体，创新贴近实际、贴近师生的工作形式，发挥校园广播、校园电视台、数字化校园平台的作用，打造我支部党员在线服务平台，切实提高党建工作信息化水平。用好北京组工、北京市中小学党建信息网等党员网络学习平台、党员手机报和微信服务平台，积极宣传党的路线方针政策，坚定党员理想信念，利用网上论坛、QQ群、微信、博客等新媒体，增强党组织和党员在网络上的影响力和引导力，建设创新型党组织。

（二）研究内容

本课题的研究内容主要包括以下三部分：

1. 小学党建信息化建设的现状；

2. "互联网+"背景下小学党建工作的策略；

3. 探索"互联网+"背景下的党建新形式。

一是建立信息宣传平台。二是建立教育管理平台。三是建立互动交流平台。四是成果展示平台。

（三）研究方法

1. 文献研究法

本课题将通过查阅相关文献资料，整理归纳有关党组织"互联网+"的研究现状，梳理国外政党组织信息化建设的发展应用情况以及我国党组织信息化建设的发展与实践情况，为本论文的研究提供理论依据和研究基础。

2. 调查研究法

在研究的准备阶段，召开党员、教师座谈会等工作，通过微型调查了解现实状况中党建信息化情况，以及学校领导、党员、群众对当前"互联网+"背景下党建的认识与对目前党组织工作方式的意见与建议。

3. 案例研究法

在研究的实施阶段中，将以学校党支部在"互联网+"背景下的党建工作为例进行实践研究。实践的过程将以一个个案例的形式加以呈现。在形成案例的同时，提炼形成一些"互联网+"背景下小学党建的有效做法。

（四）研究思路

本课题首先要分析小学党建信息化建设的现状，找出小学党建工作中的问题与困难；其次，总结出关于"互联网+"背景下小学党建工作的策略，进一步推进小学党建工作的实效性。

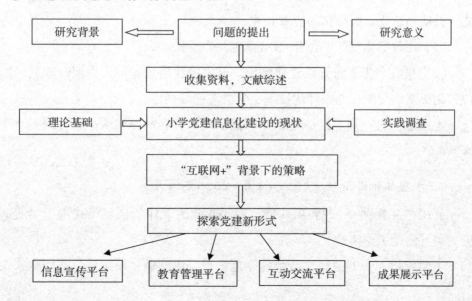

四、研究的实施计划及人员分工

（一）动员部署阶段（2018年1月—3月）

认真开展调研，查找相关文献，结合实际，具体做好以下几项工作：

1. 制定方案。党支部根据区教工委党建创新工作总体部署要求，结合学校实际，制定实施方案。

2.认真调研。协同教育、教学、后勤、电教各部门，认真研讨互联网下党建形式。

3.积极培训。对党务干部积极培训，了解、熟悉、掌握"互联网+"下的党建模式。

查找相关文献，对当前生涯规划能力培养研究现状进行分析，找到本研究的创新点与借鉴点。

主要承担人：刘卫红、靳朝霞。

（二）集中创建阶段（2018年4月—12月）

1. 巩固成果。坚持互联网+小学党建已有模式，继续发挥QQ群、微信群等宣传、互动作用。

2.开发功能。以网络思维，以"互联网+"技术引领，开发互联网党建功能，打造系统化、智能化的智慧党建。

（1）在数字化校园平台开发OA党建办公系统。

（2）在数字化平台开设党建模块，开发党建信息宣传、典型经验展示窗口、党员互动交流、党内评优投票、党员考评等栏目。

主要承担人：刘卫红、靳朝霞、范素杰、唐胜楠、马乐乐、马国亮、张岢欣。

（三）整体推进阶段（2019年1月—2020年11月）

利用"互联网+"的各项功能，对小学党建工作的创新模式进行实践研究，提升党建工作实效。

主要承担人：刘卫红、靳朝霞、范素杰、唐胜楠、马乐乐、马国亮、张岗欣。

（四）总结回顾阶段（2020年12月）

随着工作的不断推进，逐步完善"互联网+"背景下小学党建的工作模式，及时小结经验，反思问题，提升党建模式的科学性。2020年12月，完整梳理几年的实践成果，实事求是，形成项目报告。

主要承担人：刘卫红、范素杰

参考文献

［1］马利.对互联网与执政党建设的思考——网络给执政党建设带来的挑战和机遇［J］.新闻战线，2009（09）.

［2］董永强，邓如峰.关于深入开展"网络党建"的对策思考［J］.网络与信息，2008（05）.

［3］蔡芹."互联网+"为党建工作注入创新活力［J］.网络与信息，2008（05）.

［4］柳俊丰，刘彬."互联网+党建"的发展历程、现实困境及推进策略［J］.中共山西省直机关党校学报，2016（05）.

［5］吴秋萍."互联网+"党建模式研究［J］.信息与电脑（理论版），2016（18）.

［6］刘远平.探索"互联网+"党建模式［J］.中国电力企业管理，2016（02）.

［7］董文龙，王怡.加强基层党建工作创新的措施探讨［J］.企业改革与管理，2017（14）.

（该题于2017年12月被批准立项为北京市通州区教育系统党建研究一般课题）

核心素养背景下，以移动学习模式提升
小学生英语听说能力的实践研究

马军华

一、研究背景

"21世纪的人类进入信息社会，知识的更新速度不断加快，计算机科学的迅猛发展，特别是多媒体技术和网络技术的出现，改变了社会各领域运行和发展的模式，改变了社会成员的生活和工作方式"，这种改变必然也要反应到教育中来，反应到课程中。与此同时，社会生活的信息化和经济活动的全球化，使外语，特别是英语，日益成为我国对外开放和与国际交往的重要工具，英语基本能力、信息意识与能力已成为当代公民的必备素质。

（一）课标要求

《义务教育英语课程标准（2011年版）》（以下简称《标准》）提出，外语是基础教育阶段的必修课程。英语是外语课程主要语种，作为一种语言，其本质就是为了交际。在小学阶段开设英语课程的目的就是为了培养学生用英语进行日常交际的能力。"听说领先，读写跟上"是进行英语教学工作时教师要遵循的基本原则。

《标准》也明确提出，教师要让学生尽可能多地接触英语，为学生创设英语的环境，通过听、说、读、写的训练来提高学生运用英语的能力。其中也特别强调了要加强对学生听说能力的培养和训练。这样的要求是符合语言的形成规律和学生的心理发展特点的。但是在应试教育背景下，由于受到汉语环境、教师素质、学生羞怯心理等因素的限制，"哑巴英语"现象非常严重。针对学生普遍存在的英语听说能力较差的现状，作为工作在教学第一线的英语教师，我们要深入分析和研究如何提高学生的英语听说能力，逐渐培养学生用英语交际的能力。

英语听说能力为核心素养中的一部分，小学生英语听说能力的提升，能够夯实其英语学习基础，并为其未来的英语学习提供强大的支持。提高小学生听说能力，并不是要求教师只关注听说能力培养，而不重视读写训练，而是需要教师明确谁先谁后的问题。从语言认知规律出发，听说的重要性更加明显，听是人类思维的直观表现，而说则是感官的表现。这样一进一出，就完成了信息从进入大脑，到输出的过程。所以在教学过程中要面向全体学生、以学生为主体、切实考虑学生的发展需求。教育主管部门和专家学者正在研讨和探究通过整合课程内容和改进教学方式来探索培养学生英语学科核心素养的途径，尤其是在英语教学中，教师应该以培养小学生英语听说读写能力为最终教学目标，结合核心素养培养的各项要求，促进小学生英语能力全面发展。

（二）政策要求

李克强总理在2015年3月的政府工作报告里，明确提出了"互联网+"的概念。政府也在大力推进教育信息化和"三通两平台"的工作，以促进教育的均衡化发展。教育部在2014年印发的《关于全面深化课程改革落实立德树人根本任务的意见》中指出，教育的目标是"促进各级各类学校学生全面发展、健康成长"；要建立学生的"核心素养体系"，即"个人素养、社会关爱和家国情怀"。北师大王蔷教授在总结了21世纪中国英语基础教育走过的15年历程之后指出，伴随着理念的更新和改革的深入，中国学生的综合语言运用能力得到了明显提升，今后英语教学的培养目标将围绕着"立德树人"和"学科核心素养"展开。教科院龚亚夫研究员也提出了"多元目标英语教育"的概念，相信英语学科能够发挥独特的育人功能、促进学生全面健康发展。与此同时，教育主管部门也倡议教育工作者，要充分利用现代信息技术手段，实现教学方式的改进、适应学生个性化学习需求。

作为思维表现的工具，英语语言的熟练应用，依赖于思维训练。进行小学英语听说训练，要求教师通过合理设计思维训练，促使学生更好地进行英语听说。这是我国小学英语教育工作者们共同承担的责任，也是我国小学英语教研的热点内容。以核心素养为前提，科学开展小学生英语听说训练，已经成了我国基础教育中不可缺少的一部分。

（三）学生发展需求

语言是人类特有的信息传递与情感交流工具，而人生中语觉发展关键时期一般是1—9岁，因此，在小学阶段为学生开设英语课程是培养学生第二外语运用思维与交流能力的重要一步。语言学习中最基本的内容是交际，而交际主要包括"听"与"说"两个方面，因此，学校针对学生实际，抓住小学生处于语觉关键期的有利条件，把英语作为学校特色学科，研发相应课程，学校鼓励教师运用现代教育技术提升小学英语课堂教学，注重对学生听说能力的有效培养，经过"十二五"期间，运用"酷听说""一起作业"等移动学习App提升学生英语听说能力的相关课题研究，学校学生的英语水平有了明显提高，有效解决了"哑巴英语"与"聋子英语"的问题，使学生可以用英语沟通交流，进而提升学生英语学科素养。在通州区域内，学校学生英语学业水平明显好于同龄人，因此，探究现代教育技术在小学英语课堂教学的应用策略有着积极的现实意义。

二、文献综述

我国移动学习的研究始于2000年，最初只是理论研究和国外移动学习的介绍引进。2000年《开放教育研究》杂志相继刊登裴伟廷的《移动远程教育初探》和丁兴富翻译的爱尔兰远程教育专家基更教授的《从远程学习到电子学习再到移动学习》，这两篇文章提出了移动学习的概念，引起国内各界人士对移动学习的关注。2001年，《远程教育》杂志和《广州广播电视大学学报》又分别刊登了裴伟廷的《移动远程学习》和叶成林的《现代远程教育未来发展的主要趋势》，对移动学习继续进行理论探讨。2001年12月，教育部高教司发出了关于"移动教育"的理论与实践研究项目的立项通知，我国移动学习的研究开始走上快速发展的轨道。

在2004年的《中国远程教育》刊登的"T-learning向我们走来"一文，表明移动学习的研究已呈现出逐年递增的趋势，这说明移动学习越来越受到教育界的重视。作为一种全新的富于弹性的学习方式，移动学习已显示出巨大的潜力。起初我国侧重于对移动学习的理论探讨，自从2008年开始，我国教育技术界开始将移动学习与具体实践相结合，针对具体的学科如英语等，针对特殊的学习群体如中小学教师培训、边远地区的党员教育及成人教育等。但是总的来讲，对理论的研究多于对实践的探索。

教育部在"教育信息化促进教育领域综合改革"的精神中指出，要"构建利用信息化手段扩大优质教育资源覆盖面的有效机制"，全面推进"三通两平台"任务的完成。"鼓励社会广泛参与，注重处理好政府与市场的关系"，要加快构建"政府政策支持、企业参与建设、学校持续使用"的机制。大力推进深入推进教师的因材施教和学生的个性化学习。深入研究和挖掘网络学习空间的应用模式，将移动空间与课堂教学有机衔接。

目前，针对移动学习的研究，方式以手机居多，且大多集中在大、中学，小学很少，通过多样化移动终端在中小学开展试点，探索无线网络环境下任何时间、任何地点的个性化学习方式尤为重要。

然而，传统的小学英语教学由于长期受到应试教育的影响，其教学的重心放在了语法、课文与应试技巧的讲授上，忽略了对学生听说能力的培养，重知识灌输，轻技能训练，导致学生听说能力普遍较弱；传统的英语教学以教师口头讲解为主，缺少必要的口语交际情境创设，在教学中学生的主体地位得不到重视，使得学生在英语学习中过于被动，缺乏学习兴趣；此外，传统的英语教学通道单一，学生只能在英语课堂上获得听说锻炼的机会，而听说能力的提高需要长期的训练，仅仅依靠课堂训练学生很难将所学知识点内化为语言技能。小学生由于年龄较小，其思维以形象思维为主，他们对知识的认知与自己的感性经验紧密相连；小学生在注意力特征方面以无意注意为主，在记忆力特征方面以形象记忆为主。因此，在英语学习过程中他们更容易被有具体形象的事物所吸引，更容易在具体的情境中锻炼出听说能力。

基于此，我们开展课题研究，在移动终端设备帮助下学生能够在任何时间、任何地点发生的学习，并且提供教师和学习者之间的双向交流，在研究中强调学生作为学习主体，对知识的主动探索、主动发现和主动构建。基于移动学习终端的外语教学模式为学习者提供智能化的学习环境，根据学生运用外语进行交流的实际需求，创建真实的学习情境，并提供协作学习和会话交流的机会，采用交互式教学，注重通过各类交互活动，提高学生的语言及交互能力。借助移动学习终端提供的丰富教学手段，开展形式多样的交流与互动，如师生答疑、师生互动、生生答疑、生生互评、生生互动等，增强学生自主运用外语进行交际的能力。从而加强其学习能动性，做到"以学生为中心"的教育，切实提高学生的英语听说能力。

三、核心概念界定

（一）核心素养

核心素养是指学生应具备的，能够适应终身发展和社会发展需要的必备品格和关键能力。外语素养是指能够根据自己的愿望和需求，通过口头或书面等语言形式，运用其他语言实现理解、表达和交流。《高中英语课程标准》将英语学科核心素养归纳为语言能力、文化品格、思维品质和学习能力四个方面。其中，语言能力是英语学科核心素养中的"核心"。

（二）语言能力

语言能力主要是指在社会情境中借助语言进行理解和表达的能力。语言能力是一个含义很广的概念。它既包括过去常说的听、说、读、写等语言技能，也包括对语言知识的理解和运用能力，还包括语言意识、交际身份意识等。

（三）移动学习

移动学习是近年来兴起的一种新型学习模式，移动学习是指依托目前比较成熟的无线移动网络、国际互联网以及多媒体技术，学生和教师利用目前较为普遍使用的无线设备（如手机、PAD、笔记本电脑灯）来更为方便灵活地实现交互式教学活动，以及教育、科技方面的信息交流，其特点是移动性、随时随地性、交互性。移动学习需要建立在一个基本的条件上，即学习者按需要自主地学习。

四、研究目标与内容

（一）研究目标

本课题的研究目的是通过移动终端技术与教学整合，来提高小学生的听说能力。在校内外，学生通过App实现"变一人学习为多人共同学习"，形成合作学习体系。整合的软件、硬件设施要求将信息技术"无缝链接"到学生学习和教师教学的过程中，而不只是停留在现有技术的简单"组合"。在原有的教育手段基础上，有跨越式的提升。从真正意义上讲，将移动终学习术融入学习当中，成为一种学习方式和模式。新课程标准和理念实际上要求更高的效率，要在更短的时间内让学生更轻松地学得更多或者尝试更多。积极推进信息技术应用，本着从实际出发，因地制宜的原则，补充传统的各种技术手段在教学中的不足之处。

（二）研究内容

应用移动模式提升小学生英语听说教学实效的实践研究。教学中，教师发挥移动学习的优势，挖掘听说教材资源、利用各种手段激发学生学习兴趣，有效运用互联网等信息技术寓教于乐，提高教师的教学技能，优化听说课堂教学环境，提升听说教学的课堂实效，提升学生的听说能力。

创设学生自主移动学习模式，开展提升小学生英语听说能力的实践研究，即培养学生的语言学习策略和自主学习能力。

创设移动学习模式，通过"酷听说""一起作业"等App，使学生在网上自由翱翔，实现人机互动、生生互动、师生互动，学生和家长互动。学生通过自主选择性学习、个性化学习，解决了实际生活中听不懂、说不出的"哑巴英语""聋子英语"的问题。

（三）研究假设

国内外很多研究者对移动技术的应用环境下的英语学习做了初步的实验研究和理论探讨，取得了一定的研究成果。但是，目前基于核心素养背景下的通过移动技术，创设移动学习模式，提升小学生英语听说能力的研究很少，特别是基层教师对于数字化英语课堂教学策略，学生英语听说能力的有效提升，以及有效评价研究的人更少。虽然，课题研究者曾参加过"十二五"相关课题的研究，但基于学校学生核心素养培养目标与课程体系架构背景下的研究有待深入。因此，需要课题负责人在以前研究的基础上，基于学情、师情实际，开展实践性的研究，使得研究成果能够切实被运用到教学实践中、课内外英语学习中去，以不断提升学生的英语听说能力。

（四）拟创新点

本课题将学生自主学习和英语教学紧密结合起来，学生在老师指导下运用计算机和互联网的科技成果，运用高效便捷的操作模式学习英语，使得研究成果能够切实被运用到教学实践中去，切实提高学生的英语能力。

"酷听说"软件是上海科技公司研制出来的新产品，具有使用优势，但在评分系统和教师端操作等方面还存在不足，学生在使用过程中也遇到了得分过低、录音速度慢等问题，老师在收集统计数据方面还有不完整等情况。因此需要在使用过程中总结问题，推进软件的完善与升级，进而探索出更符合学生要求的英语听说读写操练模式，更符合英语教师的授课需求，最终提升教学实效。

五、研究思路与方法

（一）研究思路和技术路线

1.构建移动学习环境

构建围绕移动设备的整体学习环境，实现包括电子白板、学生学习终端（笔记本电脑、PAD、手机）、教师终端等一系列硬件设备的无缝衔接，同时建设支持学生个性化学习的服务平台和主题教学资源库。

2.探索移动学习模式

初步设想为"连接校园网络—手机上网—下载学习内容—完成、发送作业—提供学习辅导—进行学教评价"。学生和教师利用笔记本电脑通过校园无线网接入点连接到校园网络。学生通过无线上网，下载学习内容，发送作业给教师。教师通过校园的无线网络为学生提供学习辅导。学生和教师借助于校园网络实现对双方学与教的评价。

3.搭建学习平台

"酷听说""一起作业"网络科技公司是国内拥有版权资源最丰富，自有知识产权最多，用户数量最庞大的企业之一，现拥有几十种软件著作权和自有知识产权，主导产品包括为学生提供的教材配套软件、学习辅导软件、网络在线教育服务以及为教师提供的教师用书配套软件、教学资源类产品。这些资源将通过移动终端，为学习者学习搭建平台。国家"十二五""十三五"滚动课题"探索移动终端学习英语模式，提高学生英语听说能力"顺利结题，公司有强大技术、资源、资金的支持，以及十分完善的科研开发、教研教学的专业队伍，成为本课题顺利开展的有效保障。

（二）研究方法

通过问卷调查法、文献研究法、个案研究法、探索性研究法、经验总结法等进行研究和探索。

1.问卷调查法

将有目的、有计划、有系统地搜集有关北京小学通州分校学生英语听说现状或历史状况的数据材料，进行分析、综合、比较、归纳，为课题研究提供前期数据支持，从而使得研究更科学。

2.文献研究法

根据研究目的，通过文献资料阅读，了解国内有关研究背景、成功经验等，从而全面地、正确地了解掌握所要研究的问题。

3.探索性研究法

在研究过程中，进行大数据的统计和分析。通过对实验班级学生移动学习数据信息的收集、传递、加工和整理，调查学生英语学习现状，找出影响其英语听说能力的相关因素，即主观因素和客观因素，进行多变量研究，用定量分析的方法分析影响学生英语听说能力各因素之间的关系，并进行排序，提出促进学生英语听说能力提高的有效途径和教学策略等，以实现研究目标。

4.经验总结法

通过对移动学习模式下，学生听说能力提升的实践研究活动的具体情况，进行归纳与分析，使之系统化、理论化，形成研究经验，形成阶段报告，结题论文、结题报告。

六、研究计划与人员分工

（一）课题负责人和主要成员完成本课题的研究能力

研究团队由市区校三级英语骨干教师组成，特别是课题负责人领衔承担过市区级、国家级课题研究工作，具有开展相关研究的经验及研究实力。

网络资源平台建设比较完善，资源丰富。此项研究主要依托"酷听说""一起作业"等移动学习平台，主导产品包括为学生提供的教材配套软件、学习辅导软件、网络在线教育服务以及为教师提供的教师用书配套软件、教学资源类产品。其中教材配套软件连续多届获得中国国际软件博览会金奖，并多次被中国软件行业协会评为优秀软件产品。以上是完成课题的条件和保证。

研究团队已经在"十二五"期间已经完成利用移动终端开展英语学习的课题研究，具备一定的研究基础。

1.依托网络平台，听说结合，开发自学能力

"酷听说"网络学习平台为教师和学生提供了我们正在使用的北京版课本、练习的配套学习资源，还提供了海来慈英文绘本的学习机会。

2.移动终端能辅助教师评估听说课堂教学的效果

小学阶段的英语学习是学生一生英语学习的最佳黄金时段，原有的方式方法和内容不能满足学生的学习需求，先进的互联网手段越来越受到大家的关注。

3.网络教师端资源已经成为英语教师课内外不可或缺的工具

课前，教师可以结合教师端的备课资源和教学参考进行相应的教学设计；课中，教师可以结合课堂应用和课堂活动进行互动教学，寓教于乐，让学生轻松快乐地学习；课后，教师可以轻松布置英语阅读的作业，并且实时查看到学生的学习报告，更好地管理听说作业。

4.在"十二五"的课题研究中，参加过丰富多彩的活动

2015年12月22日，实验教师在北京市基础教研中心召开研讨会，聆听了市教研员王晓东老师、课题组负责人宋越美老师的中期报告；2016年12月至2017年5月，学校分别承担"探索移动终端学习英语模式，提高学生英语听说能力"课题阶段、结题展示活动。

（二）课题实验的步骤和安排

本课题从2018年5月准备开始至2021年9月结束，分四个阶段进行。

准备阶段（2018年5月—2018年9月）：马军华负责课题选题、课题申请，课题立项等工作；冯颖负责前期实验年级学生数据收集、分析工作。

实施阶段（2018年9月—2018年11月）开题：马军华负责完成开题报告撰写、开题答辩，修改开题报告等工作，并及时完成市级课题开题等工作；市级英语学科教研员张鲁静老师指导具体阶段研究工作。

推广阶段（2018年11月—2020年1月）：马军华深入实验年级指导相关实

验教师研究工作，其他教师承担实验班级的课题研究和数据收集、分析等工作，完成阶段课题研究论文的撰写；马军华完成阶段研究报告；市级英语学科教研员张鲁静老师指导具体阶段研究工作。

总结阶段（2020年2月—2021年9月）：梳理研究成果，结题，深化研究。马军华完成结题报告，承担课题结题课，组织结题展示活动。市级英语学科教研员张鲁静老师指导具体研究工作。

（该课题于2018年6月被批准立项为北京市教育科研规划一般课题、通州区教育科研规划重点课题）

小学中年级古诗教学方法的研究

王 立

一、核心概念的界定

我国古代经典，浩繁艰深，而古诗词无疑是这浩瀚问卷中一个重要的文体。古诗按音律分，可分为古体诗和近体诗两类。按内容分，可分为叙事诗、抒情诗、送别诗、边塞诗、山水田园诗、怀古诗、军旅诗等。

古诗作为传统文化的重要组成部分，现在也是小学语文教学中的一个重要题材。现今的小学语文教材，每一册书至少有六首古诗教学，此外，北师大版的《义务教育语文课程标准（2011版）》要求学生背诵优秀诗文240篇。所以，小学的古诗教学是一个重点。

2015年，北京市在各中小学全面推广实行《北京市实施教育部〈义务教育课程设置实验方案〉的课程计划（修订）的通知》，明确要求加强综合实践活动基地建设，加强学科实践活动课程建设。学科实践活动课程的开发与实施，要避免用学科教学内容简单代替，要突出实践性、探究性，尽量依托参观、调研、制作、实验等形式，要逐步形成学科内综合以及跨学科多主题、多层次（知识类、体验类、动手类、探究类等）的系列活动课程。

二、国内外研究现状述评

（一）国内方面

早在20世纪20年代，我国就有一批著名的专家学者对古诗词教学提出了自己的看法。比如，胡适在《再论中学的国文教学》中提出：中学生在白话文通顺的基础之上，要渐渐能看古书并能做文法通顺的古文。朱自清在《古文学的欣赏》中提道：文言的教材，目的不外两个：一是给学生做写作的榜样或范本，二是使学生了解本国固有文化。后一种也可以叫作古典的训练。而且，朱自清先生更加强调中学生应能够欣赏古文学，即接受文学遗产了解本国固有文化。朱自清认为文言文是"死语言"，死文字，离中学生的日常生活较远，但是中学生还是应该借助工具书或者优秀的名家翻译去大量阅读和欣赏古文学，从而接受古典的训练。吕叔湘先生在《关于语文教学两点基本问题》中提道：中学生的文言文的学习是为了欣赏古典文学作品与接受文化遗产。同时学习文言文可以了解现代文章里的成语和典故，并且对于文言文的学习对白话文的写作有着一定的帮助。吕叔湘认为，文言文对中学生来说是学习的一个难点，因为白话文可以在教材与现实生活中的文字运用中双管齐下的学习，可是文言文的学习只有通过大量的阅读文言作品来达到一定的成果，并且文言文的学习离现实生活远以及与白话文学习方法的不同等原因使文言文在学习与教学中困难重重。吕叔湘认为，首先应通过大量的文言基础训练使中学生获得阅读课本以外的文言作品的能力。这些基础训练包括会使用工具书、断句、对于典故尤其是那些藏头露尾哑谜似的典故的了解、虚词、常见的文言句式等。在中学生通过文言基本训练有了一定的独立阅读的能力后，应通过大量阅读文学作品来达到接受文化遗产的目的，并且文化遗产包括文学作品，但是不限于文学作品，可以说是经史子集，杂记短书，无所不包。接受这些文化遗产都是建立在具有自由阅读古书的能力的基础上的，而这种自由阅读古书的能力基础就非基础训练不可。

综上来看，对于古诗词的学习目的，主要分为两种，即语言与文化传承两个方面。首先，是对于古代语言的学习。由于年代久远，古代汉语与现代汉语在语用、语法上都发生了一定的变化，所以学生可以通过对古诗文的学习来了解古代汉语的用法，最终达到丰富现代汉语表现力的目的。其次，是对我国古代文化的一种传承。古诗词属于我国古代文化经典，学习古诗词有助于后人接近文化经典，其价值自不待言。同时，对古诗词中大量风土人情的了解，可以扩大学生的知识面，丰富学生的精神世界。

（二）国外方面

美国学者伯尼·特里林与查尔斯·菲德尔在他们共同著述的《21世纪技能为我们所生存的时代而学习》一书中明确指出：现代的学习者较之于以前的学习者，学习方式发生了巨大的变化。教育在21世纪中的作用主要是以下四个方面：为劳动和社会做贡献，展现个人才华，履行公民责任以及弘扬传统与价值。而现在的学习方法主要分为：协作式小组学习法、项目学习法、基于问题学习法、基于设计学习法。正是因为学习目标与学习方法的转变，学校教育也开始重组整合，落实到实际中，即是现今的综合实践课程。关注点在于：第一，基于研究的教学实践，避免用学科教学内容简单替代，学科内主题应有探究性、实践性；第二，应有严格而有针对性的国际性课程标准（包括学科知识、学习技能和技术手段技能），这种课程标准应与地方课程、校本课程实现良好结合；第三，教学手段在各个学科之间的整合。各个学科之间再也不是分门别类的抽屉式知识，而应实现学科融合，在这种背景下，教学手段也应相应地发生整合。

（三）综　述

综上所述，古诗词教学很重要。但是，语文综合实践课的特点决定了，一方面，综合实践课有利于挖掘现有学习的诗词的背景、当时社会、作者等深层次的知识。另一方面，在不违背教育规律的前提下，可以拓展学习类似难度的诗词。所以，我们做这个研究。研究内容主要涉及古诗词的语文综合实践活动课的内容编排、古诗词的拓展；活动的主题、方式、体系、评价等。

三、目的、意义及研究价值

（一）背　景

1.理论方面

语文课程是一门学习语言文字运用的综合性、实践性课程。工具性与人文性的统一，是语文课程的基本特点。在我国古代文化经典中，强调文以载道、以诗言志。所以，古诗文恰恰符合了语文学习的特点。现代汉语是从古代汉语发展而来，可以说古代汉语是现代汉语的起源地，对古代汉语的学习是有助于学生对现代汉语的习得的。再者，在学校学习是学生完成社会化的一个过程。语文课的作用尤为突出，现代文明是从古代优秀文化衍生而来。古代优秀文化是我们了解历史、把握现在的一个捷径，有助于学生以后更好地生活。

从认知主义的角度来说，小学生思维发展特点是从具象思维向抽象思维过渡。在这一时期，是孩子批判性思维形成的重要时期。针对这一情况，在实践活动课程中，让孩子在体验今天生活的同时反思古诗文中描述的生活，从而培养形成孩子的批判性思维，是一种有效的途径。

2.政策方面

习近平总书记2013春季在中央党校建校80周年庆祝大会暨2013年春季学期开学典礼上讲话指出："中国传统文化博大精深，学习和掌握其中的各种思想精华，对树立正确的世界观、人生观、价值观很有益处。"2014年，教育部为贯彻落实党的十八届三中全会关于完善中华优秀传统文化教育的精神，落实立德树人根本任务，进一步加强新形势下中华优秀传统文化教育，发布了《完善中华优秀传统文化教育指导纲要》。

《完善中华优秀传统文化教育指导纲要》中明确指出：小学低年级，诵读浅近的古诗，获得初步的情感体验，感受语言的优美；了解一些爱国志士的故事，知道中华民族重要传统节日，了解家乡的生活习俗，明白自己是中华民族的一员；初步了解传统礼仪，学会待人接物的基本礼节；小学高年级，诵读古代诗文经典篇目，理解作品大意，体会其意境和情感；了解中华民族历代仁人志士为国家富强、民族团结做出的牺牲和贡献；知道重要传统节日的文化内涵和家乡生活习俗变迁。

3.实践方面

（1）传统文化传承的需要。古诗词作为中华传统文化典籍的重要组成部分，对我国文化经典的传承有着重要的作用与责任。它是今人接近经典、了解历史与文化的一座座桥梁，也是今天窥探古代发展脉络，了解古代历史进程，考证古代风土人情的一个重要途径。

（2）学生能力发展的需要。学生对古诗词的学习方式从低年级的吟诵到高年级的理解诗词中的意境情感，这是一个思维发展的过程。古诗词是我国优秀文化经典，能够影响学生的思想境界；古诗词朗朗上口，学生吟诵时可以感受到音乐美，培养学生的审美能力；古诗词语言凝练，丰富了学生的语言积累和语言经验。

（3）课程改革发展的需要。新一轮课程改革对我国经典文化学习、诵读都提出了新要求。面对这一背景，我们必须尽快回应，去培养适合时代发展需要的人才。

（4）地方文化特色的需要。本校位于北京通州区，京杭大运河的旁边。这一地区有着浓厚的历史文化气息，并且，通州区的传统文化特色历来就是以诵读为主。所以，为了结合地方文化特色，开展了这一古诗词与综合实践活动课程结合的研究也是十分应景的。

（二）研究的价值和意义

本课题的研究旨在通过研究古诗词教学与综合实践活动课程的有效性结合。在这一研究过程中，古诗词是主要内容，以古诗词为主要内容与其他学科的融合开展的时间活动为主要形式，最终实现传统文化教育这一目标，丰富学生现代汉语的表达形式，培养学生批判性思维的能力，训练学生新的学习方法的获得。

三、研究目标、研究内容、研究假设和拟创新点

（一）研究目标

通过本课题研究，分析四年级的古诗词教学如何与综合实践活动课程有效性结合，研究内容主要涉及古诗词的语文综合实践活动课的内容编排、古诗词的拓展；活动的主题、方式、体系、评价等，在这过程中实现对学生传统文化传承、丰富语言形式、习得新的学习方法和批判性思维这四个方面能

力的培养。

（二）课题研究内容

对《小学生必背古诗词75首》进行重新归类整合。

为实现历史文化传承目标，按照时代发展脉络对诗歌进行分类，让学生在学习古诗词的基础上了解我国历史文化。

为实现丰富学生语言表达形式这一目标，将贴近学生生活实际的诗歌进行分类，让学生在活动中运用语言表达。相关的活动有：接龙比赛、语言形式变化小探究等。

对于古诗词甚至语文的学习一直都是从字词入手。诗歌学习的困难不仅仅是因为文字相隔年代久远，更是因为学习者生活背景、个人经验的不足。例如对"人间四月芳菲尽，山寺桃花始盛开"这样的诗句，就要结合科学知识来理解。

批判性思维的形成。在对古诗词内容理解的基础上，整合一些由于时代局限性或者认知有限而有争议性的诗歌作为教学资源。学生根据生活经验、知识经验反思诗歌内容，思考：如果当下发生了类似的事应该怎么做？通过这种方式来培养孩子的批判性思维。

（三）拟创新点

古诗词教学一直以来都与语文学科息息相关，如何打破古诗词教学中严格的学科界限，使古诗词教学与其他学科有效实现融合，这是一个有意义有价值的问题。因为在这一学习过程中，不仅仅是对知识的学习，更是一种新的学习方法的习得。也正是在这一过程中，才能有效地展开综合实践活动，在活动中让学生快乐地学习。

（四）研究假设

在四年级把古诗按照年代发展顺序重新编排，开展历史讲堂实践活动课程，如我生活在唐代的体验活动等。最终孩子的学习结果以手抄报、资料集等形式汇总。孩子在这一过程中自己查与时代背景有关的资料开展讲堂活动，理解诗人所处的时代，进而理解诗歌，最终形成一个基本的时代发展脉络框架。

在这一过程中积累诗歌中的语言，比如"桃花潭水深千尺，不及汪伦送我情"这样的朋友送别诗句，开展同样的话你能换几种方式说、看图说话、图文结合的活动方式，用这种活动丰富学生的语言表达。

挑选出与其他学科联系较强的诗歌重新编排。比如，把含有科学知识的诗歌归类，在了解科学知识的基础上重新理解诗歌的含义，以及语言表达的简练。把能够演奏的诗歌归类，例如把汉乐府诗歌归为一类，让学生在吟唱中理解古诗的音韵美。

在孩子理解诗歌意思后，把时代性很强的诗歌重新归类。例如，忠君类诗歌。让学生结合当下的时代背景，反思作者当时的想法放到现在是否正确，明确诗人的时代局限性。在这一过程中培养孩子的批判性思维，具体呈现方式是习作。

四、研究思路、研究方法、技术路线和实施步骤

（一）研究方法

1.个案研究

针对一个或几个孩子的学习状况，看学生在进行干预后学习能力上的变化，从而论证研究结果。

2.调查法

针对学生学习古诗词情况，以试卷、随笔、朗读比赛等多种形式了解学生的学习进度与发展情况。

3.文献研究法

研究国内外新的教育理论和教改发展动态，特别重视古诗词教学与综合实践活动课程有效性结合部分；及时总结、学习，借鉴已有及新的理论成果，支撑和构建本课题的理论框架和方法论，转变研究方式。

4.行动研究法

定期开展各种有关古诗词与各学科融合的活动比如汉乐府诗词中的音乐、古诗词中的科学常识、古诗词中的风土人情等，丰富融合的形式，拓展学生的知识。避免课题研究从报告中开始，又在报告中结束的不务实际的做法。

（二）实施步骤

准备阶段（2018年3月—2018年6月）：梳理挑选需要的古诗词文本，初步指导学生通读、诵读了解古诗词。

实施阶段（2018年7月—2019年6月）：实施实验方案，及时反馈与经验总结，推广阶段性研究成果。通过研究，提出更具操作性和高效性的活动方案。在学生了解古诗词内容的基础上开展一系列以古诗词为中心内容，融合其他学科的一系列活动，观察并收集学生在活动过程中的收获与变化。

总结阶段（2019年7月—2020年5月）：收集、整理资料，撰写研究报告，组织结题鉴定，推广研究成果。

参考文献

［1］吕叔湘.关于语文教学的两点基本认识［J］.语文学习，2005（09）：42-45.

［2］胡适.再论中学的国文教学［J］.中华活页文选（教师版），2008（01）：7-8.

［3］荣维东.语言文字运用:语文课程定位的新亮点——《义务教育语文课程标准（2011年版）》解读［J］.语文学习，2013（03）：4-7.

［4］朱自清.论教本与写作［J］.中华活页文选（教师版），2008（07）：4-8.

（该课题于2018年6月被批准立项为北京市教育科研规划一般课题）

促进学生数学理解的教学策略研究

刘卫红

一、国内外研究现状

关于数学理解，按研究视角和侧重点的不同主要分为三个阶段，第一阶段是以数学理解的理论探索为主，第二阶段是逐渐兴起数学理解的教学实践研究，第三阶段开始关注数学理解的横向比较研究，主要从课堂实践的角度比较各国教师、学生在数学理解上的差异。国外早期的研究集中在数学理解的内涵、类型（模式）、水平和影响因素等方面。第二阶段，数学理解的教学实践研究主要包含了教师教学方式研究、学生学习方式研究和数学理解的评价研究三个方面。第三阶段，数学理解国际比较研究主要包括国际教师数学教学方式和国际学生学习方式等方面，研究方法主要有观察法、访谈法、作业分析法。

国内学者主要是从问题理解的内涵、层次和策略进行研究，不同学者对数学理解的认识角度也不同，有学者提出了"超回归"数学理解模型，也有学者根据专家评定法给出了数学理解的五个层次，还有学者给出了数学理解的三种方式及课堂教学的特征。从数学理解研究的整体动向来看，王新兵、徐彦辉、余瑶和张春莉分别对数学理解问题研究进行述评。其中，王新兵主要从提高数学理解能力的策略、数学理解的模式和层次、数学理解的功能、数学理解的评价、数学理解的实践研究5个方面进行述评。徐彦辉则是对西方学者提出的有关数学理解的四个理论做了述评，分别是："数学理解"类型理论、基于认识论障碍的"数学理解"理论、基于表征和联系的"数学理解"理论、基于反复移动的"数学理解"理论。余瑶和张春莉则是以时间发展为轴线进行述评，包括 20 世纪30年代至90 年代末数学理解的理论探索研究、

20 世纪 90 年代末至 21 世纪初数学理解的教学实践研究、21 世纪初至今数学理解的横向比较研究。除此之外，他们还对数学理解内涵进行多重解读，对数学理解模型进行深度解读，对数学理解研究进行展望。

由此可见，我国学者在数学理解的研究上，逐渐从理论探讨到实践研究，从定义、模型的探讨到实际教学中的应用，并且逐步关注到认知的主体——学生，在学习中的情感因素。

二、研究的目的、意义

本课题基于国内外广泛开展的有关数学理解理论的研究，试图从学生视角出发，通过行动研究法，探索出有助于学生数学理解的教学策略。

数学理解体现于学生的思维以内隐或外显的形式作用于某些数学知识，所以数学知识的属性也会关系到理解类型的描述。通过本课题的研究，有助于在理论层面上完善数学理解层级的相关理论，进一步落实新课程改革的理念。通过应用行动研究法，探索促进学生数学理解的教学策略，有助于提高教师的业务素质和能力，促进数学教研的深入，培养学生的核心素养。

三、研究的主要内容

阅读大量参考文献，探明数学理解的发展规律。

根据学生数学理解的发展规律，探索促进数学理解的教学策略。

开展课例研究，探究"核心问题""可视化思维"和"多元评价"的课堂教学方案，归纳总结出促进数学理解的教学策略。

四、研究方法、手段、路径

本研究主要采用文献分析法、课堂观察法、访谈法和行动研究法等研究方法。

文献分析法：文献分析法是研究的基础，在本研究中查阅相关的专著与期刊，对参考文献资料进行研读，探明数学理解的发展规律及研究现状。这一过程不仅为这项研究寻求了较全面的背景知识与理论支撑，还有助于将已有文献的思想、方法融入本次研究之中。

课堂观察法：课堂观察法是一种科学的方法，这里主要采用质的观察，借助特定的观察工具对教师和学生的行为进行记录，通过对学生可视化思维的观察，了解学生数学理解的进阶情况。

访谈法：为了深入了解学生数学理解的进阶情况，在课堂教学结束后对学生进行个案访谈，从学生的回答了解他们数学知识的理解情况，使研究结果更具有说服力。

行动研究法：为了更好地探究出促进学生数学理解的教学策略，采用课例研究，将"核心问题""可视化思维"和"多元评价"的课堂教学方案付诸实践，了解教师如何通过课堂教学促进学生的数学理解。

研究路径：

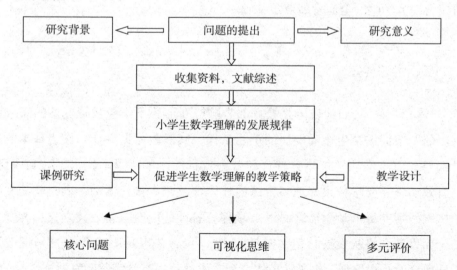

（该课题于2019年10月被批准立项为北京市教育科学规划重点课题的子课题）

"体育、艺术2+1项目"背景下北京市通州区
各小学体育发展现状与对策研究

张海涛

一、背景价值

本文通过研究"体育、艺术2+1项目"的开展情况，以期让更多人了解体育与艺术2+1的开展现状，了解社会、学校和教师等多方面因素对该项目的影响，为项目的长远发展提供切实可行的依据。我们希望将形式多样、内容丰富、组织灵活的"体育、艺术2+1项目"项目带入校园，以此来缓解学生的学习压力，为学生的全面发展奠定基础。

二、主题界定

"体育、艺术2+1项目"是教育部为顺应新形势下学校教育变革的需求而推出的一项促进学生全面发展的重要工程，其以教育振兴计划作为基本的指导纲要，力争推动学校体育教育和美育教育的改革。"体育、艺术2+1项目"的有效实施需要学校很好地整合课内外体育及艺术教育活动，形成联动发展的机制，帮助每个学生最终习得 2 项体育技能的同时具备一技之长，为学生的全面发展和终身发展奠定坚实基础。"体育、艺术2+1项目"是对新课改下素质教育的有力诠释，也是学校体育和艺术教育的有效完善和发展。

三、对象选择

通过对体育专家及实验校体育教师的访谈，收集通州区各小学在开展"体育、艺术2+1项目"过程中，领导机构的设立和实施方案，确定实验校体育项目开展的师资、场地及经费现状，分析"体育、艺术2+1项目"在各校的开展形式及政策执行，为课题研究提供基础及理论上的支持。

再结合通州区小学生身体素质发展的实际情况，以问卷调查的形式对小学生在"体育、艺术2+1项目"中的认知与喜爱情况进行数据统计，并依据小学生身体发育的生理特点和心理特点，确定其参与体育项目时的动机情况，完成"体育、艺术2+1项目"的现状分析，再针对现状及问题制定实践方案。

在长期反复验证中为小学生"体育、艺术2+1项目"的研究，寻找真正有效、适合小学生的"体育、艺术2+1项目"的长远实施对策与方向。

四、研究方法

文献资料法。通过检索国家图书馆、北京体育大学图书馆和查阅中国知网等途径，检索并搜集了近2014至2019年来涉及学校课内外活动或新课改及"体育、艺术2+1项目"等相关内容的专注、期刊与文献，并对其进行仔细的研读与分析，从而较为全面了解到国内外对本专题的研究和发展状况，为论文撰写提供素材。

问卷调查法。本研究所编写的调查问卷是在通过查阅文献资料和遵循问卷设计的原则和要求针对本文所涉及的问题编写而成。为保证调查问卷的可靠性和有效性对问卷征询了多位老师和专家的意见，进行了修改确定。在北京市通州区12所小学中随机抽样，其中教师48人，学生1200人，家长180人。

数理统计法。将本次调查的有效问卷录入计算机，整理各类数据，采用数据统计软件Excel进行统计学处理。

专家访谈法。走访区教育局的体育负责人，通过与专家的交流，向其请教他们对当前学校推行"体育、艺术2+1项目"的一些意见和建议，并真诚地请他们对本研究提出修改意见。

五、程序措施

第一部分主要是通过实地调查基础上选取调查对象的具体范围，根据预调查结果确定北京市通州区20所小学为调查对象。

第二部分主要是针对目前北京市通州区"体育、艺术2+1项目"开展的现状，通过访谈和问卷调查对其开展的情况进行全面分析，从而为后续研究奠定基础。

第三部分主要是针对以上研究结果进行综合分析，归纳和总结出目前"体育、艺术2+1项目"开展的不足之处，结合访谈和调查问卷的内容并通过咨询相关教师的意见从而提出相应的对策，为北京市通州区各小学开展"体育、艺术2+1项目"提供有意义的参考。

六、组织与保障

课题组成员组均为体育学科一线教师，其中课题主要负责人张海涛老师有市级高级教师专业职称，是北京小学通州分校体育卫生部主任，有能力组织大家参与课题研究；其他成员中有多名区级骨干教师、区级青年骨干教师，并持有国家级教练员、国家级裁判员等证书。虽整个课题组以年轻力量为主，但教学经验丰富，教学业绩突出，精力充沛、团结协作、观点新颖，所以本课题组具备较高的课题研究能力。更是固定每周三为教研与备课活动时间，课题研究时间得到了充分保证。

学校是北京市通州区重点小学，进行高效课堂改革，进一步提高教学质量是我们神圣的教学使命。学校教学质量过硬，教研教改风气浓厚，教研组大力推行课堂改革，教师在教学过程中不断反思、总结经验，推进学生自主学习、合作学习、探究学习方式的课堂教学改革，学生各方面的素质得到很大提高，并已取得了大量成绩。历年来，学校的体育成绩在通州区名列前茅，这与教师深化课堂改革，培养学生能力是离不开的。

而且学校的硬件设施等方面都有充分保障，作为市级体育示范学校，配备了充足的体育教材设施、体育馆；另外我们还配备多媒体教室、图书馆阅览室、校园电视视频、通信设备等，可以随时进行数据采集和实验，充分保证研究的顺利进行。已完全具备了课题顺利实施的可靠条件。

七、成员与分工

课题主持：张海涛

论文撰写：宋少亭、张岢欣

资料收集：马乐乐

实验实施：王宇、王东、蔺文韬

数据统计：阮东、王银平

八、进度与计划

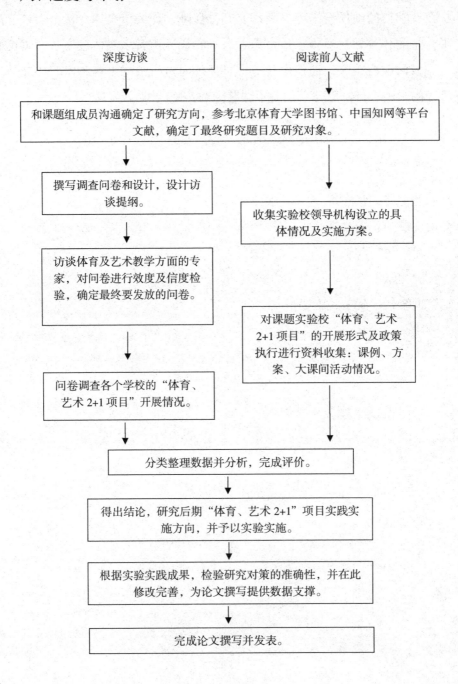

九、预期成果

通过调查分析实验校"体育、艺术2+1项目"开展情况，发现体育项目与艺术项目设置中存在众多问题，具体有以下几个方面：学校领导对"体育、艺术2+1项目"的重视程度低；专业教师队伍配备比例均不均衡；家长受"成绩观"影响对学生参与"体育、艺术2+1项目"的支持度不高。

十、理论和实际应用价值

通过抽样调查、分析在北京市通州区各小学"体育、艺术2+1项目"中体育项目的实施情况，以及在实施过程中存在的问题，针对存在的问题提出合理的对策、建议，为促进北京市通州区各小学"体育、艺术2+1项目"有效落实提供理论参考。

（该课题于2019年11月被批准立项为中国教育学会一般课题）

小学高年级学生数学阅读能力培养的实效性研究

苗月菊

一、研究的背景

（一）选题缘由

苏霍姆林斯基说过这样一句话："让学生变聪明的方法，不是补课，不是增加作业量，而是阅读、阅读、再阅读。"在小学数学教学中，我们经常会发现这样的现象：明明是一道数学过程非常简单的题目，有些学生总是出错。究其原因，不难发现是由于数学语言的符号化、逻辑化及严谨性、抽象性等特点，数学阅读又有不同于语文阅读的特殊性。很多学生由于年龄特点和认知结构的原因，他们数学阅读的能力很低，缺乏足够的信息识别能力和迁移能力，对数学概念认识与辨别模糊不清等。

1.数学阅读能力培养是时代的要求

阅读是一种重要的获取信息的方式，数学是一门基础的学科，数学阅读则是一种重要的数学学习方式，对数学材料的数学阅读成为信息社会对人类获取信息能力的要求之一。面向未来的数学教育要重视数学阅读能力的培养，使学生获得终身学习的能力。

2.数学阅读能力培养是课标的诉求

《义务教育数学课程标准（2011年版）》指出：数学是人类文化的重要组成部分，数学素养是现代社会每一个公民应该具备的基本素养。在核心素养的要求下，根据数学学科的特点，有针对性地培养学生的整体素养，具体体现在逻辑思维能力、数学信息获取能力、自我学习能力、语言转化能力等多种方面的能力。通过培养数学阅读能力，能够有效促进课程总目标的知识技能、数学思考、问题解决和情感态度等四个方面的实现。进而让学生获得自主数学学习的能力，体会数学与生活间的联系，了解数学的价值。

3.数学阅读能力培养是学生的需求

新课程改革倡导的是以学生为中心的教学模式，注重培养学生的自主学习能力，让学生学会学习。通过培养数学阅读能力，学生可以自主地获得数学知识、数学能力、数学思想等数学相关知识与技能。这既符合学生自我学习需要的要求，又符合当前数学教育对学生学习能力的要求。

（二）研究意义

本文在已有的"数学阅读"相关研究基础上，在课堂教学中，通过数学阅读策略的有效渗透，提高学生的数学阅读能力，提高学生审题以及分析问题、解决问题的能力。通过教学策略的研究，和对比实验得到小学高年级学生数学阅读能力培养的有效策略以及实效性，提出教师在培养学生数学阅读能力时的对策与注意事项，以期对学生数学核心素养能力的提高。

通过对小学高年级学生数学阅读能力培养的实效性研究，有助于学生认识自己在数学阅读这一重要的学习方式上的不足，有助于教师认识到运用数学阅读进行教学的重要性，有助于促进小学阶段数学教育的教与学。一方面，良好的数学阅读能力可以使学生在有限的时间内快速掌握数学知识，牢固掌握通过数学方法解决问题的能力，更好地自主学习与思考。另一方面，培养学生的数学阅读能力可以提高课堂教学效果，利用有限的课堂教学时间优质高效地完成教学任务。

二、文献综述

（一）国外关于数学阅读的研究现状综述

英国于1991年公布的数学课程总目标中，有"培养阅读和理解数学文章的能力"这一关于数学阅读能力的课程目标。为了适应此目标，学校数学设计致力于改变数学教科书较为难读的状况，编写能够易于自学，以使数学成为通俗的、为学生喜爱的学科为目标进行数学教材的修订工作。

美国的全美数学教师协会于2000年发表数学课程标准，提出五项目标，其中第四项就是：学会数学交流，会读数学、写数学和讨论数学。美国芝加哥大学所编写的教材中明确指出："学生必须通过阅读以理解课程中的数学，更广义地说，学生应学会读懂技术方面的相关内容。"这些目标的提出都是在强调在数学教学中要注意培养学生的数学阅读能力为代表的各种数学学习能力。

（二）国内关于数学阅读的研究现状综述

邵光华在《数学阅读——现代数学教育不容忽视的课题》一文中提出了数学阅读的特点并点明其教育功能。李兴贵等人在《新课程数学阅读教学新论》一书中提出观点，认为数学阅读所具有的独特教育功能是其他任何学习方式所不可替代的，在书中提出数学阅读有助于数学语言水平的提高和数学表达能力的培养，同时列举了包括数学阅读可以建立灵活的思维方式等在内的十一条教育功能。

在进行数学阅读的相关研究指导实践的过程中，各位研究者面临的重点和难点是数学阅读能力的培养策略。数学阅读的相关研究课题的开展，最重要的目的与意义就是研究如何培养和提高学生的数学阅读能力。

三、研究设计

（一）研究目标和研究假设

依据数学阅读能力的分类，探讨小学高年级学生数学阅读能力培养模式。通过教学策略与习惯养成等多种方式提高学生数学阅读能力。

（二）研究内容

首先，通过查阅相关文献，了解相关研究的现状，分析、整理文献，形成文献综述，为本研究提供理论指导。在此基础上，界定核心概念。其次，通过问卷调查研究小学高年级学生的数学阅读能力。在对现状分析后，通过多种形式培养小学高年级学生的数学阅读能力，再通过问卷调查得到数据，分析数学阅读能力培养的实效性。最后，结合相关理论与本课题研究结果，将实验结论应用到具体教学实践与相关研究中，从不同方面提出提高小学高年级学生数学阅读能力培养实效性的教学对策，并对小学高年级学生的数学阅读能力培养的研究提出展望。

（三）研究方法

1.文献研究法

确定研究课题后，通过查阅相关书籍等多种方法收集、整理、分析相关文献，系统分析与本课题相关的文献，了解数学阅读的定义与研究进展。通过文献的阅读，借鉴优秀的数学阅读方面的经验，结合学生的具体情况加以改进，在课堂教学中实施。

2.问卷调查法

设计并编写调查问卷，以便于调查小学高年级学生的数学阅读能力，了解小学生的阅读习惯、情趣、愿望、困难，测试目前条件下阅读能力等。从而具体研究小学高年级学生的数学阅读能力现状，为制定和实施改善方案提供准确的依据。在实验结束后，再次进行调查，分析培养的实效性。

3.行动研究法

确定研究对象，深入学生中间进行广泛调查研究；在教学与工作实践中，主动探索课题涉及的内容，更新教育理念，用新理念指导教学实践，阅读指导理念与学生的阅读实践相融合。

4.实验研究法

本课题采用实验研究法，即分析自己所教两个班级的学生情况及考试成绩，选出一、三、五班作为实验班、二、四、六班作为对照班后，进行数学阅读能力的相关实验培养并分析数学阅读能力培养的具体效果。通过实验班与对照班的数据对比，得到小学高年级学生的数学阅读能力培养策略的实效性相关数据研究。

四、研究的重点和难点

研究重点：小学数学阅读教学的策略及其实效性的研究。

研究难点：小学数学阅读策略的实效性的测评验证。

五、研究的实施计划及人员分工

（一）研究的实施计划

1. 准备阶段（2020年9月—2020年11月）

调查小学高年级学生数学阅读的现状；发现在课堂教学中数学阅读教学策略的不足以及学生数学阅读存在的问题。确定研究课题，成立课题组，拟定课题方案。撰写《小学高年级学生数学阅读能力培养的实效性的研究》开题报告。

2. 实施阶段（2020年12月—2022年7月）

根据实施计划，展开小学生阅读现状的调查研究，并在课堂教学中进行阅读策略以及实效性的研究。

（1）课题组成员研究制定系列调查问卷；发放调查问卷；回收问卷，进行数据统计整理分析。在分析数据和调查结果的基础上，课题组成员根据分工，撰写调查报告，形成系统的调查研究报告。

（2）梳理学生在数学阅读中存在的问题以及数学课堂中阅读教学的现有策略和教学方法。

（3）结合参与研究的教师，对小学数学阅读教学策略的现有经验以及课外拓展阅读的实施方案，每个年级开始实施数学阅读教学的策略研究，对数学阅读教学策略进行检验和改进，为研究提供分析的素材。

（4）课题组成员定期交流研究体会及结果，积极撰写相关的阶段研究成果。

3. 全面分析、总结阶段（2022年9月—2023年7月）

材料汇总，各成员撰写《结题报告》，专家论证，修改总结。

（二）人员分工

课题负责人：苗月菊

课题参与人：邓艳楠、张聪聪、李晶晶

苗月菊，前期立项，资料收集整理等，阅读策略的研究和整理。

邓艳楠，课题问卷调研，论文撰写。

张聪聪，课题实施环节的阅读策略的研究和教学设计、案例的撰写。

李晶晶，课题实施环节的阅读策略的研究和案例的撰写。

（该课题于2019年12月被批准立项为北京市通州区教育科研规划一般课题）

语文核心素养视野下的小学中高年级整本书阅读策略研究

李海岳

一、研究的背景

（一）选题缘由

首先，本课题是国家政策的方向，是建立民族文化自信的必经之路。随着社会的发展，人民生活水平的提高，我国也越来越重视丰富人民的精神生活。习近平主席提出开展全民阅读、建设书香社会是关乎国民素质、关乎民族未来的大事。习近平总书记将文化自信与道路自信、理论自信、制度自信并列，并强调"文化自信是更基本、更深沉、更持久的力量"。培养国家民族文化自信，是一个润物无声的漫长过程，又是一个想要由大变强的国家必须完成的过程。其中，阅读对于提高文化自信，尤其是形成深刻而持久的文化自信，具有至关重要的作用。所以，学生作为国家下一代的希望，养成阅读习惯，学会阅读方法对他们来说是成为一名未来合格公民的必备能力。

其次，本课题是课程发展的需要。新颁布的《普通高中语文课程标准（2017年版）》（以下简称《标准》）不仅进一步凝练、升华了语文学科核心素养，并且将整本书阅读置于18个学习任务群的首位。在此背景下，深入解读语文学科核心素养与整本书阅读的意义内涵，积极探寻整本书阅读的深远价值，有利于帮助教师明确整本书阅读的重要性，从而形成胸中有书、心中有数、评中有度的教学策略，整体提升学生的语文学科核心素养。

再者，本课题是学生能力发展的需要。单篇的课文只能作为语文学习的例子，仅靠单篇课文，对学生思维品质的锻炼、全局思维的培养、人文精神的涵养远远不够。所以整本书阅读作为一种重要的语文学习资源是十分重要的。学生在整本书的阅读过程中，能养成良好的阅读习惯，在合上书本最后一页时会得到征服一本书的快感。这样的阅读经验会养成孩子的阅读自信与阅读兴趣；在阅读的过程中，因为是整本书阅读，所以会养成学生关注整体的思维过程，在揣摩文章的写作结构中锻炼学生的思维逻辑；在各种经典的涵养下，学生会树立正确的价值观涵养人文精神，为未来成为一名合格的现代公民做准备。

最后，这是学校特色课程的需要。学校致力于书香校园的创建，有浓厚的阅读氛围；学校致力于帮助学生养成良好的阅读习惯，学会正确的阅读方法，建立高雅的阅读品味是每一个北京小学通州分校老师义不容辞的责任。

（二）研究意义

本课题的研究旨在如何在学生整本书阅读的过程中培养学生的语文素养。在这一研究过程中，学生了解了整本书阅读的策略与方法，老师要在与学生整本书共读的过程中，总结出整本书的教学策略与方法。在这个过程中培养学生的语文核心素养。

二、文献综述

（一）核心概念的界定

1.语文核心素养

素，可以理解为本色、本质；养，可以理解为修养、教养、培养。素，侧重先天的内在遗传基因，个性特征，性格倾向；养，侧重后天的外在教育、文化熏陶、生命历练。素养就是指个体在遗传基因的物质基础上，受后天教育、培养而获得的能力和修养。

核心素养，首次出现在教育部印发的《关于全面深化课程改革，落实立德树人根本任务的意见》中，核心素养被置于深化课程改革、落实立德树人目标的基础地位。核心素养是指学生应具备的、适应终身发展和社会发展需要的必备品格和关键能力。综合表现为9大素养，即社会责任、国家认同、国际理解，人文底蕴、科学精神、审美情趣，身心健康、学会学习、实践创新。

《高中语文课程标准》把语文核心素养分解为四个维度：语言能力、思维能力、审美情趣和文化修养。我认为所谓"核心素养"，一定是最基础、最主要、最本质的素养，它是具有生长力的素养，是种子素养。基于这样的认识，我认为语文核心素养可提炼为语言能力和人文修养。

2.整本书阅读

关于整本书阅读的属性定位，李卫东认为，整本书阅读应该是冲破语文教学狭小格局的深阅读、深度学习，需要精读、泛读的灵活转换，课内阅读和课外阅读的深度结合，正式学习和非正式学习的对接融通。整本书阅读中的"整"，既是对全书的脉络的全面把握，也是对全书内容深度思考；"本"不仅仅是指单独的一本，也是指相关的许多本；"阅读"是指包含多种方式的阅读过程，可以说泛读、精读、课内阅读、课外阅读等等。由此可见，整本书阅读应该是动态的、综合的和开放的。我们这里所讨论的整本书阅读，是包含在语文课程中的，是一种正式的学习活动。因此，它应该符合语文课程的特性。

第一，整本书阅读应该选择经典作品。由于可供阅读的古今中外的作品数量众多，不管是作为教师还是学生，课余时间都是十分有限的，这就要求所阅读的整本书应该是对学生的积极发展和健康成长都具深远影响的经典作品。

第二，整本书阅读应该体现语文课程的性质。语文课程是一门学习语言文字运用的综合性、实践性课程。整本书阅读作为一种学习活动，应该通过各种言语活动，来引导学生在各种不同的情境中，能够灵活运用语言文字。

第三，整本书阅读应该突出教学价值。教师在指导学生阅读的过程中，应该立足于作品本身的特性，立足于学生发展的需要，来挖掘核心素养的教学价值。

综上，我们对整本书阅读做这样的界定：是指学生在语文课程的学习中，采取个性化阅读的方法，根据整本经典作品而展开的，与文本、教师、作者和同伴之间进行对话的过程；阅读的对象是多样的，阅读的过程是综合的和实践的，阅读的目的是为了养成良好的阅读习惯，探寻阅读的方法，建构阅读经验，发展自身的语文核心素养。

（二）国内外研究现状述评

1.国内方面

整本书阅读教学思想在我国由来已久。我国最早的教育学专著《学记》就已提出"藏息相辅"，"大学之教也，时教必有正业，退息必有居学"，认为正课学习与课外学习必须兼顾。

20世纪前期，语文教育界也有很多论述。1919年孙本文在《中学校之读文教授》一文中指出："课内教授仅为指导课外自读之预备；国文之主课宜于课外自读求之，不当斤斤于课内求之也。国文教学的希望在废课本，而代之以课外阅读，课内任务，仅为指示订正而已。"孙本文虽肯定课内外阅读的关系，但他认为国文教学课外为主，甚至有废教材之思。

1932年叶圣陶在《国文科之目的》一文中指出，国文的目的在于"养成读书能力"和"养成写作能力"，"要养成阅读能力，非课外多看书不可。课本只是举出例子，以便指导、说明而已，这里重要在方法"，强调"应用研读国文教本得来的知识，去对付其他的书，这才是反复的历练"。这也告诉我们课内是"举一"，课外是"反三"的道理。20世纪30年代末，叶圣陶又指出，"学任何知识，仅仅浮在面上，涉猎一点儿概要，是没多大用处的；越是往深里往广里研求，越是容易豁然贯通，化为有用的经验。而课外读物，正是引导你往深里广里研求的路径"。可见叶圣陶注重课外阅读培养学生认真钻研的精神方面的作用。朱自清在《略读指导》前言里说精读的是课内的选文，"就教学而言，精读是主体，略读是补充，就教学效果而言，精读是准备略读才是应用。学生在校时，为了需要和兴趣，须在课本或选文以外阅读旁的书籍文章"。

阮真提出两点主张："归纳课外阅读于课内；补充校内阅读于校外。"他在其早年出版的《中学国文教学之问题》一书中曾说："课外阅读，在现在中学生的自修时间，是不能办到的……现在我主张在上课时，多做指导督责的工夫，在退课后，使学生多做自修工夫……"由于当时校内阅读时间匮乏，他有效地利用校外时间，让学生自主阅读书籍。我们所讲的课外阅读在很大程度上其实是阮真所谈论的"校外阅读"。

1941年蒋伯潜在《中学国文教学法》中更是提出"要使中学生国文有进步，单靠课内阅读，绝对不够，非提倡他们课外阅读"，指出课外阅读不但可以辅导课内阅读之不足，还可以养成他们自由阅读的兴趣能力与习惯，发展学生不同的个性与能力。可见，整本书阅读绝非消遣娱乐目的性的阅读，注重的是课内和课外的结合。在当时的教学实践中安排有课内外结合的教学环节，如叶圣陶"阅读教学""练习"中设置"参读相关文章环节"，黎锦熙"讲读教学改革方案""发展"中设置"创作"和"活用"，龚启昌"精读教学程序"中设置"博览指导"等，无不体现以课内带动课外，以课外促进课内，使学生得法于课内、发展于课外。

1923年，叶圣陶、胡适负责制定的《新学制课程标准纲要》在高中课标列有文言文和诗词曲两组，共计28类，文言文又有经史子集、翻译作品等，如《水浒传》《儒林外史》《镜花缘》《古白话文选》、"近人长篇白话文选""诸子文粹""四书""古史家文粹""严复的译文选录"等，散文包含韩愈、苏轼、曾国藩等历代名家文集，还明确要求"毕业最低限度的标准"有四项，其中第一条为"精读和略读，都要从指定的名著中选八种以上"。这个"纲要"将课外读物列举得更细致，进一步提出了"略读则是教师指定书籍，多数由学生课下自修。"虽然没有明确称为"课外阅读"，但"课下"的出现就意味着现代意义上课外阅读的诞生。1929年《初级中学国文暂行课程标准》规定：选读名著，每学期至少两种，曾阅读名著12种，能了解大意，并记忆其重要部分，由教员选定整部的名著，或节选整部的名著，先设法引起学生读书的动机，让后指示读书方法。

1956年《初级中学文学教学大纲（草案）》规定：学生还在课外阅读许多别的文学书籍，学生每学期课外阅读的书籍，不宜少于4本。课外阅读指导可以采取谈话、报告、讨论会、朗诵会等方式，包括人民口头创作、古典文学、现代文学，课外阅读书籍分为必读书和选读书。

1986年《全日制中学语文教学大纲》每学年课外阅读三五本书，课外阅读活动要发挥学生的主动性、独立性和创造性。

2001年《义务教育语文课程标准（实验）》：课外阅读总量不少于100万字（第三学段），课外阅读总量不少于260万字，每学年阅读两三部名著（第四学段），九年课外阅读总量达到400万字。阅读的材料包括适合学生阅读的各类图书、报刊，包括童话、寓言、故事、诗歌散文作品、科普科幻读物和政治历史文化各类读物。

课程标准（大纲）提出课外阅读数量要求，但也考虑到读物性质、阅读速度、阅读时间、据读者兴趣、动机、能力，提出硬性和弹性要求，如"至少读"或"多读"，并且还都注重整本书的阅读，但对教学策略、具体的指导方法阐释得少。

2.国外方面

对于课外阅读与课堂教学的关系，俄罗斯、美国、新加坡、德国等一些国家的学者认为，语文课外阅读与课堂教学密切相关，是课外阅读的延伸和拓展，要接受课堂教学的指导。相反，英国、日本更侧重于强调课外阅读的独立性，不一定非得强调和课内教学的联系。英国的语文课程标准指出："阅读的目的应该是广泛的，可以单纯为了其中的乐趣，或足为了学习的需要，找一些特别的信息去阅读。"日本国语教育学者认为课外阅读使学生获得了关于自然、人生的知识，扩大了知识视野，改善了知识结构，提高了思考能力；书籍所蕴含的思想，培养了学生的意志力，进而使学生形成积极的人生观。他们认为，课外阅读是一个独立的领域，不一定非要与课堂教学联系起来。

国外的课外阅读都强调个体、时间与学习成绩之间的关联，重视学生阅读能力的提高和强化阅读习惯的培养，强调学校、家长和教师在学生课外阅读中的地位和作用，学校和家长要积极为学生的课外阅读创造条件，教师要加强对阅读方法的指导。

新加坡课程标准将课外阅读分为指定阅读和自由阅读两种，自由阅读纯由学生兴趣而定，而指定阅读要求教师在课堂上切实地指导阅读。各国的课外指导主要包括课外阅读读物的指导、方法指导、图书馆资源利用的指导等方面。

一些国家还形成了特色的阅读指导模式。例如，俄罗斯特设课外阅读课，形成学科模式；美国调动家庭力量形成联合型模式；英国无数志愿者给中小学生提供课外阅读帮助，形成社会主导型模式。

国外课程标准对于课外阅读评价主要涉及阅读方法的考查，以及分析、理解和欣赏文章的能力。比如，法国将泛读、精读和作品片段的选读看作是中学生必须掌握的三种阅读方式。

20世纪90年代以来，国外课外活动呈现课程化趋势，重视校本课程的开发。这有两层含义：其一，有关语文课外活动的计划和内容逐渐被整合到语文课程之中；其二，课堂教学对课外活动的指导和辐射功能进一步强化。

综上所述，整本书阅读教学是语文教学中不可或缺的一环。随着课改的推进，我们也越来越重视整本书教学，但是在我国的研究历史上，缺乏对整本书阅读策略与方法的系统梳理与总结。但是，这是锻炼学生阅读能力，培养学生核心素养重要的方式，所以本课题着重系统的梳理整本书阅读的研究过程，总结整本书阅读的阅读策略与方法。

三、研究设计

（一）研究目标和研究假设

1. 研究目标

通过整本书阅读发展学生思维，锻炼学生语言表达，涵养学生人文精神，培养学生语文核心素养。师要在与孩子整本书共读的过程中，总结出整本书的教学策略与方法。在这个过程中培养学生的语文核心素养。

2.研究内容

①制定出适合小学中高年级学生阅读的书单。

②对书单进行主题分类，通过课题研究总结出针对不同主题的书的阅读指导策略和方法。

③研究教师能根据研究内容总结出整本书阅读的不同课型，以及不同课型的教学策略与方法。

3.研究方法

文献研究法。通过查阅文献，寻找理论支撑和可值得借鉴的理论和方法。

行动研究法。跟踪学生的阅读情况进行归纳总结，在研究的过程中发现问题、解决问题，达到高效阅读，形成内化语言。

实验研究法。通过实验得出不同年级的学生、不同体裁的整本书阅读的指导策略和方法，以便更好地指导学生阅读书籍。

4.研究假设

整本书阅读一直以来都与语文学科息息相关，如何让整本书阅读教学促进语文学科教学，总结出适合中高年级学生的阅读策略和方法，帮助学生形成语文核心素养是本课题研究的重点。

（二）研究阶段

根据本课题的研究目标，我预设了以下研究步骤：

1.准备阶段（2018.9—2018.10）

搜集信息，并分析，归类，筛选有价值的信息，制订课题研究方案。

落实课题人员，布置各人员的分工。

2.实施阶段（2018.11—2019.11）

学习关于整本书阅读的理论知识，探讨整本书阅读的多种形式。组织课题组成员学习新课程标准，并加以解读，梳理出适合小学中、高年级学生的读物。

开展整本书阅读指导课的实践。课题组成员在思考的基础上进行实践，总结整本书阅读的指导策略。

研讨、总结每一次实践，逐步梳理出适合不同年级的评价方法。

利用好学校的读书节系列活动，以评比的方式激励学生阅读的兴趣。

3.总结阶段（2019.11—2020.5）

总结各项资料，对研究中的问题进行探讨，写成研究报告。

对各种形式的阅读指导课进行案例分析，整理成册。

整理教师关于整本书阅读的心得、体会，汇集成册。

将学生整本书阅读的收获进行汇总，装订成册。

四、研究的重点和难点

（一）重　点

总结整本书阅读策略和方法。

养成学生的阅读习惯。

（二）难　点

利用整本书提高学生的思维品质，初步形成学生的核心素养。

五、研究的实施计划及人员分工

李海岳	女	教师	实践研究	研究生	硕士	撰写报告
王立	女	教师	收集资料	大学本科	无	收集资料
张丹	女	教师	收集资料	大学本科	学士	分析研究
周晓萱	女	教师	实践研究	大学本科	学士	收集资料
杨妍	女	教师	收集资料	大学本科	学士	收集资料
董文学	女	教师	收集资料	大学本科	学士	收集资料
许昭璐	女	教师	收集资料	研究生	硕士	收集资料

（该课题于2019年12月被批准立项为北京市通州区教育科研规划一般课题）

辅助线分析法对提升小学生书法临摹读帖能力的实践研究

王晨萌

一、核心概念的界定

如何将小学书法课上好，提高学生书法书写技能，这是广大教育工作者应该研究和探讨的教育问题。笔者在探索小学书法教学方法的过程中发现，目前多采用传统的成人教学方法示范法、欣赏法、辅导法，这样时间一长很容易使学生感到枯燥乏味，难以坚持，对提高学生自主分析字形、结构、笔画问题效率不高，学生难以形成自主读帖临摹的能力。小学书法教育的模式既要适应现代小学生认知模式和时代创新的要求，也要依据传统，让每一个孩子写好汉字，遵循书写规范，加强技能训练，提高学生书法文化素养。辅助线分析法就是书法教师选取经典碑帖中的范字，利用多媒体在例字上标注辅助线，对于通过数字化设备和自制教具的辅助，有效提升学生的观察临摹读帖能力、自主学习能力和手的表现力，同时也增加了学习的挑战性与趣味性。这种教学方法可以培养学生自主探究性思维，去独立地、主动地学习临摹，培养学生自己梳理分析例字的能力，使学生自己成为发现者。

二、国内外研究现状述评

随着课程改革的深入推进，《中小学书法教育指导纲要》指出："要注重培养学生的书法基本功。临摹是书法学习的基本方式，临摹过程包括读帖、摹帖、临写、对比、调整等阶段。在临写的初始阶段，要充分发挥习字格在读帖和临摹过程中的重要作用，引导学生观察范字的笔画、部件位置和比例关系。在临摹的过程中，养成读帖的习惯，形成'意在笔先'的意识。部分书写水平较高的学生可尝试较准确的背临。"我在研究中发现，在书法教学中单纯采用传统师徒授受法、直接临摹法对小学生读帖是片面的、单一的，学生面对一个字毫无头绪，看一画写一画，对字没有整体结构分析。要培养学生良好的读帖习惯，就要老师化繁为简，以较为直观的辅助线分析法引导学生自主分析书法结构笔画规律。

目前，在国内的研究中，辅助线分析法普遍运用于解决空间几何问题中，添加正确的辅助线和正确的问题表征，采用眼动与几何问题解决结合的方法将会大大提高学生的空间思维能力。而书法的空间（计白当黑）同样也是书法构成美的重要组成部分，可以利用辅助线帮助学生掌握秩序、结构的审美概念。在陈振濂教授编著《书法教育学》中就指出了书法教学原则中的直观原则，即形象化教学。此外，《多媒体方法辅助小学书法教学初探——以沈阳市Q小学为个案》一文中，作者也明确点出了通过多媒体的处理可以引导学生直观发现，培养学生积极思考，成为书法字形笔画规律的发现者。本人认为可以把多媒体辅助书法教学具体化、形象化。我在听课和学习中，也发现很多书法教师在教学实践中也或多或少地涉及或运用辅助线分析辅助教学，但也仅限于单个课例而已。对于运用辅助线分析法提升学生书法基本功、书法课堂实效性目前还没有比较成熟的研究成果。

三、研究目的、意义及研究价值

（一）选题背景

1.理论方面

书法是抽象的线条造型艺术，但是单一线条不是书法，多种线条组合在一起才具有丰富的书法内涵。既然书法具有造型美，是繁多线条的组合美，那么线条之间必然存在着各种巧妙的关系。而书法老师的任务就是要向学生揭示出组成书法美的线条彼此间的关系所在。这种丰富又复杂的书法内涵具体表现在单体组合和整体章法中，择其要也有：如直与曲、方与圆、刚与柔、疾与涩、长与短、粗与细、正与欹、疏与密、主与次、向与背、呼与应、顺与逆等。正如清人朱履贞云："前人立言传法，文字不能尽，则设喻辞以晓之，假形象以示之。"古代书论中对书法线条本质的抽象性以"设喻辞""假形象"的手段"晓之"，抽象的文字、繁杂的关系更是加大学生对书法理解的难度，书法教师很难直接向学生解说这种复杂的线条关系。因此结合笔者自己的教学实践，学生对书法例字结构笔画规律的理解是一个难题，特别是对一些空间能力理解能力较差的学生来说，老师在分析例字的时候添加正确的辅助线是解决问题的关键。如果学生能够学会利用正确的辅助线分析书法线条的表征，那么将大大减少问题解决的时间和困难，而如果教师也能够给学生这方面的指导，也将大大减少教师的工作量，正所谓：授之以鱼，不如授之以渔。

2.政策方面

教育部发布了《关于中小学开展书法教育的意见》，显示出我国对书法教育的重视。习近平总书记在十九大报告中深刻阐明，"提高国家文化软实力，要努力展示中华文化独特魅力"。书法教师成为继承和发展我国书法艺术，弘扬祖国传统文化的传承者，书法教育发展要驻足于小学阶段，从小抓起，所以探索实用的小学书法教学方法势在必行。

《中小学书法指导纲要》指出："要注重培养学生的书法基本功。临摹是书法学习的基本方式，在临写的初始阶段，要充分发挥习字格在读帖和临写过程中的重要作用，引导学生观察范字的笔画、部件位置和比例关系。"辅助线分析法就是把书法范字放在习字格正确位置，标注辅助线帮助学生发现范字笔画、结构关系的有效方法。在形成自主分析的基础上，记忆规律，力求临摹准确，争取较准确背临。

3.实践方面

笔者深入书法教育一线对比各种教学方法，发现在课堂中已经运用了辅助线分析例字字形结构，提高了学生读帖临摹的能力。笔者将采用实验法、观察法和问卷调查等方法，跟踪调查学校二年级到六年级学生书法学习情况，分别运用辅助线教学法和传统临摹法，观察、记录、分析、对比课堂实效性。

（二）研究的价值和意义

辅助线分析法在书法教学中化抽象为具象、把书法例字规律用辅助线标注，形象而直观，变复杂为简单，在传统字帖与现代小学生认知规律中寻找契合点，使学生快速掌握临摹技巧，学会读帖，提高课堂实效性。在以书法知识和技能为基础之上，书法课程要注意激发学生对书法的兴趣，扩展体验、感悟的渠道，最大限度地开发学生认知潜能，加强体验感悟，发展形象思维，培养创新意识。

四、研究目标、研究内容、研究假设和拟创新点

（一）研究目标

希望通过课题的研究，探索当今小学书法教学新模式，增强学生对书法的理解，激发学生学习兴趣。

改善书法教师的"教"和学生"学"的方式，培养小学生系统临帖读帖方法，提高教学效率，提升小学生书法基本功，传承和发扬我国优秀传统文化。

（二）课题研究内容

如今网络技术发达，多数学校都配备了多媒体教学设备。辅助线是在书法造型基础上，在原字帖上，利用多媒体添画的对学生读帖有帮助的线，它是学生快速掌握书法临习技巧的桥梁。通过研究书法教师的教学状态及学生的学习状态，笔者得出结论：辅助线教学法是提高学生动手能力、理解能力的有效教学方法。

（三）拟创新点

利用多媒体标注辅助线分析方法，老师化繁为简，引导学生自主分析书法结构、笔画规律，培养学生正确地读帖临摹。

五、研究思路、研究方法、技术路线和实施步骤

（一）课题研究思路与方法

1.实验研究法

研究对象为四年级三个班的学生，时间为两个学期，制订教学计划，记录教学笔记，采用辅助线分析法教学，建立辅助线统一语言，深化学生对特定辅助线的记忆与理解，一直跟踪四年级三个班两个学期。

2.调研法

研究对象为二年级学生，时间为两三个学期，分别采用辅助线分析法和传统临摹法，分析对比结果。

3.观察记录法

教师引导学生按着占格、大小、结构、笔画特点并标注辅助线分析，学生实践。每遍书写后学生用辅助线互评，学生再次书写，并记录评价。

4.案例总结法

研究国内外新的书法教育理论和教改动态，并及时总结、学习、借鉴，以支撑本课题的理论框架和方法论。

定期参加书法研讨会、教学论坛；参加区级市级听课、评课、说课、优质课、观摩课等活动，把实践研究与教师能动的活动结合在一起，访问多位专家、教师交流，梳理访问结果，并和论文、案例。

（二）实施步骤

准备阶段（2018年10月—2019年1月）：查阅文献，学习相关理论；结合不同年级、不同书体设计书法教学内容，采用辅助线分析法分析例字结构、笔画规律，制订活动计划。

实施阶段（2019年2月—2019年6月）：本阶段主要采用行动研究法验证计划的可行性，运用辅助线分析法突破教学难点，改进教学策略，观察学生学习效果，记录学生第一次书写和最后书写的效果。

调整阶段（2019年7月—2019年12月）：及时总结经验，纠正问题，采用

辅助线分析法进行课堂教学实践，观察实践效果，收集成功案例。

总结阶段（2019年12月—2020年7月）：整理课题资料，总结和撰写研究报告并进行反思，为继续深入研究做铺垫。

参考文献

［1］陈振濂.书法教育学［M］.杭州：西泠印社出版社，1992.

［2］丁梦周.中国书法线条艺术［M］.郑州：河南美术出版社，2012.

［3］欧阳中石，刘守安.学书津梁·楷书津梁［M］.北京：高等教育出版社，2000.

［4］孙晓云.书法基础教程（上下册）［M］.南京：江苏凤凰教育出版社，2016.

［5］屈太侠.走向有效的写字教学［M］.福州：福建教育出版社，2015.

［6］侯吉谅.侯吉谅书法讲堂（一）笔法与汉字结构分析［M］.济南：山东人民出版社，2016.

［7］范叶斌.视觉文化与书法空间观——论当代书法的"现代"走向［D］.福州：福建师范大学，2008.

［8］刘柏涛.书法空间教学对儿童智力和情绪发展的影响［D］.上海：华东师范大学，2014.

［9］李达旭.探究形式美法则在书法教学中的运用［J］.教育与职业，2008（33）：151–153.

［10］吴京蔓.多媒体方法辅助小学书法教学初探——以沈阳市Q小学为个案［D］.沈阳：沈阳师范大学，2015.

（该课题于2019年12月被批准立项为北京市通州区教育科研规划一般课题）

基于北京中轴线非遗项目提升小学生创新与
实践能力的研究

刘卫红

一、问题的提出

（一）背 景

1.时代背景

中共中央办公厅、国务院办公厅印发的《关于实施中华优秀传统文化传承发展工程的意见》指出，把中华优秀传统文化全方位融入学科教育，"贯穿于启蒙教育、基础教育、职业教育、高等教育、继续教育各领域"。非物质文化遗产是中华民族精神与智慧的结晶，对传承中华优秀传统文化具有重要意义。其中，中轴线是北京城市的脊梁与灵魂，其所涉及的非物质文化遗产是历史文化遗存精华所在。在基础教育的小学阶段开展中轴线非遗教育，让学生充分感受中华优秀传统文化的魅力，是全面响应教育改革的必然要求，也是非遗工作从基础抓起的关键举措。

创新是一个国家的灵魂，是一个民族兴旺的不竭动力。小学是培养学生创新实践能力发展的重要阶段。非遗的多样功能决定其具有历史、文化、精神、科学、审美等多方面的价值，在教育教学中融入非遗项目能够启迪学生智慧，激发学生兴趣爱好，培养学生创新意识和创新思维，提升学生创新实践能力。因此，在义务教育阶段，通过采取连续性的、行之有效的课堂教学方法，开展适合学身心发展的非遗活动来提升小学生的创新实践能力是非常有必要的。

2.学校情况

北京小学通州分校位于北京城市副中心，于2010年9月建校，目前共有40个教学班，一至六年级共1959名学生，132名教职工。十年来，学校坚持党的路线方针政策，依法办学，特色办学。以培养具有"健康活泼姿态、积极活跃学态、乐观活气心态、自主活润实态"的活力少年为育人目标，创新与实践能力是活力少年应具备的重要能力之一。学校关注艺术学科教师成长，培养了一批专业水平高、实践能力强的审美型艺术教师队伍。他们参加了非遗与设计学院组织的"校园非遗传承人"培养工程，获得"校园非遗传承人"证书。自2018年起，学校通过非遗课堂、年级主题跨学科非遗实践活动课、学生非遗社团活动，把非遗文化因子植入校园生活中；学校成立烙画葫芦、宫廷团扇、剪纸、泥塑等非遗社团，通过持续性、常态化教学与研究活动，以及形式丰富的展览、交流、比赛等，帮助学生建立合理的知识结构，培养学生的人文底蕴、厚重学生的人文积淀，增强学生独立思考的能力，在传承中华传统文化的过程中培养学生的创新与实践能力。

3.研究现状

笔者在CNKI中国知网的资料库中输入"非遗进校园"，内容丰富冗杂，以文章论述为主，共计70余篇，包括5篇硕士学位论文，分别是华中师范大学向季慧的《非物质文化遗产进校园》，山东师范大学谢晚晨的《基于非物质文化遗产的小学美术社团分析研究——以济南市历下区为例》，上海师范大学聂冰心的《从南丰傩舞进校园看非物质文化遗产的学校传承》，云南艺术学院保奕帆的《云南少数民族舞蹈非物质文化遗产高校传承方式的探索》，云南艺术学院赵伟的《民间艺人生活与艺术变迁研究》。总的来说，主要有以下几个方面的内容：某一非遗项目在校园传承的现状分析；非物质文化遗产进课堂的路径分析；相对较多地讨论非遗在学校美育教学的运用；非遗活动征集作品或者报道。

以"中轴线非遗项目"为关键词共有5篇文章，内容多是大型非遗活动的报道。输入"小学生创新实践能力"，有多篇文章，4篇论文，分别是江西师范大学刘昊的《我国小学创新人才培养模式的构建研究》，江苏大学左广昃的

《小学生创新能力培养策略研究》，江苏大学胡娴的《苏州地区小学创新人才培养的研究》，哈尔滨师范大学潘佳的《创新思维教学在小学美术课的应用研究》。前三篇硕士论文讨论小学生创新实践能力培养的模式与方法，第四篇重点论述创新思维教学在农村小学美术课堂的应用中存在的问题以及对策。鲜有以非物质文化遗产项目为切入点进行探讨和论述的。但在北京小学通州分校非遗课程建设过程中发现，在小学实施非遗项目，通过合理的方式是能够提升小学生创新实践能力的。

综合来看，以上发表文章还不能形成具有普遍意义的成果，说明实践领域的研究正是方兴未艾，亟须探索与实践。

（二）意　义

北京小学通州分校作为"青少年实践与劳动教育研究——北京中轴线非遗教育基地"研究课题的课题实验校，开展中轴线非遗项目教育两年有余，学生对中国传统文化有了较为深入的认识，掌握了非遗项目的基本技法，传承了古代人民的智慧。在此基础上，通过本课题的研究，探索非遗项目对提升学生创新与实践能力的策略，形成北京小学通州分校"一校一品"非遗特色课程体系，对青少年实践和劳动教育有一定的启发和指导意义，为通州其他学校提供一个具有可行性的参照。非遗项目不仅能丰富通州区地方课程建设资源，促进地方传统文化教育的发展，也让社会广大民众认识到学校教育是文化传承的重要途径之一。

二、研究的过程

（一）2019年8月—2020年1月

按照课程实施纲要系统开展非遗教育课程，让学生深入了解我国的传统文化，稳步提升非遗技艺，结合北京市第二届中小学生技术创意设计比赛和学校"体育+""美术+"展示活动，发挥学生的创造性，以作品呈现的方式进一步提升学生创新与实践能力。

（二）2020年2月—2020年7月

新冠疫情打乱了常规的教学模式，老师们抓住这一契机，通过线上线下相结合的方式，在特殊时期让学生继续参与非遗课程的学习，并组织了"弘扬传统文化 传承非遗技艺"创意设计比赛活动，调动全校师生学习、了解非遗课程的热情，收集整理一至六年级优秀学生作品百余件，作品充分体现了学生的创新精神与实践能力。

（三）2020年8月—2020年9月

对全区各中小学校教师、学生进行抽样问卷，结合问卷分析全区整体非遗教育开展情况，结合学校情况进行对比分析，提出对小学生创新与实践能力提高的有效策略，完善学校整体课程需要，形成北京小学通州分校非遗特色课程体系。

三、结果分析

（一）通州区中轴线非遗教育基本情况调查：教师情况分析

一共收上来十所学校有效问卷120份，以下就问卷情况做一个调查分析。

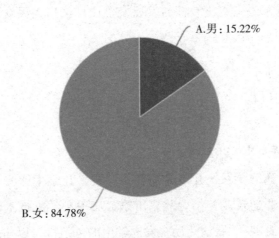

第一题　您的性别

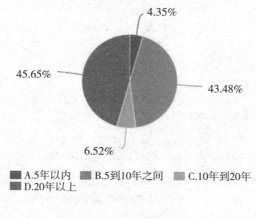

4.35%

45.65%

43.48%

6.52%

■ A.5年以内　■ B.5到10年之间　■ C.10年到20年
■ D.20年以上

第二题　您的教龄

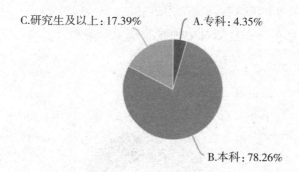

C.研究生及以上：17.39%　　A.专科：4.35%

B.本科：78.26%

第三题　您的学历

1. 1—3题旨在调查教师基本情况。

根据调查结果显示，可以看出教龄在5年以内的年轻教师和20年以上的成熟教师占据教师的主体，绝大部分一线教师具有本科以上学历，接受过高等教育。高等院校中的学生，是有机会选修涉及非物质文化内容的成熟的系统课程的，成熟教师具有丰富的教育教学经验，并对我国传统文化有着深厚的感情和浓厚的兴趣，这就给非物质文化遗产的传承和发扬奠定了师资力量基础。

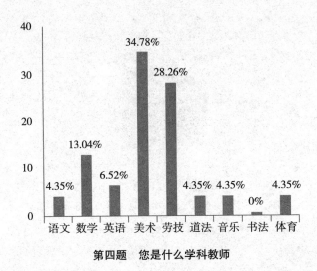

第四题　您是什么学科教师

在非遗教育的师资队伍中，美术教师和劳技教师因本身具备一定的艺术素质和技能，成为非遗教育的中坚力量。

2.5—15题意在调查教师对中轴线非遗了解情况以及非遗文化进校园的实施情况。

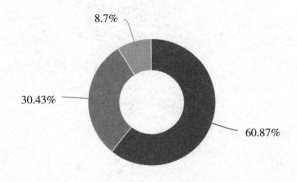

■ A.了解一些传统手工艺、民间美术等非物质文化遗产形式
■ B.了解不多，仅听说过　■ C.不了解

第五题　您了解北京中轴线非物质文化遗产吗

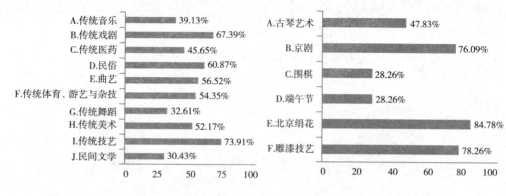

第六题　您知道中轴线非遗都包括哪些　　　第七题　以上哪些属于中轴线非遗

　　第五题、第六题、第七题是针对教师对非遗项目了解程度进行的调查，结果显示61%的教师认为自己了解一些传统手工艺、民间美术等非遗形式，说明在国家大力推行非遗教育具备一定的效果，一半多的教师具备基本的"非遗意识"。在问到中轴线非遗的具体类别上，传统技艺和传统戏剧以74%和67%成为选票最多的选项，在具体项目上，其实，中轴线非遗包括以上所有项目，多数人选择了北京绢花和雕漆技艺，说明教师对中轴线非遗的了解程度不深，内容不够全面，需要进一步学习。

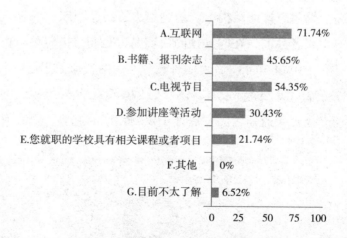

第八题　您是通过什么渠道了解的非遗知识

　　本题旨在调查教师们关于非物质文化遗产的认识来源。有高达71.74%的教师对于非物质文化遗产的认识主要来源于互联网；另有54.35%的教师认识来源于电视节目，45.65%的教师认识来源于书籍、报纸杂志，前沿的专家讲座和相关网站；学校具备成熟的相关课程或者项目，可供教师学习的仅占比21.74%，对非物质文化遗产尚不太了解的有6.52%的教师。

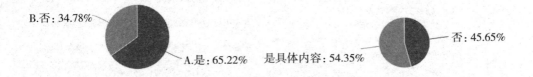

第九题　您的课堂是否融入了非遗　　第十题　您是否兼任社团或者第二课堂教师

9—15题旨在调查现阶段通州区非遗项目进校园的基本情况，主要分为两种形式：一是在课堂教学种融入非遗，二是举办专门的非遗社团。数据显示（第九题、第十题），绝大部分教师都会在课堂上融入非遗内容，并且兼任社团的辅导教师。以美术学科或者劳技学科为例，课程内容就已经包含非遗课程，正如美术学科六年级上册《我国的非物质文化遗产》这一课，从理论的角度较为系统全面介绍了非物质文化遗产的概念、内容以及主要门类，以传统美术类的为主，涉及剪纸、版画、玲珑枕、中国结、面塑等。劳技课程的有金工木工绳带编制、榫卯结构、传统刺绣、缝纫、团扇，等等。65.22%的教师有第二课堂或者社团，在问到社团内容是否是非遗内容的时候（第十一题），选择"是"的占比30.43%，说明有三分之一的教师是非物质文化遗产美术社团的辅导教师。54.35%都没有，还有15.22%没有辅导过社团。可以看出，非物质文化遗产社团在通州区的发展处于蓬勃发展的态势，仍具有很大的进步空间。

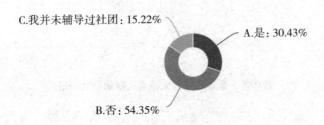

第十一题　您辅导的社团是否属于非遗内容

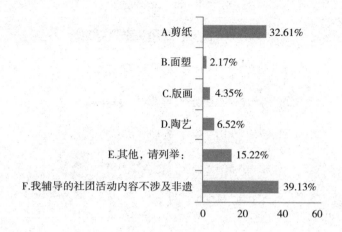

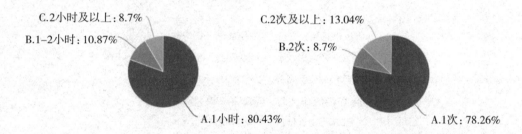

第十二、十三、十四题 非遗社团的主要内容、活动时间以及活动次数

12—14题显示非遗社团的基本情况。最受欢迎的非遗项目就是剪纸，因其操作相对容易，不用准备复杂的工具，作品效果突出，所以最为受青睐。在占比15.22%的其他项目中，具体内容有中国结、花丝镶嵌、烙画葫芦、彩陶、国画、舞蹈等。多数学校实行的是课后一小时，一周一次的社团活动形式。

3. 16—19题意在调查非遗教育对提升学生核心素养的意义、存在问题以及适合的活动方式，最后一个开放性问题，旨在获取一线教师通过非遗教育提升学生的创新实践能力的建议。

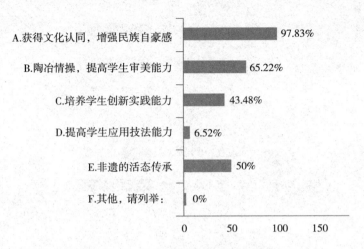

第十六题　您认为非遗教育有什么意义

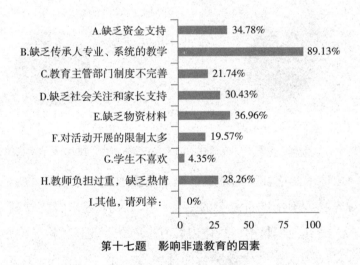

第十七题　影响非遗教育的因素

　　由此可见，在教师心中，非物质文化遗产教育的意义和价值主要在：使学生获得文化认同、提高学生审美能力、活态传承非物质文化遗产艺术这三个方面，培养学生创新实践能力方面排在第四位。针对目前非遗教育现状，将近90%的教师认为缺乏传承人专业、系统的教学是制约非遗教育的最重要因素。缺乏物资材料、资金支持以及社会关注和家长支持分别排在第二、三、四位，充分说明上至社会家庭，下至学校，对非遗教育的关注度还不够。

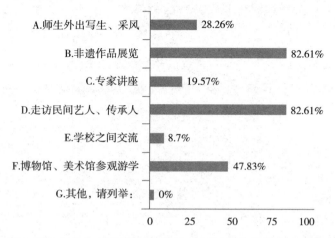

A.师生外出写生、采风　28.26%

B.非遗作品展览　82.61%

C.专家讲座　19.57%

D.走访民间艺人、传承人　82.61%

E.学校之间交流　8.7%

F.博物馆、美术馆参观游学　47.83%

G.其他，请列举：　0%

第十八题　条件允许的情况下，您认为适合非遗教育的方式有哪些

　　多数教师认为举办非遗作品展以及走访民间艺人、传承人是非遗教育最重要的方式，两者占比相同，都是82.61%。其次是博物馆、美术馆参观游学，说明教师们很愿意带学生出去开阔眼界。

　　第十九题为开放性问题，目的在于开放性地收集来自一线教师的建议，现将部分建议列举如下："非遗传承人进课堂""真正走进非遗、动手去做""组织非遗竞赛""传承人来教学""充足的人力物力保障"等，还有一名教师非常诚恳地理性地说出了自己的观点"非遗作为民间文化的特色展现，具有丰富的内涵和深厚的技艺，通过让学生参加非遗实践活动、让学生在家长的帮助下深入了解一门非遗项目，并且开设非遗工作室，请民间艺人长期授课能更加地提升学生的创新实践能力"。

结论：

　　首先，非物质文化遗产是我国优秀文化的重要组成部分，具有丰富的文化内涵，是各民族千百年来生活智慧的结晶，展现着一个民族独特的文化个性，绝大多数的一线教师认为实施非遗教育（特别是优秀的非遗项目）能够使学生获得文化自信和文化认同感，提升审美能力以及实践创新能力，从而促进非遗的"活态传承"，可见在小学阶段实施非遗教育是一件事半功倍的事情，有效、高效地传承非遗智慧而非简单地复制技艺皮毛，是当今非遗教育的核心问题。

其次，虽然有效地实施非遗教育能够提升学生核心素养，但是现实中却有很多因素阻碍了其发展的脚步。绝大多数一线教师们最看重的就是"非遗"传承人能够给学生们带来专业而系统的指导，非物质文化遗产的"活态传承"是最为关键的部分。由于"非遗"教育在我国起步较晚，现今奋斗在教学一线的教师们，能够掌握专业的"非遗"技艺的人少之又少，说明教师们迫切地需要"非遗"传承人和专家的辅助、指导。不过令人欣慰的是，这也从另一面揭示了教师的教育热情和对非物质文化遗产传承的极大关注。除此之外，通州区非遗教育发展中最突出的问题还包括以下几方面：缺乏物资材料和资金支持、缺乏社会关注和家长支持、对特色活动的开展有太多限制等。

最后，结合调查结果，可以看出一线教师们普遍认为，最适合小学的非物质文化遗产教育的活动方式有：举办非遗作品展、走访民间艺人、专业场馆游学、师生外出采风等。从本质上来说，这些活动形式都是互动性极强的，并且是双向性的。其中任何一项活动实施起来都需要调动学生各方面的感性及理性思维，以及沟通能力、审美能力等。学习场馆的不确定性增加了实施难度，但是多数一线教师认为却是适合小学生的。

（二）通州区中轴线非遗教育基本情况调查：学生情况分析

一共收上来有效问卷184份，现就问卷情况做调查分析。

1. 1—2题旨在调查学生基本情况。

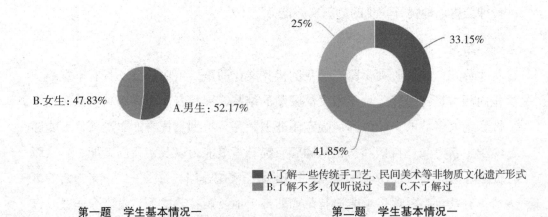

第一题　学生基本情况一　　　　　　　第二题　学生基本情况一

　　根据调查结果显示，可以看出参与非遗课程学习的学生对于传统工艺和民间美术等非物质文化遗产形式的了解仅有33%左右，说明通州区学生对非遗课程不是非常了解和熟悉，仅有少部分学生了解非遗形式。

　　2. 3—8题意在调查学生对中轴线非遗了解情况以及非遗课程实施情况。

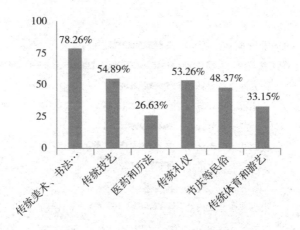

第三题　你知道中轴线非遗包括哪些项目吗

　　第三题是针对学生对非遗项目了解程度进行的调查，对于中轴线非遗的具体类别上，学生所有选项都有涉及，其中传统技艺和传统美术、书法以55%和78%成为选票最多的选项，在具体项目上，中轴线非遗包括以上所有项目，说明学生对于中轴线非遗还是有所认识和了解的。

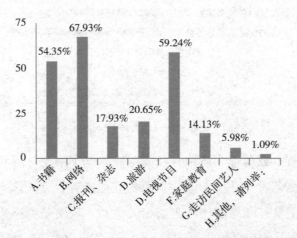

第四题　在平时生活中，学生对非物质文化遗产的认识主要来源

　　第四题旨在调查学生关于非物质文化遗产的认识来源，有高达68%的学生对于非物质文化遗产的认识主要来源于互联网；另有59%的学生认识来源于电视节目，54%的学生认识来源于书籍，其次是报纸杂志、旅游；而家庭教育、走访传统艺人等仅为14%和6%，各学校在非遗教育的渗透渠道上还可以更丰富。

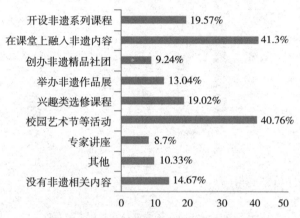

第五题　你所在学校开展过什么形式的非遗教育

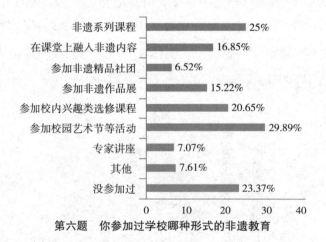

第六题　你参加过学校哪种形式的非遗教育

　　第五题、第六题调查非遗课程校园实施的基本情况。问卷显示：学生多是通过参加校园艺术节活动和课堂上融入非遗内容等方式认识了解非遗，甚至有23%的学生没有参加过任何非遗相关活动，说明整个通州区学校开展非遗课程和活动还是比较少的。

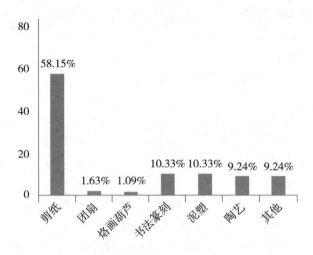

第七题　你参加过哪些非遗课程

　　第七题显示通州区非遗课程开展的基本情况，传统剪纸是大家学习最多的，高达58.15%，学习过书法、篆刻、泥塑、陶艺的在10%，团扇、烙画葫芦这些课程学生知之甚少，仅1%。这也反映出，通州区整体非遗课程的开展比较单一。

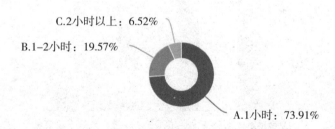

第八题　你每周所参加的非遗课程累计时长是多久

　　第八题调查学生参与课程的时间，73.91%的学生每周所参加的非遗课程时长1小时，一周一次的非遗课程形式较多，还有6.52%达到了每周2小时以上，19.57%的学生参与时间在1—2小时。从参与时间上看，本校课程的参与时长为1小时的学校居多。

　　3.9—14题意在调查非遗教育对提升学生核心素养的意义、存在问题以及适合的活动方式，最后一个开放性问题，旨在获取学生通过非遗教育提升学生的创新实践能力的建议。

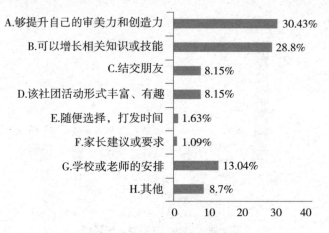

第九题　你参加该非遗课程的原因

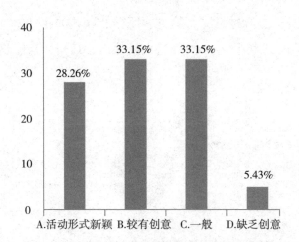

第十题　你觉得目前学校非遗课程或活动形式如何

第九题、第十题意在了解学生参加课程的原因和对学校非遗课程或活动的态度，从结果看有30.43%的学生认为能够提升自己的审美力和创造力，28.8%学生认为可增长相关知识或技能、活动形式丰富有趣，有13.04%的学生是应家长或学校的要求和安排。对于课程的形式，28.26%的学生认为形式新颖，还有33.15%的学生认为有创意，有33.15%的学生认为一般，有5.43%学生认为缺乏创意。从结果可以看出，学生参与的主动性有待提高，也反映出课程开展对学生的吸引力有待提高。

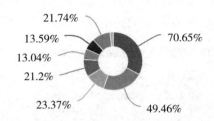

- A.激发了我对非物质文化遗产的兴趣和爱好，想更加深入的去了解
- B.提高了我对美的鉴赏能力、审美水平和观察能力
- C.能解决实际问题，提升了创新实践能力
- D.提高了我用艺术语言表达自我的能力
- E.提高了我跨学科学习的能力，实现了知识的融通
- F.在进行创作的时候更有灵感了，提高了创造能力
- G.提高了我的手工技艺，能够熟练运用技艺创作非遗作品
- H.其他，请列举:

第十一题 在参加了该非遗课程后，你认为以上哪几项最符合实际

第十一题，非物质文化遗产教育的意义和价值主要在于，获得文化认同、提高学生审美能力、活态传承非物质文化遗产艺术。从问卷结果看，学生对非物质文化遗产的有兴趣，想更加深入地了解这方面的信息，"提高了我对美的鉴赏能力、审美水平和观察能力"和"提高了我的手工技艺"占比较高;"在进行创作的时候更有灵感了，提高了创造能力"排在第六位。由此可见，非遗课程的开展对学习了解我国非物质文化遗产和提升学生手工技艺、艺术语言表达自我的能力起到了积极作用，对提升学生创新与实践能力有待提高。

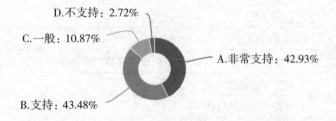

第十二题 你的父母是否支持你参加非遗课程或社团

本题意在了解家长对于非遗课程开展的态度，问卷显示42.93%的家长非

常支持，43.48%的家长表示支持，有10.87%的家长表示一般，2.72%的家长表示不支持，由此可见学校开展非遗课程学习，得到了大部分家长的认可和支持，还有一小部分家长持一般或不认同态度。

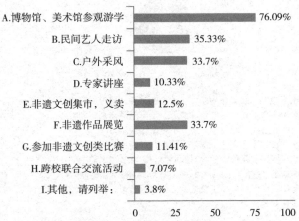

第十三题 你最喜欢或是希望开展什么类型的非遗活动

本题多数学生认为博物馆、美术馆参观游学，民间艺人走访，户外采风，举办非遗作品展以及非遗文创集市、义卖、竞赛是非遗教育最重要的方式，博物馆、美术馆参观游学76.09%，其次是民间艺人走访35.33%，说明学生非常希望出去开阔眼界。

1	多参观
2	多多了解
3	联系开展专门的课堂
4	组织活动
5	再扩展一些
6	非常好，就是再加一点，美术课的就好了
7	可以多举行点此类活动，让我们更加了解非遗课程
8	开设专门的课程
9	多开设一些非遗课程
10	多一些类似活动
11	多多参加
12	课时再增加一些

第十四题 你对本校的非遗课程有什么建议

第十四题为开放性问题,目的在于开放性地收集来自学生的建议,现将部分建议列举如下:"开设专门的课程""多开设一些非遗课程""课时再增加一些"……

结论:

首先,非物质文化遗产简称"非遗",立足教育的角度理解非遗,非遗就是人类不同民族在不同时代关于生产和生活最优质的解决方案。随着时代的进步,相关的需求、解决方案、产品都在随着改变、但随着代代传承的沉淀,解决方案里呈现的人类智慧越来越厚重,正是这些越来越厚重的智慧推动着人类的进步。通州区学生对非遗的了解还是比较单一,学生接触的机会较少,学校开展的非遗活动较为局限,开展的非遗课程还停留在一些大众传统的非遗概念课程。学生参加非遗课程时长较短,学生对参加非遗课程的主动性有待提高,学生通过参加非遗课程后,审美能力、手工技艺、美术鉴赏能力得到了提高,并想要加深去了解非遗艺术,希望通过多种方式学习各种非遗艺术,开阔眼界,大部分家长对于开展非遗课程表示支持的态度,在此基础上,后面还需要进一步让非遗课程的开展更加专业,同时也激发了学生的学习热情,通过实施非遗教育提升学生核心素养,让学生的创新与实践能力得到锻炼和发展。

其次,开展校园非遗课程让学生更了解我们的民族,更加智慧、更加自信、更有力量能够解决我们这个民族进步所遇到的生产和生活的综合问题。在小学阶段,非遗传承教育在美术和劳技等课堂,立足各学科的角度来理解每个非遗项目,同时,把中高考学科知识体系融入各非遗项目的课程里,让学生提升学科学习的兴趣,更有效地提高学生的观察和理解能力、激发学生的合作和创造能力、培养学生的情感和道德规范、增强学生的探究和生活能力、塑造学生的职业素养和精神的综合艺术修养。

(三)成效分析

1. 基本情况

北京小学通州分校于2010年9月建校,目前共有40个教学班,一至六年级共1959名学生，132名教职工。几年来，学校坚持党的路线方针政策，依法办学，特色办学。十九大报告指出"要全面贯彻落实党的教育方针，落实立德树人根本任务，发展素质教育，培养德智体美全面发展的社会主义建设者和接班人"。办一所国际化、人民满意、充满活力的优质学校的办学目标，及培养具有中国气质、活力特质的活力少年育人目标的紧迫任务，让我们不断思考立德树人的内涵与实践，探寻让孩子在"活力"的熏陶中成为具有未来素养的未来人才的途径与方法。

学校以培养具有"健康活泼姿态、积极活跃学态、乐观活气心态、自主活润实态"的活力少年为育人目标，将课程能力培养与学生素养发展对接，将国家、地方、校本课程整合，构成"三型五类"活力课程结构体系，实现课程育人价值与核心素养培育的融通与统一。培养具有"中国气质、活力特质"的活力少年，不仅培养学生的人文底蕴、厚重学生的人文积淀，更培养学生家国的认同感和归属感，让学生成为中华文化的继承者和发扬者的同时，成为拥有家国情怀的中国人。

"活力艺术+"课程是活力课程的有机组成部分，美术、书法、劳技学科教师在丰实"活力艺术+"课程群的基础上，研发非遗艺术课程，夯实非遗课程的校本化实施、优化年级主题跨学科非遗课程、学生非遗社团课程建设，激发教师非遗课程的研发与实施能力；激励学生积极参加非遗课程实践，培养其合作探究能力，传承非遗文化，增强实际获得，提升学生人文素养和创新精神，为学生的精彩人生奠定基础。

2.条件与优势

（1）课程设置。北京小学通州分校非遗艺术课程是活力拓展型课程的重要组成部分，涵盖葫芦烙画、宫廷团扇、剪纸、泥塑、书法、篆刻等门类，学校以"非遗"课程为载体，鼓励教师开发与实施适合师生成长的非遗校本课程，营造传承与保护非物质文化遗产的环境，提升学校的整体育人功能，涵育活力师生健康成长。

（2）师资情况。研究团队由具有丰富教育教学经验和专业研究素养的中青年教师组成，专业涉及美术学、艺术设计、美术教育，多篇文章获得市区级奖项，带领学生多次参加中轴线非遗活动以及其他创意类活动，屡获佳绩。2019年底举办以非遗项目为主题的"美术+"市级展示活动，获得北京市基教研中心和通州区教委领导的一致好评。课题组成员有与时俱进的教学理念和扎实的科研能力，工作认真负责，确保研究工作稳步推进。

课程实施教师包括劳技、美术学科，老师基本素养高，为了学校非遗课程开展的专业性，老师们参与非遗与设计学院组织的"校园非遗传承人培养工程"，获得"校园非遗传承人"证书，通过与非遗传承人近距离学习和答辩梳理，让老师们的非遗技能、教学能力都得到了很大的提升。

（3）学校已开展非遗项目课程两年有余，在硬件和软环境上给予最大支持，为课题研究提供资金保障。

3.本校学生与通州区学生调查情况进行对比分析

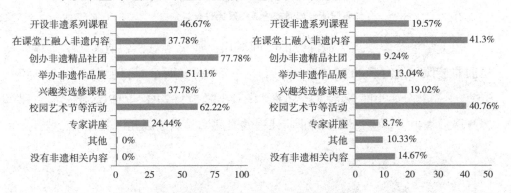

你所在学校开展过什么形式的非遗教育？

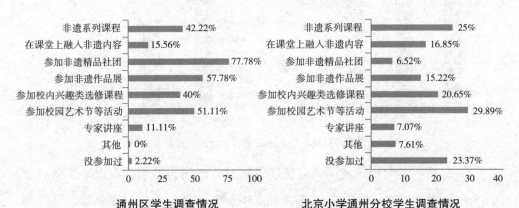

通州区学生调查情况　　　北京小学通州分校学生调查情况

你参加过学校哪种形式的非遗教育？

（1）学生参与非遗课程情况对比。通过对比可以发现：通州区开设非遗系列课程的只占19.56%，北分达到46.67%，通州区创办非遗精品社团为9.24%，北分为77.78%，在相关非遗活动方面如：举办非遗作品展，兴趣类选修课、校园艺术节、专家讲座等都明显高于通州区整体水平。在问及学生参加过学校哪种形式的非遗教育，问卷显示：通州区23.37%没有参加过，而北分为2.22%。可见北分在非遗教育方面有着突出的特色。

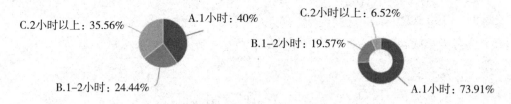

你每周所参加的非遗课程累计时长是多少？

（2）学生每周参加非遗课程的时间对比。通过本对比，通州区学生每周参加非遗课程的时间73.91%为一小时，1—2小时和两小时以上占：19.57%和6.52%，而北分两小时以上为35.56%，1—2小时为24.24%，可以看出北分在课程开展过程中，学生每周参加非遗课程的时间明显高于通州区其他学校学生。

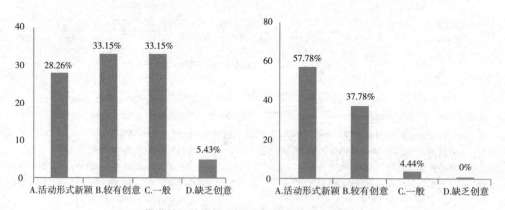

你觉得目前学校非遗课程或活动形式如何？

（3）学生对学校非遗课程或活动看法对比。问卷显示，通州区学生对本校非遗课程或活动形式看法有33.15%认为一般，5.43%认为缺乏创意，北分调查结果显示：认为活动新颖、富有创意的占57.78%和37.78%，只有4.44%认为一般。由此可见北分非遗课程开展的形式新颖、富有创意，学生认可度很高，以远远超过通州区其他学校水平。

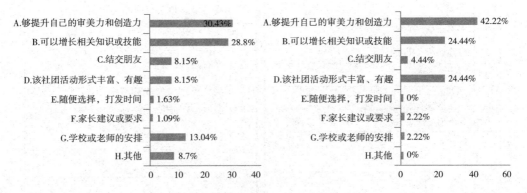

你参加该非遗课程的原因？

（4）学生参加非遗课程的原因分析。两份结果对比显示：通州区学生参与非遗课程有13.04%和8.7%为应家长和学校要求，并非主动参与，而北分这一数字仅为2.22%，北分学生参与课程原因24.44%为认为课程形式丰富、有趣，通州区学生这一项显示为8.15%，可见北分学生对于课程的参与度和认可度明显高于通州区水平。同时问卷还显示：无论通州区还是北分学生普遍认为非遗课程的开展对于提升审美和创造力、增长相关知识技能具有帮助，这也是开展非遗课程对于提升学生创新与实践能力的证明。

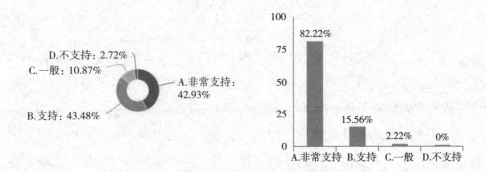

你的父母是否支持你参加非遗课程或社团？

（5）家长认可度调查对比分析。本调查显示出家长对学生参加非遗课程或社团的认可度，调查数字有明显差异：通州区调查情况非常支持占42.93%，北分达到82.22%，可见北分开展非遗课程得到了家长的普遍认可。

你对本校的非遗课程有什么建议？

1	多参观	1	我希望学校多有一些美术活动
2	多多了解	2	无
3	联系开展专门的课堂	3	没有建议
4	组织活动	4	采取更多的形式让孩子参与，人人有机会展示作品
5	再扩展一些		
6	非常好，就是再加一点，美术课的就好了	5	多加一点
7	可以多举行点此类活动，让我们更加了解非遗课程	6	多讲解非遗知识
		7	无
8	开设专门的课程	8	我希望可以外出民间参观
9	多开设一些非遗课程	9	没有，非遗课程很好
10	多一些类似活动	10	增加更多的非遗形式
11	多多参加		
12	课时再增加一些		

（6）学生对非遗课程的建议。本题为开放性问题，目的在于开放性地收集来自学生的建议，从整体及北分学生的反馈可以看出，学生都希望可以有更多的机会参与，并且有更多的形式。说明学生对于非遗课程的热情和参与意识很强，今后可以在形式和内容上更加的丰富，并投注更多的力量和资源，弘扬我国的传统文化，培养学生的创新与实践精神。

3.成效与经验

（1）专业的非遗师资培训。非遗传承过程中，教师的专业度直接影响学生学习的效果，北分教师参与非遗与设计学院组织的"校园非遗传承人"培养工程，有效解决了师资问题，为非遗课程的开展提供了保障。

（2）系统的非遗社团课程。创新与实践能力的培养，要在学生掌握基本技艺的基础上，专业而系统的社团课程，是培养学生的有效途径，开设非遗精品社团课程是行之有效的方法。

（3）借助活动、竞赛给学生展示的平台。通过北京市中小学生技术创意（TID）竞赛，以及校内的作品征集展示，如"体育+""美术+"等大型活动给学生展示的机会和平台，激发学生的热情和灵感。

四、问题思考

（一）专业非遗师资

从通州区调查问卷的整体情况和北京小学通州分校实施非遗课程的成效可以发现，对于通过北京中轴线非遗项目提升小学生创新与实践能力，解决非遗师资问题是系统开展非遗课程的有效途径，从而促进学生能力的发展与提升。非遗专业师资严重缺乏，老一代非遗传承人很难适应校园内的授课环境，培养校园内的专业师资队伍可以有效解决这一问题。

（二）非遗课程设置的系统专业性

从调查可以了解到目前通州区学生对中轴线非物质文化遗产的了解程度不高，艺术课程主要利用课外一小时时间，但开设非遗精品课程的学校并不多，对于北京小学通州分校开展的非遗精品课程，在通州区还是空白，有很大的发展空间和前景。学生通过系统专业的课程学习，对提升创新与实践能力有积极的促进作用。

（三）非遗教育对学生影响

通过调查分析，学生参加非遗课程的原因可以了解到，接近60%的学生认为非遗课程的学习能够提升自己的审美力和创造力，增长相关知识或技能。北京小学通州分校通过一系列的课程整合活动，例如"体育+""美术+"大型展示，让学生参与其中，并以非遗创新、创意作品的形式呈现，使学生的创新思维和动手能力都得到了很大的提高，由此也证明在校园开展非遗教育对学生创新与实践能力的提高的有效性。

（该课题于2020年7月被批准立项为教育部子课题）

小学英语教材与绘本阅读融合的实践研究

马军华

一、核心概念的界定

（一）小学英语教材

小学英语教材是指课题实验学校现行所使用的、依据课程标准编制的、系统反映英语学科内容的教学用书。

（二）绘　本

绘本指的是英语绘本，是一类以绘画为主，并附有少量英文的书籍，绘本读物图文并茂，内容丰富有趣，故事情节连贯，语言地道纯正，画面鲜艳生动，能很好地激发学生的学习兴趣。它不仅可以以讲故事的方式教学生学知识，而且可以全面帮助学生建构精神世界，培养多元智能。

（三）小学英语教材与绘本融合教学

小学英语教材与绘本融合教学就是指在考虑教学目标的要求、教材整体和局部的关系以及学情分析的基础上，针对教材因受篇幅限制，内容比较单一，语料比较单薄，板块比较零散、不够有序等不足之处，把教材与绘本整合运用于教学，整体设计教学内容，实现教材与绘本话题式融合教学；整体安排教学时间和设计教学方法，实现教材与绘本融合式教学；整体设计形成性评价，实现教材与绘本融合的教学效果评价体系，从而让学生对教材所学话题进行更加深入的学习、巩固和语言运用，既丰富教材文本的内容，又可以在绘本学习中发展学生的阅读能力。

二、国内外研究现状述评、意义及研究价值

（一）国际研究情况

西方发达国家的学者对于绘本阅读的研究，主要分为侧重绘本阅读理论和侧重绘本阅读应用两个层面。在阅读应用研究方面，国外学界主要认为绘本阅读在语言发展、心理指导和治疗、想象力发展、审美发展等方面有巨大价值。图画书的阅读应用研究主要围绕"图画书阅读教学研究"和"图画书亲子阅读研究"两个方面展开。澳大利亚教育学家阿里佩斯和斯太勒认为阅读中应该多进行一些开放式问题的提问，帮助儿童在阅读的同时扩展思维。大卫·阿诺德提出了"对话式阅读"的概念，认为在阅读过程中不要一味照着书念，而是可以采用一些对话交流的方式增加儿童与图画书的互动，还可以问些开放式问题，帮助儿童进入故事情境，促进儿童的语言发展。

（二）国内研究情况

从资料和文献的查找中发现：国内关于教材整合的研究和专著有很多，很成熟，尤其是英语教学发达地区更是走在了前列。有的教学著作如上海教委教研室英语教研员朱浦老师的《与语言新课程同行》、北京市基教研中心王建平主任的《小学英语教学关键问题实践研究》等著作中都有相关的教材整合教学理论研究。

在阅读应用研究方面，国内学界主要认为绘本对幼儿情绪发展、对社会性发展、对想象力发展、对语言发展等方面有巨大的作用。还有的学者认为，绘本可以全面帮助青少年儿童培养多元智能。国内期刊检索到近3000篇关于绘本阅读的实践应用论文中，绝大多数是小学、幼儿园教师撰写的关于绘本阅读在语言、美术、品德、情感等领域的实践探索。国内外关于绘本教学的研究也遍地开花，2015年之后小学英语绘本教学研究更是进入快速发展期。国内江浙两大教育强省早在2011年前后率先对英语绘本阅读教学进行相关方面研究和推广，英语绘本阅读教学的理论研究与实践成果较其他省市领先一步。福建省则以福州市的英语绘本阅读的实践研究为代表，如叶青林老师申

报的"基于学生发展的英语绘本悦读教学研究"项目，荣获2018年国家级基础教育教学成果奖二等奖，该项目研究对象侧重初高中的英语绘本阅读教学，对于英语启蒙阶段的小学英语绘本阅读教学实践研究还不够深入，特别是教材与绘本整合教学的研究，我省几近空白。

本课题负责人曾主持研究过泉州市教科研立项课题"小学英语单元整体教学的实践研究"，结题为优秀，研究了适合于本市小学英语课堂教学的模式和策略，并陆续在后续的教研中应用和推广，其单元整体教学的模式为小学英语教材与绘本整合教学奠定了基础，在有限的课时里完成教学任务和拓展绘本教学和指导学生阅读。

（三）意义及研究价值

小学英语教材与绘本整合教学有利于实现多样化教学方式的统一；有利于整合时间资源，使有限的课时产生成倍的效益；有利于学生合理认知组块的构建，促进知识的记忆、保持、提取和学生综合语言运用能力的发展；有利于提高教师处理教材的能力和提升课堂教学效益。但是关于教材与绘本整合的研究很少，几乎找不到文献。目前，北京已在阅读素养培育落实到课堂教学方面进行了一些有益的尝试。针对这种现状和外语教育改革的需求，基于我市每周英语教学课时量比较少，学生接触课外英语读物机会也比较少的现状，本课题旨在研究如何在日常英语课堂中有机结合绘本，合理使用绘本，使两者优势互补，让学生在掌握课内知识的同时，又感受阅读的乐趣，养成良好的阅读习惯，为学生的终身发展奠定基础，落实核心素养的培养目标。

小学英语教材的体裁单一性特点不利于小学生阅读素养的发展，由于绘本故事图文并茂、主题丰富、体裁多样、语言真实，小学阶段将英语教材与绘本整合，能有效促进小学生的阅读兴趣与阅读动机，还能提升学生的审美能力和多元价值观。现有的对绘本教学应用的研究大多集中于某种课型，对于绘本的应用，大多是在语言活动课或者拓展课中。本次课题所提出的小学英语教材与绘本整合教学的策略研究是针对我市学生的学情所提出的一种可行、高效的教学方式，值得深入研究。

三、研究目标、研究内容、研究假设和拟创新点

（一）研究目标

小学教科书在内容丰富、难易程度、趣味生动、语言输入量等方面仍有一定的局限性，绘本可以弥补教科书的一些不足之处，教师要力求使教科书与绘本相辅相成，在课堂上平衡传统教科书和绘本间的关系。本课题旨在通过小学英语教材与绘本的整合教学的实践研究，达到以下研究目标：

1. 通过课题的研究和实践，改变教师传统的教学方式，总结一套小学英语教材与绘本整合教学的新策略和新模式。

2. 通过课题的研究和实践，提高教师收集与整理绘本资源、融合教材与绘本、教学科研等能力。

3. 通过课题的研究和实践，拓宽学生的知识面，提升学生的英语阅读素养，让学生从乐学、易学，慢慢会学，最终实现学会。

（二）研究内容

小学英语教材与绘本融合教学的策略、方法和模式、技术手段研究。

小学英语教材与绘本融合的话题式内容、融合式教学体系研究。

小学英语教材与绘本融合教学的效果评价及学生阅读能力水平体系研究。

（三）研究假设

1. 预期理论成果

构建小学英语教材与绘本融合教学的新模式。

形成小学英语教材与绘本融合教学的策略方法。

构建小学英语教材与绘本融合学生阅读水平评价体系。

2. 预期实践成果

撰写课题结题报告。

出版课题研究专著。

完成课题研究论文汇编。

学生自编、自绘的儿童绘本。

形成课题成员教学设计、光盘、课件、微课的资源库。

（四）拟创新点

探索小学英语教材内容与阅读水平相结合的教学目标。

探索和构建小学英语教材与绘本融合教学的方法策略和课堂教学模式。

探索小学英语单元整体教学与绘本教学相结合的教学和学生学习的阅读能力评价体系。

四、研究思路、研究方法、技术路线和实施步骤

（一）研究思路

按照实验校的校情、学情、师资力量等情况，探索符合本课题的研究思路。

1.话题式整合

首先研究教材（小学英语学生用书，主要是外研版新标准小学英语教材），课程主题与目标整理、归纳；关联英语绘本收集、选择、分类，整合研究，初步建立绘本故事资源库，确定绘本分级阅读和教材主题相吻合。

2.实施方法

每周课时为两课时的实验校，与绘本整合的方法主要是主题衔接、内容结合，课堂的实践模式表现为整合式或者衔接式两种方式。低年级段采用图片环游法，高年级段采用片段阅读法。每周课时超过两课时的实验校，采取专题绘本教学，进行阶段性的学生阅读水平测评。

3.实施过程

在不同平台进行教材与绘本整合教学实践研讨，聘请专家指导，每学期总课题进行1—2次的集中课题研讨活动，主要内容是实验校课题负责人汇报阶段研究总结、专题讲座和课堂展示、阶段成果展示。

4.研究成果梳理

梳理实践成果和理论成果。理论成果即教材与绘本整合教学策略、方法

与模式；话题式内容体系研究；整合教学的效果评价体系研究；创建一套适合于检测小学生阅读能力水平的评价体系。

（二）研究方法

1. 文献研究法

学习相关小学英语教材单元整体教学与绘本教学的理论，对其研究成果文献进行归纳整理，借鉴成功经验，为研究提供参考和依据。

2. 调查研究法

对学生阅读能力进行摸底，获取大数据分析。课题后期的绘本阅读水平测试，形成阅读能力的指标和资料。

3. 行动研究法

通过设计、开展各种活动，进行各种实验，分析获取真实有价值的研究信息和资料，在实际研究中不断修改、调整、完善课题方案，优化研究过程，寻求最有效的方法与策略。

4. 归纳总结法

采用行动—反思—再行动—再反思这一系列流程，分析存在的问题，总结成功经验，确定教材与绘本的整合教学目标、方法和策略的研究，形成材料以期指导今后的工作。

（三）技术路线与实施步骤

1. 准备阶段（2020年9月—2020年10月）

（1）确定课题为"小学英语教材与绘本融合教学的实践研究"，征集核心组成员和课题实验校。

（2）收集与本课题研究相关的资料，主要是寻找合适的英语绘本，提出教材与绘本整合的研究目标，制定研究方案。

（3）制订课题研究计划，明确实验具体目标；健全课题实验校机构，制订课题实施方案。

（4）组织课题组成员搜集了相关材料、文献，研读《义务教育英语课程标准》、王蔷的《行动研究》《中国中小学生英语分级阅读标准》《丽声北极星分级绘本》、朱浦的《与英语新课程同行》、崔殿勇和刘耀东的《小学英语单元整体课程实施与评价》、王建平的《小学英语教学关键问题实践研究》，以及《福建教育》《英语学习》《中小学外语教学》等优秀期刊。

（5）完成实验校的申报工作和确认文件。

2. 实施阶段（2020年9月—2021年9月）

（1）整合教材话题，找出相关联的绘本进行教学目标的确立。

（2）开展课内外实践活动，探索教材与绘本整合教学的有效方法和策略、课堂模式、评价方式和评价体系等内容。

（3）在不同平台进行教材与绘本整合教学实践研讨，聘请专家指导，每学期总课题进行1—2次的集中课题研讨活动，主要内容是实验校课题负责人汇报阶段研究总结，专题讲座和课堂展示，阶段成果展示。

（4）及时建立课题研究记载册等档案资料，整理相关研究资料汇编成册。研究成果梳理：实践成果和理论成果（教材与绘本整合教学策略、方法与模式；话题式内容体系研究；整合教学的效果评价体系研究；创建一套适合于检测小学生阅读能力水平的评价体系）。

3. 结题阶段（2021年10月—2021年11月）

整理相关的材料，开展课题成果展示汇报活动，撰写课题研究报告。

（1）搜集整理"小学英语教材与绘本融合教学的实践研究"相关研究资料：精品课例、微课、教学设计等。

（2）出版课题成果著作《寻找核心素养落地的力量：小学英语教材与绘本整合教学的实践研究》。

（3）开展"小学英语教材与绘本融合教学的实践研究"课题成果展示汇报。

（4）撰写"小学英语教材与绘本融合教学的实践研究"课题结题申请书和结题报告。

（5）申请"小学英语教材与绘本融合教学的实践研究"课题结题鉴定、验收。

（该课题于2020年11月被批准立项为教育部子课题）

以"VR人文创客+海绵城市"课程培育学生可持续发展理念的实践研究

马国亮

一、研究的主要结论及观点

（一）以海绵学校为基础，构建"粒创五力课程"

该课程是精品社团课程，以学生个性化发展为核心，满足学生个性发展的不同需求和兴趣爱好。

（二）以项目式学习为基础，搭建校园建筑

学生以项目式学习为方式，小组共同合作，完成在虚拟世界中校园建筑的搭建，共搭建起三栋教学楼、报告厅、体育馆共五栋主体建筑。在搭建过程中，深入理解现代建筑搭建方法与要点，在实践中熟悉掌握比例的用法，以此感受学校的建筑之美。

二、研究方法的主要特色与创新

本课题主要采用了调查法、文献研究法和行动研究法，其中行动研究法是本研究的特色。在研究过程中，以学校的"三型五类"活力课程为基础，以年级综合实践活动为阵地，将实践研究与活动有机结合在一起。借助北师大项目，在尊重国家课程的法定性的前提下，努力从学生发展的需要出发，对国家规定的教学内容进行整合、优化和加工，并注重对实施方式与实施途径的创新，创造性地将"海绵学校"与VR人文创客结合起来，开展以"VR人

文创客+海绵城市"为主题的特色课程。

三、研究的突破性进展

（一）构建"粒创五力课程"

在北师大项目支持下，创造性地将"海绵学校"与VR人文创客结合起来，开展以"VR人文创客+海绵城市"为主题的特色课程，即"粒创五力课程"。

"粒创五力课程"的实施包括两个阶段：第一阶段，借助项目式学习——"复制校园"，了解学校地面以上的布局和文化环境；第二阶段，了解"海绵"的意义，结合学校案例，学习如何设计"海绵学校"实现资源的可持续利用。

通过这两个阶段的学习，学生能够在大型团队项目的协作中，锻炼学生的组织协调能力、目标管理能力，以及在VR人文创客中感受不同学科的融合和知识迁移。

（二）搭建校园建筑

学校在VR课程建设中，把复制校园项目作为一个大型的实践项目，需要同学们分工协作才能顺利完成搭建目标。复制校园模块主要是以学生为中心，以复制北小通州分校校园建筑为主要内容，旨在让同学们通过小组合作完成整个项目，提升学生对于建筑知识的掌握情况与应用能力。同学们将以在虚拟世界中搭建起以三栋教学楼和报告厅、体育馆共五栋主体建筑为主的北小通州分校，在此过程中回顾上学期学习的建筑知识，深入理解现代建筑搭建方法与要点，在实践中熟悉掌握比例的用法，并且再次仔细观察自己的校园。从简单的门窗等基本构件的搭建到楼层、教室的分隔，各种类型教室的装修，以及主体建筑外的操场、建筑、绿化等校园室外装修，复制校园项目希望同学们在实践中感受学校的建筑之美。

复制校园不仅锻炼了同学们的合作能力，还提升了同学们的实践能力。不同于其他的搭建项目，复制校园中并没有成型的示例模型，也没有具体的步骤图解，同学们能够获取的只有搭建的基本注意事项和自己拍摄的校园图片。同时，复制校园也是非常贴近现实生活的项目，同学们在项目中面对的是比以往更为"真实"的环境。于是，在项目过程中，同学们需要把自己学到的点滴知识转化为自己的实际规划和操作，需要把自己印象中的校园和拍摄的图片逐渐对应到虚拟课堂的实体建筑中去。在这一过程中，学生将知识应用到真实任务中的实践能力越来越强，最终展现出的成品更是意料之外的完美。

四、学术价值的自我评价

通过构建"粒创五力课程"，弥补学校拓展性课程中信息技术学科的空缺。通过完善课程，弥补课堂生成性、探究性、动态性、综合性不足的问题。

通过课题研究，营造浓郁的科研氛围，提升校园文化氛围。通过复制校园建筑，帮助学生及教师更好地了解学校精神文化。落实学校学科培养目标，形成"实活相济"的课堂文化，让学生在活力课堂中自主成长。

通过本课题的深入实施，促进了教师的专业发展。教师是学校科研的主体，课题的实施离不开各科教师的深入实践。在实践过程中，教师能够更新教学观念，对教育教学有更加深入的认识。多名教师的文章获奖，多节优秀课例在市区展示。

五、成果的社会影响

（一）整合资源完善拓展性课程建设

学校以课程结构体系为坐标结合课程内容，形成了三大课程领域、五个课程类别和五十余门课程于一体的课程分类布局，还分别从基础型、拓展型和发展型课程领域中打造出了一些精品课程。拓展型课程群主要是校本选修和精品社团课程，以学生个性化发展为核心，满足学生个性发展的不同需求和兴趣爱好。"粒创五力课程"的建设，填补了信息技术学科在拓展型课程的空白，充实了学校的课程体系，开阔了学生视野。

拓展型课程结构体系表

课程领域	课程类别	课程目标	课程门类		
拓展型课程	兴趣类	为学生提供丰富多彩的课程,满足不同学生的不同发展需求,并突出学生的自主性,通过学生的自主选择和参与,来发现和培养学生的兴趣爱好,进而促进学生的个性化成长,也为学生的特色化发展奠基。	语英类	语文	戏剧、诗社、曲艺、演讲与口才、朗诵
				英语	英语歌、英语棋、外教口语、英语阅读、英语歌曲、酷听说
			数科类	数学	七巧板、魔方魔尺
				科学	机器人、科技探索、航模制作、天文、单片机、创意家居、种植、海绵城市课程
			综合实践	信息技术	VR课程、编程、机器人
				劳动技术	刺绣、编织、唐人娃娃、中国结、团扇、盘扣
			道法类	道德与法治	礼仪课程、五好童社、校园剧
			体育类	体育	花篮、男篮、女篮、武术、田径、空竹、功夫扇、轮滑、速滑、跳绳、羽毛球、乒乓球、健美操、拉丁、街舞、毽球、跳皮筋、足球、围棋、形体
			艺术类	音乐	管乐、行进管乐、合唱、钢琴、陶笛、尤克里里、葫芦丝、舞蹈
				美术	素描、绘色绘本、彩陶、版画、衍纸、叹为观纸、色粉画、国画、剪贴画、创意美术
				书法	硬笔书法、软笔书法、篆刻
	精品社团	通过精品社团的专业和深入学习,提升学生在相关专业的知识和能力,帮助学生将兴趣爱好转变为可以延续终生的能力,引导学生找到人生发展的事业起点,奠基学生的人生发展。	精品社团课程	英语类	英语戏剧、英语课本剧、英语趣配音、英语演讲、英语歌
				科技类	蒲公英社团、科技探索、科技竞赛、种植
				艺术类	合唱a、合唱b、钢琴、舞蹈a、舞蹈b、形体舞蹈c、管乐a团、行进管乐、管乐b团、国画、剪贴画、绘色绘本、色粉画、书法与篆刻、书法、播音与主持、葫芦墨语、团扇
				体育类	轮滑、花篮、男篮、女篮、健美操、田径队、足球、皮筋、武术、拉丁、棒垒球

（二）个性化课程彰显活力品质

个性化课程以建设学生社团的形式开展，学生有自主选择权利，引导学生更加自主地个性化发展。同时课程宣传了学校的活力特色，带动区域共同发展。

比如2018年11月13日北师大举办的VR课程建设研讨会上，学校做了专题发言，并向与会人员展示了研究成果——北京小学通州分校课程作品，将学校的整体环境——教学楼、报告厅、体育馆等，通过VR课程作品展示出来，受到了参会者一致好评。

（三）促进活力师生全面发展

活力课程激发了学生的认知活力、行为活力、情感活力，让学生在课程实施中绽放成长的精彩，实现学生全面、健康和个性化的发展。学生的学业质量在区内名列前茅，市、区级以上获奖累计两千余次。

活力课程的研发与实施，激发了教师的研究活力、参与活力、建设活力，使其成为课程的研究者、参与者、建设者和受惠者。师生市、区级以上获奖逐年递增，累计获奖2672项。

六、研究设想

首先，学校课程建设应顺应北京城市副中心建设发展的需要，使活力教育落实核心素养的培养，根据学科性质及其逻辑关系，进一步深化和充实活力教育的学科课程群。

其次，加强课程评价体系研发，开发科学有效的课程评价工具，力求对现行课程方案及其实施过程和效果做客观的判断，为课程门类的增补或删减、课程实施手段的优化等提供依据。

学校本着"活力教育"的办学理念，将继续在"培养创新素质，共育活力公民"的研究实践中不断探索！不断深化！培养学生的创新精神、创新意识和创新能力。北京小学通州分校粒创课程的开展，真正实现了学生自主创新意识及能力的培养，VR课程建设为师生提供了非常好的平台，我们将继续在这方面进行探索与实践，走出一条适合北京小学通州分校的"粒创五力课程"特色之路，让活力公民在北京小学通州分校这片沃土上茁壮成长！

（该课题于2017年11月被批准立项为北京师范大学课程与教学子课题）

论文篇

"活力"领导育格局，主体赋权增效能
——"活力教育"的校本实践

刘卫红

新时代的学校管理者应该是：学问博而精，思维清而新，为人谦而仁，管理法而智，用人贤而能，新时代的学校管理者应该为教师赋权增能，激发内驱。

美国领导学家科特认为，"保证组织的秩序和一致性是管理压倒一切的任务，而领导的主要职能是产生变化和运动"。教育领导主要是做正确的事情……强调的是激励与创新……带来变革。作为一所学校的校长，我一直致力于唤醒与激发每一个人的活力。因为活力是学校发展的重要价值追求，活力是学校持续发展的源泉，活力更是学校创新变革发展的重要引擎。着力建构"活力"文化治理格局，做好价值引领与统筹协调，带领大家找到发展的方向，凝心聚力办好学校，担负起立德树人的根本职责。激发学校每一个人的主体性和能动性，利用主体赋权管理，促进学校管理效能提升。

一、建构"让每一个生命涌动活力"发展愿景，唤醒生命发展自觉

构建"让每一个生命涌动活力"的组织发展愿景，凝聚发展的共识，学校发展的共同愿景一定是全体教师共同价值判断和发自内心的选择。组织愿景能有效激发全体教师的向心力、创造力和工作热情，推动教师专业发展，实现管理效能最优化和学校发展的持续化过程。

组织发展愿景形成和建构需要深度研讨与不断完善的，组织愿景形成并不是一蹴而就的，是要经过集体研讨、实践探索、理论提升、反思重塑过程。在学校办学之初，我和班子成员一起研讨制定《活力教育特色学校建设五年

发展规划》，用目标凝聚班子，聚力教师，在高起点地奋斗中完成了远期、中期、近期的各项目标，学校成了家长满意的好学校。"十三五"期间正是通州成为北京城市副中心的有利时机，我们对学校过去进行总结，对未来发展高点定位，集颁布、教师、家长、学生智慧，以五项工程为核心工作，通过五年的努力，打造副中心优质教育特色学校，每年的计划目标小、策略优、方案好，实现了一个个设想。规划、计划、策划三划办学行为，让学校的宏观发展，微观推进，可持续，让干部教师清晰方向，干劲十足，既体验奋斗成功的喜悦又增长克服困难，解决问题求变创新的能力，在这个过程中，通过组织目标的明确性、可达性、挑战性和连续性，逐步发展建构出"让每一个生命涌动活力"组织愿景发展共识，在这个过程中，培养干部教师创造价值的成就感，激发了干部教师的事业心和使命感，唤醒了每一个教师的生命发展自觉！

二、"勇于担当，力行我先"大气干部管理，赋权增能增实效

"让每一个生命涌动活力"需要建立一支"活于心，力于行"的干部队伍。干部队伍在关键时刻"敢于站出来，勇于扛起事，力行我必先"大气担当的管理气质，这样的干部队伍，可以为师生提供安全贴心的保障。管理学大师彼得·德鲁克曾说，管理的本质，就是激发和释放每一个人的善意。管理者要做的是激发和释放人身上固有的潜能，创造价值，为他人谋福祉。学校赋予学校管理干部、教师以权利和空间，给予自主自觉发展的机会，"只要敢想，有想法就有支持策略，想做就有资源支持，想展示就给予平台搭建"。学校是所有人的学校，学校是所有人发展的学校，学校是所有人幸福的落脚地。

学校重视中层干部队伍的培育，学校管理干部更要想办法让教师的工作变得有价值，让教师在工作中有安全感，对组织有归属感，对干部有信任感。干部改进在日常，改变习以为常。在工作中，干部落实"二个四""四个三"的管理要求。"二个四"即思想同心，目标同向，发展同频，行动同力；做问

题的终结者，困难的突破者，方案的优化者，时间的思考者。"四个三"即三维管理，深入教师的专业管理、深入年级的行政管理、深入学生的德育管理，使其融通领域，实现贯通管理；三划意识，规划、计划、策划，使其改变从计划开始，落实在常态工作中；三文能力，播报、总结、案例，使其改进从总结入手，运行闭环机制；三微行动，微改进、微创新、微行动，使其从细节抓起，全方位提升能力。在这个过程中，促进干部"成人成事成己"三位一体的自主发展。干部在关键时刻站出来，努力做发展的引领者、专业的指导者、问题的终结者、困难的突破者、方案的优化者、思考的实践者。干部队伍发挥作用，领导教师，激励教师，示范教师，促进了领导力和管理效益的提升。

三、建设"和谐民主、活力出彩"管理文化和实践策略

活力管理通过对人的本位关注，高度信任，充分尊重，将文化提升为一种力量。变被动管理为自我约束，通过共同价值观的培育，营造一种活力和谐的文化氛围，在这种文化的浸润下形成了"和谐民主、活力出彩"的管理流程和管理策略。

管理活而有法，活而有序。活力管理的基础是秩序，是规范。学校不断完善、健全校内各项规章制度，完善《北京小学通州分校校章》、教代会、校务会、三重一大等制度，促进了管理的规范化、科学化、民主化。

管理活而有效。我们建立"三主体"（教师、学生、家长）评价制度，着力研究活力教师、活力学生、活力家长的评价细则和办法，同时以团体成长为模式，通过自我成长、同伴互助、小组评价、学校监控、家校协作等手段，开展丰富的教育活动，提高了教师、家长与学生的整体水平，激活了三个主体的成长活力。

"和谐民主、活力出彩"的管理文化，使我校的管理逐步呈现出民主公正、开放包容的作风，充分彰显了"谐、理、活、力"活力文化的个性内涵，使每一个北分人"各显神通、各展其能"，由内而外地焕发出蓬勃的生

机与活力。

四、唤醒深层次的专业发展需求，促进每一个人的"自我实现"

人本主义心理学的主要发起者马斯洛，在其著名的"需要层次理论"中，从人的需要出发探索人的激励和研究人的行为，将人的需求由较低到较高分成生理需求、安全需求、归属与爱的需求、尊重需求和自我实现需求五类。其中"自我实现"是最高的需要，即努力实现自己的潜力，使自己越来越成为自己所期望的人物。从这一理论出发，为了最大限度地激发教师的生命潜能，我对创新了"标准化管理"——将其与人文管理完美融合，即让每一个层次的干部、教师自己制定自我的标准，并朝"自我实现"的目标迈进，使自己越来越成为自己所期望的人。

教师是专业的研究者，教师教育教学研究作为一种创造性很强的认识和实践活动，它必然要求研究实施的主体——教师，对教育研究活动本身产生强烈的内部需求，使之成为自己的一种自觉行为，从而提升教师的专业水平。学校立足"自我实现"的真实需求，培养教师为着力点，研究内容应该基于问题，培训专题必须着力提升能力，项目申报关注教师现状预测成果……于是我们改变固有的培训模式，干部深入到教师之中，年级之中，学生之中，家长之中，调研需求，梳理问题，确立了《思维训练提升教学质量的研究与应用》等12个项目，《在低年级计算教学中实施自主学习的策略研究》等16个课题，引进《语文部编版教材解读，提升学生核心素养》《北京小学及教育集团市级以上骨干教师助力通州分校发展》《张鲁静特技工作室北分站》等专项培训，成立了专家智慧团队。讲座、单元备课、通过听评课，说课了解教师内化程度、走出去学习，与北京小学丰台区万年花城分校数学团队建立拉手方案推进学科建设……和老师共情，解决了真问题。老师们的教研活动聚焦专题，共同备课，集体听课，共同反思，教课不再是负担，自觉承担讲课任务，主动分享教育智慧成为教师的自觉行为。

五、用荣耀激发内在动力，创生更有活力的未来

学校的荣耀时刻是百姓的满意，社会的认可，家长的口碑。教师的荣耀时刻是得到崇高的赞誉。我校每年评选骨干教师、星级教师、特殊贡献奖、师德标兵、优秀党员、学生最喜爱的教师，以及活力教研组等优秀教师和班组，利用教师节、教师大会隆重表彰，并通过微信公众号传播他们的优秀事迹。学校教师会保留一个栏目，融通斋、智慧坊，请有成绩、善创新的教师分享教学的成功和教育的得失。榜样的树立，成功的案例，让荣耀的美好驻留老师心中。

未来，让教师拥有更多的荣耀时刻，让教师体验更多的专业发展的幸福感和荣耀感，享受到学校活力发展，活力管理，活力可以引领、凝聚我们创生新时代的北京小学通州分校，我们会用荣耀激励每一个人"自我实现"，追求更高的专业境界，创生属于每一个人的更有活力的未来！

以智战疫积蓄活力促进成长

——疫情常态化背景下，线上教育助力活力教学模式有效提升的探索与思考

刘卫红

2018年，习近平总书记在全国教育大会上发表重要讲话，提出了"五育并举""六个下功夫"和"九个坚持"的教育方针。这些都为新时代教育培养什么人、怎样培养人、为谁培养人指明了方向，引领着疫情常态化背景下育人模式和方式的变革。如何深化疫情期间线上育人优势助力我校教学模式的有效提升，是当下校长研究的重要课题。

一、思改进　重需求　促发展——疫情背景下线上教育教学的创新与实践

一场疫情，打乱了学校正常的教育教学，给学校带来的新挑战。我校变疫情危机为学生自主发展契机，遵循学生成长规律，坚持"五育"并举理念，基于"活力教育"特色办学理念和学校育人目标，制订科学有效、尊重个性成长的延迟开学教育教学方案，一方面着力课程调整，多元丰富供给，另一方面转变教学方式，满足成长需求。着力从强化自主，丰富在线学习体验，多措并举，提升在线学习效率两大方面，通过线上家访，对接需求；小组合作，联通提效；隔空连线，深度实践；网络调研，精准发力四个层面优化课程供给，涵育学生素养稳步提升，确保疫情期间学校教育教学和管理工作平稳推进。

二、勤实践　促融合　提素养——后疫情时代学校育人模式的新思考与再实践

在重返校园的后疫情时代中，我们总结延期开学线上教育教学的优秀经验，重新审视、思考后疫情时代教与学方式的转变，始终抓住孩子成长需求这个核心，抓牢线上线下混合式学习优势，充分挖掘学校课程整体育人的功能和价值，助力活力教学模式有效提升。

"激活"基础型实践课程群，落实学科10%实践活动，夯实知识基础学生返校复课，基于学生居家自主学习测试，了解学情，调整进度，发挥线上可以延展学习，随时学习，全息学习，多元学习的优势，改进线下学习生态，深化语文部编版教材、数学"四化"、创设移动学习环境提升学生英语运用能力等研究与教学实践，落实"五节十力"活力课堂教学流程，修正课堂评价标准，扎实基础型课程实施，实施全学科混合式阅读等课题、项目研究，因材施教，既满足全体学生发展需求，又私人订制满足学生个性化学习需求。

"盘活"拓展型课程群，优化精品社团活动，发展个性特长。学校制定活力实践活动课程方案，深化"体育+"课程建设，借力市级金帆社团申报，创造性的研发"书法+"课程、"非遗+"课程，优化管乐艺术课程并有效实施，培养学生兴趣爱好，发展其个性特长。

"创活"发展型课程群，丰实实践活动课程，提升综合素养。着力"六爱"年级主题课程、科技节、英语节课程的线上与线下实施，选取跨学科的主题内容，围绕真实问题，联合通州区图书馆开展"书香通图 行而尚学"体验课程项目式实践活动。促进孩子们在研中学，在学中思，经历提出问题、规划方案、解决问题和评价、反思四个环节，开展深入探究，让学生们真正将书本上的知识搬到了生活中，将自己的思考迁移到不断地研学中来，有效地将德育和研学有机结合，从更广、更深、更结构化的层次对学生的综合能力进行培养和提升，最大化地满足学生成长需求。

（本文于2020年4月做通州区区级线上教育经验交流）

以"美术+"促进学生活力成长

——北京小学通州分校"美术+"育人的探索和实践

刘卫红

北京小学通州分校于2010年9月建校，目前共有40个教学班，一至六年级共1959名学生，132名教职工。几年来，学校坚持党的路线方针政策，依法办学，特色办学。十九大报告指出："要全面贯彻落实党的教育方针，落实立德树人根本任务，发展素质教育，培养德智体美全面发展的社会主义建设者和接班人。"办一所国际化、人民满意、充满活力的优质学校的办学目标，以及培养具有中国气质、活力特质的活力少年育人目标的紧迫任务，让我们不断思考立德树人内涵与实践，探寻培养孩子拥有适应未来的活力素质的途径与方法。

我校秉承"五育"并举的理念，依据学生成长规律、中国学生发展核心素养及素质教育，从"活力教育"出发，将育人目标细化为"力德、力智、力体、力美、力勤"五个维度，助力学生全方位成长。2019年，中共中央、国务院印发的《关于深化教育教学改革全面提高义务教育质量的意见》明确提出坚持"五育"并举，增强美育熏陶，实施美育提升行动。由此可见，加强和改进学校美育工作是素质教育的重中之重。

美育即审美教育，是培养学生发现美、感受美、鉴赏美、创造美的能力的教育。新时期，教育改革强调美育不仅陶冶情操，提高学生素养，而且有助于发展潜能，对于促进学生全面发展具有不可替代的作用。在实施美育的过程中，我校以"美术"为突破，以中华优秀传统文化传承发展和艺术经典教育为主要内容，结合运河文化带特色，通过课程开发，课堂实践，课题研究，跨学科整合，跨教育领域，融通等多元方式，形成并运用"美术+"结构与形式，扩大艺术教师队伍，合理布局，高点定位，实现提高教师课程研发能力与提升学科专业素养的统一，改进课堂教学与打造精品社团的融合，促进学校、家庭与社会的和谐共育。达到以"美术+"塑造品德，开发智力，强身健体，培养劳动习惯的目的，以美养德、以美启智、以美健体、以美力勤，推进美育工作纵深发展，以美育特色彰显活力教育魅力。

一、多维研训，提升教师专业素养

为全面提升艺术教师专业素养，我们以市级课题"以小课题引领艺术教师专业核心素养提升的研究"为引领，整合多方资源，开展多维研训，帮助教师从感知上提高艺术学科专业素养，从认知上提升美育素养，塑造一批专业水平高、美育素养强的审美型艺术教师。

（一）博物馆探寻，拓宽思路

走进博物馆是教师们深入了解传统文化的必经之路。他们前往故宫博物院、花市社区博物馆、韩美林艺术馆、国中美术馆等参观学习，不仅近距离接触优秀的艺术作品，更了解其背后的历史、底蕴等，开阔视野，链接艺术与美育元素，强化课改意识。

（二）校内外研训，博采众长

参加丰富的美育教研培训是教师们吸收营养的方式之一。教师们先后多次到海淀教师研修学校参加培训，用最前沿的理论武装头脑，他们深入北京十二中学习《绢人动画》案例，将国学、影视制作、现代信息技术与传统艺术教育融合，使学生的创新思维和写作能力均得到提升，大家获益匪浅。培训后，教师们进行了及时的研讨，引发了大家在传统艺术课程设计、教学实施中渗透美育的深入思考。

（三）拜师学艺，提高技能

艺术教师们参加了非遗设计学院组织的"校园非遗传承人"培养工程，零距离向非遗传承人学习，分别获得了由老一辈宫廷团扇传承人梁季兰老师、烙画葫芦传承人王兆庚老师、京绣传承人于美英老师颁发的"校园非遗传承人"证书，提升教师非遗技艺，加深对传统文化的理解与认识。

（四）名师工作室，示范引领

我校在2018年年初，成立郭振宇书法工作室，工作室内展示师生优秀的书画、篆刻等作品；还设计"砚"文化展示空间，所有藏品都来自郭老师的个人收藏，小小的砚台代表着大自然的馈赠，也是非遗工匠的巧思妙造。这些都成为北分独特的传统艺术教育阵地，师生无不被这一方方精美的砚台所吸引，对传统文化的喜爱之情与日俱增。

（五）课题引领，高端发展

依托市级课题"以小课题引领艺术教师专业核心素养提升的研究"、教育部重点课题"青少年实践与劳动教育——'北京中轴线非遗教育基地'"，老师们提炼出各自的"美术+"美育研究专题，生成课题，申请校级立项5个，王晨萌的课题"辅助线分析法对提升小学生书法临摹、读帖能力的实践研究"被通州区教育规划办成功立项，科研引领"美术+"育人纵深发展。

二、以美养德，塑造学生优秀品行

陈宝生部长所说，构建德智体美劳全面发展的育人体系必须全面贯通"五育"，在"一育"中发现"五育"、渗透"五育"、落实"五育"，在"五育"中认识"一育"、把握"一育"、实现"一育"。这种对五育之间整体关系的认识应当成为新时代构建德智体美劳全面发展育人体系的一个重要思想基础。我校坚持以艺术教育为纽带，寓德于美，通过开展德育活动、艺术课程等，在人文、艺术知识的积淀中，帮助学生以美育德，引领学生用鉴赏的眼光欣赏美，用健康的心态感受美，在生活中拓展美、升华美，塑造学生的健全人格与优秀品格。

（一）主题活动，潜移默化

围绕学校德育建设工作，结合重大节日和纪念日，学校先后开展了"活力读书节""国防科技节""好习惯伴我成长""雷锋精神永放光芒""滴水之恩涌泉报"等活动，艺术老师通过书法、烙画、剪纸、彩绘、手抄报等方式，开展养成教育、理想教育、感恩教育、传统美德教育、爱国主义教育等，让学生在创造美的同时，表达自己对美的理解和追求，寓德育于美育之中，将德育活动内化于心，外化于行，从而加快德育潜移默化的进程。

（二）学科渗透，全员育德

教师们践行全员育德的理念，在日常教学中挖掘德育因素，渗透情感教育，实现学科育德。美术、音乐、书法作为艺术学科，是学生品德熏陶的主阵地。艺术学科教师基于学科特性，创设引导学生感知美、理解美、欣赏美的教学情境，培养学生审美情趣，弘扬中华民族优秀传统文化，增强学生民族自豪感，激发学生的爱国情感。

三、以美启智，培养学生创新思维

教学是整个学校的核心和灵魂，课程是美育实施的直接途径，学校以"一标二质四态五维十六基"活力教育育人目标为核心，将课程能力培养与学生素养发展对接，将国家、地方、校本课程整合，构成"三型五类"活力课程结构体系，实现课程育人价值与核心素养培育的融通与统一。

"美术+"是活力课程的有机组成部分，美术、书法、劳技学科教师在夯实国家课程的基础上，研发"美术+"课程，优化地方课程的校本化实施、年级主题跨学科艺术课程、学生非遗艺术社团课程建设，激发教师艺术课程的研发与实施能力；激励学生积极参加艺术课程实践，引入韩美林艺术馆大师课程——"天书艺术进课堂""岩画艺术进社团"，学生从艺术的角度加深对文字结构的认识，实现了书法、绘画与非遗艺术的统一，提升了学生们的艺术创作能力。

北京小学通州分校艺术精品社团课程是活力拓展型课程的重要组成部分，涵盖书法、篆刻、葫芦烙画、宫廷团扇、剪纸、泥塑、盘扣、版画等门类，学校以艺术课程为载体，鼓励教师开发与实施适合师生成长的艺术校本课程，营造传承与保护传统文化的环境，提升学校的整体育人功能，师生就是在这样的氛围中健康成长的。孩子在作品的研习中激发了思维的活力，迸发了智慧，让生活变得更加美好。

　　张靖怡是我校六（4）班的学生。她在四年级时就自主申报烙画葫芦社团，经历了一年多的实践，她从对烙画的懵懂，俨然成为一名思维活跃的小文创师。靖怡的爸爸特别喜欢喝茶，但是由于粗心，把茶漏弄丢了，每次喝茶之后都要口吐茶叶，这引起了靖怡的注意。她发现一个异形葫芦，形状跟茶漏很像，便提笔创作，先用雕刻笔把葫芦劈开，用二分之一的葫芦进行雕刻，然后在底部用雕刻笔逐个钻孔，制成茶漏，并烙上精美的图案，在父亲节那天送给爸爸，爸爸惊喜不已，爱不释手。小小茶漏却蕴藏着大智慧，靖怡思维活跃，善于发现问题，基于生活需求，就地取材，创造性地独立解决问题，彰显了活力学生的特质。

　　家长的支持是活力艺术社团进行的保障，教师们建立艺术社团微信群，与家长共同分享孩子们的艺术作品、交流艺术课程研学感悟，家校协作，互促共进。

四、以美健体，彰显学生生命活力

　　美育不仅可以熏陶学生品德、发展学生智力，帮助学生感悟运动的健与美，还可以培养学生挺拔的身姿、敏捷的动作、优美的造型。一年一度的活力体艺节，是孩子们所钟爱的节日。它丰富了体育运动的内涵，增强了学生的体质，彰显了生命的活力，是实施美育的平台。

　　在我校"活力体育+"课程展示活动中，艺术社团师生们群策群力，通过书法、烙画葫芦、宫廷团扇、LOGO浮雕、创意剪纸等作品，将美育与体育相结合，实现力与美的融合。其中体育节LOGO是学生设计并通过投票选出来的，社团师生把LOGO用泥塑的形式拼摆出来，学生情趣浓厚，效果突出。烙画葫芦社团教师焦海月执教的《动态之美》一课，以葫芦为载体，结合运动人物动态，通过烙画展示了体育运动中人物的动态之美。体育精神通过艺术的形式表达出来，提升了孩子们鉴别美、欣赏美、发现美、创造美的能力。

五、以美力勤，形成学生劳动价值观

（一）劳技教师学有所创，融合育人

我校劳技教师自2018年参加非遗设计学院组织教育部重点课题"青少年实践与劳动教育——'北京中轴线非遗教育基地'"的子课题研究，崔宏伟老师打通劳技与美术学科壁垒，共同把非遗项目传承与制作，融通于"美术+"育人实践中，崇尚劳动、尊重劳动，将劳动最光荣、劳动最美丽的道理在一件件创意作品中内化于心。

（二）开发劳动基地，搭建劳育平台

我们充分利用"半亩园"教育实践基地，体验劳动美、艺术美的和谐统一。烙画葫芦社团老师请科学老师指导学生种葫芦，播种、浇水、育苗、施肥、管理以及后期葫芦的刮皮处理、晾晒等一系列工序，均由学生自己完成。孩子们除了社团活动时间，还自主利用午间、放学等课余时间邀约老师一起进行葫芦创作。学生拿着自己亲手种的葫芦去创作，一个个富有灵气的葫芦被烙画、被雕刻、被彩绘成一件件精美的非遗艺术品。劳动创造美，孩子们体验到了成功的喜悦。半亩园更是学生室外艺术写生的乐园，学生们拿着画板、画笔来赏景、创作，无限的创作热情被激发，美育浸润其中，以美力勤，教学相长。

在"美术+"的育人实践中，经过北分人的不懈努力，学校先后被评为北京市第二批学校文化建设示范校、北京市课程建设先进学校、北京市课程整体育人项目校、北京市艺术教育示范校等殊荣。活力少年在市区级比赛中屡获佳绩，北京市第二届中小学生技术创意设计（TID）大赛的steam项目中，我校学生荣获一等奖的好成绩；在歌华有线杯·2019北京文化创意大赛中，学生参赛作品内容、形式多样，烙画作品经过层层角逐获得了国家版权局颁

布的版权登记证书。在通州区东方墨韵杯、潞城古韵杯活动、漕运杯书法比赛中，孩子们积极参与，屡屡获奖，比赛成为展示北分非遗文化的一个窗口。

今年恰逢大运河入选世界文化遗产名录的第五年，活力师生用自己的行动和"美术+"成果感恩运河，此次展示活动将从运河史航、大美堤畔、民和年丰、苏杭印象、锦帆故里五个章节，邀您同赴这场艺术之约，带您领略运河文化的壮美篇章。

美育领域，范围广，层次多，任务重！我们将以今天的活动为新起点，在"美术+"育人模式的基础上深入挖掘美育作用，领会五育整体性和单一性的关系，以美育激扬师生活力，以五育促进学生全面个性成长！

（本文于2019年12月在北京市市级课程建设研讨会中做交流）

建构"体育+"课程群，促进师生活力成长

——"活力体育+"课程群建构的思考与实践

刘卫红

北京小学通州分校于2010年建校，恰逢我国基础教育课程改革总结推进阶段，教育部明确了完善课程体系、落实课程方案、推进教学改革等七项任务。九年来，学校的发展与基础教育改革同步，伴随着综合教育改革的不断深化，基于习近平总书记在全国教育大会上提出的"五育并举""六个下功夫"和"九个坚持"的讲话精神，以及北京城市副中心对通州教育的新要求和名校办分校的使命与责任，学校以立德树人为宗旨，将活力教育作为办学理念，确定了"多姿多彩，活润生香"的活力课程建设方向，经过了初步探索、深度实施、科学架构、纵深发展的历程，探寻出了学校课程发展的"三化"路径，即教育内容课程化、核心素养校本化、课程结构体系化，学校顶层设计和科学架构活力课程体系，最大化地发挥活力课程的教育功能和教育价值，促进学生核心素养的形成与发展，为学生的精彩人生奠定基础。

一、挖掘活力教育内涵，实现课程育人价值

时间	政策要求	活力教育育人目标	活力课程实施
2010.9—2013.2	教育部出台《关于深化基础教育课程改革进一步推进素质教育的意见》，明确基础教育课程改革已经深入总结经验、完善制度、突破难点、深入推进的新阶段。要求各地加强组织管理和统筹规划，健全服务支撑体系。建立激励机制，强化条件保障。确保基础教育课程改革深入推进。明确了完善课程体系、落实课程方案、推进教学改革、提升教师能力、加强教材管理等任务。	学校依据国家方针，将"活力教育"特色学校建设为发展方向。培养全面发展、个性张扬、思维灵动、行动敏捷，具有独特人格魅力的活力少年。	全面落实国家课程方案。开全课程、开足课时。同时遵循教育规律和学生成长规律，减轻学生过重的课业负担。从建校伊始的兴趣小组。逐步丰富地方、校本课程。加大活力校本课程开发力度，构建满足个性发展的学校活力课程体系。

（续　表）

时间	政策要求	活力教育育人目标	活力课程实施
2013.3—2015.8	十八大党的教育方针是坚持教育为社会主义现代化建设服务、为人民服务，把立德树人作为教育的根本任务。全面实施素质教育，培养德智体美全面发展的社会主义建设者和接班人，努力办好人民满意的教育。对课程改革提出了更高的要求。	确定"四态"活力少年育人目标	学校一方面引领教师在原有课程整体规划下继续开发新的校本课程，使学校校本课程达90余门；另一方面通过学科内整合、学科间整合、基于主题的整合等方式进一步优化校本课程与国家课程的内在联系，整合三级课程资源，初步建构出完整的课程体系，推进校本课程的综合化发展进程。
2015.9—2016.8	2015年，《北京市实施教育部〈义务教育课程设置实验方案〉的课程计划(修订)》颁布。 2016年，《教育部关于全面深化课程改革　落实立德树人根本任务的意见》提出了"五个统筹"的要求，对不同学段、不同学科、课程实施的关键环节、相关力量和重要阵地进行了总体规划和统筹设计。	培养"四态""五好"活力少年	有效整合国家课程、地方课程、校本课程，实现三绞课程一体化。生成生本课程，设置"四类三型两修一品"课程结构，建设学生终身受益的活力课程体系，搭建多元发展平台，创建活润生香的校园生态，以活力课程润泽生命的活力，以充满活力的生命彰显学校活力的特色。
2016.9—2018.8	2016年9月，北师大举行了中国学生发展核心素养研究成果发布会。这项历时三年权威出炉的研究成果，对学生发展核心素养的内涵、表现、落实途径等做了详细阐释。	细化"一标、二质、四态、十六基"育人目标	基于中国学生发展核心素养，进一步完善和细化育人目标，以实现"一标二质四态十六基"核心素养培养模型。构成"三型五类"结构体系，优化活力课程结构体系和实施策略，探索出系列化"六爱"主题课题和以跨学科、综合性为特征的多样化年级课程，形成学校"活力课程"体系的思想、理论、理念和内涵基础，促进了学校的特色发展。
2018.9至今	2018年9月10号，在全国教育大会上，习近平总书记讲话中明确指出。"努力构建佲智体美剪全面培养的教育体系。形成更高水平的人才培养体系。"	将育人目标分解为"一标、二质、四态、五维"育人目标	学校在不断细化和分解育人目标的基础上，使课程目标更加清晰，课程设置更加科学。通过课程群的建设，打破课程边界，实现课程的综合化，以期实现课程建设最大育人价值，立体培养学生核心素养。

学校秉承活力教育办学理念，我们打通课程与学校发展的关系，充分发挥课程作为实现育人目标的核心作用，建构以育人目标为主导的课程体系，将理念，目标和实践落地到学生成长和发展的根本。我们积极探索国家课程、地方课程和校本课程的优化整合，创新综合实践课程的实施形式，经过13次课程梳理、整合和深度研发，对活力课程进行了数次重构，完善了"三型五类"活力课程体系，促进学生在课程中不断积蓄发展的活力，在课程的润泽下健康成长。2018年9月，我校积极贯彻习近平总书记提出的"努力构建德智体美劳全面培养的教育体系，形成更高水平的人才培养体系"的讲话精神，在培养"四态"活力少年的基础上，进一步细化了育人目标，将二级育人目标分解为"力体、力智、力美、力德、力勤"五个维度，优化课程设置和实施策略，促进学科课程群的形成，以期实现课程建设最大育人价值，培养德智体美劳全面发展的活力少年。我校的课程建设经历了如下阶段：

二、明晰背景和方向，建构"体育+"课程群

（一）课程背景及方向

活力体育是培养学生旺盛的生命力和积极向上的活力精神的重要抓手，是活力教育最有力的突破口。作为北京市课程建设先进学校，我们不断创新课程建设策略，以中国学生发展核心素养为导向，以育人目标为依据，关注学生实际获得，抓住2022年北京冬奥会之契机，以体育推动活力教育的发展，将建构"体育+"课程群作为研究专题，探索"活力体育+"课程群的合理建构与有效实施，促进学校的特色发展及师生的活力成长。课程群即为完善学生的素质结构，围绕同一学科或研究主题，将与该学科或研究主题具有逻辑联系的若干课程在知识、方法、问题等方面进行重新规划、整合构建符合课程标准和课程基本流程而成的有机的课程系统。"活力体育+"课程群就是打破课程边界，以体育为主题，挖掘相关教育内容，实现学段、学科、要素、师资和课堂的"五个统筹"的"力体"课程体系。

北京小学通州分校的"活力体育+"课程群背景及方向有以下六大维度：

"活力体育+"课程背景及方向图

"活力体育+"课程背景及方向图落实国家体育精神。学校在贯彻落实习近平总书记关于"要树立健康第一的教育理念"，实现"三亿人参与冰雪运动"和2022年北京冬奥会的契机下，建构"活力体育+"课程群，弘扬体育精神，积蓄活力，增强身心素质，报效祖国。

深化学校特色。学校作为北京市体育特色校，以体育工作为突破口，结合运河文化带特色，推进体育工作向纵深发展，以体育特色鲜明活力教育。

达成育人目标。学校深入挖掘"活力教育"及"培养具有'健康活泼姿态、积极活跃学态、乐观活气心态、自主活润实态'活力少年"育人目标的内涵，在其引领下建构"活力体育+"课程群。

形成以体育为主题的跨学科课程群。学校以体育为主题，挖掘相关教育内容，力求建构起跨学科课程群，以促进学生跨界知识的深度学习。

提升教师科研能力。学校重构活力课程体系，开展国家课程的校本化实施、主题式项目制学习等研究，探索出一条以活力课程发展学生核心素养的特色课程建设之路，力求提升教师的课题研究能力和科研能力。

关注学生实际获得。学校从体育的角度出发，坚持以学生的实际获得为方向，推进学校"活力体育+"课程群建设，提升学生的核心素养。

（二）课程目标

我校的"活力体育+"课程建设是寓思想品德教育、文化科学教育、生活与体育技能教育于"体育+"课程群建构与整合实施的教育实践中，是实施素质教育，培养社会适应能力强，具有旺盛生命力，积极向上活力少年的重要途径。

达到两大课程目标：

"活力体育+"课程目标图

"活力体育+"课程目标图落实国家目标。包括两个方面的内容，一是"活力体育+"课程群落实国家的体育精神和发展学生的体育文化，二是落实学生发展核心素养（增进学生身体健康，提高学生心理健康水平，增强学生社会适应能力等）。

达成育人目标。通过"活力体育+"课程群的建构与实施，实现"一标二质四态五维"活力教育育人目标的落地。例如，健体课程培育学生身体健康、阳光自信等素养；健脑课程培育学生勤于反思、理性思维等素养；健美课程培育学生健康审美、艺术表达等素养；健心课程培育学生文明有礼、责任担当等素养；健行课程培育学生敢于实践、勇于创新等素养。

"一标二质四态五维"活力教育育人目标

教育理念	办学目标	一级目标	二级目标	三级目标	具体体现
活力教育	培养具有"健康活泼姿态、积极活跃学态、乐观活气心态、自主活润实态"的活力公民	健康活泼姿态	力体	身体健康	热爱运动，拥有健康的身体
				阳光自信	积极、勇敢，有乐观健康的心理
				自律自强	严格要求自己，有自控力，积极进取，追求卓越
				珍爱生命	明白生命的可贵、热爱生命
		积极活跃学态	力智	乐学进取	有积极的学习态度和学习兴趣
				勤于反思	总结学习经验，调整学习方法
				理性思维	逻辑清晰，能够运用科学的思维方式解决问题
				博学多识	见多识广，有一定的眼界、格局
		乐观活气心态	力美	健康审美	拥有健康的审美价值观
				人文积淀	具有人文、艺术等知识的积淀
				尊重差异	尊重文化及艺术的多样性
				艺术表达	能在生活中拓展美、升华美
			力德	文明有礼	讲文明、有礼貌。有良好的行为习惯
				尊老爱幼	尊敬长辈、爱护晚辈
				责任担当	在家庭、社会中承担起责任
				诚实守信	不说谎、讲信誉、守承诺
		自主活润实态	力勤	劳动意识	尊重劳动，具有积极的劳动态度和良好的劳动习惯
				问题解决	善于发现和提出问题，能够独立制定解决问题的方案
				勇于实践	有动手操作能力，将所学知识应用于实践
				敢于创新	有好奇心和想象力，能够大胆尝试

（三）课程内容

在学校"活力教育"的办学理念引导下，融合国家、地方、校本三级课程，进行跨学科的整合，基于学生、家长、教师的问卷调研，优选课程内容，建构了"活力体育+"课程群，以传统文化为内容、以体育技能为主题、以学科融合为抓手、以真实生活为专题，通过"健体""健心""健脑""健行"和"健美"五大课程领域，使学生在"活力体育+"课程中享受乐趣、增强体质、健全人格、锤炼意志、增长知识。

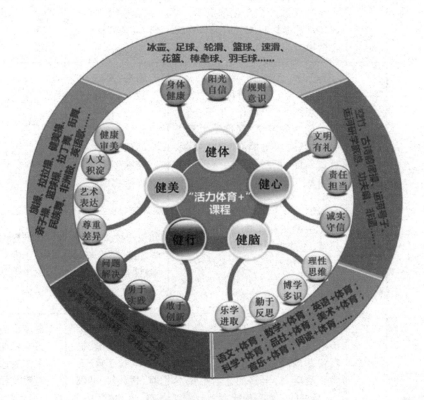

"活力体育+"课程结构图

"活力体育+"课程内容设置表

	领域	课程目标	课程	核心素养
"活力体育+"课程群	健体	通过体育类课程的学习，增强体能，掌握健康知识和运动技能；形成坚持锻炼的习惯和克服困难的勇气，使其具有旺盛的生命力。	冰壶、足球、轮滑、篮球、花篮、速滑、羽毛球、棒垒球……	热爱运动身体健康阳光自信规则意识……

（续 表）

	领域	课程目标	课程	核心素养
"活力体育+"课程群	健心	通过体育与传统文化的融合学习，激发对体育运动的兴趣和参与热情，锻炼身体，陶冶情操，培养学生重视民族传统文化的意识，从而传承和弘扬我国优秀的体育文化精神。	空竹、运河号子、古诗韵律操、运河研学旅行、功夫扇、非遗课程……	责任担当诚实守信文明有礼……
	健脑	通过"体育+"跨学科学习，养成善于思维、巧于操作、乐于合作、勇于创新的习惯，促进学生具备渴望探究、善于提问、勇于质疑、尝试验证、批判创新的科学思维与动手实践能力。	语文+体育、数学+体育、英语+体育、科学+体育、品社+体育、美术+体育、音乐+体育、阅读+体育……	乐学进职才思敏捷博学多识理性思维……
	健行	通过主题式探究学习，激发研究热情，形成良好思维品质，提升学习能力；培养与人交往的能力，形成健康的生活方式和积极进取、乐观开朗的生活态度。	知识产权课程、博学之旅、体育与邮政课程、守礼之行……	团结合作勇于探究敢于创新……
	健美	通过体育与艺术的融合学习，陶冶情操、提高审美能力，培养学生具备基础的艺术技巧，敏锐的艺术感受能力、丰富的艺术想象能力、良好的艺术表现能力。	旗操、啦啦操、健美操、亲子操、篮球操、拉丁舞、街舞、民族舞、非洲鼓、英语歌……	健康审美人文积淀艺术表达尊重差异……

三、合纵连横融合推进，提升学生核心素养

在"活力体育+"课程群建构中，以合纵连横，融合推进的方式促进活力学生核心素养的不断提升，成为活力课程建设的特色和亮点。

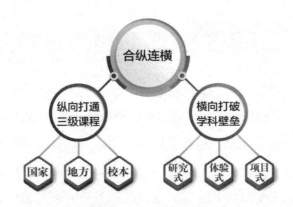

"活力体育+"课程实施图

纵向打通国家课程、地方课程、校本课程，优化课程设置，对课程进行有序化管理，实现教与学的整合，校内与校外的融合，教师与学生的契合，提高教师课程实施能力，提升学生核心素养。

横向打破各个学科之间的壁垒，串联起各个学科之间的知识和技能，通过研究式、项目式和主题式学习，实现学科间的融合。

研究式推进。以跨学科教研、"体育+"课程微课题研究的方式整体推进，在课程研发和实施的过程中，提高教师的研究能力和创新能力。

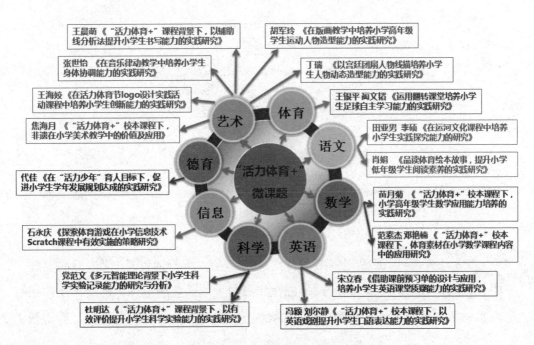

"活力体育+"微课题研究结构图

"活力体育+"微课题研究结构图项目式推进。选取跨学科的主题内容，围绕真实问题，开展以"体育+"为抓手的项目式实践活动。在实践活动中经历提出问题、规划方案、解决问题和评价、反思四个环节，开展深入探究，从更广、更深、更结构化的层次对学生的综合能力进行培养和提升。

主题式推进。课堂是推进课程建设的主阵地。教学中链接各学科课程标准，细化各学科学生培养目标，挖掘与体育课程相关联的内容，打破学科界限，构成一个或多个结构化主题，进行跨越各个学科的整合式学习，培养学生综合应用多学科知识解决问题的能力，发展学生创新思维，激发学生在参与中习得，在合作中提升。

四、实施多维活力评价，关注师生实际获得

课程评价在课程群中有着重要的位置。它是一种评估，更是一种监测。"活力体育+"课程群有以下评价方式：

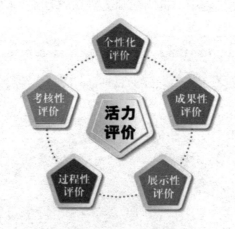

"活力体育+"课程评价图

"活力体育+"课程评价图考核性评价：在"活力体育+"课程群的实施中，根据体育学科《课程标准》，细化年级学生体质监测指标，确定体质监测内容，落实体育素养的培养，实现学校"一标二质四态五维十六基"活力教

育育人目标。在此过程中积累监测数据，科学分析，提升教师的专业能力和研究能力，增强学生实际获得。

成果性评价：学生掌握一项体育技能；参与一个校园吉尼斯活动，制作一个创意作品，读一本体育方面的书籍，讲一个体育故事等；教师设计一节"体育+"的跨学科实践课，策划、组织一次实践活动，开展一个微课题研究等；学校收集师生"体育+"课程展示成果，编辑案例集册，物化特色校本课程，研发校本教材，召开课程展示交流会，最大实现社会推广价值。

展示性评价：以"活力体育+"课程展示活动呈现：静态展示包括学生明信片创作、体育节LOGO设计、体育故事创编，阅读小报制作、创意制作、非遗作品等形式；动态展示包括学生全员素质操、亲子操、篮球操、运河号子等展演，与会者、参与者给予相应评价。

过程性评价：结合"活力体育+"课程主题量身设计一套实践活动课程学生综合评价表和主题实践活动课程过程性评价表，施以动态的形成性评价。

个性化评价。是对学生参与"体育+"课程学习中的动态发展、开放创新等，做出的客观、科学、真实，并能够激励其个性化成长的评价，是通过学生自评、生生互评、家长助评和教师全面评价，激发学生学习的主动性，培养合作能力，促进学生的全面发展。

五、展望课程建设前景，促进师生可持续发展

进一步提升课程领导力，建设体制，完善机制，提升教师学科教学能力、教科研能力和培训能力，促进教师专业成长。

建设活力课程博物馆，实现现有空间资料的博物馆化，将师生研发、创作的活力课程成果整合，实现综合育人、实践育人、课程育人。

利用通州本土运河文化、风光、民俗、非遗等作为课程资源，设计开发特色地方课程，推进校本化实施，形成运河带特色文化课程群。

以"五个统筹"构建立体化育人体系，秉持"十项措施"，举社会、家庭、学校之合力，多维立体推进活力课程建设，实现课程增值，以活力课程

润泽活力师生健康成长，可持续发展。

今后，学校将深入落实立德树人的根本任务，与副中心对通州教育的高标准相匹配，彰显教育的活力，以学校自主特色发展促进基础教育的升级转型，是我们的方向和目标，我们将深耕厚植，播种通州基础教育的美好未来！

（本文于2019年10月在通州区区级课程建设研讨会中做交流）

小学语文经典诵读教学的问题与解决策略

周晓萱

一、小学经典语文诵读教学中面临的问题

（一）对经典二字理解不够

目前，一些小学语文老师没有充分地认识和理解"经典"二字。很多老师认为经典就是指经典的文章、古诗词、小说、人物形象等，有的老师甚至认为老的文章或者经过时间考验的文学作品就是经典，这些都是对经典理解存在着偏差。语文教学是为了更好地传承我国的民族文化，所以应该把经典二字定义为我国的文化典藏，其核心是我国的经典文化，语文教学是对经典文化的学习和传播，我国的文化底蕴何其庞大，经典文化数不胜数，我国的经典文化不仅有文章、古诗词、小说等，不能在教学中以偏概全。但是，不是所有的传统文化都能进入小学课堂，这需要教育工作者加以筛选。

（二）对诵读认识不够

小学经典语文诵读教学的关键在于"经典"和"诵读"二词上。目前，教育者对什么叫诵读、什么样的诵读方法才是正确的诵读方法，存在异议。有的教师都是根据自己多年的经验来进行经典诵读教育。据有关数据显示：有67%的教师认为诵读就是平时的吟诵，58%的教师认为诵读是背诵，49%的认为是朗诵。由此可以看出绝大部分的教育工作者都把诵读看作了吟诵。在语文教学中，要把经典诵读教学和传统教学区分开来，把前者作为一种独特的教学方法应用，以达到更好地传承民族优秀文化知识的目的。

（三）评价体系不完善

经典诵读教学模式是由教育改革创新产生的一种新的教育模式，在发展时间上相对较短，这使得它的评价体系还有待商讨，存在着不完整和落后的特点。目前的评价体系相对狭窄和单一，仅仅包含了最基本的评价内容。这就造成了一些教师和学生对这种新的教育模式缺乏兴趣和热情。现在很多学校把背诵作为诵读的评价标准，背诵在一定程度上有激发作用，但是诵读作为一项长期性的学习，小学生的自制力差的特点使其在实际教学过程中还有不小的难度。

二、小学语文经典诵读教学中所遇问题的解决措施

（一）加强教师队伍建设，提高教师认识

由于上述教师对经典和诵读二词在认识上的不足，学校应该有意识、有组织地开展教师关于经典诵读教育模式的培训工作，可以聘请一些该方面的知名学者和专家举办专业讲座，或者开展派遣教师和其他学校的教师合作讨论活动，以获取心得和经验，加快教师队伍对经典诵读教育认识建设，从根本上解决认识不足的问题，为以后的经典诵读教育添砖加瓦。

（二）调整课堂安排，保障诵读时间

针对诵读时间少而不固定的特点，教师可以优化课堂时间，将诵读扩展到各科目当中去。这样既保证了诵读的时间又扩展了诵读的范围，又有利于经典诵读教育模式的推广和使用，从而加强学生的诵读时间和范围，加强他们对经典知识的掌握和理解。学习《船长》一课时，文中比较详细地描述了当船受到猛烈撞击的时候，面临即将沉没的危险，船长镇定自若地指挥着。他有序地疏散诺曼底号上的乘客和船员，而自己却献身大海。文中所表达的这种献身大海、忠于职守的崇高精神，受到了大家的敬佩。文章通过对人物的语言及动作的描写，刻画出船长的人物形象。在此过程中，使用多媒体设备教学，将教学效果提升到最好。对船长的描写是文章的重点部分，因此老

师可以让学生仔细阅读，品出味道。

（三）发挥学生学习的主体性，促进语文教学发展

通常情况下，学生通过不断努力，提高学习的积极性和主动性；教师通过改变教学方法，使学生参与到教学中来，师生之间默契配合，达到感情共鸣。随着全球经济的发展与合作，全球各类思想对中国的冲击很强，我国教育务必将弘扬和培育民族精神作为重要的任务，把我国的经典文化传扬下去。通过学习文化知识来传承中国优秀的文化，培养学生的民族荣誉感和民族精神，为发扬我国的传统文化起到带动作用。

（本文于2019年获中国高等教育学会论文评优一等奖）

语文学科与信息技术整合的实践

朱雪莲

信息技术，指的是应用信息科学的原理和方法对信息进行获取、加工、处理和应用的技术，它综合了微电子技术、计算机技术、通信技术和传感技术，是一门综合技术。信息技术与语文学科的整合是依据教学规律而进行的学科教学改革。其宗旨是通过在各学科教学中有效地学习和使用信息技术，促进教学内容呈现方式、学生学习方式、教师教学方式和师生互动方式的变革，为学生的多样化学习创造环境，使信息技术真正成为学生认知、探究和解决问题的工具，培养学生的信息素养及利用信息技术自主探究、解决问题的能力，提高学生学习的兴趣。

一、对信息技术与语文学科整合的认识

经过学习探索，我理解"信息技术与学科整合"包含两层意思：一是要用信息技术，包括计算机技术、网络技术、多媒体技术去整合学科课程，二是信息技术既是整合的手段，也是"整合"好的课程的有机要素。整合在它的初级阶段，可能与"计算机辅助教学"相似，但实质上是有区别的。

"信息技术与语文学科整合"强调两个方面：一方面信息技术要广泛进入语文学科；另一方面，语文教学要广泛采用信息技术。这种信息技术不是强加的、附带的、可有可无的，它是与语文教学紧密融合在一起的，是提高语文教学质量不可或缺的有机要素。也就是说，"整合"是二者双向互动的过程。如果语文学科原来的一套东西纹丝不动，肯定只能和信息技术简单"拼合"，或勉强"贴"上去的负担。所谓"整合"，就是必须有所"整"，而后才有二者的紧密融合。

从这点看，"整合"昭示着这样一种精神：在信息技术与学科课程这两方

面都要下大气力，经过一番整治，使它们在新的水平上结合成一个整体——全新的课程体系，这意味着语文教学的一场革命，一次挑战。

二、探索信息技术与语文学科整合的体会

（一）丰富了语文学习情境

多媒体计算机教学具有形象直观、内容丰富、动态呈现、信息容量大等特点，它所提供的外部刺激——图片、图像、动画、声音、文字等是多样而丰富的，小学生对具体形象事物感兴趣的心理特点，应该说是非常有利于他们知识的获取与建构，有利于知识的存储。教师在教学中，根据学生实际情况和教材特点及教学需要，运用现代信息技术——计算机、实物站台、液晶显示仪、网络技术等创设教学的情境，让学生走进情境、体验学习。在美好的情境中去阅读、发现、质疑、思考、探究，领会文章的内容，品味语言文字，体会文本表达的思想感情，感受学习语文的乐趣。

教学《富饶的西沙群岛》时，根据教学实际需要，我先请学生展示交流自己课前搜集到的西沙群岛的资料，然后请学生读课文。在学习领会西沙群岛的美丽与富饶时，我适时播放西沙群岛的资料片，让学生对课文内容心领神会。西沙群岛的美丽自然刻在学生心里。然后再请学生有感情地朗读课文，体会作者语言之精妙，水到渠成。

（二）为语文课堂教学提供了学习媒介

小学生的认知由于受年龄、生活经验等多方面的影响，他们理解、感受语言的能力比较弱，尤其对一些抽象的语言文字——离学生生活实际较远的内容，理解就更加困难。那么就需要教师为学生提供学习的"媒介"，突破学习中的难点，转化学习内容的呈现形式。

古诗的语言是高度凝练的，所创设的意境是深远的。如何引导学生来学习古诗，感悟诗人语言之凝练，体会古诗之神韵呢？信息技术与古诗教学的整合解决了这个难题。如在教学杜牧的《山行》这首诗时，感受到诗人笔下深秋时节的美丽是本课的教学重点，同时激发孩子对古诗的兴趣也是教学目

标之一。我设计制作了能体现诗情的课件，并选取了一段古琴曲作背景音乐。上课初，我先以一张配有诗文的电子幻灯片呈现教学内容，在具有古风古韵的音乐声中，教师诵读全诗。这一下子激起了孩子学习的热情，课堂气氛异常紧张而活泼。在理解诗意时，我演示了课件。在红红的枫叶缓缓飘落的画面出现时，学生眼神中透露出异彩。对诗意的理解了然于心。

（三）为语文课堂教学增加了学习信息量

《义务教育语文课程标准（2011年版）》指出，"努力建设开放而有活力的语文课程""应拓宽语文学习和运用的领域，注意跨学科的学习和现代科技手段的运用""语文课程资源包括课堂教学资源和课外学习资源，如教科书、工具书、网络、图书馆"。现代信息技术体现了很强的网络优势，能收集更多的语文学习的信息资源，能将教师、学生、图书馆及自建的资料库的信息有机结合起来，增大教学的信息量，充分地开发了语文资源。师生双方利用计算机在教学活动中交流、讨论、启发等实现资源的共享。

教学《冲破碧波 直上蓝天》一课，文章主要描写的是我国研制水下运载火箭发射成功的场景，但对其所蕴含的军事意义、经济意义、国防意义等，学生是不清楚的。我与学生在课前收集了不少关于火箭与导弹发射、国防建设、世界各国军事简况等方面的材料。教师经过加工处理，制作出辅助教学课件，分为"升腾的火箭""国防建设""军事纵横"三类。课上适时呈现在学生面前，引导学生相互交流。学生明白了这次成功发射，标志着我国运载火箭技术有了新的发展，代表的是我国已成为具有水下发射战略导弹能力的国家。它的国防意义在于进一步表明中国海军在国防现代化方面享有优先地位，这就为扩大我国在世界范围内的航海和商业活动，提供了坚强的后盾。

在听、读、说、看、操作活动中，大量信息刺激着学习主体，学习的容量增加了，信息量加大了。由于信息和知识紧密联系在一起，学生能获取大量的知识信息。

（四）有利于学生自主学习积极倡导自主、合作、探究的学习方式，是语文课程标准的理念之一

这一理念不仅强调了学习方式的变化，而且强调了学习和发展的主体是

学生。在传统的教学过程中，一切都由教师主宰：从教学内容、教学策略、教学方法到教学步骤，学生只能被动地参与这个过程，而信息技术与语文学科的整合，彻底打破了这一局面。在多媒体计算机这样交互式的学习环境中，学生可以平等地共有、共享人类的学习资源，可以按照自己的学习基础、学习兴趣来选择学习内容、方法、策略和发展目标，学生在这种开放式的学习空间有了主动参与的可能，有了自主学习的天地。

教学《只有一个地球》一课时，我利用多媒体设备进行教学，设计了如下教学环节：①上网搜索查寻有关地球地貌、资源等相关资料；②运用所查寻的资料，探究人类如何肆意破坏地球上的资源以及造成的严重危害；③针对疑难问题进行交互解答；④自制宣传画报，用图文结合的方式向人类呼吁："珍惜地球，因为'只有一个地球'。"这一教学的设计，把学习的主动权完全交给了学生，教师成为学习活动的引导者和组织者，使学生真正成为语文学习的主人。他们通过信息技术这一学具，采用不同的方法、工具来完成同一任务，不仅理解了课文内容，而且了解了保护地球资源的迫切性。通过一幅幅触目惊心的画面和触动人心的数据，使学生深深感受到破坏、毁坏地球资源后，人类将得到多么严重的后果。这进一步证实，信息技术的介入，使学生由无奈地听授，以记忆为主的个体行为的被动地位转变为个性化的主动参与、发现、探究和充分表现的主体地位。

教师在信息技术所创设的情景中引导学生进行讨论，进一步改变了教师为"主角"，学生为"配角"；教师"一味讲解"，学生"一味听讲"的课堂教学结构，使学生成为课堂学习的主人，在美妙的情景里思维高度开放、活跃，并体验到当主人的种种快乐，使教师成为学生课堂学习的亲密的组织者、合作者、鼓励者和指导者。这就是信息技术所营造的人文和谐的氛围，在这样的学习氛围中，学生的自主探究能力得到了提高。

三、信息技术与语文学科整合尝试的反思

通过教学实践，使我对信息技术与语文学科的整合有了新的认识，但也

有值得反思的地方。

（一）整合应是融合

信息技术与语文学科的整合应是两者的融合，而不是简单地凑合。教师的教学理念要与信息技术的理论融合。使信息技术与语文文本内容相融合。正如《新课程标准》中所说，语文教学必须遵循"语文学习的规律"。那么信息技术与语文教学的整合，也不应例外。任何游离于语文学习规律之外的信息技术表演，都是不可取的。这就需要教师对文本内容有深刻的理解，融会贯通，根据语文学习的规律，找准信息技术与语文教学融合的切入点。将两者融为一体，相辅相成，相得益彰。

（二）整合要讲实效

信息技术与语文学科的整合，目的是提高学生自主学习的能力，增强语文教学的效果。因此，在进行整合的过程中，不能只顾形式上的热热闹闹，要讲究实际效果。一要根据课文的教学需要，遵循语文学习的规律，选择相应的信息资料，采取相宜的策略，通过适当的途径，运用有效的形式，让学生学得活，学得好，得益多。二要使学生感兴趣，为学生所接受。教师采取的教学策略，设计教学活动，都是为学生的学服务的，以保证学生爱学，善学，乐学。学生对学习活动感兴趣了，学习的劲头就足了，自觉性就强了，学习效果自然会好。因此，在采集、整理信息的时候，教师要根据不同学生的需求，做到适量、适度，效果第一。三要相机搞好调控。在整个教学过程中，教师要随时了解每个学生的学习状况，针对不同的情况，加以指导，给予帮助，使每个学生都能达到预期的学习要求。

（三）整合贵在坚持

信息技术与语文教学的整合，是一项长期艰巨的工作，必须持之以恒，坚持不懈才能取得成果。

探索和实践仅是初步的，今后，我将继续在这方面进行探索和研究，开拓进取，不断前进。相信在不久的将来，语文教学改革将会在网络环境下取得更加辉煌的成就！

（本文于2015年获北京市市级论文评优一等奖）

戏剧进课堂　语文动起来

刘　慧

　　教育戏剧的概念起源于欧美，是一种运用戏剧或剧场的技巧来进行教学的方法，在国外被广泛推广到学校课堂教学中，取得了良好的效果。在我国，台湾、香港地区率先引进教育戏剧并推广，台湾较早研究教育戏剧的张晓华教授将其定义为："教育戏剧是运用戏剧与剧场之技巧，从事于学校课堂的一种教学方法。它是以人性自然法则，自发性地与群体及外在接触。在指导者有计划与架构之引导下，以创作性戏剧、即兴演出、角色扮演、模仿、游戏等方式进行。让参与者在互动关系中，能充分发挥想象，表达思想，由实作而学习。以期使学习者获得美感经验，增进智能与生活技能。"

　　传统的语文课堂教学，形式单一，以教师讲授为主，注重知识的单向传递，缺乏师生间的双向互动，缺乏对学生心理发展多元需求的思考和对学生情感状态的关注。建构主义提出了情境性认知的观点，强调知识是生存在具体的、情境性的、可感知的活动中，学习应该与情境化的社会实践活动结合起来。语文是一门实践性很强的学科，听、说、读、写是学生必备的语文能力，这种能力要通过实践活动来获得，单一的课堂讲授式教学只能让学生机械地记住一些知识，并不能为学生创设一个运用知识的情境，教育戏剧恰恰弥补了这种不足。

　　小学生好玩爱动，具有较强烈的表演欲和潜在的表演天赋。教学中，我充分利用学生的这一特点，抓住课文的表演点和结合语言文字训练，组织学生通过表演"课本剧"，使语言文字栩栩如生地展现在学生眼前。如教学低年级《美丽的公鸡》一文时，我结合课文的教学，让学生配合老师的朗读，表演公鸡的动作与神态，如学到"公鸡自以为很美丽，整天得意扬扬地唱"时，学生摆出趾高气扬的神态，大摇大摆地并得意地唱："公鸡公鸡真美丽，大红冠子花外衣，油亮脖子金黄脚，要比漂亮我第一。"当学生表演看到啄木鸟、蜜蜂、青蛙，就摆出一副看不起的神态要与它们比美，就在啄木鸟、蜜蜂、青蛙冷冷地回答后，它还是得意地唱着歌，大摇大摆地走了。惟妙惟肖的表演，激发了学生浓厚的学习兴趣。然后，我组织学生评议，加深学生对课文的理解，学生在愉悦的气氛中，积极参与，轻松主动地学习，理解了课文内容与思想感情。

在教学中年级《笋芽儿》一课时，我不再仅仅拘囿于课本内容和常规的表现方式，除了进行"情境教学"和"角色扮演"之外，在设计戏剧活动的过程中，让学生充分地参与进来，充分调动学生的主观能动性和创造能力。让他们自编自导自演之后，再给予其正确的指导和修正。学生在编排和表演中融入自己对教材的感悟，课文的思想内涵和语言形式，能动地转化为个体的亲身经历和自我认识。为了表演得更生动，学生不厌其烦地朗读课文，一遍一遍地进行表演练习。学生在表演中完全融入角色中，再现了课文情景，同时渗入了自己的言行。我国著名作家曹禺也曾指出："课本剧可以启发学生潜在智力，使他们对听课、读书发生兴趣……"这就指引我们利用好课本剧这一行之有效的语文实践活动，促进学生多方面素质和谐发展。

一般情况下，表演采用的是小组合作的形式。小组合作学习有利于增加学生参与教学的兴趣，有利于学生学习动机的激发与增强。在表演时，几个人共同讨论、酝酿、编排动作，满足了他们表现自己的欲望；在小组合作表演学习中，增加了主体参与的机会，使学生主体性在课堂教学情景中具体化；而参与机会的平等，更能增加他们合作学习的活跃性。在小组教学中，每个组的学生都会展示自己，这样能逐步培养他们的竞争与合作的能力，为今后能更好地适应社会生存和发展打下基础。小组表演也能使一些胆小的学生，在别的几个同学的带动下，克服胆怯心理，从而大胆地表现自己，使他们在轻松、自由、愉快的环境中展示自己的创造力，使他们的灵活性得到充分的发挥和发展，从而克服自卑心理。

教学实践证明，教育戏剧进课堂，丰富了语文课堂教学。表演的创设，融合读、思、演、评于一体，学生充分地参与了学习的整个过程，能更好地发挥学习的积极性、主动性和创造性，深化对课文内容的理解。通过戏剧表演来挖掘每一位学生的个性特点，引导学生表达个性化需求，让知识在自我表现的情境中达到认识、理解与内化，实现情感、态度、价值观的形成，这对通过教育培养独特的个体，促进小学生个性发展，全面实施"人"的教育具有十分重要的意义。

参考文献

［1］张晓华.国民中小学表演艺术戏剧课程与活动教学方法［M］.台北：地理出版社，1994：237.
［2］李小敏.将教育戏剧引入小学语文教学的意义及可行性分析［J］.教育现代化，2016（3）.

（本文于2016年获全国小学课堂教学征文大赛一等奖）

让中国传统文化在语文教学中生根发芽

王 楠

中华民族的传统文化源远流长，我们的祖先用文字记载了长达五千多年中华民族的光辉历程，形成了中国文明区别于世界的传统文化——语文。《语文新课程标准》明确指出：语文是最重要的交际工具，是人类文化的重要组成部分，工具性和人文性的统一是语文课程的基本特点。强调在语文教学过程中，要让学生"认识中华文化的丰厚博大，吸收民族传统文化智慧。"语文作为文化载体，决定了语文学科不同于其他物质工具的特殊性。民族文化的传承、发展和创新，很大程度上依赖于语文。站在时代的讲台，教师，应该义不容辞地担当起这历史使命：充分发挥语文学科实施人文素质教育的特殊功能，让学生在祖国的灿烂的文化长河中游弋，使中华文化传统得以光大。

学校是传统文化教育的主阵地，有着先导与示范作用。因此学校要立足于"先做人、后成才"的德育观点，努力推进让优秀传统文化走进课程、走进课堂，在校园内营造热爱优秀传统文化的良好风气。学校要组织编写由浅入深、循序渐进，符合不同阶段学生特点的中华传统美德教材，让优秀传统文化资源在整个教育体系中占据一个相对合理的地位。

在中国上下几千年的文明史中，炎黄子孙留下了许多优秀的文化，这些优秀传统文化凝结成了中华民族文化的基本精神。所以我们的语文教学要充分挖掘和展示传统文化优秀篇章中的各种道德因素，倾心倾力，感同身受地教，学生就会受到震撼、感染和熏陶，久而久之，潜移默化，就可以变为自身道德进步的强大动力，并最终积淀成为价值观和人生观。那么怎样有效地在语文教学中融入这种传统文化呢？

一、加强教师人文素养，让教师具备深厚的传统文化素养

我认为，作为一名语文教师，我们不能仅仅着眼于知识素养的提高，更要把握人的发展的深刻内涵，为学生的终身发展打好"精神的底子"。就如苏霍姆林斯基所说："人只能由人来建树。"这种影响力，只能用教师自身的人文精神去滋润、去涵养、去提升学生的人文素养。要发挥传统文化在语文教学中的作用，语文教师必须首先悉心学习古典文化。代表着中华民族悠久的历史与灿烂的文学史的经典文化著作《论语》《孟子》《老子》《庄子》应成为每个语文教师枕头、案边常备必读之书。在完成教材选编课文之外，语文教师也可以增加一些传统文化学习篇目，开阔学生的知识视野，在提高其文化素质的同时，增强学生对中华民族数千年所负载的精神价值的理性认同，培养学生的民族使命感和高尚健全的人格。点点滴滴的积累，潜移默化的渗透使学生精神得到贯注，思想随之净化，行为获得矫正，文化得以熏陶，人文素养才能提高。从这个意义上讲，语文教师本身所具有的传统文化素养应成为语文课堂教学中深入开展传统文化教育的源泉，成为语文教学中传统文化重要的课程资源。

二、深入挖掘教材中的文化内涵

将传统文化内容合理地穿插到教学课堂中针对当前小学语文课堂教学中传统优秀文化的教学问题，教师一定要做出调整和改变，将传统文化内容合理地穿插到教学课堂中，在保障教学任务完成的基础上，逐步提升和培养学生的综合文化素质。作为优秀传统文化教育的实施者，语文教师一定要利用好语文课本教材，把教材中的古诗词和文章详细地讲解给学生，让学生理解文章中蕴含的优秀文化，并达到陶冶情操和提升个人品位的效果。如教学《詹天佑》一文时，詹天佑主持修筑京张铁路的过程中，为了争取修筑权，为了给自己的祖国争一口气，他不畏强权，严肃的工作态度和身先士卒的工作作风，以及长中国人民志气的爱国之心，可对学生进行爱国主义教育；语文

教师一定要把握好传统优秀文化在语文教学课堂中所占的比例，将语文教学内容与传统文化教学内容进行合理、科学的搭配，避免优秀传统文化所占的比重过少或过多，正确处理二者之间的关系，共同为增强学生情操和思想品质而服务。

合理的选取传统文化教学案例在将优秀传统文化深入到小学语文教学过程中时，应采取更加新颖的教学手段开展教学活动，可以选取一些具有代表性的优秀文化教育案例，例如《三字经》《弟子规》《百家姓》以及唐诗宋词等，教学中结合案例来分析其中所表达的文化内涵和意义。蕴含传统文化的教学案例通常应用的都是古诗词，对小学来说比较难理解，教师应对古诗词的内容、意象进行详细的阐述，让学生提出不懂的地方，针对学生的问题进行针对性的教学。这种结合实际教学案例的传统文化教育方式，可以让小学生获取语文课本外的知识，对学生知识面的扩展非常有利。

对小学语文教学模式进行创新改革教学模式的设置和运用也同传统文化教育、小学语文整合教学的效率有直接的关系，如果运用的教学模式不合理，不仅达不到预期的教学目标，还可能会使学生产生错误的观念，认为传统优秀文化教育非常枯燥、乏味。所以语文教师可以对小学语文教学模式进行创新改革，结合传统优秀文化的具体教学内容，创设相应的教学情境，让学生感受教学情境下传统文化散发的魅力。教师可以利用多媒体教学将传统文化以一种生动、形象的方式展现出来，调动学生学习传统优秀文化的主观能动性，并加深学生对传统优秀文化的理解和认识。

借助传统文化调动学生的学习热情传统优秀文化教育内涵丰富，在渗透到小学语文教学过程中时，应把握一项基本的原则，即以学生为本，要考虑小学生的各方面需求，运用多种教学途径向学生解析传统文化的礼仪、思想，迎合学生的心理，使学生更加主动、积极地投入到传统优秀文化教育中。民族特点鲜明是传统优秀文化的一大显著特点，教师应以此为入手点，抓住学生的兴趣点，鼓励学生在课下阅读更多的优秀文化艺术作品，使学生形成良好的传统文化学习习惯。传统节日活动本身就是弘扬民族精神的最佳机会，在此期间开展的传统教育活动会让学生更加深刻地感受到中华传统文化的魅力。中秋节、重阳节组织学生朗读李白的《月下独酌》、王维的《九月九日忆山东兄弟》等诗篇，在清明祭扫烈士墓和怀念亲人时引导学生诵读杜牧的《清明》和王禹俏的《清明》等诗篇。将节日融入中华经典诵读的内容，激发孩子们热爱祖国、热爱幸福生活，建设美好明天的激情。利用语文研究性学习或综合性学习的形式，以某个传统节日为契机进行语言实践。在端午节来临之际，引导学生查询和端午节相关的一些信息，如端午节有哪些别名?端午节的来历及与哪些著名的人物有关……在查询的基础上整理资料，通过出板报，开展语文综合实践活动等形式进行交流。春节、元宵、清明节、端午节、中秋节、重阳节，如果这些重要的传统节日让我们的学生在语文学习中有计划地去探究、去实践体验，让学生在实践中学语文，在营造节日氛围的过程中感受特有的民族风情，这样的文化传承是意义深远的。让学生增强学习传统优秀文化的信心，感受学习传统优秀文化的乐趣。

总之，将优秀传统文化教育渗透到小学语文教学过程中不仅符合新课程改革的趋势，也是推进小学生文化教育的必然需求。在小学语文教学课堂中合理地穿插一些优秀传统文化知识，能够加深学生对我国民族文化的了解和认识，对改善教学质量也有很大的帮助。教师在进行教学的过程中，应合理的选取教学方式，有效地将优秀传统文化融入课堂中，提高小学生的文化素养，扩展学生的知识面。古人曰"和易以恩"，融洽的学习氛围才能促进学生的思维。在传统文化课堂教学中，教师学生应互为对象，平等主动，所谓"横看成岭侧成峰，远近高低各不同"，教师应激励学生放胆而言，使其平等参与到教学中来，在观点的碰撞中闪耀智慧光芒，让每个学习者都切实感受到把古人思想和自己思考结合起来的乐趣和收获。时代在变化，审视传统文化经典的标准也在发生着变化。因此，经典也需要重新审视，经典也可以再加工、分解给学生。帮助学生真正从传统文化中汲取精神营养，形成积极的人生态度，全面提升人文素养。让学生既学文化，又学做人，语文教学之舟才能在传统文化博大精深的海洋上感受着鲜活的时代气息扬帆远航!

（本文于2018年获北京市教育学会论文评优二等奖）

浅谈语文教学策略研究

许昭璐

中国是有着五千年悠久历史的文明古国，在历史的长河中，我们的祖先给我们留下了源远流长、博大精深的中华文化。

然而如今，外来文化已渗入中国的角角落落。例如，朝鲜半岛的文化本来是从中国传承过去并结合自己民族的特点发扬光大，到现在冠以自己的名字进军中国的文化市场，并在中国国内引起一阵又一阵的热潮，用中国的传统打败中国人。所以面对外来文化汹涌而至的波涛，越来越多的中国孩子吃的是洋快餐，看的是日韩动画片，越来越远离自己的优良传统文化，甚至对祖国的优良传统文化产生了冷漠感，许多优秀民族优良传统文化正在消失。实际上中华传统文化是我们中华民族发展史的重要组成部分，它与社会发展、人类进步的关系是无法割舍的，它对青少年一代的健康成长，影响是深远的。《小学语文课程标准》提出："语文是最重要的交际工具，是人类文化的重要组成部分，工具性与人文性的统一是语文课程的基本特点。"由此可见，小学语文教学对我们新一代继承和发展中华传统文化起着重要的作用。作为语文教师，利用优良传统文化知识充实语文课堂，在小学语文教学中传播中华优良传统文化，激发学生对优良传统文化的热爱，激发人们的爱国主义情怀，是我们义不容辞的责任。那么，怎样让我们的语文课堂盛开优良传统文化之花呢？

一、培养小学生学习优良传统文化的兴趣，感受汉字的有趣和神奇

在教学中，让学生搜集或编写字谜，开展猜字谜活动，体会汉字的有趣。首先老师要让学生明白猜字谜主要有三种方法：组合法、象形法和意会法。

组合法是根据谜面的暗示，把字的笔画或部件作加减，凑成一个字。比如，"一口咬掉牛尾巴"。"口"把"牛"的尾巴咬掉了，就成了"告"。象形法是把汉字的笔画比拟成事物，猜这种字谜需要观察力和想象力。比如，"河边一蜻蜓，天上双雁飞"，猜两个字。蜻蜓是细细长长的，两个翅膀一个头，像个"千"字，加上河边上的三点水，是"汗"。双雁像"从"，天的上面是一横，合起来成了"丛"。意会法要求猜谜的人根据谜面的意思去联想。通过让学生认识猜字谜的方法，激发他们去了解汉字的兴趣。例如，为了让学生认识"回"字，老师可以编字谜"四四方方两座城，小城藏在大城中"，加深学生的记忆。这种方法既能激发学生对字谜的兴趣，又能展现汉字的趣味性。

二、认真钻研教材，渗透传统文化教育

小学语文教材中的课文都是经过精心选择的，教材的选文无不语言优美，意境悠远，蕴涵着丰富的人文内涵。选编的课文有体现关爱他人的，诚实守信礼义道德的等。这些选文无不洋溢着自然美、人性美，无不充满着浓浓的亲情、友情……当我们走近语文，捧起一部部经典著作，也就走进了中国文化。所以教师要在引导学生在学习课文的过程中着眼于教材对话与传统文化对话。如在教授小学课文《为学》一文时，要把挖掘教材所蕴含的礼仪文化作为传统文化教育的内容，让学生广泛搜集古人传统礼仪、称谓及古人尊师爱师的名言警句等。并在此基础上引申类似的有趣故事，如"程门立雪""三顾茅庐"等，让学生课后阅读。教师要在引导学生学习知识的同时，把故事所包含儒家思想中的仁义道德加以传达，让学生感受现在学校所要求的文明习惯的养成其实就在传承中国几千年的文明礼仪。

三、引领学生感受，丰富文化内涵

语言是民族文化的象征。汉语文化形象丰赡、意义深远、气韵生动，这就是语文教学中所要寻觅的文化。因此，语文课堂应倡导师生一起去探寻、

体验和理解蕴涵在教材文本中的真善美，培育学生正确的价值观和人生观。如汉字本身就镌刻着中华民族文化的烙印：一撇一捺相互支撑站立起来才能成为"人"；"人""言"要讲"信"。细究每个汉字，都能发现深刻的人生哲理和生命智慧。所以，小学必须加强识字和写字的教学。要让学生领悟掌握汉字的基本规律和书写规范习惯。让学生感受汉字文化的同时，多介绍古人习字练字的感人故事。教育学生学写字就是学做人，习字的过程就是培养自己形成一丝不苟、持之以恒良好习惯的过程。

四、努力营造传统文化教育的氛围

中华传统文化既具有物化的客观形式，又具有主体形式的存在和延续，例如，诗、词、曲、赋、国画、书法、对联等。因此，语文课堂教学不能只有知识的梳理，还要有习惯的养成、技能的落实和文化的积累。例如，在执教《九月九日忆山东兄弟》时，教师除了传授语言文字知识外，还应该认真分析探究文本中的传统文化内涵，了解各地春节、中秋、重阳等传统节日中的风情习俗。平日课上带学生了解北京的春节，了解认识春联、书法等中华传统文化的历史；可以让学生们通过查阅资料了解了从"桃符"到"春联"的演变，查找关于"屠苏"的知识。在平时的课堂教学活动中教师应该结合教材中的内容，通过查资料，开展第二课堂活动，或以综合性语文活动的形式让学生感受了解中华传统节日春节、元宵节、清明节、端午节、重阳节……的来源及各地节日的风情习俗；让学生感受诸如戏曲、武术、国画等国学精粹的博大精深。学生长时间徜徉在中华传统文化的海洋中，并注重积极尝试和点滴积累，定能受到优秀中华传统文化的熏陶。

五、开展诵读经典活动

文化经典是一个民族文化传统中最具权威的著作，在传统文化的历史传承中起到奠基和引领的作用。在小学中开展诵读活动是加强传统文化教育的有效方法，可以根据年级的不同、年龄的差异开展形式多样的诵读活动。通过诵读经典让学生体会"宁为玉碎，不为瓦全"的风骨，"先天下之忧而忧，后天下之乐而乐"的胸怀，"无欲则刚"的人生哲理；"天人合一""和为贵"中所倡导的人与自然、人与人之间的和谐，让学生知道现代社会所倡导的"和谐社会"都能在传统国学经典中找到渊源。诵读经典，传承经典文化不但有利孩子的健康成长，而且是社会和谐、民族复兴的重要法宝。教师应有计划、有层次地进行组织和引导，根据学生的知识层次，接受水平，由浅入深地安排每个年级、班级的诵读内容。此外。我们还应该加强课外阅读，开阔学生视野，增加对传统文化的积累。达到"润物细无声"的效果。

作为一名语文老师，对这些优良的中国传统文化，我们有责任有义务把这种文化传承下去。在语文教学中增加优良传统文化教学分量，将其蕴涵的民族文化和民族精神扎根在学生心灵深处，让他们真正从优良传统文化中汲取精神营养，形成积极的人生态度，全面提升人文素养。

（本文于2018年获中国高等教育学会论文评优二等奖）

小学语文教学中弘扬传统文化的有效途径

唐胜楠

中华传统文化是我国民族的灵魂，它承载着一个民族的历史与精髓，五千年悠久灿烂的中华文化为人类文明进步做出了巨大的贡献。那么在小学语文教学中，该如何弘扬中华优秀传统文化呢？

一、不断学习，提高自身的传统文化素养

俗话说："老师要给学生一杯水，自己得先有一桶水。"语文教师要想教好语文课，并且要把传统文化寓于语文教学中，首先自己必须拥有丰富的文化底蕴、良好的知识结构和专业素养。那么如何提高教师自身的传统文化素养呢？我认为要做好以下几点：

（一）博览群书，认真研习国学经典

传统国学文化深刻影响着中华民族的思维方式、文化心理结构、价值选择、伦理道德和行为方式。我们教师应该熟谙儒道二学，理解其中的思想精华，这样才能找到解读古代文人心灵的钥匙。唐诗宋词的诗性文化尽显魅力，语文教师必须要具备一定的诗歌素养，潜心研究其中的思想内涵与写作特色，学会解读具体的诗歌作品以及其对现在生活的深远影响意义。六朝骈体、唐宋散文在华美与质朴的二律悖反中寻找着内容与形式的最佳契合点，不能以形式主义简单否定，而应体悟、寻觅古人表达心声的艺术追求。明清小说描摹世俗生活，冲破清规戒律，凸显人本、人性于本真，要以审美的姿态，以人文关怀的底蕴去破解文本的密码。

（二）摒弃浮躁，静下心来，练好基本功

语文学科相对于其他学科来说，是慢功，是硬功。每个人的文化素养是不可能在短时间内提高的，"冰冻三尺，非一日之寒"便是这个道理。因此，语文教师要牢记这条古训：耐住寂寞，静下心来。潜心读书，专心读书，练好基本功，做到内强素质，外练操作能力。我们要善于挤出时间来学习，不断地丰富自己的知识，充实自己，才能提高自身的文化素养。具备了良好的教学技能，教师才能深入浅出地传授知识，学生才能轻松愉快地学习。例如，在教读古典文学时，教师就要对所讲的古诗文倒背如流，《醉翁亭记》《岳阳楼记》《出师表》等不朽的名著，教师如能有感情地面对全班学生流畅背诵，那对学生的感染力是亲切的、自然的，比从讲解词句开始授课要强百倍，此时中华古典文学的艺术瑰宝在学生们心中迸发出耀眼的火花，从而使学生更加热爱祖国的灿烂文化。

二、以课堂为阵地，传承好传统文化

（一）抓住语文课堂教学这块主阵地

在传授学生知识、方法、技能的同时，有意识地、更多地关注学生的情感态度和价值观，把对文本的分析和对"人"的分析联系起来，挖掘文学作品的人文性，即文学作品的思想美、内容美、人格美、风格美等。它应当渗透在教学的各个阶段，渗透在整个语文课堂教学之中，成为一个完美的整体。

1.加强课内对中国传统文化的介绍

中国是一个历史悠久、文化资源丰富的国家，几千年的历史，积淀了丰厚的传统文化，北京故宫、山东泰山、山西五台山等都已经被列为世界遗产，民间工艺、艺术、风俗等都蕴涵着深厚的文化传统。这就对教师学科知识、教学能力、文化素养提出了更高的要求。例如，《难忘的泼水节》一文，本文记述的是一个充满温情的感人故事。"一年一度的泼水节"被傣族人民视为最美好、吉祥的日子，是傣族最隆重的节日。教师应采用图文对照的方法，引

导学生自主观察，进行探究式阅读，感受傣族人民和周总理一起过泼水节的快乐。文中涉及了民族、节日、风俗等许多传统文化，这就需要教师查找、搜集资料，引导学生了解我国民族节日和民间习俗。因此，在知识的海洋里，教师还要不断学习，不断进步，这样才能让学生了解更多的文化知识。虽然在新课程标准里，学生是课堂的主体，但在必要的时候，教师还要拓展、启迪、陶冶、培养学生热爱祖国传统文化的感情。

2.从阅读中了解传统文化

通过课内、课外阅读，了解我国优秀文化，积累词句，体会故事情节，文章内涵，使学生心灵有所触动。例如，三年级课本中一组教材以"中华传统文化"为专题，由《孔子拜师》《盘古开天地》《赵州桥》《一副名扬中外的画》四篇课文组成。课文体裁多样，内容丰富。《孔子拜师》和《盘古开天地》是叙事性文章，《赵州桥》和《一副名扬中外的画》是说明性文章。课文中既有描写生活中的人物故事，也有神话故事，既有对古代建筑的介绍，也有对古代绘画艺术的描述。使学生在阅读本组课文的时候，能够从多个侧面了解中华传统文化的博大精深，进一步加深热爱祖国文化的情感和增强民族自豪感。在阅读中，了解文化艺术固然重要，但学会思考文章寓意，文化的精髓更为重要。苏霍姆林斯基说过："在小学里，你要教会所有儿童这样阅读：在阅读的同时能够思考，在思考的同时能够阅读。"这也就是重在激发学生的探索兴趣和求知愿望，在读中体会，体会中思考，思考中探索，探索中进取。发掘文化内涵，承传文化精神。

3.从古诗词入手，加强传统文化熏陶

古诗词是古代文化的遗传，是古代文明传承的媒介，更是中华民族艺术宝库中的一颗璀璨明珠。例如，杜甫的《闻官军收河南河北》，我们只有了解了当时"安史之乱"给人民带来的苦难，才能体会到唐王朝军队收复了失地后，诗人欣喜若狂，激动的泪水沾满衣裳的高兴心情。古诗语言精致凝练，只有反复朗读、吟诵，才能真切体味出诗情、诗意、诗味和诗美。例如，贺知章的"碧玉妆成一树高，万条垂下绿丝绦。不知细叶谁裁出，二月春风似剪刀。"李白的"日照香炉生紫烟，遥看瀑布挂前川。飞流直下三千尺，疑是银河落九天。"吟诵起来音韵铿锵，旋律婉转，悦耳动听，使人心旷神怡。古诗词的意境更是丰富多样的。学习古诗词还要把作品的意境和时代背景相结合，融入文化内涵，这样才能真正认识和领会作品的艺术魅力所在。古诗词以其精练的语句，丰富的想象，真挚的情感，丰富的意境，承传着几千年的历史文化，是中国文化史上永垂不朽的赞歌。

（二）挖掘教材的文化内容

教材、读本不仅贮积了丰富的语文知识，更蕴含着深厚的文化因子，引导学生求真、求美、求智慧，我们结合学生实际和教材，可以从以下几方面入手：

从故事情节入手，挖掘整篇著作的文化内涵。如在教授《九色鹿》时，我们可以从调达获救前后行为的对比入手，探讨诚信的重要，从而教育学生"人无信不立"。

从课文主题入手，挖掘优秀的传统美德。如在教授《孔融让梨》时，我们可以以孔融为什么要让梨为话题展开讨论，从而挖掘出中华数千年来一直弘扬的"孝悌礼让"这一传统美德。

从课文词句入手，挖掘相关文化背景、哲理境界。如在教授《桂花雨》时，我们可以从母亲那句"外地的桂花再香，还是比不得家乡旧宅院子里的金桂"入手，探寻中华民族古往今来那种根植于骨髓的"月是故乡明"式的乡愁。

三、重视课外文化阅读，强调大语文教育

现在的孩子生活在一个喧哗浮躁的时代，他们面临着太多的诱惑。但是，不管生活如何热闹，一个纯净的心灵世界，一种对书香气息的天然热爱，一种良好的阅读习惯，都是一个生命健康成长不可或缺的要素。不管社会怎样变迁，不管科技怎样进步，不管教育怎样改革，我们都必须让孩子们在人生记忆力最佳的时期，诵读名家名篇，诵读千古美文，如《弟子规》《千字

文》《三字经》等，让文化经典占据他们的心灵，让他们的阅读从一起步，就直抵经典。要注意激发学生阅读的兴趣；加强对学生的阅读指导，提高学生的阅读能力。

四、开展有意义的传统文化活动

文化来源于生活，传统文化是我们的祖先几千年来在一辈辈的改造自然的过程中积累下来的精神文化财富，而传统文化不是虚无缥缈的，不是仅停留在经典中，而是存在于实实在在的生活中，在人们的一言一行，一举一动中，要更好地体味文化内蕴，就必须走出课堂、走进生活。我们可以围绕生活中的传统文化，开展综合性学习活动。例如，搜集和积累各种丰富的文化材料，制作工艺品，书画比赛，诗歌朗诵，演课本剧等，这都是和学生的学习紧密相连，适合在不同地域开展，在课堂上学生可搜集、摘抄、阅读有关祖国传统文化的文章，在课余时间，教师可指导学生举行各种文化比赛，通过各种途径，采用多种方式了解生活中的文化传统和身边的文化传统。从而达到课内学习和课外活跃的目的，引导学生了解和传承中华传统文化的历史。

总之，中华民族的传统文化博大精深，源远流长，它就像一座巨大的宝库，是整个世界文化的重要标志和遗产，需要我们去弘扬和传承，但弘扬和传承传统文化并非一日之功，每个学子应该从小受到祖国优秀传统文化的熏陶。让我们每一位教师都做好文化传承的桥梁，为发扬中国的文化而贡献自己的一份绵薄之力。

（本文于2019年获中国高等教育学会教师教育分会论文评优一等奖）

小学语文古诗文群文阅读教学策略研究

肖　娟

语文课程是一门实践性课程。语文素养的提升有赖于大量的阅读积累。古诗文是中华民族传统文化的瑰宝，更是为学生的成长及其语文素养的提高作出了重要贡献。《义务教育语文课程标准（2011年版）》指出，小学与初中九年的古诗文背诵应达240篇，其中1—6年级75篇。如何能够实现课标的完成？如何让古诗文教学有效、高效，提升学生阅读古诗文的能力？古诗文群文阅读能够帮助学生较好地大量阅读。群文阅读就是在语文课堂上围绕一个议题选择一组相关联的文章，引导学生围绕这一议题展开立体式的自主阅读，在阅读中发展自己的观点，进而提升阅读力和思考力，并进行多方面的言语实践。古诗文群文阅读，就是把古诗词一组一组地放在一起进行主题式教学，它能够让学生归类整合，大量积累，提升学生语文素养。那么如何有效开展古诗文群文阅读？

古诗文群文阅读的特点主要包括三个：一是主体性，强调发挥学生的主体作用，在教师引导下让学生主动思考，自主理解文本内容；二是交互性，在古诗文群文阅读教学中，学生、教师与古诗文本是主要的教学要素，而各要素间的有效互动是获得最佳教学效果的关键；三是探究性，教师设计相应的议题，充分调动学生的主动性，通过自主探究与小组合作找到答案，从而提高学生的探究能力。因此，要想充分发挥古诗文群文阅读教学效果，就需要在阅读中发挥教师、同学、同伴群体的力量，给予时间，给予表达。

这就需要在古诗文群文阅读中做到以下几点：

一、对阅读素材进行筛选、组合

在开展群文阅读前，教师必须根据阅读内容，挑选与教学计划相符合的古诗文类型，并要挑选与小学生认知水平相符的古诗文内容。在挑选文本时要充分体现"群"这一概念，即聚积，选择同一议题的古诗内容进行组合。可在教材的基础上来选择文本素材，但要注意古诗内容之间的联系性与关联性。

（一）同主题古诗的整合

"一个主题，就是一种思想；一个主题，就是一种情感；一个主题，就是一个知识体系；一个主题，就是学生的一个智慧世界。"学生阅读一组读物，就是在不断地理解、感受、印证、吸收这一既定的结论。如唐朝李绅的《悯农》："春种一粒粟，秋收万颗子，四海无闲田，农夫犹饿死。"短短20个字，就写出了勤劳的农民以他们的双手获得了丰收，而他们自己呢，还是两手空空，惨遭饿死。这首诗的诗意和作者所要表达的情感，对小学生来说并不难理解。如果再配以唐朝诗人李约的《观祈雨》、曹邺的《官仓鼠》，学生通过阅读对比，便会找到共性，产生共鸣，既而会去思索：人与人为什么会有如此鲜明的对比？是谁制造了这人间的悲剧？

（二）同内容古诗的整合

从古诗描写的内容入手，进行古诗群文阅读整合，是比较容易的一种操作方法，也是帮助学生理解、记忆古诗的一种有效途径。宋朝苏轼笔下的《题西林壁》"横看成岭侧成峰，远近高低各不同"在整体上从不同的角度描述了庐山的仪态之美，而李白的《登庐山五老峰》里"庐山东南五老峰，青天削出金芙蓉"则是对庐山一个风景点的描述；李白的《望庐山瀑布》和徐凝的《庐山瀑布》这两首诗虽然都运用了比喻、夸张的修辞手法描写庐山瀑布雄伟壮阔的气势，但给人的感觉却又各不相同。如果把这几首描写"庐山风景"的古诗整合在一起，课堂容量虽大，但却能调动学生的阅读兴趣，启发学生的想象力，引导学生进入了诗的意境，一旦进入意境，那么诗人的所表达的思想感情则不言而喻，学生也就掌握了诗词的精髓，从而达到阅读、理解、积累、运用的教学目标。

（三）同作者古诗的整合

被后世尊称为"诗圣"的杜甫，一生写诗1400多首，其中很多是传颂千古的名篇。年轻时的杜甫壮志凌云，豪情万丈，对未来生活充满希望，这一时期的作品如《望岳》正是他初定理想，积极进取的最好体现；后经"安史之乱"，生活的困苦让杜甫开始关注民生，如《春望》《月夜忆舍弟》写出了他对战乱的厌烦，对百姓疾苦的同情，对亲人的思念，对国家命运的深切悲叹；他漂泊西南隐居后所写的《蜀相》《登高》，体现了他对自身命运的感慨和对世事的感怀，如把这几首风格鲜明的诗整合在一起让学生对比赏析，对帮助学生理解杜甫"沉郁顿挫"的作品风格，将会达到事半功倍的效果。

（四）同表达方式古诗的整合

古诗中常用的表达方式有多种：直接抒情的，借景抒情的，托物言志的，情景交融的，动静结合的，以动衬静的……如《赋得古原草送别》《送元二使安西》《黄鹤楼送孟浩然之广陵》同是借物抒情的送别诗，这三首诗主题相同，结构相同，写作手法也相同，可以把它们整合成一组古诗进行教学，引导学生辨析、追问、思考：三首诗借景抒情的"景"不同，离别时的心情是否也不同呢？从而发现《送元二使安西》离别时是伤感的；《黄鹤楼送孟浩然之广陵》离别时是依依不舍的；《赋得古原草送别》作者认为朋友聚散，如同小草生长的自然规律一样，不需伤感，不用不舍。这样的阅读教学，学生鉴赏古诗能力的提高是不言而喻的，理解和接受能力强的学生同时也会感悟、提炼出作者的表现手法，从而运用到作文写作中。

同时还有根据体裁选择素材，根据绝句、律诗、词曲等不同体裁筛选诗词开展群文阅读教学方式。

二、重视朗读，在朗读中品味古诗词

其他题材的群文阅读受数量与时间的限制，一般采用的是跳读、浏览、扫读、精读相结合的阅读方式，极少会进行朗读训练。而古诗词群文阅读则不同，除了适当的静思默读外，朗读却是教学的重点。宋代万岳说："书不厌频读，诗须放淡吟。"只有通过反复诵读，反复品味才能体会到古诗文的韵味与美感。而纵观当前小学古诗词阅读教学现状来看，学生读得太少就是一个非常突出的问题。传统诗歌阅读教学中通常对一首诗歌进行反复诵读，而诗歌短小，学生容易失去新鲜感与探究欲，阅读效果不甚理想。而群文阅读是让学生对一组古诗文进行连续朗读，始终保持着新鲜感。尤其是对于那些横向结构比较明显的诗文，学生在朗读中会不断发现问题，产生疑问，从而增强朗读的积极性。同时，教师给予适当的引导，让学生在诵读过程中认真感悟，想象画面，便能进入作者所描绘的意境中。

三、注重拓展延伸

由于古诗词年代久远，小学生的语文基础薄弱，阅历又浅，往往不易把握诗歌所表达的情感。因此，语文教师有必要向学生介绍作者的社会经历、文化教养以及创作背景等知识，便于学生理解，才能与作者产生共鸣。这要求教师树立开放的语文教学观，让作者情与学生情在拓展延伸过程中融合。重视课堂交流，这是对信息的整合过程，也是对古诗认知的加深，情感深化的过程。因此，教师要发挥引导作用，创设问题情境，引导学生思考。

四、营造氛围，让学生在阅读中感悟

心理学研究发现，小学生的学习活动与效果主要与认知内驱力及学习环境有一定关联。因此，语文教师应为学生营造一个学习古诗的良好氛围，并通过有效的方式加以训练，培养学生的学习兴趣。首先，在教室内可张贴古诗图片，也可贴上学生抄好的古诗，并挂一些古诗书籍名称，让学生进入教室就能看到古诗文，起到潜移默化的作用。其次，可要求学生每天背诵一点，如课前背一背，放学前再练一练，长期坚持，学生记住的古诗文就多了。最后，可寓教于乐，将古诗文学习与小游戏相结合，让学生在玩中学，体会到学习的乐趣。

通过以上几点，充分发挥古诗文群文阅读的作用，提升学生语文素养，积淀中华传统文化。

（本文于2019年获北京市教育学会论文评优一等奖）

借助古诗词教学提升小学生的审美鉴赏力

杨　妍

古诗词是语文教学中的一项重点。他们不仅是祖国语言艺术宝库中的瑰宝，具有极高的审美艺术价值。同时这些诗家名作词句优美，音韵和谐，情感浓烈，意境深远，为我们提供了广阔的审美教育天地。但是，由于这些古诗词距离学生们生活较远，语言的精练也造成了学生们理解上的困难，所以在日常的教学中孩子们对于古诗的学习只是机械地背诵，参考书上的意思，考卷上的答案这三步罢了，兴趣是一点没有，更别提在古诗词中感受美了。

长此以往，只要学习古诗词，课上爱发言的孩子们都是蔫头耷脑，一副不爱学的样子，更别提去感受古诗词之美了。面对这样的学习现状，我想：古诗词具有哪些美呢？怎样让学生感受到这种美呢？又该怎么做呢？基于此，我做了以下思考。

众所周知，古诗词之美在于其音律美、语言简洁美以及其意境美。这样的美好如果能通过教学设计传达给学生，那么学生一定能在古诗词中找到学习的兴趣培养高雅的审美品位。所以，在接下来教学中我讲究教学方法，注意挖掘古诗的审美因素，重视古诗教学中的美育渗透，引导学生在古诗的阅读、评析、欣赏中感受美、理解美，培养学生感知诗美的能力，驰骋想象的能力，从而体味诗情，陶冶情操。

一、吟咏诵读，品味音乐美

古诗具有音乐美的特征，这是古诗不同于其他文学样式的重要标志。反复吟咏诵读，能帮助我们在领略古诗音乐美的同时，进入诗歌的意境，体验古诗的意境美。教学中要突出"听"和"吟"。"听"指让学生听老师声情并茂的范读或配乐朗读，让学生在听中，品味诗歌的节奏、音韵、感受古诗的音乐美。如在教学《静夜思》时，老师利用多媒体，让学生边看边欣赏老师的范读，然后再让学生在听中标出诗的节奏和韵脚。例如，床前／明月／光，疑是／地上／霜。举头／望／明月，低头／思／故乡。最后再让学生在欣赏配乐诗朗读中进入意境，给他们以美的享受。儿童在欣赏美、理解美的同时，还要让他们表现美、创造美。因此，在古诗教学中还要引导学生反复地吟诵。学生或是通过抑扬顿挫的诵读，或是通过声情并茂的朗诵进一步体验诗歌的意境，表现诗的情感，陶冶崇高的情操。

二、品析词句，感知音乐美

古诗的语言美体现在用词的精确和凝练。在教学中要引导学生品析词句来感受古诗的语言美。例如，王安石的《泊船瓜洲》一诗中"春风又绿江南岸"的"绿"字，属形容词的活用，它把看不见的春风转换为鲜明的视觉形象。一个"绿"字把春风拂过，大地复苏，百草竞生，千里江岸呈现出绿茵茵一派生机的画面生动地再现在读者面前。一个"绿"字把全诗写活了。如果在教学中配合运用多媒体课件品析"绿"字，就能让学生感受到古诗用词的精确美、凝练美。

三、创设情境，体验意境美

诗歌的意境是诗人想象的疆域，感情的领土，形象的王国，艺术的世界。读诗，如果能进入意境，就会使读者如临其境，如遇其事，如见其人，如闻其声，感受鲜明悦目的形象，受到感染，获得启迪，沉浸于美的享受中。

怎样引导学生进入诗的意境，体验意境美呢？需要因诗制宜，采用不同的教学方法唤起学生的生活体验，激发学生的情感，展开丰富的想象，把诗人创造的意境再现于学生的心目中。

（一）推敲词语，启发联想

每一首诗无一不是通过词语来描绘意境的，因此，推敲词语，启发联想是引导学生体验意境美的一种常用方法。

如李白的《送孟浩然之广陵》中的"孤帆远影碧空尽，唯见长江天际流。"一联，情景交融，创造出深远的意境，但学生又难于理解。我们可以通过对"远影""唯见"等词的推敲，启发联想，体验意境。可以设置问题启发学生：李白怎么送孟浩然？为什么要这样送？人不见了，船不见了，诗人还在干什么？为什么？通过对"孤""远""尽"这些词语的推敲引发学生想象：李白送友人，一直目送到友人看不见了，友人的小船消失在水天相接的碧空。紧接着分析"唯见"设置问题：友人已消失在远处，李白为什么还站立在江边？这样，就能让学生在品析"唯见"这一词语时，体验到李白和孟浩然之间的深情厚谊。

（二）图像引路，体验情境

读诗看画，看画读诗，能互相触发，进一步体验古诗的意境美。白居易的《暮江吟》、杨万里的《小池》、韩愈的《早春》等都有动人的诗意画。讲读时，可以让学生欣赏画面发挥联想，一定能激起浓浓的感情，引起翩翩的想象，走进诗歌的意境。

（三）动手表现，加深体验

根据诗意，运用表演、绘画、改写等途径，通过直观形象的再创作，一方面可以检验学生对诗的意境是否正确把握，另一方面可以加深对诗意的理解，进一步体验诗歌的意境美。动手画。把诗歌所描绘的意境，用可感的形象再现出来，加深了对古诗意境的审美体验。如教杜牧的《山行》，让学生根据意境，设计画面的远景和近景，许多学生根据诗意画出远景：一条石子铺成的小路弯弯曲曲，远远地向上延伸，到晚秋的深山。山顶上白云飘忽的地方，有几户竹篱茅舍。再让学生根据诗意画出近景：诗人停车观赏，傍晚的枫树林，枫叶红艳，叫人流连忘返。接着再让学生根据古诗的内容评析各自的作品，就自然地进入诗的意境，感受到诗人对大自然的热爱之情。

四、介绍情景，领会人物的品格美

诗作是诗人在特定环境下情感的喷发，表现出人物的崇高情操。我们可以通过讲故事、播放影像等方式向学生介绍诗作产生的背景，引发学生透过特定的历史背景领会人物的品格美。如《江雪》一诗，学生若不了解柳宗元因参与政治革新而遭受打击迫害的历史背景，便难以体会他不愿与当权者同流合污而宁愿垂钓寒江的高洁人格。而对陆游的《示儿》一诗背景的介绍，学生的情感才会被这位诗人临终时，置个人生死于度外，念念不忘收复失地，盼望祖国统一的强烈的爱国主义情怀深深震撼。

五、巧设问题，领悟哲理美

许多古诗蕴含深刻的哲理，可以通过巧设问题，引导学生体味诗人所揭示的哲理美。如《题西林壁》一诗中，"不识庐山真面目，只缘身在此山中。"教学时可以提出问题：为什么"不识"？"只缘"道出原因。显然，"不识"和"只缘"构成了因果关系看不清庐山真面目，是因为在山中观山，角度片面，视野有限所致。那么"要识庐山真面目"该如何行动呢？学生就比较容易想到"要识庐山真面目，山外观山自会清"。然后再引导学生联系生活实际就能得出"当局者迷，旁观者清"的哲理。又如"欲穷千里目，更上一层楼""春色满园关不住，一枝红杏出 墙来"等富含哲理的诗句，都可以通过巧设问题，引导学生挖掘出蕴含的哲理，从中领悟哲理美。

这样的教学持续了一年之久，在这个过程中，学生渐渐地爱上了古诗词，经常在下课的时候互相背诵、讨论新学的古诗。更可喜的是，孩子们越来越多地在作文中用到古诗词，让古诗词与他们的生活实际紧密结合，并焕发了新的生命力。

作为一名教师，我们应该从学生的角度出发，分析问题的起因，这样才能真正做到有针对性。在古诗词教学研究的过程中，因为古诗词离孩子们的生活较远、孩子们自身知识经验的不足以及古诗词语言的精练造成的理解困难，让孩子们对古诗词敬而远之。但是，孩子的天性就是好奇的、喜欢美好的事物。所以，作为一名语文教师应善于捕捉诗歌中的美育因素，讲究教学方法，就能让学生在 古诗的阅读教学中感受美、欣赏美，提高认识美、体验美的能力。

（本文于2019年获中国高等教育学会教师教育分会论文评优一等奖）

在经典诵读中提升学生审美能力

张 蕊

古代教育学家孔子说："不学诗，无以言。"诗言志，诗传情，古诗凝练，魅力无穷。小学阶段的孩子正处于个体发展的关键时期，是他们人生观、价值观等人格因素形成和发育的重要阶段。经典古诗文作为中华民族的文化瑰宝之一，其语言生动凝练，内涵博大精深。诗的语言，蕴藏着五千年悠久的历史文化。诗的声音，演绎着不朽历史的风骨铿锵。作为教师，我们不仅要指导学生古诗文的诵读，更要注重如何通过古诗文的诵读培养学生的审美情趣。

《义务教育语文课程标准（2011年版）》指出："培养学生高尚的道德情操和健康的审美情趣，形成正确的价值观和积极的人生态度，是语文教育的重要内容，不应把它们当作外在附加的任务。应该注重熏陶感染，潜移默化，把这些内容贯穿于日常的教学过程之中。"而古诗文是语文阅读教学的重要组成部分，小学一至六年级，每一学段都有具体的安排。古诗文是我国古典文学中的精华，常吟古诗，可以陶冶情操，丰富想象，同时又很好地培养了学生对语言文字的兴趣和敏感力，有益于培养他们的诗学素养。

一、多种形式诵读经典，激发学生审美情趣

《中华经典诵读》读本，编排了适合一至六年级学生阅读的古诗文，教材作为学生接触到的第一手的文本资料，其承载的重要功能和发挥的优势作用。在诵读古诗文中培养学生的审美情趣，也应由此才能找到突破点。语文教育，说到底也即是审美教育。作为小学教师，我们要深悟课本所蕴含的巨大美育源泉，让小学生童稚的心灵畅游愉悦在优美的古诗文审美氛围之中，开启他

们智慧和灵感萌芽的旅程。在教授古诗文时，通过让学生朗读和欣赏，感悟古诗文所表达的意境，从中受到美的熏陶。我在教学《渔歌子》一诗时，课前鼓励学生搜集写山水美景的词语或成语，课中通过初读、品读、美读等多种读法激发学生诵读古诗文的兴趣，同时让学生在诗中找出能够看到的美景，并恰当运用自己之前搜集的词语、成语将诗用现代文表达，再加上图片的欣赏，从而有效地加深了学生对诗的理解，对诗人情感的感悟，学生不但学会了理解古诗的方法，还陶冶了他们的情操，使学生自然而然地进入了充满诗情画意的审美境地。

二、鼓励自主诵读，提高审美素养

古诗文诵读中学生人文素质的培养，应是学生个性化的阅读实践行为。在吟诵活动中提出的"诵读为本，不求甚解"，就是要求教师不要用分析代替学生的吟诵，而是让学生在吟诵中自悟自得，在自悟自得中提高自身的人文素养。

（一）品析诵读，尊重个性化理解

在古诗文的课堂教学中，传统的古诗文教法就是教师逐字逐句的讲解，更甚者是将古诗文的意思让学生抄下来死记硬背，根本没有考虑学生的个性化理解，更谈不上审美情趣的培养。因此，这就要求我们教师以组织者的身份参与到学生学习的过程中来，在教学中要充分尊重学生主体地位。一首古诗，诗人在创作时，有它特定的时代背景，不同的人，读它会有不同的见解，可谓仁者见仁，智者见智，如果把教师的理解强加于学生，便抑制了学生创造性思维的发展。有位哲人说：正是儿童承袭了人类最初的诗性性格，他们的智慧既指向眼睛看到的地方，也指向心灵看到的地方。教师不能以自己讲解式的分析代替学生的阅读理解，让学生在积极、主动的思维和情感活动中加深对诗意的理解、思考，从而受到情感的熏陶获得思想启迪。如杜牧的《山行》，读后问：读了诗以后你看到了什么、有什么感觉？学生在经过充分的自读感悟后纷纷发言："这是一个深秋时节，诗人坐着车去山里，他可能是去看山里的老朋友！""不！他应该是去赏秋，只是经过山间时看到了几户人家。"……尊重学生个人表达，尊重学生对文本的独特感悟，这是对学生最好的人文关怀。

（二）激发兴趣，培养诵读习惯

"兴趣是最好的老师"，抓住教育契机融入活动，以活动激发学生诵读兴趣：如每学期组织两到三次的古诗文朗诵比赛；为纪念节日，如中秋节、端午节、元宵节……让学生搜集并朗读一些相关的古诗文；通过对季节的欣赏来积累相关的古诗文；朋友的分离，引导学生积累送别类的古诗文等。还可以因势利导开展其他活动：如让学生看一组图片去联想所学过的古诗文；利用早读前、课间时间背诵学过的古诗；小组之间进行古诗文背诵挑战赛……在开放而有活力的古诗文诵读活动中，当学生诵读古诗文已水到渠成之时，启示学生自己去仿写诗文，从而会自己创作诗文，可以先鼓励仿写古诗文，学习诗人的写作手法，引导其运用联想、想象、借助比喻、拟人、象征等手法，学习诗中运用的对仗、押韵的方法，刚开始，也许学生的作品不是很美，但可以通过评析、欣赏，进行研究性学习，不断进步，还可以为自己出诗集、办诗文报等，使学生从诵诗、赏诗到作诗，经历一种生命的快乐，引领学生走进诗词歌赋的殿堂。

三、学会品析吟诵，提升审美能力

吟诵是阅读古诗文流行广泛且公认有效的方法，即用抑扬顿挫的声调，有节奏地读出作品的独特神韵。作为一种学习、鉴赏的方法，吟诵对学生理解和继承优秀文化，提高阅读和写作能力，至今仍有积极的作用。如果教师在教学中有效利用吟诵，这便会大大激发学生学习的兴趣，但现实中，许多语文教师只会诵读，不会吟诵，那我们便可以利用网络给学生创造欣赏古诗文吟诵的机会。例如，《山行》《声律启蒙》等经典古诗文都可以通过图片、视频、音乐等直观教具，让学生感受古诗文吟诵的魅力。当代文化名人余秋雨说："在孩子们还不具备对古诗文经典的充分理解力的时候，就把经典教给他们，乍一看莽撞，实际上是文明传承的绝佳措施。"所以说，吟诵的方法的传授其实就是提升审美能力最好的途径。

总之，古诗文作为语文课程中的一个载体，大量、自主、长期地诵读，可以丰富人的内心世界，培养纯正的审美情趣。毫无疑问，古诗文在培养学生健康人格中起着重要作用，因此，我们更应长期坚持让学生诵读经典，让诵读培养习惯，让经典润泽心田。

（本文于2019年获得北京市通州区区级论文评优一等奖）

小学传统文化教育实施策略的研究

庞璐莹

中华传统文化博大精深，千姿百态，包罗万象，底蕴深厚，源远流长。古文、诗、词、曲、赋的内容本身可谓传统文化。然而越来越多的中国孩子热衷于外来文化，他们吃的是洋快餐，看的是日韩动画片，越来越远离自己的传统文化。他们不知清明节、端午节、重阳节等传统节日，却熟知西方的情人节、愚人节、圣诞节，开口便是流行歌、广告词，对此应该引起我们足够重视。

一、传统文化在语文教育中的现状

著名人类学家博阿斯说过："人类所创造出来的最伟大的文化成果是语言文字。"不言而喻，继续维护这一成果的最重要的手段便是语文教学。拯救文化缺失的教育，拯救文化苍白的孩子，这一重任当仁不让地落在了语文教师身上，这是由语文的学科性质决定的。因为，语文解读，说到底就是文化的解读;语文教育，说到底就是民族文化性格的教育。

语文学科的最本质特点是它的文化性。语文知识中的文学史、文化史等基本内容是它外显的文化因素，而积淀在文学作品中的民族深层文化心理结构、思维方式等则构成了它内隐的文化信息。语文的解读，某种意义上就是一种对文化的解读，语文呈现出来的民族传统、自然生活、世态百相等内容则构成了人类文化的缩影与写照，于是就成了一种文化精神。语文教育就是面对文化载体，进行文化内涵的开启和解读，从中体悟语言文字作为一种文化工具所产生的基础魅力，体悟从文本世界中所弥散开来的浓浓的文化意味。

从根本上看，语文教育就是民族文化性格的培植。如果一个学生从来就没有读过《老子》《论语》《孟子》《诗经》、汉赋唐诗宋词等经典，如果一个学生对"天下为公"的理念、"宁为玉碎，不为瓦全"的风骨、"富贵不能淫，贫贱不能移，威武不能屈"的操守、"先天下之忧而忧，后天下之乐而乐"的胸怀、"位卑未敢忘忧国"的精神、"无为而无不为"的智慧、"己所不欲，勿施于人"的道德法则等一无所知，他的人生境界会有多高? 他的内在精神动力会有多大? 他的民族文化性格会有多强? 语言的成长就是精神的成长，文化的成长; 训练语言就是训练精神，训练文化。在文化的阅读中，我们在潜移默化中便培养了自己的民族文化性格。

然而，曾经一个时期，小学语文教学中的传统文化教育几乎缺失。我们教师给了学生、家长、社会要的分数，但我们却丢失了语文教育该有的领悟力、想象力、鉴赏力; 我们津津乐道于学生表象的分数的提高，却在孩子们人生最美好的阅读时光让孩子们丢掉了应该有的最基本的语文学习兴趣，丢掉了语文教育承载的道德教育和文化性格培养的根基，丢掉了民族文化传承的根本任务。

以古诗词教学为例，我们的教师往往是一来一去式的泛泛问答，忽略了语文教学需要反复诵读、深刻体会的特征，破坏了古诗词的整体性，使学生对古诗词意境的理解支离破碎; 面面俱到式的介绍，使学生不得要领，处于一种迷茫的状态; 迫不及待地要求学生通过注释把古诗词用现在的话把它说明白，将鲜活的古诗词教得沉闷而无趣; "独角"式并不考虑学生的接受能力和理解水平的所谓全面深刻的侃侃分析，使学生感到学习古诗词非常费劲而产生厌恶心理; 只以考试为目的，一路到底式的背诵默写，使学生的灵动、想象在死记硬背中逐渐被消磨。

二、小学语文教学与传统文化教育的结合

面对语文教学传统文化教育缺失的尴尬处境，作为小学语文教师应该反思，如何在小学语文教学中加强文化教育，特别是传统文化的教育。

传统文化教育要从低年级教学开始在低年级识字过程中，弘扬传统文化

最合时宜。有科学家研究，1～13岁是开发儿童记忆力的最好时期。我认为，传统文化中启蒙教育的经典如《三字经》《百家姓》《千字文》《弟子规》都是儿童初始学习的最好启蒙教材。中华传统文化内容，贯穿在一至六年级的教科书里，渗透在教科书的各个组成部分，教师要对语文教材中民族语言、民族历史、人文传统等相关民俗文化的内容进行梳理，设计、找准结合点和渗透点，形成民族文化教育的序列。从1—6年级在早读时间内依次背诵《三字经》《百家姓》《千字文》《弟子规》等内容。

营造语文课堂的文化氛围让学生在课堂上领略到"文化"的魅力。课文是教科书的主体，不仅贮积了丰富的语文知识，更蕴含着深厚的文化底蕴，我们应努力挖掘教材的文化内涵，挖掘教材内在的文化因子，引导学生求真、求善，求美。结合学生实际和教材，可以从课文注释、引语入手，挖掘有关民族文化信息;可以从故事情节入手，挖掘整篇（部）作品的文化内涵;可以从课文主题入手，挖掘优秀的传统美德;可以从课文词句入手，挖掘相关文化背景、哲理境界;还可以从课文插图、课后练习入手，挖掘文化意趣。

注重诵读在中国古代语文教学的传统经验之中，就方法而言，"读"是第一大法，可谓"读"占鳌头。古训有"书读百遍，其义自见"之说;东坡诗云:"故书不厌百回读，熟读深思子自知。"这种读，不仅仅是默读，更注重于朗读。中国语文教学方法以诵读为本是由汉字、汉语的特点决定的，汉语是以汉字为基础的，汉字一字一音、一形一义，独立性很强，其具体含义，得从上下文中体味。这种文字又具有声韵之美，只有读之于口，方能"声与心通，声可求气，亦可传情"，从而形成强烈的语感。可见，"眼观其文，口诵其声，心唯其意"的"诵读法"对汉语学习何等重要，自不待言。

注重体察涵泳以汉字为基础的汉语，同样具有极大的意合性而富于意蕴之美，涵泳也就成了与之相关的语文教学重要的传统经验。我们的汉语有着独特的意蕴。如洋文说"想念"，"想念得非常深"，可再深也深不过我们汉语的"望穿秋水"。"秋水"一词给我们多少美好的想象啊!秋，给人的感觉总是有霜寒初降的萧瑟、凄清、冷意，而这和一个人思念对方的痛苦缠绵又是多么地吻合。再如，"山穷水尽""海枯石烂"，山会穷吗?水会尽吗?海会枯吗?

石会烂吗?我们的汉语在这些有形的事物上神话一般将想象发挥到极致，将看不见的情感托付于绵延而浩渺的山山水水，真是美之极。我们的语文教师，应引导学生体察涵泳汉语言之美。而且，强调"涵泳"这种学习方法，也是完全符合汉语言教学的本质特征和传统经验的，这对于克服当下语文教学偏重讲解分析而忽略学生自主涵泳体悟的痼疾，也是很具针对性的。

营造浓厚的传统文化氛围教室布置传统文化板报，举行传统文化诵读，使学生来一次到传统的穿越。只有这样，才能使传统文化根植于语文教学这片沃土。

（本文于2018年获中国高等教育学会论文评优二等奖）

为梦想插上翅膀

滕海玲

读了北京教育丛书中杨德伦老师的《小学语文读写教学实践》，我对语文教学中读写结合有了进一步的认识。

"读书破万卷，下笔如有神。"这句话深刻揭示出了读与写之间的关系。小学语文教学就是要培养孩子阅读和写作的能力，进而提高孩子的综合能力。孩子的写作总是先从读书开始的，读与写两者之间相互联系、转化，这就构成了读与写的结合。因此，在我们的语文教学中，一方面要加强阅读教学，另一方面要加强读写联系，做到读写渗透，读写结合。显然，读写结合是提高学生阅读能力和写作能力的有效途径。那么怎样有效地将读写结合起来呢？下面就谈谈我自己的几点粗浅的做法。

一、从读入手，以读促写

（一）以读促写首先要做到大量阅读

这个学期，读了杨德伦老师的《小学语文读写教学实践》，我更加坚信了，"教育就是读书，读书就是教育"，这一理念，我从杨老师的做法中得到了许多启示，并把他应用到了自己的课堂上。

开学以来，我在班级以不同的形式开了四次读书交流会，取得了意想不到的效果。

第一次读书交流会：好书大家谈。

刚刚开学那几天，我发现自习或课余时间读书的孩子明显减少，通过和家长交流，我了解到很多孩子在家读书也不积极，为此，我真的很着急。"读书就是教育，教育就是读书"为了激发孩子的读书兴趣，我打算开展第一次读书交流会：好书大家谈。要求大家把开学以后自己读的好书向全班推荐：可以说说书的主要内容，可以谈谈书中最精彩的情节，也可以谈谈读书体会等。我提前一周把这个消息告诉了大家，让大家做好充分准备。接下来的一周的时间，孩子们的读书热情明显高涨起来，课余时间经常可以看到孩子们聚精会神地读书的身影。在阅读课上，孩子们先在小组内进行第一轮选拔，小组成员推荐讲得最好的在全班交流展示，当时8个孩子参加了全班展示，说得都非常精彩，这节课同学们在轻松愉快中分享了读书的快乐。

第二次读书交流会：优美段落我积累。

因为阅读积累能提高学生的语文综合素质。为了让孩子养成诵读积累的好习惯，我打算第二次读书交流会让学生展示背诵课外积累的优美段落，怕学生懒得背诵，我想了一个招，就是和小组评分结合起来，我告诉学生：只要能背诵一段优美段落，就给小组加5分，能背诵两段，就加10分……这招真灵，为了给小组加分，孩子们的背诵热情很高，不仅晚上回家主动背，连下课时间也背个不停。课堂上，大部分小组都加了分，下课的时候，还有两个小组没有展示完，这两个小组的同学主动跑到我跟前找我背。看到同学们的背诵积极性这么高，我也非常高兴，于是我想趁热打铁，下个周我决定继续开展背诵展示会。

第三次读书交流会：采蜜本展示会。

这次读书交流会展示的是优秀学生的采蜜本，通过欣赏优秀学生工整的字迹，精彩的分析，深刻的体会，深度的领悟，学生在欣赏中习得了方法，激发了读书兴趣。

第四次读书交流会：我来读，你来猜。

为了检查学生的必读书目《长袜子皮皮》读得怎样？于是，我决定开展第四次读书交流会：我来读，你来猜。我读的主要是《长袜子皮皮》的第一个章节，在有声有色的朗读中，我会让学生猜一猜下面的情节，或者是一个词、一句话等。虽然大部分学生的兴趣比较浓厚，但是我也发现部分学生没有认真读这本书，对书的内容只知其一，不知其二。所以我布置学生课后认真读这本书，争取下次读书交流会上有精彩的表现。

总之，作为教师，我们应充分给学生创造读书的机会，让学生享受读书这顿饕餮大餐。

（二）以读促写要教会孩子读书的方法

孩子们在读的同时，老师要交给他们读书的方法，不是看了就忘了，记性好忘性大。要指导孩子学习作者的观察、写作的方法。通过阅读，了解文章的选材、组材，怎样确定中心，怎样遣词造句。要在读的同时读明白：这篇文章好在哪里？我以后写这类文章要怎样才能写好？这样，读文章就仔细认真多了。

二、阅读中要精心选择读写结合点，进行写作的练习

读与写要实现两者之间有效的结合，首先要利用好语文课本这个最好的载体，在语文课堂中结合教材的设计，精心选择读写结合点，为孩子写话实践提供仿写借鉴的对象，达到读写结合的目的，进而培养孩子的写作能力。

（一）读写结合，先从课文的仿写做起

仿写是写作的一个单项训练，扎扎实实地练好写作基本功，打下较为坚实的基础，如遣词造句，小的片段练习等，这是写好一篇文章的基础。

《肥皂泡》是冰心奶奶早期写的一篇叙事散文。作者写了自己制作肥皂水、吹泡泡、看泡泡、想泡泡的过程。文章文质兼美，情感浓郁，作者很注意运用修辞手法，不但具有一种音乐的美感，而且显得既典雅又朴实。如何让学生感悟作者的快乐，体验作者丰富的情感，品味语言文字的优美，得到读写迁移的训练呢？我设计了如下训练：

回家自己吹泡泡，并写下吹肥皂泡的过程。

语文课程标准强调："语文教学要注重语言的积累、感悟和运用。"本课出自大家之笔，语言生动形象，修辞丰富多样，句子整散统一，节奏鲜明活泼，是学生语言积累和运用的极好范例。为了充分利用文体，实现文本超越，我在学生多元解读文本，感悟的基础上，努力创设读写结合的情境，给予学

生练笔的机会，尽情抒发内心感受和生活经验，并通过点评、欣赏、激励，让学生体验成功的喜悦，吸纳有效的评改，得到积累、运用语言的有效训练。

（二）读写结合，还应善于抓住标点符号（特别是……）

巴金老人曾说："我会写作，不是因为我有才华，而是因为我更有感情。"阅读时孩子们融入了情感，在脑海里产生了作品中所描写的景象，产生了不同的阅读体会、感受。孩子把阅读的体会感受迁移到自己的作文中，产生了写作的情感，这样的作文才会别具匠心比，独树一帜。而我个人认为标点符号同样是我们在阅读写话中需要关注的一个点，尤其是省略号，它在阅读教学中有其独特的魅力：是教学的突破点、主题的深化点、情节的高潮点，让我们在这个点上想象飞翔，思维灵动，课堂也由此变得鲜活起来。

《七颗钻石》一文中，作者恰当地使用了省略号，使其所要表达意思言未尽而意更无穷。于是，我便让学生对省略号进行了续写，假如你是这个美丽的肥皂泡，你想飞到哪里？去干什么？有的写到"我想飞到喜马拉雅山峰，到山顶上去看看美丽的雪景。"还有的写到"我想飞到大海，去捕鱼、采矿、安家。"……学生的续写精彩纷呈，通过续写学生不仅体会到了作者所要表达的情感，更为自己的梦想插上了翅膀，可谓一举两得。

（三）读写结合，要善于让学生撰写读后感

撰写读后感是一种可以借鉴的作文训练形式。对于有些课文，学生学了以后会有很多收获和感想，会产生情感的共鸣，也会使他们产生有话要说的"冲动"。这时，让学生写写读后感就为他们提供了发表感想的平台，所以作为教师要多给学生创设这样的机会，让学生在情感宣泄的同时，也经历了一次写作锻炼，而且还加深了对课文的理解。何乐而不为呢？如我班同学在读了《长袜子皮皮》之后，写了下面这篇文章：

最近，我读了一本有趣的书，它的书名是《长袜子皮皮》，作者是瑞典的阿特斯丽德。林格伦《长袜子皮皮》这部作品讲述了一个叫皮皮的小姑娘的故事。皮皮一个人住在一栋小房子里，生活完全自理，她富得像一位财神爷，身体强壮得像一匹马。她所做的一切老是违背大人的看法。例如，不去上学、满嘴瞎话、与警察开玩笑，戏弄流浪汉。更不可思议的是：皮皮的爸爸因为一次航海出了意外，被飘到南海的一个小岛上，做了那里的国王；而皮皮的妈妈在皮皮很小的时候就去了天堂。皮皮的生活也许让成年人不喜欢，或者感到惊讶，但却是孩子们的偶像，因为很多孩子不敢做的事情她都敢做，并且感受到了自由自在的快乐。

读完这本有趣的书，皮皮虽然是个女孩子，她的力气大得让我吃惊！她竟可以把一根结实的铁棍折断；竟可以把小偷举到高高的柜子上。我也经常想：我也是个结实的孩子，我怎么就不可以呢？要是我是皮皮，我会怎样生活呢？

不过我还是不赞成不去上学，但我首先会和别的小孩子交朋友，然后和他们一起上学，然后利用假期和我的好朋友一起去坐着"蹦蹦跳跳"去航海，然后去做很多很多快乐的事情。

我就是这样想的，如果你是皮皮，你会怎么做呢？

（四）读写结合，要勤练笔进行习作练习

"常常做，不怕千难万阻；日日行，不怕千山万水。"上语文课，孩子们就准备好练习本，准备随时练习写句子，写片段。多鼓励孩子们写日记，养成用笔记录生活的好习惯。练习成篇的作文应根据各年段学生的实际情况，结合《新课程标准》要求，有计划地进行。低年级应侧重于说话、写话；中年级应强调较为有序的句段、语段，然后再练习写简单的文章；高年级应致力于篇章，尽可能地要求言之有序、言之有物。写作的练习方式也力求多样，以便从最大限度地激发学生的写作欲望、培养孩子兴趣入手。这样，长此以往，学生就能在写的练习过程中，及时发现阅读中的不足，为读引路，不断提高观察能力和分析能力，进而让我们的孩子更优秀更全面。

总之，只要教师能正确引导学生多读多写，把读与写有效地结合起来，充分地利用教材，发挥好每篇文章在读写结合中的载体作用，从而全面提高孩子们的综合能力。

（本文于2015年获北京市通州区区级论文评优一等奖）

学生在识字中感受汉字美

高 爱

汉字是世界上历史最悠久的文字之一，它是我们运用书面语言交流思想的工具。认好字、写好字，是学生阅读写作的重要基础。今天的汉字形美、音美、意美，凝聚着我国文字美的魅力。叶圣陶先生早已指出，进行美感（审美）教育，培养学生的审美能力，是"语文教学悬着的明晰目标"。他还强调，美育对学生的重要作用，"岂但给你一点赏美的兴趣，并将扩大你的眼光，充实你的经验，使你的思想、情感、一直往更深更高的方向发展，达到接受美的经验得到人生受用的目的，使自己能够辨真伪、识善恶、分美丑，自觉地投身于按照美的规律去创造新生活的伟大事业。"小学低年级语文教学的主要任务是识字教学。那么，在识字教学中让低年级孩子感受汉字美是语文教师的重要责任。

一、放声诵读，感受汉字的音韵美

声、韵、调一体表现汉字的读音，汉字本身的读音就具有音韵之美，而汉字入诗文所蕴含的音韵之美，就更是妙不可言。

（一）听评书，积累语感

由于学校学生多数都在学校用午餐，在学生一年级刚入学的时候，识字量极其有限，我就利用每天中午饭后到午休这二十分钟时间，为学生播放评书选段。评书强调抑扬顿挫，音高的上下差距大，语速的节奏变化快，是培养语感、初步感受汉字音韵美的理想辅料。

（二）常诵读，感受韵律美

随着汉语拼音的学习，教材中出现了辅助声韵母的小韵文，小韵文简短且朗朗上口。例如，一只小蚂蚁，爬上地球仪，走遍全世界，一点不费力，还有《植物妈妈有办法》《大自然的语言》《让我们荡起双桨》等小诗文，同样是短小，韵律强，易读易记。课堂上，我带着孩子们放声朗读，在朗读中让孩子品味着韵律的美，潜移默化地受到汉字音韵美的感染。

（三）小创作，亲身体验

逐步产生了创作的欲望，在学习了"十个朋友，大家都有，五个在左，五个在右，只会做事，不会开口"后，孩子们跃跃欲试，创作出了"两个朋友，大家都有，一个在左，一个在右，只会走路，不会开口""两个朋友，大家都有，一个在左，一个在右，只会听音，不会开口"。虽然有些雷同，但是一年级的孩子在学着押韵了。学完《植物妈妈有办法》后，孩子们创作出"山楂妈妈的胆子真大，她不怕小鸟吃掉娃娃。娃娃在鸟的肚子里睡上一觉，就会钻出来落户安家"……可以看出，孩子创作的小儿歌不仅内容具有科学性，还尽量去压住a韵。孩子们在创作诵读中体验着音韵带给他们的快乐。

二、多种方法，感受汉字的造字美

汉字是世界四大古文字中唯一流传至今并被亿万人所使用的文字。就"书同文"而论，几乎可以这样说：没有汉字就没有中华民族。从汉朝以来，就相沿有"六书"的说法，象形法为六书之首。许慎在《说文解字》中解释象形字时说："象形者，画成其物，随体诘诎，日月是也。"也就是说，随着事物弯弯曲曲的样子把他勾画出来。日；太阳的轮廓是圆的，而且高挂在天空，不断的发光发热，所以古人就把"日"简略成为一个圆形，中间一点。月，画成一个弯弯的形状，因为古人看到的月亮在大多数时间都是弯的，所以古人将月亮画为轮弯月来表示。

一年级孩子学习汉字之始就是象形字，如"日、月、水、火"，这是学生第一次接触象形造字法，我出示"日月水火"四幅图片，让孩子们拿着楷书的"日月水火"四个字的卡片与图片对应找朋友，让孩子们初步感知象形字是由图画演变而来的，接着，我根据多媒体课件突破时空特点，利用富有动感的画面先后出现本节课要学的四个生字的图形—象形字—今字，让学生观察象形字是如何抽象出来的，再观察象形字是如何演变成今字的，通过两次演示，使简单的笔画结构和其生动鲜明的表象统一起来，让学生一目了然，学生对汉字的演变有了更加清晰的认识，体悟到象形字的画面美。

我们知道，汉字的百分之八九十都是形声字，形声字的特点是一半表意一半表音，字族识字能帮助孩子深入感受形声字声符的共同特点，如第四册语文教材中的《尧字歌》一课，通过贴近儿童生活的"尧字族"生字的语言环境，让孩子在诵读中批量识记"绕、饶、浇、翘、挠"等"尧字族"汉字，从而感受形声字的特点，体悟形声字的音韵美，也从中感受我国古代劳动人民的聪明才智。

三、端正书写，感受汉字的形体美

书法是一种艺术，写字虽与书法不同，但同样具有丰富的美的因素。《义务教育语文课程标准（2011年版）》指出：按照规范要求认真写好汉字式教学的基本要求，练字的过程也是学生性情、态度、审美趣味养成的过程。因此，在写字中让学生感受汉字的形体美也是语文课堂中美育教育的重要组成部分。

古语云："书者，形学也。"美的字形是人们依据审美构想，用相应的运笔方法写出来的，反过来美的字形又给人以美的享受，正如鲁迅先生所言"形美以感目"。

元代书家赵孟頫说："学书有二：一曰笔法，二曰字形。笔法不精，虽善犹恶；字形不妙，虽熟犹生。"可见，笔画和结构是写字教学的主要内容。

首先，指导学生过笔画关。随着孩子汉字的学习，逐渐出现基本笔画：点、横（长横、短横）、竖（悬针竖、垂露竖）、撇（平撇、竖撇）、捺、提、横折、竖折、竖弯……在每个新笔画出现的时候，教师都指导学生认真写好，并严格要求。例如，撇出尖，捺出脚等。开始，孩子写出的笔道笨拙，在练习中逐渐熟练，写出了带有笔锋的汉字。

其次，帮助学生写好独体字的。不少独体字是构成合体字的部件，帮助孩子写好独体字可以提高他们的结字能力，为写好合体字打下基础。在指导"日"字的书写时，我出示了"日"的三种字形：瘦长、过扁、适中的，孩子们通过对比，感受着字形带来的美。接着出示了"日"在田字格中的三种情况，即，过大、过小、合适，让孩子们感受字与格之间的布白美。指导学生写"三"字时，让孩子观察多横的写法，体会着汉字的变化美。

最后，帮助学生掌握汉字的结构美。汉字的结构是学生难以掌握的内容，在写字教学中，教师教给学生认识结构的方法。例如，量比例，因为合体字的结构比较复杂，在书写合体字之前先让学生分清是什么结构的，用眼睛量一量每部分各占多大的比例，对各部分宽窄、长短等有整体的观念，书写就自如了。又如找主笔。蒋骥在《续书法论》中说："每一字有一主笔，余笔是宾，皆当相顾，此皆古法。"告诉孩子写字要看出主笔，要写好主笔。"也"字的主笔是竖弯钩，指导孩子写这一笔时向右舒展，写出来的字果然好看。

四、字源渗透，感受汉字的意境美

"造成中华文化核心的是汉字，而且成为中古精神文明的旗帜。"通过字形表示字义，是汉字独有的特点。每个汉字中都蕴含着故事，都孩子们体味的意境美。

第四册语文教材中《孝敬老人》一课中学习"孝"字。"孝"是我国一个很重要的思想，俗话说：百善孝为先，《说文》解释：孝，从老省，从子，子承老也，善事父母者也。"孝"在我国是有很深的思想根基的，子女孝顺才能家庭和睦，家庭和睦才能国家稳定，国之本在于家。怎样深入浅出地让二年级孩子了解这个字中的故事呢？教师出示了"孝"的小篆，让学生讲一讲从中看出了什么内容，继而用通俗的语言告诉孩子：一个人老了，走路很吃力，扶着一个小孩子的肩膀，这个小孩子就"孝"。

还有一些低年级出现的部首的基本意义，都在学习生字时引导孩子了解。例如，与手有关（扌），人的眼睛（目），人的右手（又），一个东西被分成两半（八），须毛或饰画的花纹（彡）……掌握了部首的本意，理解合体字的字义就轻而易举了。例如，"夂"的本义就是脚，"冫"古文字像冰纹之形，本义指水冻结之后的固体，"冬"孩子们自然把两部分的意思合起来说出了"就像脚走在冰上"。

总之，汉字经历几千年的发展，它记录了中华民族成长的历史，它包含着太多中华民族的内涵，这其实就是汉字富有如此魅力的根源。

法国作家雨果说："美不过是一种形式，一种表现在它简单的关系中，在最严整的对称中，是在与我们的结构最为亲近的和谐中的一种形式。（《克伦威尔序》）"低年级孩子学习的汉字简单，低年级语文老师就要在这简单和谐中让孩子感受汉字的美，从小产生热爱祖国语言文字的情感。

（本文于2018年获北京市市级论文评优一等奖）

从传统文化中汲取写作营养

崔 娜

语言文字的表达能力，实际上就是"观察、思维、表达"三者能力的结合。因此，我们要将传统文化融入作文教学中，认真训练学生的观察、思维、表达能力，在教学中激发学生对传统文化的兴趣，培养学生语文素养、人文素养、思维能力方面发挥语文学科应有的作用，尽到语文学科应尽的职责，教给学生语言文字的表达技巧，才能使学生的素质得到根本性的提高。

一、将传统文化融入学生的观察能力训练

观察是作文的基础。其根本目的是获取输入信息的表象材料。形成表象材料的源泉有两个，即直接观察（即对客观事物的认识）和间接观察（即对书本等画面的认识）。由此，要使学生有话可说和有事可写，就必须提供给他们比较多的表象材料即生活知识的积累，书本知识的积累和情感体验的积累。为此，我采取许多方法增加学生的表象材料：一是组织学生随着季节变化观察校内外环境、植物、日出、日落等现象的变化。如春季，面对柳枝抽芽，我们会情不自禁地吟咏出柳永的"不知细叶谁裁出，二月春风似剪刀"的经典诗句。学生面对此情此景，在身临其境中，顿悟诗句深刻含义，体会出诗人作诗时的细腻感情。这样，既培养了孩子审美的能力，又提高了孩子的观察能力，可谓一举多得。二是给学生安排赞美家乡、赞美大自然，反映地方特色、民族风貌、民族文化为主题的板报、手抄报，比如《端午节的风俗》手抄报、《中秋节习俗》手抄报等，培养学生热爱家乡，热爱生活的审美情趣。三是要求学生主动跟随家长外出游玩，参观当地的名胜古迹、历史博物馆、历史遗迹，或走亲访友，并写出游记，获取生活积累和情感体验。四是

要求和布置学生观看少儿电视节目和军事、文学、戏曲频道，培养学生关注传统文化的意识。五是组织学生集体和个人订阅报纸杂志，开展经典诵读活动，使学生养成读书看报的习惯和了解获取传统文化的信息和渠道。六是寒暑假制订具体监督检查措施，落实30万字阅读任务。七是培养学生作文兴趣，大量进行写作练习。大量的阅读观察和生活积累，使学生具备了充足的输入信息，奠定了学生选择材料的基础，达到了巧妇不为无米之炊而发愁的境界。

二、将传统文化融入学生的思维能力训练

把观察获得的信息材料，经过选择、组织、加工、组合等制作，最后在大脑中形成一篇能表达自己看到或听到或想到内容的腹稿，这就是对输入信息的处理过程，即选择，组织材料的过程。为此，我编制了一些作文思维能力的训练模式。如在端午节来临之际，引导学生查询和端午节相关的一些信息，如端午节有哪些别名？端午节的来历及与哪些著名的人物有关？你知道屈原的生平事迹吗？端午节有哪些传统习俗？在查询的基础上整理资料，让学生自命题目撰写作文，并进行交流。还可以通过看《屈原》、唱《橘颂》、吟诗词、赛龙舟、选艾叶、佩香囊、吃粽子……一个传统节日，从查询资料到实践体验，让学生在实践学会思考，学习写作，在营造节日氛围的过程中感受特有的民族风情。春节、元宵节、清明节、端午节、中秋节、重阳节，如果这些重要的传统节日让我们的学生在作文写作学习中有计划地去探究、去实践体验，这样的文化传承是意义深远的。另外，家乡的一草一木、一桥一亭以及乡风乡俗、乡亲乡情都是学生作文的训练的绝佳题材。通过寻访，让学生读出在家乡这部书上的沧桑意蕴和时代变迁的思考。可以叩访家乡先贤，了解先贤们的成长历程、奇闻逸事，把收集到的资料写成一则则小故事，既可以励己，又可以励人；可以寻觅家乡的古老建筑，一座石桥，一座清真寺，一堵残墙，山头上的烽火台，都可能蕴涵着一段故事，它们的名号、建筑风格都是可资探寻的内容，通过探索、发现，进而叙写，激发对家乡文化的认同感、自豪感；考究家乡村名、路名的来源，感受时代的变迁和世事沧桑。

三、将传统文化融入学生的表达能力训练

通过口说和书写的方法，把形成自己的思想和语言表达出来的过程，就是输出信息的过程。在这个过程中，思想的健康，语言的丰富，表达技巧运用的恰好成为重要因素。我们通过用诵读、说讲的方式学习和积累传统文化来训练学生的语言表达能力，但要做好它却需要我们广大语文教师有计划、有层次地进行组织和引导。传统经典可积累的内容很多，我们可以根据学生的年龄特点，安排学生诵读《三字经》，《论语》等耳熟能详的经典篇目。利用晨读，课外活动对所选内容要求学生反复朗读，以至熟读成诵，牢记在心。这个诵读的过程，是培养学生语感、积累语言材料的过程；是博闻强记、增强记忆力的过程；也是对学生潜移默化地进行民族精神熏陶的过程。黄香温席、孔融让梨，传递的是一种孝悌的思想；"老吾老以及人之老，幼吾幼以及人之幼"是博爱思想的传播；"己欲立而立人，己欲达而达人"，"己所不欲，勿施于人"，告诉学生要学会推己及人；"不义而富且贵，于我如浮云"，又让学生懂得了见利要思义……传统经典作品是集文学、哲学、历史于一体的，她是中华民族的文化结晶。同时，采用说一说，讲一讲的方式，以成语或歇后语为载体，引导学生编写故事，既是一个很好的作文训练内容，又是学生进行传统文化学习的好机会，而且由于时代变迁，又会使歇后语、成语赋予新的内涵，闪耀着现代孩子的智慧和光彩，激励学生对传统文化的兴趣，训练语言表达能力。

总之，将中国传统文化作为小学生作文写作的营养土壤，让传统文化精华深入学生内心，内化为人生修养，形成一种精神文化气质，即到达修身的目的，是我们小学传统文化教学的重要目的之一。当小学生进行不断的传统文化熏陶，获得一定的传统文化积累之后，就会在自己身上内化为带有鲜明中国传统文化色彩的人生观价值观判断，并水到渠成地在作文写作中展示出我们中华传统文化的优秀精神品质。

（本文于2019年获北京市市级论文评优一等奖）

利用表演提高中年级语文阅读教学实效性

赵　洋

随着课程改革的日益深化，我们的教材较之以前有了很大变化。中年级语文教材更贴近孩子们的生活，并且通过富有童趣、生动活泼的语言带给孩子们更深入的思考或者美的感悟。教材的这些特点，也就决定了我们教师使用教材的方法，我们必须结合教材中的童趣，进行教学设计，让我们的学生们更加喜欢学习语文。让他们发现生活中的语文，学会对周围的事物、事件进行思考，并能热爱生活。田本娜老师认为语文教学实为了培养孩子们的语文素养与能力，而不仅仅是知识的传授。

中年级的小学生形象思维比较强，而他们对于语言文字等符号的形象思维能力较弱。在小学中年级的语文教学过程中，我发现表演在语文教学中的恰当运用，不但有助于学生理解课文、体会文章情感，而且还可以带学生们真正走进文本。同时更可以增强孩子们对语文的学习兴趣，还原课文中的童真童趣。杜威认为，用"从做中学"代替"从听中学"，必然会促使学校教学过程发生变化，从而使学校的整个精神得到新生。

一、运用表演理解课文

（一）运用表演理解词语

在我们的语文课本中也开始出现了一些意思较难理解的书面语，需要学生们根据课文内容理解词语的意思。学生们对语文的学习是不断积累的过程，由于孩子们无论从词语积累数量还是生活经验来说都是比较少的，所以解词对他们来说无疑是个难点。

在教学过程中我发现很多词语孩子们理解了但说不出来，需要一定的媒介手段和方法帮他们把内心感受激发出来。在教学中，我发现很多词语是可以结合孩子们的生活经验，通过孩子们的一些动作表演来帮他们解释和理解的。

比如《账单》中的小心翼翼和羞愧万分，孩子们直接解释不出来，于是让他们联系上下文，做一做当时小彼得的动作，边做边说自己当时的想法和感受，于是在不知不觉中理解了词语。而且这也可以照顾班内大多数孩子，有些孩子即使什么都说不出来，能够做出动作也说明他理解了这些词语的意思，有效地解决了不同层次孩子对词语的理解。更不会让有些吃力的孩子觉得语文很枯燥，培养了他们学习语文的兴趣，也学到了学习方法。

正如杜威所说："教师所要做的事，是使每一个学生有机会在有意义的活动中使用他自己的力量。……如果我们把一个所谓统一的一般的方法强加给每一个人，那么除了最杰出的人以外，所有的人都要成为碌碌庸才。如果用不同于大众这一点来衡量创造性，就会使他们成为怪僻之辈。"所以在教学过程中可以以表演为媒介手段，但与此同时更要尊重孩子的个性，如果学生可以在此基础上运用自己的优势，有新的学习方法，教师要给一定反馈，因为那才是我们教学的根本目的。

（二）运用表演理解段落

一些有趣的课文可以加入表演的成分，便于学生理解课文内容。学生如果要准确地表现课文中的内容，就需要深入地理解课文内容，并进行积极思考。这样的学习方式可以让孩子们在轻松的氛围中学习语文，在发展思维的同时加深他们对语文课文的理解。

在《有趣的机器人导游》一课中，第三自然段介绍了灵灵的快乐。可以让孩子们想象机器人说话的声音，通过模仿机器人说话来感受机器人的有趣。还可以加入自己想象中机器人的动作、表情。

当然这只是从表面上感受到机器人说话的声音很有趣。到了课文最后一个自然段，可以让孩子们选择自己喜欢的机器人进行表演。这样一来既可以完成课文的目标要求，找到机器人的特点，又可以帮孩子们深入理解课文、创造性复述课文，对课文有深层次的理解。

在这一环节中，孩子们根据对课文内容的理解，出现了各种各样的表现方式。有的学机器人的声音，有的背古诗、有的拿起指挥棒指挥乐队。教师在其中只是带领其他同学作为游客，创设情景。先与冰雪天使莹莹打招呼，再看冰雪精灵童童的表演，最后听了音乐王子哈力指挥的演奏。在此情境中，教师提出问题：你们想对这些机器人导游说些什么？学生们的回答已经不仅仅单纯地停流于对他们声音的感知，更多的是出于对机器人"内涵"的折服。有个学生说的话让我印象最深刻，他说："老师，机器人真棒，真有趣。他们就像人一样！"可见学生们对课文的理解程度已经不仅仅流于表面上的好看好玩了，而是深入体会到了作者的心声，明白机器人"为什么有趣""作者为何作此文了"。

（三）运用表演理解文旨

杜威认为："教师不应注意教材本身，而应注意教材和学生当前的需要和能力之间的相互作用。"对于一些寓意比较深刻或抽象的课文来说，加入适当的表演再现当时的情景，可以有效地帮助学生们理解其中的道理。这是根据儿童心理的特点，可以将抽象的语言文字符号和内涵，转化为形象的动作与情节，有助于孩子们对语言的理解。以直观生动的形式展示课文，让每个孩子都能够参与到学习活动中去，可以有效增强学生们学习语文的兴趣，提高他们对语言文字以及言语的理解能力。

《自相矛盾》是一篇老课文，是一则寓言，其间蕴含着深刻的道理。其中"哑口无言"等成语的理解以及寓意的总结，都是孩子们学习的难点。于是我找一位同学来扮演卖矛人，当这位同学表演完吹嘘的语言以后，我问台下的同学："各位买家，你们有什么想问他的吗？"台下同学自然问："用你的矛戳你的盾，会有什么结果？"当台上同学哑口无言时，我问他们能否用一个本课的四字词语来形容，孩子们说出了"哑口无言"，于是我们又进一步解词。我们台下的买主又一起采访这位卖矛和盾的人有什么想法，他说出了自己不该吹牛，不该说话前后不一。

《5美元的故事》讲述了一位美国小男孩在周围大人的帮助下用很少的五美元却买到了一辆最好的自行车。如果只是单纯地读以及向学生们介绍背景，是无法让学生们理解这篇课文的含义。孩子们大多会学得一头雾水，理解有误。于是我采取情景再现的方式，有孩子们一起表演当时拍卖会的情景。找一位"小男孩"，一位"拍卖员"，其余同学做其他竞拍者。（但必须是在熟悉课文的前提下进行）教师则在一旁做相机提问和指导，重点解决以下问题：男孩的心情；周围人的心情和感受；周围人为什么会不竞拍最后最好的自行车。

我想这些形象生动的方法可以有效地提高我们语文教学的实效性，让我们的孩子更喜欢学语文，觉得学习语文是件高兴的事。有效地带领学生们进入文本，培养他们的语感，在他们感兴趣的学习活动中提高他们的语文素养和能力。

二、表演有效提高语感

运用表演理解课文，还可以有效提高语感。对语言的感悟能力又进一步加强学生对课文的理解。

利用表演培养语感：简单的动作、神态与想象朗读的结合。

随着突出"人文性"为语文课程基本特征的语文教改第三浪潮的掀起，我国语文教育家日益认识到了语文的人文价值并对此做了不少探究与研究，随之"语感中心说"也就逐渐替代"知识中心说"而成为二十一世纪语文教育的主导思想。"知识中心说"认为学生语文能力是由语文知识转化而来，因而语文教学必须致力于语文基础知识的传授并通过训练促成能力的转化。叶圣陶先生就曾指出：语言文字的训练最要紧的是训练语感。

因此，我们也就为培养学生语感而运用了很多有效提高学生朗读能力的方法。根据课文内容想象朗读是我们常用的一种朗读教学手段和方法，也是教师们都十分喜欢的、学生便于掌握的方法。这种方法对于孩子们深入形象地了解课文内容帮助很大。于是在后来的教学中采取加入自己的表情、动作的方式，来帮学生们表现自己的内心感受和体会。孩子们完全把自己融入课文的意境和内容当中，从他们的表情和动作中我感受到了他们对文章的理解。这种理解是由内而外的，使他们对语言文字理解的真实反映。

在《葡萄沟》一课的教学中，采用边想象边加入自己的动作神态的方法读课文第二自然段（葡萄长在山坡上的梯田里……）望着孩子们的眼睛，我仿佛看到了那茂密的枝叶；听着他们的声音我感受到了他们对那里美景的赞美；看着他们用手指点向各色的葡萄、眼睛中熠熠生辉、声音中充满赞美和感叹时，我仿佛看到了那五光十色的葡萄，真想随他们一起到那里去亲眼看一看。这时再配上录像，学生们的兴趣就更浓了。

三、表演有效提高参与度

运用表演可以有效提高学生语文课的参与程度。运用表演的方式，充分让孩子们动了起来，用他们喜欢而相对简单的方式解决了那些抽象的问题。所以他们就更乐于参与到学习过程中。所以他们能够全员在《葡萄沟》中深情地讲述；在《自相矛盾》《有趣的机器人导游》中精彩而投入地表演。

表演可以有效提高语文教学的实效性，可以帮孩子们理解课文，提高语文能力。同时它也是提高学生课堂参与度及激发他们学习语文的兴趣的重要手段。最后我想引用杜威的一句话："要让学生参与到获取知识的过程中去，让他们觉得学习是一种乐趣而非负担。"

（本文于2019年获北京市通州区区级论文评优一等奖）

低段语文教学与国学经典

刘敬宇

小学教育处于学生学习的启蒙阶段，在这一阶段诵读国学经典对学生学习兴趣的培养起着极其重要的作用，能够在潜移默化中影响其人格的形成，经常诵读国学能够对学生在积词累句、品味优美佳句、培养良好的人文情怀有着极其重要的作用，本文试从诵读国学经典的重要性、在语文教学中渗透国学教育的策略两方面来论述小学语文教学中如何渗透国学经典。

一、诵读国学经典的重要性

一个人要获得成功或人生价值得到肯定，首先这个人必须要有正确的人生观、价值观、世界观，经典国学是中国传统文化精华，她引领着我们中华民族不断走向繁荣富强，给我们民族的复兴提供源源不断的精神食粮。

（一）诵读经典，可以塑造高尚品格

俗话说：无德无才是废品，有才无德是危险品，有德有才是合格品，要想使孩子成为有用之才，首先必须培养其高尚的人格品质，而诵读经典可以陶冶人的道德情操，明白做人的道理，在诵读经典的同时，学生会自觉地用圣人的言行来规范自己的言行，培养自己的品格，提升自己的修养。

（二）诵读经典，可以增加识字量，提升记忆力

国学经典荟萃了大量的语言文字，内容高度紧凑浓缩，简洁明了的句子，读起来有一种轻松有趣的音韵感。如《千字文》是由一千个不重复的汉字组成，不仅可以让我们明白做人的道理，还可以教我们识文断字，增加我们的知识储备。通过诵读国学经典，学生的识字量增加了，初读课文的效率提高

了，背诵能力也增强了，写作文时，常常引经据典、妙语连珠……经典语言系统一旦进入孩子的大脑，沉睡的记忆潜能就会被唤醒，学生的形象思维将得到全面的锻炼，记忆力也将得到明显提高，记忆任何科目的知识都会很轻松，从而受益终身。

（三）诵读经典，可以提高人文素养

一个民族要想自立于世界民族之林，就必须要有自己的特色、自己的文化，而国学经典又是积攒古代圣贤思想和智慧的旷世奇书。学生在诵读经典的同时，能够潜移默化地提高文学修养、增强语言表达能力、规范言行举止。国学经典中，有很多我们能让我们受用一生的格言佳句，如《弟子规》中的"首孝悌、次谨信、泛爱众、而亲仁、有余力、而学文"警示我们百善孝为先，一个人如果连最起码的孝心都没有的话，怎可成就人生的丰功伟绩；《岳阳楼记》中的"先天下之忧而忧，后天下之乐而乐"为我们树立崇高的理想指明了方向；"海纳百川，有容乃大；壁立千仞，无欲则刚"教导我们为人处事必须拥有广博的胸怀；"不以恶小而为之，不以善小而不为"为我们做事原则提供了依据；"诚者，天之道也；思诚者，人之道也"强调了我们与人交往必须言而有信；"宝剑锋从磨砺出，梅花香自苦寒来"揭示了成就伟大事业的真谛，吃得苦中苦，方为人上人。

二、在语文教学中渗透国学经典的策略

国学经典犹如一座座取之不尽的宝藏，积攒着人类智慧的结晶；国学经典犹如一颗颗夏日的繁星，指引着我们前进的方向，为了让国学经典真正植入孩子们的生命，成为影响孩子一生的文化血液，学校把经典文化的传承作为学校建设的一个重要的组成部分，语文课堂也顺理成章地成了国学教育和学校建设的纽带。

我通过多年语文教学实践，总结出以下几点方法，与各位语文教学工作者共同探讨。

（一）充分利用课前三分钟

俗话说：书读百遍，其义自见。可见诵读在学习中起到不容忽视的作用，国学经典涵盖了唐诗宋词、四书五经，在课前三分钟诵读不仅能够调动学生学习的积极性，吸引学生的注意力，还能培养学生独立阅读和写作的能力。只有反复诵读课文，对文章达到"熟读成诵"的地步，才会体会到其中的奥妙所在，才会在文章的谋篇布局和遣词造句方面达到一种"只可意会，不可言传"的境界，国学经典的名言警句、优美段落不断地被吸收、积累，学生的表达能力、写作能力自然而然地得以提高。读写本身就是一个有机的整体，相互促进、相互提高。"读书破万卷，下笔如有神"说的也是这个道理。

（二）在课堂教学中适时渗透国学

国学经典浓缩了人文科学和自然科学等多方面知识的结晶，可以说一首好诗就是一道美丽的风景。从汉乐府《长歌行》"百川东到海，何时复西归。少壮不努力，老大徒伤悲"中，可以让学生明白如果小时候不认真学习，到老了的时候后悔也没用，从而教育学生趁年少，认真学习更多的科学文化知识，争取为中华民族的伟大复兴出一份力；从陆游《示儿》"王师北定中原日，家祭无忘告乃翁"中，学生懂得了怎样爱国；从屈原《离骚》"路漫漫其修远兮，吾将上下而求索"中，学生明白了为了崇高的理想，坚持不懈的追求态度，可见，在声情并茂的经典诵读中，让学生轻松记住一生受用的礼义廉耻，懂得谦卑，懂得真诚，懂得仁孝。

（三）课外阅读中有效拓展

传统文化是我们中华民族的根，国学经典是我们炎黄子孙的魂，经过国学经典的熏陶，不仅能使小学生热爱学习，还能使他们懂得尊老敬幼、关爱他人的道理，促进未成年人身心的健康发展。中华上下五千年，给我们炎黄子孙积攒了大量的精神财富，《弟子规》是我们人生的第一规，是我们前进道路上的指明灯；《千字文》是由一千个不同的汉字组成，不仅可以教人识文断字，还可以让我们懂得很多做人的道理，作为语文老师，我在课外经常指导学生诵读《弟子规》《三字经》《千字文》等，并成立了国学诵读兴趣小组，让学生在愉快的研读中体会国学经典的魅力，遇到难于理解的问题，小组通力合作，翻阅相关课外书籍，共同解决诵读国学中遇到的难题。

（四）营造诵读国学经典的氛围

好玩、活泼是小学生的天性，让学生通过故事、小品、朗诵、游戏、舞蹈等方式把国学经典呈现出来的话，别有一番风味。成语是中华民族文化瑰宝中的一颗夜明珠，正确地使用它，往往能起到言简意赅、画龙点睛的作用。小学语文教材中有很多经典的国学故事，如成语、寓言故事《揠苗助长》《守株待兔》《滥竽充数》等，在课堂中开展以这些成语故事为主要内容的游戏表演，不仅能激发学生学习国学的浓厚兴趣，还能有效提高小学生的语文素质和文化素养。学习唐诗宋词时，让学生充分了解这篇文章的文化背景，再通过"诗歌朗诵会"来加深对古诗词的理解，从而身临其境地体会作者创作时的思想感情。

总之，中华文化博大精深，利用活泼生动的形式在学生心中播下民族优秀文化的种子，是我们教师义不容辞的责任。在小学语文教学中传承中华民族优良的历史文化，渗透国学教育，把学生培养成具有良好道德修养，行为规范的"四有"接班人，任重而道远。

（本文于2018年获北京市市级论文评优一等奖）

品诗悟境　润心无声

刘美伶

古诗文是中华民族最优秀的文化遗产，是中华传统文化的结晶，古诗文语言凝练，极富韵味，表达简洁，寓意含蓄，富有美感，具有极高的文学价值和审美价值。优秀古诗词更是小学教育的重要资源，优美的诗词，深刻的内涵，高远的意境，流传的佳句，精湛的语言，是我们传承优秀文化的宝藏。引导学生走进诗词歌赋的王国，在诵读中学会发现美、欣赏美、品味美，从而更好地把握古诗文的意旨、意境和意趣，激发学生兴趣爱好，启迪他们的心灵，是我们教师义不容辞的责任。

一、注重吟诵　读中悟情

《义务教育语文课程标准（2011年版）》在教学建议中提出有些诗文应要求学生诵读，以利于积累、体验、培养语感。诵读是我国优秀的教育传统，是千百年传习下来的行之有效的方法。"熟读唐诗三百首，不会作诗也会吟。"这句名言充分说明了诵读古诗的重要性。只有反复诵读，学生才能深刻体会到古诗文的内涵。

在诵读过程中要注意以下问题：一要注意停顿。停顿是朗读时声音的一种必要和自然的暂时停歇，适当地停顿，可以把语言表达得更加清晰，所以在朗读诗文时，不能没有停顿连续地读，更不能在不应该停顿的地方停顿，把句子读"破"了。如李白的《黄鹤楼送孟浩然之广陵》，正确的停顿应该是：故人/西辞/黄鹤楼，烟花三月/下/扬州。孤帆/远影/碧空尽，唯见长江/天/际/流。再如王维的《送元二使安西》可以这样停顿，渭城/朝雨/浥/轻尘，客舍/青青/柳色/新。劝君/更尽/一杯/酒，西出/阳关/无/故人。二要注意重音。所谓重音就是把语句表达主要意思的词或词组用强弱、轻重、快慢、长短等声音读出来，这对表达作品的思想内容，启发听众的联想，起着重要的作用。重读的方法是通过加强音量并配合音节的延长来表现的。如贺知章的《咏柳》，"碧玉""绿丝绦""谁""二月春风"这些词都要重读，用"碧玉"来比喻柳树，用"绿丝绦"来比喻柳枝，用"谁"来激发人们的想象，把"二月春风"比作剪刀。把握住这些需要重读的词句，有助于更好地领会作者的意图。三要注意语调。要朗诵好一首古诗，首先必须理解这首诗内容，知道作者要表达的思想感情，然后根据表达诗人思想感情的需要选择合适的语调。教师要学会根据诗歌的情感表达确定哪句用升语调，哪句用降语调，用"↑""↓"表示。如李白的《朝发白帝城》：朝辞白帝彩云间，千里江陵一日还。两岸猿声啼不住↑，轻舟已过万重山。开头两句是交代，感情没有突出变化，宜用中速；最后两句表达诗人途中遇赦的欢快心情，读时应加快速度，才能把这种感情表达出来。在正确朗读的基础之上，还要强调优秀诗文背诵。教材里选用的古诗文一般以绝句为主，背诵难度不大，应该要求学生会背，这样对于他们将来学习古诗文，积累文学知识是有好处的。古诗教学应将朗读贯穿于古诗文教学全过程，使学生在诵读中培养语感，在诵读中感悟意境，在诵读中陶冶情操，在诵读中感受美的教育。

二、诗情画意陶冶心灵

学习古诗文还要领悟其中的意境。所谓意境就是作者所描绘的客观景物与其主观感情高度融合于一体的一种艺术境界。要带领学生走进古诗文，欣赏诗文的意境，领略诗情画意，得到其中的精华，浸润学生的心灵。

（一）了解作者 初识意境

学习古诗文，首先要了解作者。诗人只有对生活有了深刻的认识和感受，产生了创作激情，才能写出脍炙人口的名篇佳作。例如，唐朝诗人李白，他生活在盛唐时期，他一生遍访祖国的名山大川，因而写出了许多浪漫激昂的写景诗文。如《望庐山瀑布》，"日照香炉生紫烟，遥看瀑布挂前川。飞流直下三千尺，疑是银河落九天。"诗人借助想象、夸张、比喻等艺术手法，把瀑布描绘成了独具个性的艺术形象，洋溢着诗人昂扬激进的思想，蕴含着他对祖国锦绣山河的深切感情。诗人丰富独特的想象，使全诗的字里行间飘荡着浪漫主义的色彩。

（二）寻找诗眼　进入意境

要注意引导学生抓诗眼，把握诗文中感情色彩浓厚的，形象特点鲜明的，内涵寓意深刻的词语，反复推敲，进入诗文的意境。如古诗《鸟鸣涧》的教学，学生读完古诗之后，让学生讨论这些景物融合在一起的春夜具有什么特点？到诗中把这个合适的字找出来。学生一下子就把这个字找准了。这首诗给我们的一个深刻感受就是"静"。

紧接着让学生读诗，读出了这首诗写的是春天的夜晚，是一个静静的夜晚。就在这样的一个夜晚，桂花轻轻柔柔地飘落下来，想想桂花的样子，小小的，细细的桂花落在地上声音响吗？声音小到我们在座的每一个同学也包括老师可能都听不到，但王维却在那个夜晚听到了。

接着追问这桂花落地的簌簌声告诉我们什么呢？我们写教室很静，静到什么程度？静到一根绣花针落地的声音都听得见。那诗人写桂花落地的声音都听得见，是为了告诉我们什么呢？让学生体会到夜是这样的静，但不仅因为夜静，更因为看风景的人心静，所以，王维他还是感受到盛开的桂花悄然落地的声音。教师语言引导：风起花落，缓缓的，是怎样的轻柔？接着让学生用朗读把桂花落地的轻柔、舒缓展现出来，想象桂花在空中飘落的样子。

（三）咀嚼字词　欣赏意境

曾经有老师说过，咀嚼诗的语言，是诗歌教学中的着力处。然而咀嚼诗句又不是孤立进行的，诗的语言要与体会诗的意境糅合在一起进行。所以教学时，要凭借已经创设的诗歌描写的情境，也就是人为再现诗人胸中的诗境，在这个境界中来咀嚼诗句，学生才能品尝出诗的准确、鲜明、生动。教学《暮江吟》一诗时，"一道残阳铺水中"中的"铺"，让学生理解"铺"的本义是"把东西展开，摊平"，那为什么阳光是"铺"在水中，而不是"照、洒、射"呢？让学生想象对比，从而发现因为快落山的太阳已经接近地平线了，夕阳的余晖斜斜地投射在江面上，就像铺在上面一样，一个"铺"字写出了残阳斜射的状态，光线的柔和，以及面积广大和均匀，给人以亲切、安闲的感觉，从而看出诗人写诗用词之精当。

（四）品析词语　感悟意境

在教《暮江吟》这一首古诗的第三句"可怜九月初三夜"时，我问学生：这样美好的夜晚，也需要诗人怜悯，值得诗人同情吗？学生回答"可怜"就是"可爱"的意思，我接着追问：那诗人为什么不用可爱而用可怜呢？把"可爱"和"可怜"都放进诗句中读一读，体会一下。学生们虽然无法用语言描述，但是知道"可怜"比"可爱"含义丰富，一个"怜"字不仅写出了夜晚的可爱，更写出了诗人的心情。对这样的夜晚的一种爱怜，舍不得的情怀，夜晚仿佛也有了生命力一样。再让学生读读这一句，谁能读到诗人的心坎里？

所以，在古诗教学中，反复推敲字词，既培养了小学生诸多语文能力，又让学生体会到古诗的韵味之所在。

（五）结合诗境　品味诗情

在教学《暮江吟》一诗时，学生通过多种形式的诵读整体感知诗意后，再通过让学生观看图片，充分运用现代多媒体的优势，加强学生的感性认识，让他们身临其境，置身于江边的美景之中。在观赏过程中，把美的景象，老师的解说，学生的吟诵巧妙地结合为一体，使学生入情入境，一种爱美、赞美的感情油然而生，那残阳照射下的江水，微波粼粼，呈现出两种绚烂的颜色，就像油画一样，好一幅暮江落日图！

通过对诗句的领悟，让学生在脑海中联想，产生同诗人一样的感受。感受越真切，所产生的想象则越合理、越丰富，表达创造的欲望也就越强烈。把观察、感受、表达三者结合起来，使创设的情境既是感知的客体，又是生动的语言环境。如前文所提到的《暮江吟》，在利用图画理解诗句后，让学生观察老师的动作，想想描写的景物，说说自己的发现，在观察中了解这首诗不仅描绘了绚烂的颜色，而且还有着强烈的空间感。远处看一抹残阳入水，近处看江水绚丽多彩，低头看地下的露珠晶莹剔透，抬头看天上一弯新月如弓。品味语言，感悟诗情，学生如同身临其境，如此则水到渠成。

在中华民族传统文化几千年的历史发展演变过程中，古诗是其中的一颗璀璨明珠，它使得我们祖国的文化在世界舞台上熠熠生辉。因此，教师在教学过程中应当善于运用各种手段，引导学生通过吟诵与感悟诗词，渗透有益的人文精神，传承优秀传统文化，使古诗教学成为浸润孩子们心灵的一眼清泉。

（本文于2018年获北京市市级论文评优一等奖）

论古代蒙学记诵教学法的要领

高 怡

一、古代蒙学记诵教学法的内涵

"记"，指的是把印象保持在脑子里。"诵"，指的是读出声音来，念。《现代汉语词典》（第5版）对"记诵"的定义是：默记和背诵；熟读。

实际上，在我国古代蒙学教育阶段，"记诵"通常指的是一种通过反复诵读，以达到记忆文辞、理解文义目的的方法。记诵以诵读为过程。同时，记诵本身也是理解的过程和途径，吟诵尤其如此。由此，我们可以定义"记诵教学法"指学生在教师的指导下，通过反复诵读，以达到记忆文章内容、理解文章含义目的的方法。这既是教的方法，也是学的方法。

二、古代蒙学记诵教学法的要领

记诵之法并非单纯的死记硬背，而是一种需要注重多方面的教学活动和学习活动。古人不仅重视学童的记诵，还进一步提出了与之相关的要领。

（一）准字音，明句读

在古人看来，学童进行记诵学习，最重要也最基础的步骤就是读准字音，明白句读。许多古代的有识之士针对这一点都发表了自己的见解。

朱熹认为，在记诵的过程中"读之，须要读得字字响亮，不可误一字，不可少一字，不可多一字，不可倒一字，不可牵强暗记，只是要多诵遍数，自然上口，久远不忘。"真德秀提出要"专心看字，断句慢读，须要字字分明精确"，"句句字字分明，每句终字重读则句完，不可添增虚声，使句读不明。"

元代程端礼则强调："句句字字要分明，不可太快。句尽字重读，则句完。不可添虚声，致句读不明。"诵读得太快、存误，对于学习是有百害而无一利的。由此可见，塾师帮助学生明确句读是一个普遍的情况。清代崔学古也提出诵读时要"毋增、毋减、毋复、毋高、毋低、毋疾、毋迟。"诵读时不能增字，也不能减字；不能重复；音量不能太高，也不能太低；诵读的速度不能过快，也不能过慢。

清代唐彪之子跟随新的塾师学习后，学习情况较之前有了极大的进步，故而向孩子的塾师请教，遂了解到："止因一二句中字认不清，故不敢放心读去，则此一二句便不熟。因一二句不熟，通体皆不成诵矣。"这样的亲身经历给了唐彪以启示和感悟——"凡教童蒙，清晨不可即上书，须先令认字；认不清切，须令再认，不必急急上书也。何也？凡书必仅学生自己多读，然后能背。苟字不能认，虽读而不能；读且未能，乌能背也？初入学半年，不令读书，专令认字，尤为妙法。"对初入学的学童专门进行识字教学，能够帮助他们尽快地熟悉生字，从而提升之后记诵的质量和效率。"若先教令认字，字既能认，虽教三遍四遍，彼到案头亦能按字口诵。"字能认了，学童诵读的时候就容易了。

归根结底，读准字音、明白句读是记诵的重要前提。不明字音和句读，记诵的时候就不能心无旁骛。心有所忌，记诵得就不能专心。在记诵的过程中，把句句字字读准确、读分明、读响亮，这样才能成诵，进而达到记忆的目的。

（二）贵精熟

朱熹认为，"（读书）不须多，只要令精熟。"黄佐主张："诵读贵熟不贵多，如资性能记千字以上者，只读六七百字，不得尽其聪明，年小者只教一二句而止，勿强其多记。"王阳明也强调"凡授书不在徒多，但贵精熟"。对于诵读，不一味地追求数量，而要保证诵读得精湛纯熟，是古代人们的一个共识。

清代石天基认为，记诵要保证两点：一是"熟读"，二是"少授"。"子弟读生书，须于清晨令其连读，自百遍至二百遍，熟如流水，乃及别事。盖今日之根本既深，嗣后永不遗忘，及理书时不烦多读，即通本一气滚下，何等省力。"今日的熟读是为了明日的永不遗忘，待到之后理书之时可以取得事半功倍的效果。"少授"乃是"如念书能念十行，只与之七八行念，一则力省易念，二则养其精神讲解字义。"提倡"熟读"和"少授"，分别从增加遍数和减少容量方面保证对文章的"精熟"。

唐彪认为"凡经史之书，惟熟则能透彻其底蕴，时文、古文，熟则听我取材，不熟，安能得力也。然熟亦难言矣，但能背，未必即熟也。故书文于能背之后，量吾资加读几多遍，可以极熟不忘，则必如其数加之，而遍数尤宜记也。最忌者，书读至半熟而置，久而始温。既已遗忘，虽两倍其遍数，亦不熟矣！"只有对于诵读的内容十分精熟，才能够了解其内在意蕴，在之后应用的时候才能够得心应手，"听我取材"。并且，要在能背后继续诵读，趁热打铁，巩固效果，达到精熟。

（三）持之以恒

学习不是一朝一夕之事，记诵也是一个缓慢而长期的过程，因此需要持之以恒的精神。朱熹认为，记诵"每日须读一般经书，一般子书。……史书，每日须读取一卷，或半卷以上，始见功。"程端礼的《读书分年日程》中也记载："日读字训纲三五段……又以朱子《童子须知》贴壁，于饭后使之记说一段。"饭每天都要吃，读书也要每天坚持。汪志伊也强调："逐日带温，新旧递相续。多则通理，或旬或月周而复。"记诵如逆水行舟，不进则退，需要每旬每月、周而复始地不断巩固，才能达到良好的效果。而前文所说的带书、理书都是持久记忆之法，持之以恒的精神不可或缺。

（四）口诵心惟

诵读，从表面看，似乎只用到了眼和口的功能，但实际上，诵读动用到不止这些，更要用"心"。

朱熹认为："予尝谓读书用三到：谓心到、眼到、口到。心不在此，则眼不看仔细，心眼既不专一，却只漫浪诵读，决不能记，记亦不能久也。三到之法，心到最急，心既到矣，眼口岂不到乎？"心不在诵读内容之上，眼睛看得也就不仔细，心和眼不能一致，哪怕诵读过也难以记住，记住了也难以持久。"心到、眼到、口到"的"三到之法"中，"心到"最为紧要，是对"眼到"和"口到"的保障。王阳明认为："讽诵之际，务令专心一志，口诵心惟，字字句句，绸绎反覆，抑扬其音节，宽虚其心意。久则义礼浃洽，聪明日开矣。"诵读的过程中，要专心致志，口诵读而心思考，一边记忆，一边理解。久而久之，智慧就得到了发展。口诵其声，目视其形，心系其文，有助于加深对于诵读内容的记忆以及理解。

（五）因材施教

学童资质各异，有的聪颖，有的平庸，记诵的速度和效果也就不尽相同。这就需要根据学童的"质之利钝"，调整教学要求。王阳明强调"量其资禀，能二百字者止可授以一百字，常使精神力量有余，则无厌苦之患，而有自得之美。"这条是对塾师提出的要求，也是对孔子"因材施教"教育理念的一种贯彻。如果一味地要求所有学童必须每天记诵同样的数量，那些"资禀"一般的学童就有可能对记诵产生厌恶情绪，形成"厌苦之患"。清代黄之骥认为："质之利钝，禀受于天，今人或不及古。程氏谓'随日力、性资，自一二百字渐增至六七百字，日永年长，可近千字乃已'。则人或疑其苦以所难。兹拟减：从七八十字渐增至二三百字以上即止，不敢以日诵千字强责。今之童幼，或致畏难苟安也。"根据学童的实际情况，调整教学要求，不制定强制性要求，避免童幼"畏难苟安"，方为教学之道。

无论是记诵教学法的基本步骤，记诵时的态度还是要领，都是古代教育者经历了长时间的实践所总结出来的，是符合学童学习汉语特点的教学方法和学习方法。记诵教学法不仅可以应用于蒙学教育，也同样可以应用于经史子集的学习，适用性很广。

参考文献

［1］徐梓，王雪梅.蒙学须知［M］.太原：山西教育出版社，1991.

［2］陈宏谋.养正遗规译注［M］.北京：中国华侨出版社，2012：184.

［3］韩世龙，陈荣杰，江永昶，陈宏.中国古代教育名著选译［M］.哈尔滨：黑龙江教
育出版社，1988：295.

（本文于2019年获北京市市级论文评优二等奖）

"少教多学"教学方式 促进学生思维发展

张 然

创造性思维就是指人在创造过程中的思维，通过创造思维，产生新的、前所未有的思维成果。"少教多学"是指减少教师"教"的时间，增加学生"学"的时间，强调学生的主体地位，把学生看成学习的独立个体。教师的"教"要有选择、有策略，应该以促进学生创新思维的培养为目标，课堂教学应该致力于将教师的"教"转化为学生的"学"，最后达到培养学生良好的创新思维的目标。

一、"少教多学"教学方式

"少教多学"的课堂教学文化是努力将教学从传统的"以教师为主体的多教"转换到"以学生为主体的多学"。其目的是激发学生对学习的兴趣，为学生学习提供更具有弹性的发挥空间，从而培养学生积极主动的学习态度和习惯。具体来说，"少教多学"更少地依赖死记硬背的学习方式、重复的考试和机械灌输的教学形式，而更加强调从探究中发现，强调问题解决式教学，强调学习终身受用的技能，使学生不再简单地追求考试分数，而是着眼于塑造未来发展所需要具备的能力、性格和品质。

教师要想做到"少教"，就要在课堂教学中想方设法使学生主体地位得以真正实现。这就要求教师更深入地介入学生的学习活动。成功的教学既不是倾囊相授、事事包办式的"多教"，更不是引导无力、全线退出式的"不教"。教师的"教"必须找到准确的着力点：促进学，即激发学、指导学、组织学，才能突出教的针对性，增强"导"的力度。因此，"少教"不是让教师减少知识量，也不是简单地减少讲授时间，而是要求教师提高教学效率和教学效益，留给学生充足的自主学习时间，让学生在解决问题的过程中学会主动探究、合作学习。

要想使学生达到"多学"，教师就应该赋予学生学习的权利和义务，让学生成为学习活动的探索者。事实上，学生主动学习的精神、态度和方法，以及学生身心的健康成长和人格的健全发展，都是能够长远影响学生学习和成长的关键，是"多学"的本质内涵之所在。因此，教师必须改变对学习的片面认识，不能仅以考试成绩来判断"学"之多少，更要从认知方式、学习过程、学习习惯和心理素质等质的方面来确定"学习"的质量。这就要求教师课堂上要坚持优先发展情感、态度、价值观来开展教学活动，通过学生回答问题的灵活性和提出问题的新颖性来判断学生学习和发展的程度，通过学生学习的主动性和独立性来分析其学习是否进步。

实现学生"少教多学"是需要师生双方特别是教师付出更多的时间和精力的。教师只有对教学内容进行科学设计，以激发学生对所学内容的学习兴趣，并引导学生模拟科学家的研究方法，积极、主动地探究感兴趣的各种问题，才能在探究中获得创新机会，在创新中感受成功的体验，以达到"多学"的效果。

二、"少教多学"与创新思维

（一）"少教多学"凸显本质的内容

"少即多"是少教多学的核心主题。这个"少"，从内容上看，就是本质性的内容，因为本质的内容相对于非本质的内容来说是少的，而抓住了本质，学生就能举一反三，触类旁通，达到多学的效果。正如日本著名数学教育家米山国藏指出："作为一个教师，应该采取这样一种态度，即抓住他所要教的内容的本质，把其精髓教给学生。"

比如，我在讲授北京市义务教育课程改革实验教材第二册第2单元中《小树的梦》这一课时，秉承"1+X"教学理念，基于课内知识进行拓展。本篇课文从侧面介绍了科普知识：动物体态不同，走路姿势也不同。我以此为基础和支撑，请学生积累了其他动物的行走方式，此外，我本堂课给学生的课下学习建议也是一本同样主题的绘本《变色龙》，希望学生能把课内学习的少而精和课外阅读的博而广有机结合起来。在讲授北京市义务教育课程改革实验教材第二册第4单元中《房顶上的大蘑菇》这一课时，学生通过学习《房顶上的大蘑菇》这篇童话故事，明白了朋友之间要团结友爱，互帮互助，我以此为基础和支撑，推荐另外一篇主题相同的童话故事——《好心的老鼠弟弟》，拓展这篇文章一是因为同样为童话故事，学生大多喜欢这样体裁的文章，学起来更加易于理解和接受，以引起学生共鸣，激发学生的学习兴趣。此外，我本堂课给学生的课下学习建议也是一本同样主题的绘本《老鼠记者大漠寻宝记》，《老鼠记者大漠寻宝记》故事紧张幽默、情节推动迅速、语言夸张搞笑，还有大量生动的插图和活泼的版面设计，符合本班学生学情。在讲授北京市义务教育课程改革实验教材第二册第8单元中《小动物上体育》这一课时，我给学生推荐绘本《小熊一家和吵吵闹闹的怪物们》。绘本是低年级学生比较容易接受的一种学习阅读形式。《小熊一家和吵吵闹闹的怪物们》这本书非常动人。它的讲述有时轻慢慢有时活泼泼，有时活灵活现有时绘声绘色，有时娓娓道来令人动容，有时清晰明晓干脆是颠不破的道理。主题与本课主题相似，可以通过拓展阅读引起学生的共鸣。

以上几例，教的量都不多，但都凸显了本质内容，因此，学生学到的东西就很多，体验的多，反思的多，思考的多。

（二）"少教多学"凸显思维的技能

技能一般认为是通过练习而形成的合乎法则的活动方式。除了一项技能，其余技能都会过时，这项技能就是遇到新情境能做出正确反应的思维技能。思维技能就是通过练习而形成的合乎法则的思维活动方式，包括学科的思维方式和智力活动的一般动作。对一门学科而言，没有什么比思维方式更重要的了。

例如，我在讲授北京版小学语文第一册第五单元识字课《田野里，丰收忙》第一课时，针对同一内容运用不同教学方法进行教学，一方面是用以往的教学方式教学，另一方面是秉承"少教多学"的教育理念进行教学设计，将两节课的教学效果进行对比，检验"少教多学"理念的教学效益。

在授课过程中，我没有考虑到学生的实际情况，培养学生自主学习的意识，而是将我的思想强硬地灌输给学生，成了一节"多教少学""满堂灌"的课堂，所以授课效果并不理想。而且在这堂课中，一部分授课内容偏离学生学情，搞错了教学重点，本应以教授生字为重点，而却呈现出以课文文本为重点。对于学生的掌握情况，我在本堂课后也进行了追踪调查。大部分学生收获的知识较少，学习效率低，而且对讲过的内容掌握得不够扎实，生字书写也不美观，更为关键的是，学生的思维并没有得到实质性的发展，对如何做到自主学习生字，大部分学生并没有概念和方法。

针对以上发现的问题，我搜集了已有的关于"少教多学"的理论研究成果，筛选出其中适合小学低年级语文识字教学的教学理念，借鉴其中可以在本课中进行实践的部分，根据学生情况，及时根据学生情况调整教学目标和教学过程。我认为想要改变这种情况，减少或者避免这些问题的发生，就要寻求并找出一种教学方法，使教师可以少教，学生可以多学。正如叶圣陶先生所说："教是为了不教。"我希望可以达到这样一种少教多学的状态，最终使学生独立学习，达到学习"自能"的境界。于是遵循着"少教多学"的教学思想，我开始重新备课，继续探寻着适合学生的教学方法。在修改后的课堂实践效果的对比中，我初步树立了适合学生发展的教学思想"少教多学"，并逐渐探索以"少教多学"为教学理念，适合学生学习发展的教学方法。突出教学内容的探究性、问题性和生活性，贴近学生生活，使学生更容易理解和接受，大部分学生都达到了生字思维上的发展。

（三）"少教多学"凸显学习力的发展

现代社会，学习力的本质是竞争力。学习力指的是一个人或一个组织的学习动力、学习毅力和学习能力的综合表现。学习动力，解决为什么学习的问题；学习能力，解决怎样学习的问题；学习毅力，解决持续学习的问题。

"少教多学"凸显学习力的发展，这是因为少教多学致力于帮助学生发现自身的兴趣和才能，让他们为自己的人生做好充分的准备，并非纯粹为了应付当前的考试。

"少教多学"注重学习动力的发展，目的是要激发学生的学习兴趣，提供更具弹性的发挥空间。"少教多学"注重学习能力的发展，目的是要强化学生的自学能力。"少教多学"注重学习毅力的发展，目的是要培养可持续发展能力。"少教多学"注重学习力的发展，意味着更少地依赖机械学习、反复考试和僵化教学，更多地关注发展性评价、自主性学习、差异化教学和终身技能的培养。

"少教多学"反映的是现代先进的教育教学思想和理念，对于培养学生创新思维具有积极的作用。只有综合选择教学策略，加强对教学进程的有效干预和及时调适，才能通过教师"少教"而促进学生"多学"，从而实现培养学生良好的创新思维的目标。

（本文于2019年获北京市市级论文评优二等奖）

让学生在品读中感受中华传统文化的优美

张　丹

中国的传统文化博大精深，汇聚了中华民族五千年的智慧与精华，是华夏子孙的荣耀与骄傲。《义务教育语文课程标准（2011年版）》中同样指出："语文是最重要的交际工具，是人类文化的重要组成部分。工具性和人文性的统一，是语文课程的基本特点。语文课程应致力于学生语文素养的形成与发展，应培育学生热爱祖国语文的思想感情。在语文教学过程中，在语言能力发展的同时，培养爱国主义情感，社会主义道德品质，逐步养成正确的价值观念和积极的人生态度，提高文化品位和审美情趣。"

畅想未来，如今的中国日益强大备受世界瞩目，这就更加需要我们每个人从根本上增强对本民族文化的自信；现实中，培养学生的核心价值，坚持立德树人一直是教育者追求的目标，这更需要我们每个教育者都要教育孩子们传承祖国悠久的文化；看今天，国人们的言行举止乱象丛生，有崇洋媚外的、有忘祖的、有诈骗的，等等，这同样需要我们未来的子孙继承古代文化；另外，语文核心素养的提升更需要孩子们提高赏学古文的能力。我想这就是所谓的"今需传古"的主要原因吧。

然而，语文作为中华民族传统文化的载体，承载着民族精神和民族灵魂，在传统文化传承中起着重要的作用。所以，语文教师应当成为传统文化的传播者，语文课堂应当成为弘扬传统文化的摇篮。在当下的语文课堂中更需要"古为今用"。那么，如何弘扬中华传统文化，做到古为今用呢？下面谈一谈自己的一点粗浅的见解。

语文教材的字里行间无不流淌着浓浓的鲜活的民族文化的血液，引导学生阅读它们，就是让学生穿越时空，和圣者、智者对话，和先驱者、跋涉者交流，感受伟大的心灵、深邃的思想、超凡的智慧和创造的力量。学生在学习语文的过程中，既感受、体验到语言文字表情达意的表现力、生命力，又受到优秀文化的熏陶，有利于开阔视野，提高审美情趣和精神品格，形成奋发向上的人生态度。因此，我们要努力营造语文课堂的传统文化气氛，在阅读教学中，深入挖掘教材的文化内涵，让学生在品读中感受祖国语言文字的秀美，受到祖国优秀文化的熏陶。应该从以下几个方面做起：

一、在课堂中伺机推介引用经典

作为古典文化的四大名著，对小学生来讲可能有点要求过高了，但是四大名著注音版的在很多书店都可以找到，或观看有关四大名著的电视电影，对学生文化的熏陶也有很大的帮助。现在不需要有过多的研究，只需博览，为中学、大学的精读打下一个基础。

现在许多学生对卡通漫画这类书籍比较感兴趣，主要是因为它简短幽默。但是在我国的名著里，却蕴藏着一座巨大的知识宝库，她的朦胧、她的深厚正等待我们去发现。课堂上不失时机地对祖国经典著作加以推荐和引用，是对传统文化弘扬的最好途径。例如，在教授六年级的《用奇谋孔明借箭》时，孩子们无不被诸葛亮的神机妙算和足智多谋所折服，我便借机拿出准备好的《三国演义》，对孩子们说：每个历史人物都有一段精彩的历史故事，像诸葛亮这样的英雄人物在这本书里面还有很多。如果你想了解更多古代英雄的故事，那就多读一读这本书吧。出乎我意料的是，下一个周一的读书课，孩子们的桌面上都齐刷刷地摆了一本相同的《三国演义》，在自由阅读的读书课上，孩子们出奇的安静和入神。

二、在课堂中深入挖掘内涵

我们语文教材所选的诗、词、小说等古代作品中，不仅蕴含着丰富的古代文化知识，也蕴含着丰富而深厚的中华民族的优秀传统文化。这就要求教师更新教学观念，在传授语言文字知识，进行人文教育的同时，认真分析挖掘教材中的传统文化内涵，并通过恰当的方式传递给学生，让学生真正认识和理解传统文化的合理内核与真正价值，从而自觉地接受优秀的传统文化。

北京版语文新教材所选篇目大多氤氲着文化精神气息，值得我们去挖掘、探究。比如《颐和园》使学生观赏到华夏文化的富丽堂皇；《黄河》《三峡之秋》使学生领略祖国山河的旖旎风光；《清明上河图》《拉萨古城》等课文可谓是民族文化的大展台，向学生展示了具有地方特色的民俗风情。此外，学习诗文，可以让学生了解孔子"己所不欲，勿施于人"的宽厚与仁慈。了解《汉乐府》《乡愁》等诗词文化及名人轶事，陆游的"王师北定中原日，家祭无忘告乃翁"那强烈的爱国思想。

在平时的教学实践中，我们让教师主要是从以下几个方面入手挖掘教材蕴含的文化内涵：（1）从课文注释、阅读提示入手，挖掘有关文化常识；（2）从故事情节入手，挖掘整篇著作的文化内涵；（3）从课文主题入手，挖掘优秀的传统美德；（4）从课文词句入手，挖掘相关的文化背景、哲理境界；（5）从课文插图、课后练习入手，挖掘文化意趣。

三、开展整本书的阅读教学，品味文化意蕴

语文教材的选文无不语言优美，意境悠远，蕴含着丰富的人文内涵，选编的课文有反映领袖事迹的，有体现关爱他人的，诚实守信，传统美德的，有反映革命传统的等，这些选文无不洋溢着自然美、人性美，无不充满着浓浓的亲情、友情等，这取之于丰富的思想和文化积累。因为语言文字具有民族性和历史性，她承载着民族文化的博大精深，传达着生活信息，体现着人文色彩的光芒。当我们走近语文，捧起一部部经典著作，也就走进了中国文化。教师就要引导学生着眼于对文学语言、形象和审美情趣的品味。让学生品其意，悟其味，知其内涵，才能提升语文品位。

《景阳冈》一文讲的是武松打虎的故事，学完课文后，学生意犹未尽。结合学生特点，我在班级内开展了"走进水浒"综合性学习系列活动。学生根

据自己的兴趣，自由选择研究的主题。例如，《水浒传》中人物外貌与性格的研究；《水浒传》中人物别名的来源；《水浒传》中武器与人物的关系；从歇后语看水浒故事……然后由个人或分小组研究讨论。有的阅读《水浒传》，有的欣赏《水浒传》的电视剧精彩片段，有的搜索有关《水浒传》的歇后语、人物称号，然后教师用一节课的时间围绕水浒文化进行多种形式的交流，让学生掌握更多更全面的知识。

这下，同学们可忙坏了，有的同学查资料圈圈点点，在文中旁注，有的同学借光盘来重温刀光剑影的沙场，"能发现多少就说多少"，这种不拘一格，给学生留下更多的自由空间，"看谁思维敏捷"，具有挑战性，调动了学生的积极性，"争做小老师"刺激了学生的表现欲，教室里呈现出积极参加与主动思考、热烈交流的景象。那一刻，老师激动不已，一起融进了那热烈互动的气氛之中。

四、践行实用，读写结合

《伯牙绝弦》一文，生动地写出了俞伯牙和钟子期之间的深厚情谊，道出了人与人之间的知音难觅和知己难求。人生苦短，知音难求；云烟万里，佳话千载。纯真友谊的基础是理解。中华文化在这方面最形象最深刻的阐释，莫过于俞伯牙与钟子期的故事了。"伯牙绝弦"是朋友结交的千古楷模，他流传至今并给人历久弥新的启迪。正是这个故事，确立了中华民族高尚的人际关系与友情的标准。因此，在讲授完这一课之后，我立即布置学生写学完此文后的感受。学生在书写中抒发了自己心中的情感，在与全班的交流中提升了自己的思想认识，感受到了朋友间相互理解、相互欣赏的纯真友情，更体会到音乐艺术的无穷魅力。

相信在不久的将来，中国传统文化在扬弃了落后和腐朽，在吸收了中国新文化、新思想，在融合了世界先进文化后，将在中国、在全世界显出勃勃生机。中国"礼义仁智信"的做人原则，教化为本、以德为先的政治策略，饱含中国深厚文化底蕴的风俗民情，孕育中国悠久历史的名山大川，将成为中国先进文化中不可分割的重要部分；让我们在阅读中注重弘扬中华的传统文化，真正做到"今需传古，古为今用"！

（本文于2019年获北京市市级论文评优二等奖）

课堂中的传统文化

赵韦玮

中华文明源远流长，中华传统文化是世界文化的瑰宝，中华传统文化对于中国、对于当今世界都有着不可替代的作用，中国有着五千年的历史发展过程，祖先创造了属于民族的传统文化，并且中国传统文化中的儒家思想以及"和"的理念为人类社会未来的发展指明了方向。今天的我们应以弘扬中华传统文化为己任，要大力发扬中国的软实力。

作为一名小学语文的教育工作者，我们应该加强在语文教学中对传统文化的渗透，从小培养孩子们对传统文化的热爱，我认为，要在教学实践中有效地渗透传统文化，应该从以下几个方面入手：

一、依托汉字的"形"和"意"进行渗透

汉字是表意文字，汉字的文化色彩很浓，在语文课堂教学中借字书写中讲解汉字知识，让学生在练字写字中领略中国文化，掌握字。教师和学生讲关于字的来源、字的结构、字的含义。例如，水、火、目、石、典、山、羊等文字是如何演化的。

同时，老师要抓好写字课，要让学生懂得一定的书法知识。要写好文字，书写要端正、工整。要让学生认识到学写字、写好字，就是弘扬祖国文化传统，就是爱国，从而对祖国的文化更加热爱。

二、通过开展语文综合实践活动进行渗透

华夏灿烂的传统文化无时无刻不在影响着当代的中国人。我们的语文教

材就专门有一个板块进行传统文化知识的学习，如一年级语文下册第四单元，就是围绕传统文化来展开的，我在本单元的教学中充分利用语文园地，依据学生发展需要，用好课程资源，渗透传统文化。

三、通过古诗词教学渗透传统文化

古诗词是中文独有的一种文体，是我国传统文化的载体，古诗词真实地传达了中国传统文化生活，有的表现了中华民族的品质，有的表现了中华民族的气节，有的表现了中华民族的传统美德，本身也就成了传统文化。教师在讲授古诗文这个传统文化同时渗透传统文化进去，相得益彰。小学阶段的课本当中有许多脍炙人口的名诗名文，老师在教这些名诗名文时，要引导学生品味其中的精髓和真正的内涵，感受古诗文所凝结的文化精髓。

四、利用校园和班级文化建设进行渗透

校园文化是学校教育的重要组成部分，是全面育人不可缺少的重要环节，良好的校园文化，对弘扬中华传统文化具有重要意义。学校中，有中国传统文化气息的良好校园环境可以激发学生的学习热情和兴趣，陶冶学生的情操，构建健康的人格，提高学校教育教学质量。创建一个独具中国传统文化特色的校园文化环境，可以真正起到"春风化雨，如润无声"的作用。

中国传统文化是中华民族共同的精神家园，要学生全面认识中国传统文化不是一朝一夕能做到的，在小学语文教学中渗透传统文化既能助力语文课堂的开展，又能使学生真正接受传统文化，从传统文化中汲取精神营养，形成积极的人生态度，全面提升人文素养，从而为我国传统文化的传播奠定良好的学习基础，所以我们会将渗透传统文化进行下去，让孩子们在不知不觉中感受祖国深厚的文化底蕴。

（本文于2019年获北京市市级论文评优二等奖）

感受诗歌之美　弘扬传统文化

张　萌

　　美育又称审美教育或美感教育，是人类文明发展的必然结果。美育最重要的任务是教给儿童通过发现周围世界的美、人际关系的美，而看到精神的高尚、善良和诚挚，并在此基础上确立自己美的品质。正如蔡元培先生所讲的："美育之目的，在陶冶活泼敏锐之性灵，养成高尚纯洁之人格。"长期以来，小学语文课堂总是只注重于教学中知识和教育的属性，忽略同样融于每堂课中的美的属性。事实上，教师优雅的仪表，诚挚的表扬，优美轻盈的背景音乐以及课文内容中优美的语言、美好的情感等，都会使学生产生美好的审美心境，产生丰富的情感体验，从而使学生在学习知识的基础上，提高了思想修养和审美情趣，使学生逐步形成良好的个性，促进德、智、体、美的和谐发展。而诗歌当中的美对培养学生的审美情趣当然是很重要的。我将通过几点来谈谈我对诗歌教学中传递美的具体思考和做法。

一、现今古诗词教学存在的问题

　　在小学语文古诗词的教学过程中，教师往往只注重提高学生的语文成绩，对于古诗词的讲解也停留在知识点上，单一地要求学生背诵，而忽略了学生对于古诗词的美的体会。因此学生往往只是机械地背诵诗歌，而难以理解诗歌所呈现出的意境也就无法读出美感，导致学生对于古诗词的学习出现恐惧心理，不能静下心来认真学习。低年级的古诗词讲解中，教师过分注重背诵和生字教学，将理解诗词的优美意境抛到一边，学生往往学会了生字，但是对诗词的含义理解表现为蜻蜓点水，难以理解诗人所描绘出的美好意境。

二、小学语文古诗词教学的改进策略

古诗词教学在小学阶段占有很大的比重，是阅读教学的重要组成部分。针对教学中出现的问题，我们应运用合理的教学方法，改正不足，完善教学体制。

（一）欣赏朗诵，体会音韵之美

处于小学阶段的学生，其思维处于正在发展的阶段，而这个年龄段的学生记忆力也处在最强的阶段。在小学语文古诗词教学中，教师应要求学生加强对于古诗词的背诵和朗读。让学生在朗诵古诗词的同时注入自己的感情，理解作者写作的心态，这能够使得学生在古诗词学习过程中对古诗词的理解更加深刻，并真正了解古诗词的文化，体会到诗歌中的美感。除此之外，教师还应注重学生对于古诗词的积累，而背诵往往就是学生对于古诗词积累的最好方法，而在积累当中，学生可以将学过的诗歌分类，同一个作者的诗歌有何特点、同一主题的诗歌又有哪些共同之处，以此来实现诗歌量上的积累，也能让孩子对诗歌之美有笼统的初步认识。因此，欣赏朗诵，理解背诵，能够使得学生在学习小学语文古诗词的同时了解作者的思想感情明白作者的写作意图。小学阶段的古诗词，多数是七言绝句和五言绝句，头联、颈联、尾联应怎样读，需要教师给予很好的指导。教师的示范朗诵对学生理解诗词具有很大的帮助，重视朗诵是诗词教学的根本。古诗词都有严格的韵律，读起来朗朗上口，如行云流水，熟读还可以促进背诵，为了更促进学生能够体会到诗歌中的音韵之美，可以利用朗读软件让学生听一听大家的朗读作品，适合唱读的诗歌可以带着学生唱读，并配以相应的视频促进学生的感情抒发。

（二）合理联想，体会意境之美

古诗词之所以十分美妙，是因为其运用了精练的语言而达到了生动的意象，营造出作者当时的氛围，让读者进入遐想之中。在小学语文古诗词的教学过程中，教师应注重对于古诗词意境的重现，加深学生对于古诗词的理解。此外，在教学过程中教师还可以让学生进行角色扮演，以激发学生的想象力。

比如，在教学叶绍翁的《游园不值》时，告诉学生这是一首著名的描写春天景色的诗，作者从侧面描写了春天的景色。这里的"小扣柴扉久不开"，给学生制造了想象的空间，为什么敲不开门呢？教师可以让学生设想一下，诗人敲不开门的原因是什么呢？学生开始积极探索这个原因，是外出了呢？还是在院子里干活没听到敲门声呢？这样一来激发了学生的想象。"一枝红杏出墙来"一句，为什么只看到一枝红杏？院子里还有什么景色？学生根据自己的生活经验和阅历，逐一想象院子里的景色：生长茂盛的蔬菜，开满鲜花的果树，还有一群群的蜜蜂在采蜜，花间还有蜻蜓和蝴蝶的身影，一片春意盎然的景色。这是"一枝红杏出墙来"引发的思考，由点想到面，由一只杏花想到了院子里看不到的满园春色。在这样的想象过程中，一方面发挥了学生的想象力，另一方面提高了学生的思维能力，而且在交流的过程中，还提高了学生的表达能力，为学生的写作提供了成功的范例。

（三）联系生活，运用诗词之美

中国的古诗词都来源于诗人的真实生活，能够体现诗人当时的真实感情显得尤为重要。因此，在小学语文教学过程中，教师应将古诗词的教学与实际生活结合起来，让学生对古诗词的学习充满欲望。在教学贺知章的《回乡偶书》时，可以联系生活中的具体实例，理解诗词的写作佳境。"少小离家老大回"，什么是少小、什么是老大？学生根据生活中的经验具体理解这句诗，儿童或者更大一点的时候离开了家乡，是什么原因促使离开家乡的？为什么回来？回来做什么？如今回来的情形又是什么样？当年的小孩在今天的小孩子眼里是什么形象？村里的孩子怎样和诗人打招呼的？说明了什么？乡音和鬓毛都说明了什么？这样激发学生对生活经历的回顾，回顾的过程中，学生可以重拾生活的精彩片段，更好地感悟诗词意境。在语文诗词的教学中，还可以通过一些手段让古代的诗人与我们现今的学生进行合理对话，超越时空超越年代，可以用让学生续写诗歌或给诗人写一写信这些手段来达到和诗人沟通的目的。以此来实现运用古诗词的美，产生对现代生活中的美的感受。

在学生的学习道路上，小学是一个关键的阶段。小学语文教学可以培养学生的文学素养，尤其对于古诗词教学来说，利用多样化的教学方法，可以直接提高学生对于古诗词学习的积极性，并使得学生的小学语文成绩得到提升。诗歌文化是我们中华文化的集大成者，诗歌所体现出来的和谐美、意境美、情感美，是无与伦比的。因此作为教师的我们必须在诗歌教学中让学生感悟美、体会美、美美传递！

（本文于2019年获北京市教育学会论文评优二等奖）

品味小学语文教材中的"美"

王 立

《语文新课程标准》指出："语文课程应激发和培育学生热爱祖国语文的思想感情，引导学生丰富语言的积累，培养语感，发展思维……同时，语文课程还应通过优秀文化的熏陶感染，提高学生的思想道德修养和审美情趣，使他们逐步形成良好的个性和健全的人格，促进德、智、体、美诸方面的和谐发展。"小学语文教材中，无论是语言文字的表述，还是从内涵意义的阐明都充满了美的因素。面对这样的教材，作为语文教师，其本身具有双重任务：不仅自己需要从教材中领悟美，而且还得教会学生从课本中学到美。

一、初步感知教材，发现美

小学语文教材选编了大量的文学作品，这些文学作品无疑是对学生进行审美素质教育的好材料。教材的美是丰富的，有形式上的美，有语言的美，有内容上的美，教师要善于从各方面、各角度挖掘美的因素，通过教学活动，向学生传授审美知识，培养学生的审美能力和审美情趣。

（一）形式美

新版的小学语文教科书最显著的特点在于它的图画美。书中有生机勃勃的春景图，有雄伟壮观的祖国山水画，有繁华美丽的都市风景画，有幽静秀逸的田园写生图等，这些优美而富有童趣味和教育意义的插图，带给学生强烈的审美视觉效果，具有强大的感染力。此外，新教材还具有音乐美，书中编入大量的诗歌、儿歌、散文、绕口令和谜语等，这些读起来朗朗上口并巧妙地把音乐的韵律美和节奏美融入的文章，能带给学生一种精神愉悦和情感满足，是培养学生审美情趣和审美理想的有利条件。

（二）内容美

小学语文教材中的文章充满着美的内容，是语文美育的最大资源。教材中有描绘辽阔的原野、葱郁的森林、碧绿的湖水、奔腾的江河等歌颂祖国美丽山川的诗文，有描写邱少云、黄继光、雷锋、张思德等赞美英雄模范的故事，有歌颂伟大、平凡、善良、纯洁等人性闪光点和鞭笞丑恶、落后、黑暗、等社会弊端的文章……这些从不同角度、不同形象，反映了社会、自然、心灵、行为、生活中美的形象、美的意境、美的情趣的文章，可以带给学生美的享受，使学生得到美与善的滋养。

（三）语言美

小学语文教材所选的篇目，几乎都是语言的佳作。词语丰富精细生动传神，句式规范整齐灵活多变，修辞方式多种多样，这些都体现了语言的艺术美，是语文美育极好的内容。教师要善于从语言的内涵和运用技巧两方面挖掘出美的因素。我们祖国的语言文字，有着悠久的历史沉淀，凝聚了民族全部的智慧，教师要指导学生正确理解和把握文中语言的内涵，引导学生去感受、领悟、体验教材中语言文字的美感、诗意情趣和思想，使学生受到心灵的净化、思想的感染、智慧的启迪、情感的震撼。此外，教师还要引导学生发现语言的技巧和文采美。在小学语文教材中，汉字的形象生动，词语的丰富多彩，句式的灵活多变、修辞方法纷呈，章法布局富有变化，都是语言的技巧美。教师可以引导学生感受、鉴赏各中文章的语言技巧，感受语言艺术的魅力。如《春》的清新隽永、《五彩池》的绚丽多彩、《月光曲》的简洁凝练，富有诗意、《十里长街送总理》的严肃悲壮，《丑小鸭》的质朴通俗，富有童趣等。

二、深入理解教材，体味美

教学的阵地在课堂，因此美的熏陶和渗透也必须依靠课堂。当我们看到课堂上孩子们那一双双渴求的大眼，我们有什么理由不把最美的一切授予他们？

（一）朗读中认识美

瑞士思想家阿米尔说过"一片风景是一个心灵的结晶"。外在的自然风景与内在的心灵互相叠印，相融为一，这即是意境。为学生创设一种美好的意境，朗读是一种很好的形式。入编教材中的文章，都是美文。如何在这一篇篇文章中引导学生发现美，认识美？我首先选择的方式是朗读。《义务教育语文课程标准（2011年版）》明确提出"各个学段的阅读教学都要重视朗读和默读"。要"鼓励学生多诵读，在诵读实践中增加积累，发展语感，加深体验与领悟。"而让学生在自由、愉快、活跃的气氛和抒情格调中，调动情绪，饱含感情地朗读，从而体会文章的语言美、情感美、意境美。这种学习活动才是美的享受，才是活力四射的。教师可根据课文的特点，运用范读、自读、引读、议读、齐读等多种形式来引导学生深入感悟文中的意境美。

如《观潮》一课，教学重点部分"潮来之时"，首先让学生体会读，让学生根据自己的理解，有感情地读自己喜欢的句子，给学生自悟的机会和空间。接着指名读、评议、复读，让读得不好的学生再读。然后，教师范读，让学生看着老师读，注意老师读时的眼神、体态、手势的变化等。最后，让学生模仿观潮的沸腾人群，跳着、叫着、挥舞着手进行朗读。这样引导学生反复地有感情地朗读，使他们置身于其中，充分感受潮来之时"浩浩荡荡""人声鼎沸""山崩地裂"的壮观场面。又如《桂林山水》一文是这样描写桂林的山：桂林的山真奇啊，一座座拔地而起，各不相连，像老人，像巨象，像骆驼，奇峰罗列，形态万千；桂林的山真秀啊，像翠绿的屏障，像新生的竹笋，色彩明丽，倒映水中；桂林的山真险啊，危峰兀立，怪石嶙峋，好像一不小心就会栽倒下来。作者成功地运用排比句式，语句对称工整。教学这样的句子，可通过引读、齐读、议读、分小组读等朗读方式，理解句与句之间的关系，进而使学生体会出美的韵味来。

（二）插图中感知美

在审美教育中，审美对象总是以具体可感知的形象方式存在的，离开了具体的感性形象，就不可能成为审美对象。因此，美感的获得，首先在于对形象的感知。语文课本中，配有众多的插图，它既是理解课文内容的好助手，又是进行审美教育的好时机。有些课文，学生可以依据语言文字，经由想象，直接浮现出作品所描绘的形象，从中得到美的享受。但是，由于小学生的审美想象力尚不发达，加之表象储存贫乏，有时仅凭文字的叙述，很难使学生呈现形象，唤起美感。这时最好的办法是利用插图，把文字内容诉诸视觉的画面，（因为图画比文字更容易产生鲜明的形象），使学生直接地产生意象整体，以达到陶冶美感和高尚情操之目的。

如《董存瑞舍身炸碉堡》一文中写道：董存瑞昂首挺胸，站在桥底中央，左手托起炸药包，顶住桥底，右手猛地一拉导火索，导火索"咝咝"地冒着白烟，闪着火花，火花照亮了他那钢铸一般的脸。一秒钟，两秒钟……他像巨人一样挺立着，两眼放射着坚毅的光芒。他抬头眺望远方，用尽力气高喊着："同志们，为了新中国，冲啊！"单靠这样的描述，学生很难形成清晰的意象，唤起美感。教材以图辅文，在凝冻的瞬间，董存瑞威武高大的形象，钢铸般的脸，坚毅的目光，整体透出这伟大战士坚定的革命信念，大无畏的牺牲精神，气吞山河的英雄气概。教学时，通过对插图的欣赏，能使学生获得主人公的整体的形象感知，理解他为人民的解放事业英勇献身，舍身为国的品质，体会包含其中的壮美和崇高，受到心灵的震撼，学会"真正用人性的态度对待世界"（鲍列夫《美学》第562页）。这样学生的审美感受力、审美理解力将同时受到良好的训练而发展起来。

（三）想象中创造美

爱因斯坦说："想象力比知识更重要，因为知识是有限的，而想象力概括着世界的一切，并且是知识的源泉。"在《义务教育语文课程标准（2011年版）》中也明确指出："在发展语言能力的同时，要发展思维能力，激发想象力和创造潜能。"在语文教学追求美的过程中，依然少不了想象。丰富的想象不仅能够帮助学生更快更深入地理解文章，还能够帮助学生超越文本，直达文章灵魂，感悟文章所要表达的意境，释放美的旋律。

教师要注意教给学生课本上没有的知识，使儿童的知识范围在课本的基础上有所丰富和扩展，只有这样，才能使学生产生丰富的想象。比如在讲"竹子"时，可以给学生讲讲"岁寒三友"的故事，使他们不仅加深对竹子的理解，同时能够在头脑中想象到"竹""梅""松"这三种植物所隐喻的坚忍不拔、傲霜斗雪的高尚品格；再如教学《五彩池》时，跟孩子们讲清楚五彩池形成的科学原因，鼓励他们想象池水还能变化出怎样的色彩，五彩池如何能带给我们视觉的享受。学生获得了坚实宽阔的知识基础，就能够在更大的空间内进行自由想象。

三、在作文中实践，感受美

法国著名雕刻家罗丹说过："美是到处都有的，对于我们的眼睛，不是缺少美，而是缺少发现。"在一节作文课上，我要求学生写一篇游记，题目是《最美的记忆》。写之前，我引导学生回顾自己曾经去过的地方哪里最吸引自己，哪些地方最美丽。一个学生向全班展示了一张照片，说："这是我到'薰衣草庄园'游玩的时候拍的照片，我认为这一张最美了。你们看，那一大片紫色的薰衣草，多像地上铺着的一层紫水晶啊啊，我就站在这一片紫色中，不知不觉就陶醉了。"孩子说得多好啊，这就是生活中美的体验啊！我笑眯眯地请他坐下来，说："这么美的景色，只用一张照片来珍藏那太可惜了，请你用文字把这种美写下来，让它永留心中吧！"于是，一篇充满着孩子纯真与乐趣的美文就诞生了！

总之，在小学语文教学中，有丰富的艺术形象，引人入胜的深邃意境，凝练生动的优美词句，强烈感人的抒情色彩。教师除了让学生感受体验这些以教材内容为本的审美内容及形式外，还要遵循学生的审美规律，由浅入深，由表及里，由感性到理性，在教学中进行美育渗透，从而提高学生的审美素质，使他们体会到学习的快乐，促进孩子的全面发展。

（本文于2018年获北京市教育学会论文评优一等奖）

浅谈课本剧在小学语文教学中的应用

董文学

课本剧是对语文课本中的叙事类的文章进行改编，在不改变文章的原意的基础上，通过戏剧的语言形式来表达文章的主要内容的一种教学方式。在小学语文教学中，教师为了激发学生学习语文的兴趣与热情，将课本剧的教学方式移到了语文课堂中。学生在课本剧的教学方式影响下，开始主动地感受、理解课文，去创造剧本，有效地激发了他们学习的主动性与积极性。因此，课本剧在语文课堂中得到了广泛的应用，有效地提升了语文教学效率与教学质量。

一、课本剧在小学语文创新教学中的意义

（一）有助于提高学生自主学习能力

课本剧在语文教学中的广泛使用，促进了学生学习自主性的提高。以小学语文课本中的《马背上的小红军》这篇文章为例，文章主要是讲红军过草地时，陈赓大将与一位小红军之间发生的感人故事。我让学生抓住人物对话、小红军的神态及动作，自由品读文本，感悟人物形象。学生在表演的过程中不能完全脱离文本，要掌握好文中人物语调的抑扬顿挫，语速的快慢缓急，节奏的变化停顿，同时还要丰富有他们的感情色彩以及内心活动。学生也可以适当在原有的文本中加入自己的理解和想法，这样不仅能够突出人物的性格，不断地推进故事的变化发展，还能使学生拿捏得住不同的角色，使这一系列表演能够更加地生动形象。

（二）有利于提高学生的语文综合素养

课本剧在语文课堂中的应用，有利于提高学生的语文综合素养。在传统的语文教学过程中，一般都是围绕着认字、组词以及品词析句等一些比较固化的教学模式进行的。而课本剧的使用，则很大程度上转变了师生在语文课堂上的固有交流方式。语文教学的目的是为了让学生更好地了解生活、感悟生活以及学会生活，这是源于生活的一门学科，同时，也最终运用到生活中去。课本剧在语文课堂中的应用，有效地提高了学生的想象力、表现力以及创造力，对于语文素养的提升也是非常有益的。同时，在演出的过程中会涉及大量台词的背诵与理解，并且还要冠上不同的语气与情感态度，这就要求学生必须非常准确地把握人物形象特点，因此学生的鉴赏能力与分析能力便在此过程中得到了提升。此外，课本剧在语文课堂中的应用，也有利于培养学生的团队协作能力。以戏剧的形式代替传统的"教师一言堂"的语文教学模式，有助于学生发挥各自的特长，提高了学生的课堂参与度，调动了他们的学习积极性。课本剧作为一种新的教学方式，还有助于培养学生的听、说、读、写的能力。同时，对于学生创造力、表现力、活动能力等多方面的能力，都是一个很好的锻炼与提高的机会。因此，课本剧在语文课堂中的应用，对于提高学生的综合能力是非常有帮助的，有助于推动学生更加全面地成长与发展。

二、课本剧在小学语文创新教学中的运用对策

（一）选择适宜内容进行"课本剧"编排

小学语文教材中的内容及文体多种多样，但是并不是所有课文都适合编排"课本剧"。在组织"课本剧"活动的时候，首先要能够选择合适的题材。小学语文中的具有人物多样性、冲突性和叙事性等特征的散文、小说类文章都让学生编排成课本剧。总的来看，"课本剧"在小学语文教材的题材选择上主要有以下几个要求：①文章中要有反面、正面以及辅助性的角色，人物特

征要多样化；②课文的故事情节要具有波折性和曲折性；③选择的课文要具有比较适合的可表演性。课本剧能辅助学生更好地理解课文，体会人物性格特点。但是，如果只拘泥于"课本剧"的形式，把它生拉硬拽到语文课堂之中，就使它失去了价值。

（二）助力学生了解"课本剧"的内容

在课本剧表演模式中，教师要积极参与其中，但是不能剥夺学生的创作权利，要以引导者、合作者及组织者的身份进行教学，发挥自身的作用，为学生创造学习机会及学习条件，引导学生能够有效地开展课本剧表演活动。在课本剧表演过程中，学生在教师的指导下进行组织、编排、表演，教师也可以参与到表演中。这样不仅拉近了师生间的距离，并且有助于建立良好的师生关系，让学生和老师之间有了更多的互动和交流，

（三）对文章内容进行合理科学的改编

小学语文教师在进行"课本剧"的剧本编写的时候，要能够在保证文章的主旨不变的情况下对文章进行相应的改编和创新，增加故事情节，或让"课本剧"中的语言更加口语化，同时还要能够为角色设计一些夸张的动作，这样的"课本剧"能够极大地调动学生的好奇心和参与感，并且通过夸张的手法能够生动形象地展现出文章的主体内容。例如在学习《鹬蚌相争》一课时，学生为体现故事开始时鹬和蚌抵死相争的气势，给角色添加了不少动作；为了表示故事结尾时二者的悔恨，学生根据自己的想象，适当添加了结尾。

三、结束语

课本剧编演是一种实践性很强的活动，富有创新性和挑战性，通过表演课本剧，有力促进了学生知识、能力和个体人文特征全面、整体地发展。编演课本剧同时又是一种创造性活动，可以让学生的想象力发挥到无限大，在学生理解语言文字、感知课文内容的基础上，让学生自己给自己设定是否符合课文中的角色，然后进行表演，既可以拉近学生与文本之间的距离，也可

以增强学生对文本的真切体验，只要不是完全脱离文本，还可以加入自己的感情色彩，使自己的情感表演起来更加真挚、形象更为丰富。

当前，课本剧为语文素质教育打开了一扇崭新的大门，引来了一道清澈的活水，使一直以来长期沉闷乏味的语文课堂充满了新鲜感，使学生感受到了人文科学的魅力，这不仅对学生综合素养的提升有着极高的价值，而且对学生的自我认知也有了极大的提高。在我们的小学课堂上，教师应客观地根据教材文本的实际内容，有序地、适时地组织学生来进行课本剧的编排及表演，这样的话将会把我们的教学提升到新的一层理想境界上，使学生无条件地爱上课堂，爱上课本剧，在课本剧这项领域里有自己独特的想象发挥空间。

（本文于2018年获北京市教育学会论文评优二等奖）

在日常生活中提高学生的口语交际能力

李海岳

在语文教学中，对语文的定义有一个共同的认知即"口头为语，书面为文"。这说明口语交际在语文教学中占有重要地位。在2001年颁布的《全日制义务教育语文课程标准》中，关于口语交际的标准更为明确，它要求口语交际教学向着更为贴近生活，更为实用的方向发展，突出它的交际功能，体现了新时代口语交际教学重视语言的交际功能的新理念。从课程标准以及日常教学来看，口语交际要求孩子在日常的交流中做到说话有条理，沟通有礼貌，在不同的场合，说话对象做出得体的应对。可在平时的课堂教学组织中，我们更加注重孩子的思维形式以及课堂回答问题的条理性，忽略了孩子在日常沟通中的得体大方以及对不同说话对象、不同场合的应对方式的培养。

一、日常口语交际中存在的问题

（一）孩子们在日常口语交际中表达不得体

一直从事对外汉语交际理论的范开泰先生曾经提出，汉语交际能力包括三方面的内容，其中之一就是汉语得体表达能力，即使用汉语时具有得体性，能根据说话人和听话人的具体条件和说话时的具体情境选择最恰当的表达方式，以达到最理想的表达效果。但是在日常生活中，我发现四年级的很多孩子都做不到表达得体，大多数孩子虽然本意是好的，但是在交往中总是与同学发生摩擦，这就是表达得体出了问题。

（二）孩子们在日常的口语交际逻辑混乱、条理不清楚

语言在承载人文性精神意义的同时，更重要的是作为日常生活中交流的

工具。学生掌握语言的过程是习得理解与自我表达的一个过程。所以语言有它的语法性，也即汉语使用的合法性与规则性。而落实到孩子们日常的口语表达中来就是让孩子能清晰有条理地表达自己的观点，但是在日常教学中我发现很多孩子都不能清楚地表达自己的观点。

（三）孩子们在日常的口语交际中没有良好的倾听习惯

口语交际能力包含两个因素。一是以感知记忆、言语组织理解、言语创造等组成的言语能力。其次是以平等对人的习惯，自然适度的手势，得体的谈吐举止等组成的非言语能力。这里所说的倾听并不是指理解对方说的话，而是指当别人讲话时，孩子们做不到认真倾听别人说话，不打断别人说话，等别人表达完自己的观点时再发表自己的观点。

二、从生活中发掘口语交际素材，进行口语交际教学

口语交际教学跟语言积累一样不是短时间内就能有所突破的。但是关于语言的得体性，关于语言的条理性以及语言习惯可以在长期的训练教学中得以改善。

（一）收集生活中的语言素材

因为口语交际最终还是要服务于学生生活，而学生也有一定的生活经验积累。所以我让孩子回去回忆关于自己生活中与别人交际的场景，记录下自己觉得不知道怎样跟别人说话的场景以及觉得自己做得不好的情境。

因为与自己的生活息息相关，所以孩子们兴致很高，很快班里每个孩子都上交了自己收集的素材。我们针对这些素材做了一个简单的分类。根据生活场景可以分为：家庭、社会与学校。按交往对象分可以分为：父母师长类的长辈、陌生的长辈以及同龄玩伴。

（二）明确不同交往对象用不同的语言方式

中国自古以来就被称作礼仪之邦，自然也会有很多关于礼节上的习俗，

在语言上需要注意的自然也不少。针对这一点，我让同学们自己先课下查资料，对于不同人的称呼形式有一定的了解。并用两个课时让同学们明白关于称呼的一些知识，比如"你跟您"之间的区分，了解关于中国称呼上的文化，比如"令尊、令堂、犬子、小女"这些称呼上的俗语，了解常识。通过这样的课时，学生了解了针对不同的交际对象应有不同的称呼，也积累了一定的口头用语，为下面的课程做准备。

（三）利用课前三分钟做展示，有针对性地解决语言交际困境

仅收集语言素材我们只能了解到学生在日常交往中有哪些语言困境，但这个语言困境并没有被解决。针对这一情况，我利用每堂课的课前三分钟解决一个语言困境。

在每堂课前的三分钟，设置一种语言交际情境让孩子进入情境说话，锻炼孩子的说话能力，并让全班同学给表演同学进行评价打分。这样的设计孩子们很喜欢，因为有代入感。在这种类似游戏式的角色体验中，我们解决了一个又一个语言交际问题，班里孩子的语言表达能力得到了提升。

（四）确定合理的评价机制，引导孩子对语言的认知

每一个课前三分钟展示时，孩子们都要对当天展示的小伙伴进行评价。这样有利于全班对于说话练习的参与度。既然要进行评价就要有一定的评价机制。对于课前三分钟的评价，我给孩子们确定了一个评价的方向。通过与孩子们沟通，最终决定满分8分，声音洪亮2分，表达清晰有条理2分，称呼正确2分，举止恰当2分。

在这种评价机制下，每次课堂展示，孩子们都能做到认真听，并自己评价。这种评价机制不仅引导学生不断地提高自己的语言表达能力，还培养了孩子们认真倾听他人话语的习惯，收到了很好的效果。

（五）在生活语言表达的基础上适度拓展

除了情景式对话展演，我们班还基于口语交际能力的提高开展了相关活动。比如说辩论会的开展，学生们围绕"压岁钱是否应该自己保管"这个话题展开了激烈的讨论，这个过程提升了孩子们语言表达的条理性，能够清晰地向别人表达自己的观点；我们班还进行了课本剧改编比赛，在课本剧改编展演中加深对文章的理解。此外，还有朗读比赛，分角色朗读比赛等多种形式的活动，拓宽了口语交际的外延。

通过这一系列的活动，孩子们在日常的交际中更有礼貌了，孩子间发生口角矛盾的次数减少了，孩子们上课时的倾听习惯更好了。更在快要过去的4月得到了意外之喜——我们班被评为"文明礼仪班级"。但是，口语交际教学需要老师长期的关注与训练，在课堂上思维训练的同时更要加强语用方面的练习，只有这样孩子们在口语交际能力上才能真正有所突破，受益终身。

三、总　结

通过这段时间口语交际教学的训练，孩子们的口语交际能力得到了明显的提高，日常中因表达不清造成的口角问题减少了，孩子们的文明礼仪也得到了改善，从这件事中我总结出了这些经验：

（一）语文教师应有大语文观

语文作为一门母语学科，它与我们的生活息息相关。所以狭义的语文是字词句篇章结构，但是语文终究来源于生活，最终也将回归于生活。所以作为一名语文老师应有大语文观，须知语文知识来源于生活，让语文课堂跟孩子的生活实际联系起来。所以口语交际这种能力来源于我们生活的日常，又要回归我们的日常生活。

（二）合理利用身边的教学资源

杜威曾经说过："给孩子一个什么样的教育，就意味着给孩子一个什么样的生活！"教学活动是人类生活中的一部分，离开生活的教学活动是不存在的，而语文教学更离不开生活，生活中无时无处不存在语文教学。所以，我们应密切关注我们的生活，关注孩子的生活，明确孩子的认知水平，利用身边可利用的资源进行语文教学，提高学生的语文素养。所以，口语交际的材料来源于我们的日常生活。

（三）实现语文工具性与人文性的统一

语文教育有两个功能：人文性教育与工具性教育。在日常的教学中这两种目标应该统一起来，既要学生掌握一种技能，即口语交际的能力，又让学生在这个过程中进行社会化教育，即对学生进行文明礼仪教育，最终实现工具性与人文性的统一。

（本文于2016年获全国小学课堂征文大赛一等奖）

主题活动巧设计，传统节日入人心

李 硕

越来越多的中国传统节日在我们的日常生活中逐渐消失，充斥在我们身边的是各种西方节日或是商家为了吸引消费者的目光创造出的"购物节"。现在的孩子对节日的概念就是"放假旅游，吃美食"，放假的缘由每年都仿佛跟着食物一起吃进了肚子里。

小学阶段正是启蒙教育的重要时期，继承传统文化，对现阶段我国小学生道德品质的养成大有裨益。如何让孩子们慢慢地从认识传统节日到从节日中认识传统文化，继而将我国的传统文化继承发扬下去呢？

在我上班的第二年，遇到过这样的一道考试题："端午节是为了纪念谁？"原本我认为非常简单的一道题，孩子们的答案却五花八门：李白、嫦娥、腊八、曲圆……把这道题编辑到微信中，回复我的家长有很多，但也只是当作笑话，看着孩子们的回答真是哭笑不得，笑的是孩子们的天真烂漫，哭的是竟然连家长们都在漠视传统文化的重要性。

2016年，我又一次和一年级的小朋友们组成了一个新的班集体，吸取了之前的教训，我决定提前开始培养学生对中国传统文化的认知。我国的许多传统文化都非常富有仪式感，在流传的过程中形成了许多富有含义的节日，经过深思熟虑，我决定就从四大传统节日之一的端午节入手，培养学生的传统文化意识。

一、追溯传统节日的历史文化渊源

每一个传统节日都有它的历史、传说、诗文或是独特的情趣。它们反映了民族的传统习惯、道德风尚和宗教观念，寄托着整个民族的憧憬，是千百年来一代代岁月长途中欢乐的盛会。了解传统节日的来历与习俗，开展寻根活动，培养学生对传统节日的兴趣，是对接的前提。

因为学生刚刚进入小学，各种习惯还在养成当中，许多的事情都需要借助老师和家长的帮助才能够完成。现代教育中，家校协作非常重要，于是我首先针对我们班级的实际情况做了一次问卷调查，发现大部分家长对培养学生传统文化素养都非常支持。调研后，我邀请家委会的成员们共同参与，制定了有关"端午节"的一系列活动。在活动开始阶段，引导孩子们开展一次简单的调研活动，在家长的帮助下研究"端午节"的来源、习俗、传说、经典诗文等。通过小组分工、同伴互助，通过报刊、广播、影视、图书馆、互联网等不同形式和渠道，收集整理分析资料。将资料以小组的形式在课上进行分享展示，并在之后开展一次知识竞赛，比一比谁了解的习俗多;开展一次经典诗文诵读活动，在诵读中与节日亲密接触，亲密对话。

除了在课堂上进行汇报，我们还会利用每次语文课前的"精彩三分钟"对学生展开传统节日的文化内涵的初步教育，告诉学生节日的来历、古人流传下的习俗、好的活动建议等，激发学生传承民族文化的使命感。

二、了解传统节日的内涵

很多学生不喜欢过传统节日是因为他们根本不了解这些节日中所蕴藏的内涵。因此，挖掘传统节日内涵显得尤为重要，引领学生了解民族传统节日文化知识，增强学生对传统节日的认知和理解，进而认同传统节日、喜爱传统节日。

如何开发传统节日的文化内涵?这就需要老师提前研究，对传统节日进行界定，对节日核心内涵进行概括和提炼。如端午节，在收集资料的过程中，学生们会发现我们的"端午节"传说不仅是有纪念屈原，同时还有纪念伍子胥、曹娥等说法，这就使我们的目标设定更具多样性：我们可以将目标设定成通过包粽子纪念屈原，激发学生的爱国热情；或是通过包粽子纪念伍子胥，激发学生的忠诚之心；又或者是通过包粽子纪念曹娥，激发学生的孝心，这些传说都可以引导学生开展道德实践体验活动。

除了引导学生了解端午习俗，参与沐兰浴、包粽子、缝香袋的实践活动之外，重点还应开展"走进历史人物"活动。通过分享伍子胥和孝女曹娥的故事，让学生感受伍子胥的忠肝义胆、不畏权贵以及曹娥的孝节。纪念屈原一说在我们的生活中更广为流传，我们可以借此展开更具体的活动，比如通过屈原诗词朗诵活动，与诗人屈原面对面：屈原报国无门而以身殉国，坚守了他不同流合污的高贵品质。学生在活动中感受诗人的浓烈感情以及高尚人格。人格教育能够发挥其他教育形式所不及的重要作用。在重塑中华民族的理想人格的今天，过端午节，学习和传承屈原的高尚人格，具有重大的现实意义。

三、传统节日应随时代发展

随着经济的发展，节日本身也应该发展。无论是哪个节日，它们都与最初的起源有所不同，发生了变化。所以，我们的传统节日也应该跟着我们的经济、文化、社会的发展而发展，一成不变肯定是不行的。

首先，可发挥家庭、社区、学校三方力量，共同开展德育实践活动。在传统节庆之际，组织学生、家长一起过传统节日。如元宵节学做元宵，制灯笼，猜灯谜；端午节讲屈原爱国故事、进行包粽子比赛；重阳节进行敬老爱老活动、登山健身活动等。

其次，活动形式要多样。要结合时令，组织各种类型的班际、校际活动，利用探究课、社会实践、校班会，充分整合校园、社区、家庭、社会资源，开展大量的主题式、探究式、体验式节日文化活动，引领学生走进传统节日，过传统节日。

四、让传统节日文化发扬光大

继承传统不等于匍匐在传统脚下，更不能把民族节日与外来节日对立起来。要引导学生科学认识传统节日习俗，赋予传统节日新的时代内涵，使民族文化薪火相传。要以开放的心态吸纳外来文化精华，培养学生全球化视野和尊重理解多样文化的胸怀。

加强传统文化内涵的发掘，创新节日文化内涵。可以尝试将传统节日和西方节日融合，让学生更容易接受。例如今年的"端午节"正好和西方的父亲节在同一个周末，于是我利用周五下午活动课的时间，策划了一次不一样的"端午节"活动。活动内容根据孩子的年龄特点选为画龙舟和编五彩绳。中国传统文化中，象征五方五行的"青、红、白、黑、黄"五种颜色被视为吉祥色。在端午这一天，人们要在手腕脚腕上系上五色丝线，以保安康。我们在课上教给学生利用中国传统编绳方法自己动手编五彩绳，在周末的时候将带有平安寓意的五彩绳送给自己的爸爸作为节日礼物。这样的"中西结合"使节日充满爱意。

育人为先、立德为本的中华优秀传统文化所蕴含的德育价值是我们取之不尽、用之不竭的资源。今后，我们要充分重视中华优秀传统文化的继承发扬，给学生注入正能量;要把丰富的传统文化资源带进课堂，使德育做到生动有趣、寓教于乐，为学生的思想道德建设注入内化力。

（本文于2018年获北京市教育学会论文评优一等奖）

打造高效课堂提高低年级学生的识字效率

田亚男

识字是语文基础能力之一。在学习中，经常可以发现学生由于识字量的缺乏，往往使自己在课外读物中遇到生字时产生阅读障碍，进而形成理解障碍，最终导致了阅读兴趣的下降。

为了实现小学语文课堂识字教学的"低耗高效"，必须寻求一些行之有效的操作策略。而新教材的识字量又很大，教学时间又短，于是引导学生有效识字，从中掌握识字方法，是语文教师必须要完成的教学任务。《义务教育语文课程标准（2011年版）》指出：低年级识字教学的目标，首先要让学生"喜欢学习汉字，有主动识字的愿望"。因为兴趣是学习的动力，只有产生对汉字的喜欢，才会激发他们学习的欲望。同时，识字写字是阅读和写作的基础，是整个小学阶段语文教学的关键。学生除养成良好的识字习惯外，还必须掌握"活"的识记方法，为今后的自学阅读打下良好的基础。在识字教学中，为了使学生在愉快轻松的气氛中主动地识字，我们教师要根据低年级学生的心理特点，采用灵活新颖的教学方式，为学生创造快乐的学习环境。

低年级语文教学的重点是帮助学生识字写字。学生在刚开始学习汉字时兴趣浓厚，但是后来兴趣逐渐下降。为使学生喜欢汉字，我运用多种形象直观的教学手段，创设丰富多彩的教学情境，从而达到使低年级学生喜欢学习汉字，有主动识字、写字愿望的目的。

一、激发识字兴趣，使学生乐学

兴趣是最好的老师，是调动学生积极思维、探求知识的内在动力。游戏是儿童喜欢的活动，这就需要我们重视课堂教学，采用多种形式的引入，激发学生识字兴趣，以便使之产生识字的愿望。

对于低年级的孩子来说，识字不仅是一项新的任务，更是一项重要的内容。但从传统意义上来讲，识字教学是一个单调乏味的过程。如何高效地指导低年级学生识字，是语文教学的关键。我觉得要遵循听得懂、读得准、识得真、记得牢这一规律，积极创设识字环境，激发学生的识字兴趣，引导孩子们认识生字，牢记生字。如在《二十四节气歌》这一课中：首先，让学生观察字形，说一说四个生字的结构特点。接着，我出示"露""霜""雪"的图片，进行连线练习，再一次强化字形与字义的特点。然后，出示"雨"字与雨字头，说一说不同的地方。最后，教师示范，重点指导书写"露"。出示"露""霜""雪"的图片帮助孩子理解字的含义，比较结构相同的地方让学生发现雨字头的字和雨有关，理解字形。

二、教给识字方法，让学生会学

新课标明确提出识字教学要将儿童熟识的语言因素作为主要材料，同时充分利用儿童的生活经验，注重教给学生识字方法，力求识用结合。

（一）归类识字

汉字中大多数为形声字，形旁表意，声旁表声。学生学过部分合体字后，基本上了解了常用字偏旁所代表的含义。如在教学《青字谣》一课时，先让学生找一找这一课生字中，哪些生字带有"青"这个字，学生会找到"情、清、晴、蜻"并能说出这些生字读音都有"ing"的音，而且不同的偏旁，表示不同的字义。学生轻松地掌握了字音、字形，对字义也有了一定了解。学会了这种识字方法，学生在识字中便可做到举一反三、触类旁通。

（二）看图识字

根据汉字的构字规律，一些象形、指事、会意类的字可以运用形象的图画，帮助学生建立起汉字符号与事物之间的联系，把字的音、形、义有机地联系起来。既激发了学生识字的兴趣，又培养了他们观察认识事物的能力。

如在教学《二十四节气歌》中，出示"露""霜""雪"的图片，将认识事物与识字结合，帮助学生建立汉字与事物之间的联系。

（三）猜字谜

根据字的形状或意义编成字谜。例如，"坐"，两人坐在土堆上；"被"，一件皮衣当被盖；"两"，两人打着一把伞在院子里散步。

（四）游戏激趣

小学低年级识字教学中，除了认识字形，还要读准字音，为了学生能读得准，记得牢，我在教学中多采用游戏的形式。

"找朋友"游戏。将生字卡片发给学生，请他们站在讲台一侧，再请同等人数的学生上台，认读一个生字，持该生字卡片的同学马上走到他身边，举起卡片，领读全班。

"小老师"游戏。在黑板上贴出所有生字卡片，学生自读后想想自己学会了哪个字，并教给全班同学。

三、在课外阅读中巩固识字

语文教学并不能只局限于语文教科书的教学，还要把学生引领到课外广袤的知识读本中。教学中，我利用每周一节的课外阅读课，开展课外阅读展示活动。如本学期学生阅读了《宝葫芦的秘密》和《故宫里的大怪兽》，这两本书中好多汉字都是常用汉字，孩子们认读起来没有困难，而且书中很多AABB式的词语学生能够主动积累并根据上下文理解词语的意思，阅读能力得到了提高。在《故宫里的大怪兽》中，学生知道了故宫太和殿上的怪兽的名称，并且认识这些名字难认难写的汉字。这样，既巩固了所学的生字，又学到了新字，提高了识字和阅读的能力。正如苏霍姆林斯基说："兴趣的源泉还在于把知识加以运用，使学生体验到一种理智高于事实和现象的'权力感'。"无论是"即时巩固"，还是"长期运用"，都是学生将所学的知识加以运用，在实践中体会成功的快乐，增强学习的兴趣，促进了学生好好学习的愿望。

四、现学现用，引导学生在生活实践中识字

生活是语文的内容，语文是生活的工具。联系生活进行识字教学包括两方面的意思：首先在利用学生生活中的有利条件，形成识字的敏感和浓厚的兴趣，比如在大街上的招牌、广告、家庭中的电视、电脑等，都是学生识字的教材；其次是让学生阅读一些适宜的故事书，让孩子走进一个无声而精彩的世界。这是尽快识字所追求的境界，只有当学生从阅读中尝到乐趣，他们才会更加主动地识字，并使阅读成为自己精神生活中不可缺少的一部分。

学生的识字写字都离不开"兴趣"两个字，兴趣是最好的老师，我们应从学生的实际出发，充分调动学生学习的积极性和主动性，让学生乐学、爱学。唯有这样，识字教学才能收到事半功倍的效果，才能实现识字教学的有效性。

总之，小小汉字，奥妙无穷。在教学时要充分发挥教师的主导作用，结合学生的思维特点，调动学生的多种感官，引导学生积极地参与识字教学，处处从学生主体的实际出发，鼓励学生想象，实践，学生就能获得成功的喜悦。从而使枯燥的识字教学成为培养学生发现兴趣和热情探索的热土。作为一名教低年级的教师，我要在这样的基础上总结更多的经验，找出更多适合孩子们的方法，让孩子们插上腾飞的翅膀，在识字的知识王国里自由翱翔。

（本文于2019年获北京市市级论文评优二等奖）

做让孩子爱读书的引路人

郑冬梅

一、问题提出的背景、目的

语文是一门基础性、工具性很强的学科。小学语文教学的目的是理解、运用祖国的语言文字，丰富语言积累，培养学生具有初步的阅读能力和写作能力，养成良好的语文学习习惯。

叶圣陶先生说：阅读是吸收，写作是倾吐，倾吐是否完全符合法度，显然与吸收有密切的关系。"读书破万卷，下笔如有神"，"劳于读书，逸于作文"正是读写关系的最好说明。阅读是为了更好地写作表达，写作是阅读知识的巩固和发展，这是一个知识迁移的过程。

在阅读教学中适时渗透习作指导，实现读与写的有机结合，既是阅读教学的重要目标之一，又是整个语文教学所追求的理想境界。要真正实现读写结合，必须注重阅读教学渗透习作指导的科学设计。鉴于以上认识，结合学校语文教学实际，我组将继续《语文1+X拓展型课堂教学的实践与研究》这个课题的研究。这学期我们依托学校"整体阅读"项目的引进和推进进行了一些尝试。

二、班级情况分析

本班共有45名同学，女同学25名，男同学20名。经过四年的学校生活，大部分同学都养成了好的学习、生活和阅读习惯。例如，上课能紧跟老师思路认真听讲，积极动脑回答问题，课下认真独立完成作业并学会自己检查作业，书写工整，效率提高，能够认真对待自己的每一次考试，学会自己给自己总结原因并加以改正。在学习、生活习惯显著提高的同时，有些孩子的阅读习惯却进步不明显。例如，有同学不爱读书，也不知道爱惜书，班级图书的保存情况不理想；有个别同学的阅读习惯不好，没有坚持连续阅读或是没有养成读书积累的习惯；有的同学不会选择适合自己的图书读等，本学期将这些同学锁定为帮扶对象力争有所改进。

学校"整体阅读"项目的引进，为各班购买配置了大量书籍，供学生阅读。为了能够有效地开展阅读活动和推进"整本书阅读"的进程，我着实地动了一番脑筋。

习总书记在今年的教师节考察"北京市八一学校"时的讲话像一缕春风为我们指引了方向。习总书记强调:广大教师要做学生"锤炼品格"的引路人，做学生学习知识的引路人，做学生创新思维的引路人，做学生奉献祖国的引路人。为了正确引导全体同学爱上阅读，能够把人生最美好的时光用在读书上，养成良好的阅读习惯，我把自己定位为做好"让孩子爱读书的引路人"。

三、五个引路　初见成效

引路一：创设读书氛围走近图书

学校"整体阅读项目"的引进为每个班级配备了适合学生阅读的图书，在新图书还没有到位前，我便给这些新书安排了一个好的归宿，要有书香气！于是准备书架、精心布置装饰图书角，在班级里创设了一个好的读书氛围。新鲜的事物总是易于被别人接受的，看着孩子们一个个地在图书角挑选自己喜爱的图书和选中图书后的笑脸，我想：他们已经被读书的氛围所感染，开始走近图书了。

引路二：集体约定图书管理制度爱护图书

为了充分利用班级图书资源，进一步深入持久地开展读书活动，有效地助推学校的整本书阅读项目和语文课改工作，结合学校的"毛毛虫阅读计划""课前精彩三分钟"等活动，加强班级图书管理，我们利用班队会时间和孩子们一起制定了《班级图书管理制度》，将制度打印张贴上墙并在班级QQ群公布形成公约，既约定了图书管理员的职责也约定了如何文明借阅。"无规矩不成方圆"，有了制度的约定，孩子们爱护图书在行动，有些同学已经自发地为图书包好了书皮，我想：他们已经开始爱上读书了！

引路三：有效整合活动走进图书

"毛毛虫阅读计划"和"世界读书日"是学校一直以来坚持和推广的活动，"课前精彩三分钟"正是今年我们合力为学生打造的展示自我锻炼自我的活动，如何将这三个活动最大限度地有效整合也是我们组讨论的话题。"故事分享""美文赏析""点滴积累""好书推荐"等将成为各班"课前精彩三分钟"展示活动的话题。我想：孩子们终将在多姿多彩的活动中快乐阅读！

引路四：家校合作助力读书进程

"授人以鱼，不如授人以渔。"这是人人皆知的道理，对于教师或是父母来讲，无论教会孩子多少知识多少技能都不如教会他们自主学习的本领，这是孩子们可以受用终身的隐形财富，永远无法被夺走，而阅读恰巧就是这样的一笔财富。为此，我们和家长一道携起手来合力教给和引导孩子正确的阅读方法，让孩子爱上阅读。每周一下午一小时的阅读时间对于爱读书的孩子来说是远远不够的，为了让孩子养成连续阅读的习惯，我们让孩子们将自己喜爱的图书带回家，和家长一起阅读，在每天的亲子阅读时间里一起交流着各自的阅读心得，一起设计完成积累本上的阅读积累，我想：受益的不仅仅只是孩子们吧！

引路五：巧用阅读工具将读书进行到底

让学生变聪明的方法，不是补课，不是增加作业量，而是"阅读、阅读、再阅读"。《义务教育语文课程标准（2011年版）》也明确指出"要培养学生广泛的阅读兴趣，扩大阅读面，增加阅读量，提倡少做题，多读书，好读书，读好书，读整本的书"。并对课外阅读作出了量的规定："九年课外阅读总量应在400万字以上，其中小学阶段为145万字。"可见课外阅读在语文教学中有相当的比重，而兴趣是最好的老师，是学生学习的动力，只有当学生有了阅读兴趣，才能从内心深处对课外阅读产生主动需要。

"阅读工具箱子"的配备让我很从容地点燃和保持着孩子们的阅读热情。《阅读存折》——顾名思义，阅读财富的累积：小豆豆的钱包掉到厕所里，她把粪坑里的东西全捞出来，堆成一座"小山"，小林校长只说"弄完之后要放回去喔"；小豆豆有一天单臂吊在树上，校长走过来问她在干什么，小豆豆说，她看见牛肉也是这样整天被挂着，她今天想做牛肉……有趣的事情真是层出不穷，令人忍俊不禁。孩子们的点滴记录流露出的不仅仅是他们读书时愉悦的心情，更多的是思维外壳锋芒的展露。

有人说"读书足以怡情，足以博彩，足以长才"，使人开茅塞，除鄙见，得新知，养性灵。因为书中有着广阔的世界，书中有着永世不朽的精神，虽然沧海桑田，物换星移，但书籍永远是新的。所以，让我们和孩子们一起热爱读书吧！

（本文于2018年获北京市语言学会论文评优一等奖）

活力·科研

北京小学通州分校办学

十周年科研成果集

刘卫红◎主编

（下　册）

九州出版社
JIUZHOUPRESS

运用资料，体悟感情

——落实语文单元要素培养

王汉博

《义务教育语文课程标准（2011年版）》指出："为了突出学生阅读行为的自主性，重在感受体验，整体把握，而不只是纯理性的，甚至是机械的分析。""教师是课堂阅读活动的组织者、学生阅读的促进者，也是阅读中的对话者之一。"

《北京市中小学语文学科教学改进意见》也提出：积极拓展阅读视野，提升阅读能力。改进意见强调5—6年级重点培养学生从文字材料中获取和处理信息的初步能力。注意篇章整体阅读，品读重点段落，基本理解作品内涵。注重指导学生根据写作目的构建文章框架，做到较为熟练地表达真情实感。

一、预判学生，分析学情

五年级的学生在阅读中主要存在两个问题：一是较难理解含义深刻的语句，二是较难体会课文中的表情达意。该问题产生的原因是学生阅读少、积累少，缺少阅读训练的环境。作为教师，要善于在日常课堂中结合单元语文要素，抓关键字、词、句来体会课文表达的思想感情。并通过拓展课外阅读丰富学生阅读视野，开展读写结合，引导学生写出体会到的思想感情。

二、分析教材，梳理要素与关系

（一）教材的整体特点

五年级上册总体编排有以下特点：选文以名家名作为主，内容更加丰富、更加有深度。根据年段特点，提升学生阅读与表达能力。练习设计活动化，充分调动学生的学习兴趣。

教材选文的标准强调课文的经典性，文质兼美，适宜教学，兼顾时代性。

教材分单元组织教学。除第四单元由4个板块内容贯穿整个单元，没有安排"口语交际"外，其他单元均由5个板块内容穿插其中。

（二）如何看待单元要素

五年级上册各单元间的语文要素是紧密联系的。第四单元将阅读教学向课文外部拓展，重在学习结合资料体会课文思想感情。第六单元将阅读教学向课文内部深入，重点关注文中描写的场景、细节中蕴含的思想感情。

三、单元语文要素分析

五年级上册各单元要素贯穿始终。第四单元的语文要素是结合资料，体会课文表达的思想感情。例如在第四单元中，《古诗三首》引导学生结合注释和相关资料，体会诗人强烈的爱国情感。《少年中国说》引导学生结合资料了解写作背景，了解中国人的强国梦想。《圆明园的毁灭》引导学生通过查阅资料了解圆明园的历史、文化价值。《小岛》引导学生结合资料感受海防战士的爱国情怀。各课文习题及阅读提示，也都指向单元要素，凸显教材编排分层设计、循序渐进的特点。

四、以课为例，落实要素培养

（一）分析课文，落实要素培养点

《圆明园的毁灭》是第四单元中的第三篇课文，位置偏后，主要是对本单元的语文要素进行巩固训练。《圆明园的毁灭》内容篇幅较短，思路明晰。据此，在教学过程中，教师要积极引导学生通过查找资料，结合资料深入了解圆明园的历史、文化价值，感受作者的痛惜之情。

（二）确定教学目标，落实要素训练

教学目标：有感情地朗读课文，了解圆明园的毁灭过程，理解重点词语和句子的深刻含义，体会作者表达的思想感情，产生痛惜之情，激发爱国之情；在探究新知识的过程中，运用各种资料培养学生独立思考问题的能力；感知作者写作技巧，巩固列提纲方法，提升写作能力。

教学重点：结合资料，理解课文中重点词语和句子的深刻含义，体会作者表达的思想感情。

教学难点：理解重点词语和句子的深刻含义，学会列提纲，分段叙述。

（三）梳理教学层次，落实教学过程

依据上述目标和学生现状，在本课设计了以下环节：情景导学——初"识"圆明园；研读课文——走"进"圆明园；情感升华——走"出"圆明园；布置作业与课堂小结。

（四）简述教学流程，说清教学目的

1.情景导学，初"识"圆明园

课文开篇创设情境引出圆明园，初步了解圆明园的历史、文化价值，通过图片，激发学生学习兴趣；借助词语完成填空，熟悉课文内容，进一步体会圆明园的历史、文化价值。

2.初读课文，走"进"圆明园

在这一环节，先让学生结合资料感受圆明园的布局美、建筑美和文物美，体会圆明园昔日的辉煌，再了解圆明园被毁灭的经过。在前后强烈的对比下，体会作者的痛惜之情。

（1）体会圆明园的布局美

我首先让学生朗读第二自然段，借助圆明园的布局图资料，抓住"众星拱月"一词，帮助学生感受园多如星、美丽如梦的布局美，并要求把美感读出来。

（2）体会圆明园的建筑美

通过让学生朗读、圈画并结合学生分享的景观资料和教师补充的资料，想象圆明园昔日盛景，并试着做批注、写想法、谈感受。在此基础上，分析关键句的表达特点，学习"对举"的方式。再回文让学生有感情地、用自豪的语气读课文。

（3）品味圆明园的文物美

本环节从重点词语"上自""下至"的深刻含义入手，体会圆明园文物的历史悠久。补充资料舍卫城，请学生感受圆明园文物数量之多。补充资料兽首，让学生感受圆明园文物的价值，并运用关联词将两个特点连接起来。最后用自豪的语气读课文。

（4）了解圆明园被毁灭的经过

本环节是教学中的重中之重，是激发学生不忘国耻、振兴中华的责任感和使命感的重要部分。

第一，多层次、有梯度地运用资料。

第一层次：亲自去圆明园进行实地考察，了解圆明园的现状。

第二层次：利用文字图片资料引导学生走进残垣断壁产生的过程。

第三层次：借助视频影视资料还原毁灭过程，抓住关键词语，让学生感受其破坏力度之大、之快，从而体会作者的内心之痛。

第四层次：出示雨果的文字。通过朗读把雨果的痛惜、愤怒之情表达出来，体会"不可估量的损失"。

第二，学写作技巧，悟表达特点。

思考作者写圆明园的毁灭前，为什么先用较大的篇幅写圆明园昔日的辉煌。学习课文运用的写作技巧——对比。追问如果顺序颠倒是否可以，哪种更深刻。进而引发关于写作技巧的思考。第二、三、四段分别写布局美、建筑美、文物美，第五段写圆明园的毁灭。这就是提纲。引导学生在写作时，提前列好提纲。

这样的设计意图在于从视、听、说、感多角度培养学生结合资料体会课文表达思想感情的能力。同时，通过分析课文的写作技巧，领悟课文的表达特点。继续渗透本单元习作的语文要素，为本单元习作奠定基础。

3.情感升华，走"出"圆明园

（1）结合历史看今朝

在本环节中，引导学生思考"有人准备重建圆明园，但也有人反对"这个问题，让学生说说自己的想法。目的在于让学生站在历史的角度上，结合现实，能够表达出自己的所感所想，激发学生不忘国耻、振兴中华的责任感和使命感。

（2）关联阅读抒情感

结合"日积月累"，说一说这些词语带给你的感受。

结合陆游的诗句，说一说世人心中的太平盛世。

结合《少年中国说》，说一说国人的使命。

目的是再次通过拓展和品读了解课文的历史背景，以及当时有志之士的宏伟抱负，激发强烈的爱国主义情怀和报效祖国的宏伟壮志。

4.布置作业与课堂小结

结合本课内容，尝试制作一次多媒体作品。例如使用手机录制小视频，或制作美篇、小报。内容上应结合课文内容及自己所收集的材料。可以讲故事，可以创造性地复述课文。方式内容多样化，需体现学习后的感悟，并发表自己的想法。

五、课后反思，夯实要素落实

选择怎样的阅读资源是当下专题研究的重、难点所在。学生阅读仍存在一定难度，这促使教师思考选择怎样的阅读材料才能更好地推动学生对课文的理解，对中心的把握。其次，学生对材料能否有自我选择，怎样培养学生自我选择、自主选择也将是教学的方向所在。

（本文于2019年获北京教育学会论文评优一等奖）

精心设计教学环节　促进思维发展

孙晓英

计算教学贯穿于整个小学阶段，是小学数学的重要组成部分。面对干巴巴的10个数字和几种运算符号，要想提高小学生的计算能力，需要教师在读懂学生需要的基础上深钻教材，精心设计教学环节，提高学生的计算能力，促进学生的思维发展。

在教学小学二年级的《万以内数的进位加法》时，我首先对本班学生做了前测：

$$
\begin{array}{r} 5\,6 \\ +1\,8 \\ \hline \end{array}
\quad
\begin{array}{r} 7\,2 \\ +2\,6 \\ \hline \end{array}
\quad
\begin{array}{r} 2\,1\,6 \\ +3\,6\,2 \\ \hline \end{array}
\quad
\begin{array}{r} 3\,1\,8 \\ +2\,9\,3 \\ \hline \end{array}
\quad
\begin{array}{r} 5\,9\,6 \\ +4\,0\,6 \\ \hline \end{array}
$$

在前测中我发现：前三道题，学生遇到什么问题，只有一名学生算错数，而后两道题的错误率极高。主要表现在：

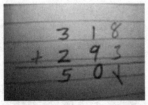

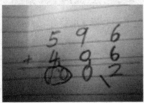

错误1：这些学生在计算个位"8+3"时知道等于11，但计算十位上的"1+9=10"却忘了加进位的1，百位也没有加进位的1。

错误2：这些学生在计算个位"8+3"时知道等于11，但没有向十位进1，而十位上的数字相加满十也没有向百位进1。

错误3：这些学生在计算个位和十位上的数字相加时都很正确，并且知道在相应数位上标上进位的小"1"，而在百位满十时，千位上又没有数时，不知道进位的"1"写在什么位置上。

针对前测中学生表现出的错误，我陷入了深思：要想避免学生出现上述错误，提高学生计算的正确率，一定要抓住课堂教学的主战场。为了打好课堂这场持久战，向40分钟要质量，我精心设计了每个教学环节。

一、精心设计导入，做好迁移的准备

在数学教学中，新课的导入具有极其重要的意义。万以内的进位加法是在学完百以内数的进位加法的基础上学习的，因此我在教学中首先利用旧知导入新知，并设计了羊村里的小羊为了迎接五一节的到来都主动去做一件自己认为最有意义的事，只有懒羊羊不愿意去，于是村长给它出了两道数学题：

$$\begin{array}{r} 2\ 5 \\ +3\ 8 \\ \hline \end{array} \qquad \begin{array}{r} 3\ 6 \\ +3\ 2 \\ \hline \end{array}$$

学生一见到喜爱的懒羊羊都纷纷举起小手帮助它做题。此时我不仅让学生说出答案，还让学生口述做题方法。尤其在做第二题时，当学生说完计算过程后，我马上追问："十位上的小'1'表示什么？个位'6+8'满十为什么向十位进'1'？"学生结合自己刚才的做题很快回答道："十位上的小'1'表示1个十。个位'6+8=14'已经够1个十了，所以要向十位进'1'。"随后我又让学生及时总结这两道题的计算方法。

通过导入，学生在复习旧知的基础上为下面要学习万以内数的进位加法做好了准备。

二、精心设计新授过程，掌握计算技巧

众所周知，儿童的思维过程是具体到抽象的过程，特别是低年级儿童，思维仍以具体思维为主。因此，我在新课教授过程中采取多种教学手段，让学生掌握计算技巧。

（一）设计情境

为了激发学生的学习兴趣，我设计了羊村第一勇士沸羊羊来到图书馆帮助管理员整理图书的情景。学生一看到羊村第一勇士沸羊羊都坐好了，便聚

精会神地听老师讲课，从而达到了以境激趣的效果。

（二）设计同伴互助过程，提高学生的参与意识

幻灯片出示：

沸羊羊来到图书馆看到三类书，本数如下：

图书类别	故事书	科技书	连环画
本数(本)	786	388	193

我接着说："沸羊羊想考一考大家，于是它给我们提了一个数学问题：你能根据所给的条件提一个用加法计算的一步问题吗？"学生马上举起了自己的小手。我先找一个学生提一个问题："故事书和连环画一共有多少本？你可以找一个小伙伴来帮你列算式，好吗？"这个学生马上找到自己的小伙伴来帮自己列算式。同时我把算式板书在黑板上，接着再叫其他的学生提问、列式。学生参与课堂教学的面扩大了了，同时也激起了他们求知的欲望。

（三）设计探索的过程，掌握计算方法

为使学生真正理解和掌握万以内数的进位加法的计算方法，我引导学生大胆地探索，使他们体会通过探索获得成功的喜悦。

1.集体交流探索"十位相加满10向百位进1"

在我把三个算式"786+193、388+193、786+388"依次写在黑板上后，我首先让学生独立在小卷上做"786+193"，然后找学生说一说做题方法，并且追问："百位上的小'1'表示什么？十位'8+9'满十为什么向百位进'1'？"学生回答道："百位上的小'1'表示1个百。十位'8+9'满10，10个十是一百，所以向百位进'1'。"我接着说道："也就是说十位相加满10要向百位进1，或者说十位相加满10向它的前一位进1。"说完我让学生反复说，使他们明确十位相加满10向它的前一位进1。

2.独立探索"哪一位上的数相加满10，都要向它的前一位进1"

在学生明白"十位相加满10向它的前一位进1"的基础上，我让学生独立在小卷上做"388+193、786+388"这两道题，并让学生口述计算方法。最后让学生比较这两道题都是连续几次向前一位进1？学生很快发现"388+193"是连续两次进位，"786+388"是连续三次进位。我继续追问："通过做这三道题，我们发现当哪一位计算满10时怎么办？"学生答道："哪一位上的数相加满10，都要向它的前一位进1。"在这个教学过程中，学生通过自己的探索，总结出了计算方法，无形中提高了计算能力。

三、精心设计练习形式，体验成功的快乐

学习的最大乐趣在于通过艰苦的努力而获得成功，帮助学生在学习中获得成功的体验。苏霍姆林斯基认为，学生只有当学习有了成绩而受到鼓舞时，才会产生对学习的兴趣。在教学中尤其要尊重学生的自尊心，让学生在成功的体验中享受成功的乐趣。

（一）巩固练习

我在本课教授完新知后，马上用投影出示了三道万以内数进位加法的竖式计算让学生独立做题，集体交流做题方法，并追问："在做题的过程中，要注意什么？"学生答："哪一位上的数相加满10，都要向它的前一位进1。计算时千万不要忘了加进位的'1'。"学生在不知不觉中巩固了计算方法。

（二）反馈练习

随后我出示了两道有错误的竖式计算，学生一下子就找到了错误，还口述了错误的原因并改正过来。我及时给予表扬。学生的学习热情一下子被调动起来了。

（三）灵活运用练习

我邀请学生和我一起用0至9这几个数字做游戏：每人用卡片中的任意数字组成两个三位数，再用这两个三位数组成一个加法算式交给同桌解答。同学们都积极出题并解答同桌出的题，而且每一个学生对于别人做的题都能给予正确的判断。学生体验到了成功的快乐，也使我看到了教学效果。

通过对教学环节的精心设计，对教学方法的精心提炼和实际训练，学生的错误大幅度减少了，计算能力提高了，从而也拓宽了学生的思维。但是计算教学是一个长期而复杂的过程，它需要我们教师在教学中长期坚持上好每一节计算课，加上学生的不断努力才能取得良好效果。

（本文于2019年获北京市教育学会论文评优二等奖）

优化思维路径，培养运算能力的课堂教学架构

——以"分数除以整数"教学为例

范素杰

《义务教育数学课程标准（2011 年版）》中指出："在数学课程中，应当注重发展学生的运算能力。运算能力主要是指能够根据法则和运算律正确地进行运算的能力。培养运算能力有助于学生理解运算的算理，寻求合理简洁的运算途径解决问题。"运算是学习数学的基石，培养学生的运算能力是学好数学的基础。基于运算能力培养的"分数除以整数"新授课该如何架构？我通过听取同组教师授课、自身重复式上课、专家点评、自我反思基础上的重建与实践，得出了"读、思、享、评、练"的五环节教学流程。

一、读

数学阅读是学生数学学习展示思维过程、体会数学思想方法的主要路径。在教学中通常采用的方式是给出一个情境，让学生通过阅读来提取数学信息，提出数学问题。而分数除以整数在日常生活中不容易找到激发学生解决问题的真情境，这样就不能真正激发学生的探究欲望。所以在本环节，我通过引入一个《智能小和尚》的故事来引发学生思考，让学生在阅读故事的过程中初步感悟学习本节课知识的意义。

智能小和尚

从前，有个叫智能的小和尚，他机智过人，常常帮人排疑解难，一位将军听了不以为然，他决定考一考智能。他请来一位妇人，妇人说："请智能小师傅帮帮忙，昨天我店里来了不少客人，客多碗少，所以除饭碗是每人一个外，菜碗和汤碗都是共用的。菜碗是2人共用1个，汤碗是3人共用1个，这样一共用了220个碗。现在客人们走了，我们要记录下一共来了多少位客人。可我怎么也算不出。"

智能小和尚

智能闭目琢磨了一会儿，微微一笑说："一共有120位客人。"那妇人一惊，不禁脱口说道："你是怎么算出来的呀？"智能不慌不忙地说出了自己的算法："饭碗是每人1个，菜碗是2人1个，汤碗是3人1个，也就是1人用1个饭碗，$\frac{1}{2}$个菜碗，$\frac{1}{3}$个汤碗，合起来1个人用的碗数就是$1+\frac{1}{2}+\frac{1}{3}=\frac{11}{6}$（个），因为总共用了220个碗，每个人用了$\frac{11}{6}$个碗，所以客人就是$220\div\frac{11}{6}=120$（位）。"将军听了不得不点头称是，盛情款待了智能和他的师兄弟们。

而对于问题的引出，我将原本的"由情境列算式"转换为"结合算式编情境"，其设计意图有二：其一，培养和发展学生的问题解决能力；其二，唤起学生整数除法的原有知识与经验，实现旧知识的迁移。

二、思

在这个环节上，教师要给每个学生独立思考的时间和机会，让全体学生都对此问题有所思考。对于优等生来讲，思考可能更深入一些，老师可以引导学生从不同的角度来解决问题，从而实现思维的提升。对于中等生而言，可能会存在一两种解决的方法，老师可以引导学生对解决问题的方法试着总结、表达。对于学困生而言，可能存在障碍，自己无法独立完成问题的解决。但是在这个过程中，各个层次的学生都经过了深入思考，或者把这个过程叫作"独思"。第二个过程叫作"群思"，需要学生之间讨论计算的过程。学生通过讨论对整个计算过程进一步思考，从而对算理有更进一步的体会。

学生是带着丰富的原有知识和经验进入课堂的。我尊重学生的原有基础，放手给学生独立探索的时间与空间。在这个环节，主要通过独思和群思两种方式来让学生探索分数除以整数的算理。

（一）独思：探究4/5÷2=的计算方法

在探究分数的分子能被除数整除时，我采用独立思考的方式，提出核心问题："4/5÷2=究竟得多少？你能写一写、画一画，让其他人一下子就看明白你的想法吗？"这能充分调动学生的原有认知，并根据已有的知识经验来解决问题。学生使用的方法有五六种，充分体现出对研究问题的深度学习。

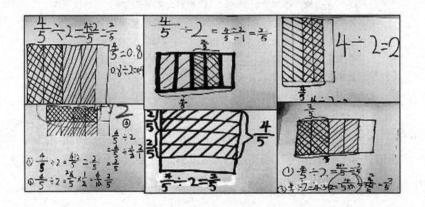

（二）群思，对比中优化4/5÷3=的计算方法

再出示4/5÷3=，即被除数的分子不能被整数整除的情况。这里我采用同桌交流讨论的方式进行，通过群思让学生无意识地进行了计算方法的第一次优化。

然后对比4/5÷2=和4/5÷3=的方法，将分子直接除以整数和"乘倒数"两种方法进行勾连，让学生感受到"乘倒数"方法的普适性和简便性，经历计算方法的第二次优化。

（三）数形结合，进一步理解算理

最后通过核心问题：图里面的"倒数"在哪儿？在图中圈出来。将几何直观地与算式联系起来，进一步帮助学生理解算理。

本环节的设计意图：旨在从特殊到一般，让学生经历算法优化的过程，在独立探索、生生交流的过程中，体会分数除法转化为分数乘法的算法所具备的普遍适用性。同时让学生在理解算理的基础上，通过对比、分析，结合图示能够用自己的语言表达"除以一个数，相当于乘这个数的倒数"的计算方法。

三、享

无论是借助面积模型的直观算法，还是用算式表达直观运算的过程和结果，都是让学生基于自身的原有知识与经验，自主选择解决分数除法的计算方法。在此过程中，通过实现多种方法的关联，帮助学生逐步明晰分数除法的算理，掌握分数除以整数的计算方法。

汇报环节，将课堂交给学生，让学生看懂并用自己的语言描述方法，让每个学生在课堂中都有收获，学会倾听、及时补充，给学生提供充分的生生互动的平台，在学生相互之间的交流中，解决自己的困惑，同时得到不同程度的提升。

四、评

课标中倡导运算教学要体现算法的多样化，这是运算教学课改中的一个亮点。它打破了过去"背公式，练计算"的僵化模式，让教师激发学生的计算思维能力。但是在本节课中如果不对算法进行合理的优化，就会使学生产生"混乱"的感觉。所以，这个环节主要通过学生互评、自评、教师评价、点拨等方式实现算法的优化。

五、练

练习在计算教学中是必不可少的。"练"不是机械重复，要以运用为主线，以培养学生的创新精神和实践能力为根本。在练习环节，我给学生出示一张没有算式的图，让学生根据图来写算式。学生可能会出现两种情况。第一种：直接使用分数除法。第二种：从分数乘法入手，解决问题。先做"2/3 ÷ 5"，还是从中间入手"2/3 × 1/5"，体现的是学生思维层次的不一样。学生根据自己对题目的理解自主选择。两种不同的解决思路，均应给学生鼓励和肯定。到底是"2/3 ÷ 5"还是"2/3 × 1/5"？由于表达的意义相同，都是

"把2/3平均分成5份，取其中的1份"，所以都正确。这道题再次让学生从意义上理解了分数除法的算理。

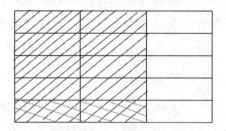

本环节的设计意图：从图示入手，加深学生对除法含义的再认识；同时也是对学生是否理解分数除法的算理，掌握分数除法的计算方法的一次检验。

当然，教学中并不是完全按照这样的5个程序依次进行，有的环节可能会涉及两种流程的过渡和交融。例如，在汇报过程中，可以边汇报边评价。在群思过程中，也可以边分享边点拨。但是整体的运算教学都要含有这5个教学环节。课堂教学是培养运算核心素养的有效手段。通过"读、思、享、评、练"5个教学环节，充分展现从加深算理理解方面培养学生运算能力，让学生对学习数学产生积极的情感体验，从而更好地实现数学教育的育人价值。

参考文献

［1］林国忠.提高运算能力，促进思维发展［J］.小学数学教育，2019(17): 24-25.

［2］刘燕.基于核心素养的小学生数学运算能力培养的策略［J］.现代教育，2019(06): 55-56.

［3］张庆宣.从能力到思维——数学运算培养的方向选择［J］.黑河教育，2019(06): 60-62.

（本文于2019年获北京市教育学会论文评优一等奖）

分析作业痕迹　呈现精彩课堂

王　洁

一、分析作业痕迹，读懂学生兴趣指向

数学蕴藏在生活中的每一个角落。充分挖掘生活中的数学素材进行教学，触动学生的生活积累，学生在体验中自悟自得，使原本枯燥的数学课堂活了起来。学生乐学、爱思考、喜探究，才是作业痕迹分析的目的。

（一）分析作业痕迹，读懂学生兴趣所指

在讲授北京市义务教育课程改革实验教材第5册数学万花筒《搭配》一课时，我深刻体会到作业痕迹的分析有助于读懂学生的兴趣指向，为发展学生主动学习做好铺垫。学生学习数学，一定要让他们先喜欢学，对所学内容有需求、有兴趣，才能真正乐于探究，扎实掌握。

第一次试讲时，为了激起学生兴趣，我采用的是让学生充当小侦探，给两位密码锁解锁的探索形式。但是教学效果并不明显。通过统计，授课班级中有42名学生，个别的学生没有明白题目意图；15%的学生在搭配的过程中做不到不重不漏地搭配出所有情况。而且相同属性的数字内容也容易让学生产生审美疲劳，学生在课堂上体会到的数学美也只是几个单调数字的组合而已，不能激发出学生的学习兴趣。

基于对以上作业痕迹的分析与研究，我发现此次教学效果并不明显。即使选用了学生喜爱的柯南形象作为依托，但由于脱离了学生生活实际，三年级的学生对简单数字的排列组合并不感兴趣，所以导致学生在搭配的过程中重复搭配或者搭配情况不完全的情况，教学效果不尽如人意。

（二）分析作业痕迹，读懂学生学习所需

分析学生作业痕迹后，我对如何针对教学内容创设出相应的现实情境越来越关注。了解学生的学习所需后，为了让数学课的"生活味"与"数学味"并浓，我认为只有利用学生喜爱的情境，他们才会愿意身临其中，主动学习，不用老师追赶拉扯着去学习。这才是顺应学生的学习需求的好设计。

基于此，我修改了教学设计。选择学生喜爱的、贴近生活实际的、有学习价值的材料作为学习资源，吸引学生的求知欲望。我选用的第一个例题是学生喜欢的肯德基午餐搭配情境：用两种主食和三种饮料进行搭配，共有多少种情况？这让学生有兴趣主动进行搭配活动。我在统计学生作业痕迹并分析后得出：全班42人中，只有1人即2%不能按顺序搭配出所有情况，大多数学生的方法多样且正确率高。后续练习中，我仍然把情境贯穿下来，利用柯南为形象，以柯南在去肯德基的路上遇到搭配问题为练习背景。学生解决搭配问题的热情不减。

分析作业痕迹，读懂学生学习兴趣所在与学习所需，从而设计学生喜爱的情境，利用有意思的情境让学生主动思考、主动探索，让学生的学习自然而然地发生，才能让学生保持良好的学习探索态度；通过作业痕迹分析，选取学生喜爱的情境，用学生喜爱的情景引入，并且在情景中融入基本的数学思想，使学生在不经意间接触数学思想，让数学思想潜移默化地影响学生，这对他们以后的学习大有裨益。

二、分析作业痕迹，读懂学生多样方法

数学教育家弗赖登塔尔说："数学是现实的，学生从现实生活中学习数学，再把学到的数学应用到现实中去。"我们在与学生一起学习的过程中，不仅要教会学生方法，更要读懂学生的多种方法，让学生的能力得到提升，使学生获得进一步发展所必需的数学的基础知识、基本技能、基本思想、基本活动经验。所以在课程设计时，要根据学生的作业痕迹，有意识地培养学生各方面的能力。

通过分析学生作业痕迹，读懂学生学习方法，才能把教学的过程进行得扎实，让学生真正体会在活动中学习，在过程中体会探索和解决搭配问题的方法。我通过"摆一摆"这一活动让学生亲自体会搭配的过程。动手摆一摆这一活动符合学生的年龄特点，学生在学习中喜爱动手并且搭配的结果多样。作业痕迹能够很好地展示学生的思维过程，让学生互相读懂各自的方法。在多样的搭配方法中，学生能够发展自己的基本技能，构建头脑中基本的数学思想，积累基本的活动经验，为后续的学习做好充足准备。

在汇报展示时，也需要把学生作业痕迹有层次地进行展示。巡视过程中，我发现学生虽然能够找出6种搭配的方法，但是无序状态的叙述让人不容易记住。于是我反问学生："怎样搭配能够让人一下子就能记住有多少种搭配的方法？"有的学生一下就会想到按照顺序去搭配才能不重复、不遗漏。于是我让有序搭配的学生展示自己搭配的过程。学生会自然而然地对比两种搭配方法的优劣。通过无序搭配与有序搭配的碰撞，让学生产生认知冲突，从而引导学生达成有序搭配的共识。只有做到有序搭配才能够把所有搭配的方法找齐，才能做到不重复、不遗漏，才能把基本的数学思想方法深深根植于学生的头脑中。依次为：列举法、连线法、列算式法。

在例题讲解之后，我在肯德基搭配套餐的情境基础上进一步提升练习：若再加一种主食，变成是三种主食和三种饮料，你还会搭配吗？请学生在小卷上连线完成此题，能够进一步提升学生对有序思考的理解。随即追问：若再增加一种主食，有多少种搭配的方法？基于以上例题和练习，部分学生能够把思路迁移到乘法算式上来解决搭配了多少种方法的问题。渗透排列组合的思想，进而使解决搭配问题的方法得到了进一步提升。

分析学生作业痕迹，读懂多样的学生方法，使学生对有序搭配的方法与规律理解得更为深刻和透彻，让搭配的方法扎实地落在学生的头脑中。

三、分析作业痕迹，读懂学生思维发展

了解学生的乐趣所在以及读懂学生学习方法后，再据此做《搭配》教学

设计时，进行有针对性的教学活动，才能使学生更好地接受新知识，理解课中难点，对教学起到更好的作用。

在前测中我发现，学生对数量较少的两类物品，如1样物品和2样物品的搭配掌握得比较好，但是一旦数量增加后，重复搭配和遗漏情况就时有发生。

教学设计应该考虑到学生的知识储备与思维发展。就算再好的想法和设计，如果没有建立在学生的知识基础和思维发展之上，也是不能建构新知识的。

分析学生作业痕迹，读懂学生思维发展，能对教学设计的制定有所帮助，使课堂教学效果大幅提升。

参考文献

高丽杰.营造充满童趣的数学课堂［M］.北京：同心版出版社，2009.

（本文于2019年获北京市教育学会论文评优二等奖）

"百分数的认识"一课引发的思考

张聪聪

　　"百分数的认识"是第二学段"数与代数"领域的内容，是在学生理解分数意义和熟悉应用的基础上进行的教学，主要包括百分数的意义、读法和写法。百分数的意义是学生今后学习百分数、解决问题的重要基础，是小学数学中重要的基础知识之一。本节课的教学设计为课堂提供了丰富的课程资源，从"为什么要学习百分数""学生学习百分数的已有经验是什么""百分数的本质"三个方面充分感知、反复体验，引领学生触摸百分数的本质，完成对百分数的意义建构。

　　在核心素养教学理念的引领下，把握好教学的起点，从学生的生活实际入手，引导学生在解读百分数的过程中逐步深化对百分数意义的理解。不局限于学生自己得出"百分数表示一个数是另一个数的百分之几"这句话，而是通过几个层次的教学环节，使学生达到了真理解、真明白的程度。重点针对以下几个方面进行深入思考。

一、优化数学教学过程，让学生成为主体

　　著名教育家叶圣陶先生说过："教师之为教，不在全盘授予，而在相机诱导。"如何诱导？他认为一要提问，二要指点。而好的提问"必令学生运其才智，勤其练习"，深刻领悟，追根究底。要做到这一点，教师就需揣摩何处为学生所不易领会，即于其处提出。学习离不开启发诱导，提问在课堂教学诸因素中有着举足轻重的作用。数学的教学过程是一个师生互动的过程，在这个过程中，"学"是指学生对知识从无到有的接受过程，"教"是指教师对知识分析和分享的过程。教师必须要培养学生发挥其主体意识，主动去接受知

识。这就需要教师运用适当的教学方法去引导学生主动地探索、积极地思考。

本节课中让学生理解生活中的百分数，从比较特殊的100%、90%和50%入手，让学生根据自己的知识基础理解，我没有进行过多的干预。如学生理解"我们班有50%的同学会游泳"时，学生说出"就是会游泳的占全班人数的一半"，这是学生根据分数的意义进行的解读。当理解"2010年广东约有41%的人打算外出旅游"时，我进一步提出要求，让学生在百格图中表示出41%，进而在1000个格、50个格中表示41%，突出41%所表示的部分和整体之间的关系。在理解"男性人口约占总人口的52%，女性人口约占总人口的48%"时，学生从比较的角度进行解读，每100人中约有52人是男性，约有48人是女性。此时我进一步追问"那1000人中呢？"，突出了两个量的比较。接下来，在理解班级的出勤率、投篮的命中率、人口的出生率、学生的近视率时，我又进一步提出问题让学生说出谁和谁比，表示谁占谁的百分之几。最后，通过回顾刚才解读的几个百分数，引导学生思考百分数表示的是什么。学生很自然地说出"百分数表示一个数是另一个数的百分之几"，概念的得出水到渠成。这正是因为在教学过程中，我放慢脚步，一步步引导学生去思考、探索才实现的效果。

二、了解学生，把握好重难点，以学定教

课前，我曾对学生进行独立访谈，百分数人人会读、人人会写，也都知道"%"是百分号，每个人也都能说出几个生活中见过的百分数。当我让学生说一说"我们班这次体质健康测试优秀率是90%"表示什么意思时，一部分学生表示不能解读出来，还有一部分学生是根据原来学习的分数的意义给予解释，即"表示把我们班的人数平均分成100份，优秀的占90份"，没有一个学生能说出"90%表示优秀的人数占全班人数的90%"。这说明，学生对百分数表示一个数是另一个数的百分之几的意义的理解是教学的难点。

为了真正让学生理解百分数是两个量比较的结果，我花了大量的时间让学生理解、体会生活中的百分数。学生在解读百分数的过程中，逐渐理解百

分数的意义。《基础教育课程改革纲要》中指出："改变课程过于注重知识传授的倾向，使获得基础知识与基本技能的过程同时成为学会学习和形成正确价值观的过程。"数学过程是一种体验和领悟的过程，在这个过程中，我充分尊重学生的个体差异，通过分析知识的内在联系和变化规律，充分展示知识发生发展的过程，并形成开放性和自主性的数学教学方式。

三、精心设计练习，形成知识网络，体现数学思想

《义务教育数学课程标准》中提道："人人学有价值的数学、人人都能获取必需的数学、不同的人在数学上得到不同的发展。"本节课的练习设计有重点、有层次、有新意、有针对性。利用百格图理解百分数、文件下载等素材，有利于学生对百分数意义的理解，能够很好地培养学生数感，直观感受部分与整体之间的关系；借助线段图理解"增长10%，下降20%"数形结合的思想，形象生动，为学生今后学习百分数解决问题打基础。在理解"增长300%"时，在线段图的基础上沟通了百分数和之前学习过的"倍数"之间的关系，有利于学生形成知识网络。

通过以上几点思考，本节课的教学较为流畅，教学效果显著。我体会到，数学课堂需要在数学核心素养的引领下去变革，不是教会学生知识，而是培养学习习惯；重点不是强调死记硬背，而是帮助学生理解；重点不是简单重复再现，而是引导归纳总结；重点不是采用题海战术，而是实施分层训练；重点不是肤浅复制教材，而是注重思维训练；重点不是学生语言表述，而是加强能力培养；重点不是老师要教什么，而是了解学生的知识生长点在哪里。这些不是一朝一夕之事，而是一个潜移默化的过程，需要教师在平时的教学过程中不断探究，总结经验，才能更好地培养学生的数学素养，最终实现自身价值。

（本文于2018年获北京市通州区小学数学研究会论文评优一等奖）

从方阵问题看数学模型简洁美

魏 超

美育可以培养学生的健康审美观，发展学生鉴赏美和创造美的能力。数学是一个抽象学科，美育是一种形象性教育方式，将小学数学和美育结合到一起，让学生从数学中发现美，能加深对数学美的认识。

著名数学家陈省身教授曾说，"在数学的世界中，简洁性和优雅性是压倒一切的"。放眼数学的概念，其无一不以它特有的数学语言的精练、逻辑体系的严密，字母符号的准确的描述，向我们展示着数学的简洁之美。而这也是数学模型所追求的美学原则之一。下面通过方阵问题具体地谈一谈数学课上怎样渗透数学模型的简洁美。

方阵问题是四年级上册"数学百花园"的一部分内容。本节课主要是以重复这一现实生活中的现象为原型，通过解决方阵中最外层有多少个的问题，探究每边数量、边数、总数、各量间的关系，建立模型思想，渗透数学的简洁美。

小明从前往后数排在队伍的第4个，从后往前数排在队伍的5个，请问这队伍总共有多少人？这是一年级学生经常做的思考题。到了四年级，我们又把这一经典的数学问题拿出来研究。这个队伍一共有8个人，4+5=9是不对的，为什么呢？在从前往后数，从后往前数的过程中，小明被数了2次，重复计算了，在4+5=9的基础上，还要9-1=8，所以这一队伍一共是8人。通过小朋友排队问题的情境引入，我们把这一现象重新引入到方阵问题的新授中。

在新授过程中，我抛出一个问题：这个花坛的最外层每边各有6盆花，最外层一共有多少盆花？

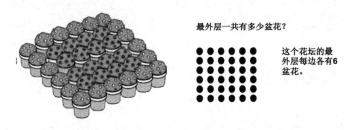

最外层一共有多少盆花?

这个花坛的最外层每边各有6盆花。

学生们通过小组合作积极研讨、集思广益，得出了很多种不同的方案。

方案一：   方案二：   方案三：

方案四：   方案五：

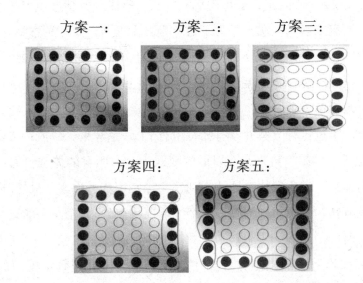

方案一：$6 \times 4=24$（盆）、$24-4=20$（盆）。每边有6盆花，6个为一组，一共4组，所以$6 \times 4=24$（盆）。但是通过圈画发现，这样计算有4个点重复圈画了，只能把重复圈画的点减去。方案二：$6-1=5$（盆）、$4 \times 5=20$（盆）。虽然每边有6个，但是如果这样圈画，容易重复。如果每5个一组，就不会有这样的问题。5个为一组，一共4组，所以$4 \times 5=20$（盆）。方案三：$6-2=4$（盆）、$4 \times 4=16$（盆）、$16+4=20$（盆）。学生们是这样解释的：通过前两种方案可以发现，最外层4个角上面的点比较特殊，所以先忽略不计。在这样的情况下，4个为一组，一共4组，$4 \times 4=16$（盆），最后再把之前忽略不计的4个点加回来，即$16+4=20$（盆）。方案四：$6 \times 2=12$（盆）、$6-2=4$（盆）、$4 \times 2=8$（盆）、$12+8=20$（盆）。方案五：$2 \times 10=20$（盆）。学生们是这样告诉我的：2个为一组，一共10组，2×10=20（盆）。学生们真是善于思考，想出了这么多种不同的方案。虽然这些方案的画法各不相同、算式各不相同，但都解决了最外层有多少盆花的问题。但是有什么相同的地方吗？最开始，学生们说答案一样，最后算出来都是最外层有20盆花。没错，最后得到都是最外层有20盆花。最外层有6个，6个圈在一起，就会发现有的点是重复的。第一种方案的学生们只有把重复的点去掉才能得到正确的答案，即是采用了去掉重复的办法。有了第一种方案，6个为一组，会出现重复的点，所以自然就会想到怎么做才不会有重复。所以以后的方法都是为了避免重复做准备。第二种方案是5个为一组，分为4组。第三种方案是6个为一组的有2组，4个为一组的有2组。第四种方案4个为一组，有4组，最后在把剩下的点加上，从本质上来说也是为了避免重复。再来看第五种方案，虽然也是避免了重复，但是2个为一组，正好可以分为10组。不过这种方案并没有和每组有6个联系起来，分成10组也比较烦琐，并不是适合推广，特别是在以后的变式中会有明显的体现。通过回顾这几种不同的方案，学生们清楚地认识到，无论是用什么方案，最外层4个角上的点都比较特殊。解决最外层有多少个，需要重点处理4个角上的点，这就是方阵问题的模型。

抓住了方阵问题的模型，怎么才能让学生们体会到数学模型的简洁美呢？在此基础上，教师第一层应在"每边的个数"这一维度上进行变式。

变式1：方阵的每边有8个点，最外层一共有多少个点？

变式2：方阵的每边有10个点，最外层一共有多少个点？

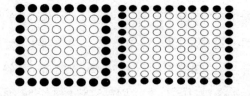

通过学生们的做题效果我发现，只要学生掌握了方阵的特点，能够正确处理4个角上的4个点，无论每边的个数怎么变化，无论每边的个数变成什么样，对于学生来说都不是问题。

在经历第一个维度的变式之后，教师应提供素材，让学生经历第二个维度"边的数量"的变式。

变式3：一个正三角形，每边有6个点，最外层一共有多少个点？

变式4：一个正5边形，每边有6个点，最外层一共有多少个点？

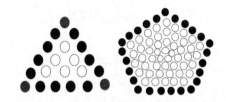

从表面上看，虽然还是计算最外层有多少个？但是题目发生了较大的变化：图形的根本形状有原来的正四边形变成了正三角形、正五边形。学生们还会做吗？孩子们十分自信地回答老师：当然没问题了。

按"每边上的数量"和"边的数量"两个维度由浅入深逐一进行变化，让学生充分感知当一个量不变、另一个量发生变化时所引发的变化，透析着求方针问题中最外层个数的精髓。只要学生抓住方阵的模型特点，明白角上的点同属于两条边，在计算最外层个数时可能引发重复，无论题目每边个数有多少、无论是正几边形，无论是利用减去重复的办法还是用避免重复的办法，学生们都能解决。

许多学生一遇到数学题目就开始抓耳挠腮，觉得每一道数学题目都是新的类型，以为数学题目根本就没有规律可循。其实不然，数学模型是解决很多问题的关键。把数学问题外衣剥去，其中的内涵其实是一样的。我们用一个数学模型可以解决许多相同类型的问题，数学模型的建立就是如此简洁。甚至还有人用"数学模型如诗，数学模型如画"来形容数学模型的简洁美。

不仅仅是方阵问题的数学课、数学模型的简洁美，教师更需要将美育贯穿到整个数学教育中。只有这样，才能真正实现素质教育。

参考文献

谢海娟.浅议美育维度下的小学数学教学［J］.新课程(小学), 2015(04): 32-33.

（本文于2018年获北京市"京美杯"一等奖）

小学数学审题习惯的培养
——"读题画批"

苗月菊

一、问题的提出

每当考试结束，学生拿到试卷后，我总会听到这样的声音："哎呀，是这样啊，我没看清题目要求，原来是求多多少？而我只求出是多少，差了一步减法""题目是让画出所有的对称轴，而我只画出一条……我要是认真审题就能得一百分了"。在每次的试卷分析中，几乎每位教师都要提到学生的错题原因之一——没有认真审题。甚至有时我也会想，要是那几名学生认真审题，我们班的平均分就能再高一些了。他们真是马虎。

在学生试卷的错题分析中，因没有认真审题而导致的错误会占错题总数的50%以上。这引起了老师的深思与关注。通过分析总结，我发现学生在审题方面存在以下问题。

（一）缺乏耐心

许多学生由于审题习惯不好、责任心不强，只顾做完题目，并没有弄清题目要求。真正做到把题目要求和题目内容至少读三遍的学生很少。

（二）不能很好地抓住题目中的关键字词并正确理解

题目中包含的多个条件与要求，即使学生读了三遍，也不一定能够准确完整地抓住所有关键点，有时就顾此失彼了。

面对学生种种所谓的"马虎"，教师仅仅是叮嘱孩子下次一定要认真审题，不要粗心这么简单吗？其实，在粗心、马虎的背后暴露的正是学生审题能力的薄弱。从学生看到题目到动笔解题之间有一个非常重要的过程，这个过程便是审题。审题是解决问题的基础和前提。审题能力是一种获取信息、分析信息、处理信息的能力，它需要以一定的知识为基础，更需要有良好的读题习惯、有效的思考方法为保证。这种能力的获得并不是一蹴而就的，它需要有一个学习、积累、反思、巩固、发展的长期过程。所以在平时教学中，教师一定要关注孩子审题习惯的培养，尤其是"画批"意识的培养。

针对以上问题，在教学时，教师一方面要提高课堂效率，强化学生对知识的掌握水平；另一方面要着重培养学生的审题能力，尤其是"读题""画批"的习惯。

二、审题习惯培养的内容及方法

（一）理解审题意义，提高责任感

审题能力是以数学知识为基础，以以往解题经验为基础，以有效的思维方法为核心，长期形成的一种捕捉分析数学题目含义，从而正确理解题意，形成解题思路的能力。审题习惯的培养是小学数学乃至其他学科所必需的。认真审题既是正确解题的前提，同时也是学生责任感的一种体现。

（二）耐心读题，至少三遍

俗话说得好："书读百遍，其义自见。"培养学生认真读题特别重要，它不仅是学生正确理解题意的基础，还是学生正确解决问题的根本保证。第一步骤，要训练学生先做到不添字、不漏字、不读错字。第二步骤，要训练学生反复读题目。至少要求学生读三遍题目，以此来强化培养学生反复读题的习惯。但单一、反复地读题难免会使学生觉得枯燥无味，从而产生懈怠的情绪，所以，教师需采用各种读法相间的方式来进行读题的训练，让他们感到读题是一件很开心的事，以此激励学生反复读题。更重要的还是要从思想上让学生认识到熟读题目的重要性，要时常出些"陷阱题""刺激"学生，以此培养学生熟读题目的自觉性。

（三）反复读题，画批重点

题目的要求是解题的重点。有些学生在做题时没有读懂题目的意思，只要教师再把题目读一读，或者让学生再重新做一次，他们就会做对了。于是，教师在分析错题原因时，往往会给这些学生戴上"粗心、马虎"的帽子。深入分析后，发觉究竟是不是粗心、马虎惹的祸呢？所以，教师在平时练习时要引导学生在审题过程中养成仔细推敲、耐心思考的好习惯。

1.审清题目要求——画批关键词语

什么是题目中的关键词？如何找出关键词？题目的要求就是关键词，它指出了解题的方向。画批关键词就是要找出题目要求中的核心词语。

如果学生读题时，能圈出关键的字词，就会注意到题目有哪些具体的要求，这样就避免了因没弄清题目要求而出错。

3. 从1、2、5、8和0这五个数中挑出四个数字，组成的最小的四位偶数是（0025）。

上题是让学生组数，题目要求组出"最小""四位""偶数"。有的学生组出的是"奇数"。我询问了错因后，除极个别学生奇偶数混淆外，几乎都是忽视了一个条件，只顾"四位""最小"，而忘记了"偶数"。

3. 从1、2、5、8和0这五个数中挑出四个数字，组成的最小的四位偶数是（1028）。

下面这道题，也是忽略了题目要求中的关键词，题目要求组成的是"三位数"。学生没有画批，而组成了四位数。在批改作业时，我帮学生标出错因，以此提示他下次也要这样圈出关键词。如：

0、2、5、9 这 4 个数中，选出三个组成 三位数。
(1)组成的数是 2 的倍数有：2590，2950，
(2)组成的数是 5 的倍数有：2095，2905，9?0
(3)组成的数是偶数的有：2590，2950，5290，5920。

如果学生能养成认真读题、审题画批的意识，这些不该犯的错误就可以大大地减少甚至避免，不该丢的分就不会出现了。

2. 审出题目细节——画批题中"陷阱"

有些题目中"不同单位"是不容忽略的细节。审出不同单位，完成单位转换，是正确解题的关键。很多时候，题目除了考察解题方法外，还有一些容易忽视的小的细节。

如果学生能认真读题，有"画批"的意识，就会在审题的时候，随手把不同的单位名称圈出来，这样在计算时就会想到这一步。

审题时要注意题目的要求和单位名称，题目中条件与条件、条件与问题的单位名称是否一致。同时还要注意题目的要求，如"保留几位小数""用方程解""用几种方法解"等。所以，学生如果圈出了题目中的关键词，就能更清楚地抓住题目要求的核心内容，而避免顾此失彼了。

3.审清条件关系——画批形成解题思路

审题时完成数学语言向生活语言的转换，是审题的核心。审题教学必须把学生真正理解题目中的数学语言及生活常识作为培养的重点，让学生理解应用题中每个字、词、句的意义。应用问题用词语表达它们的数量关系，叙述题意时，经常用到"一共""还剩""增加""增加到""降低""降低了""比……多……，比……少……"或"今年前10个月的产量相当于去年全年产量"等关键词语，这些词语在应用题里起着重要作用。因此要求学生通过"画批"抓住这些关键词，理解词语在题目中的含意，借此理清前后句子之间的联系，理顺相关联的数量，分析条件与条件之间的联系、条件与问题之间的关系。

（四）操作中审题

审题是对题目中的有用信息进行输入、处理然后输出的复杂过程。数学语言的精练、抽象和理解能力的薄弱在客观上增加了学生审题的难度。其实，数学学习中审题习惯的培养还有很多方法。为了帮助学生更好地理解题意，有时教师还需为学生提供动手操作的机会，让学生感受到动手操作也是一种很好的审题方法和思考策略。折一折、剪一剪、画一画、拼一拼。在解决有关空间与图形的问题时，教师可以让学生在动手操作的过程中审题，理解题意、解决问题。例如，把一张长方形纸折一次可以得到哪些图形，用两个完全一样的直角三角形可以拼成哪些图形，圆柱的侧面展开是平行四边形吗等。教师必须让学生有充分的时间折折拼拼，帮助学生有效地理解题意、正确思考，并在解决问题的过程中培养空间观念。

三、审题习惯的培养——画批

这学期我更加关注学生审题习惯的培养，尤其是"画批"习惯的培养。我认为，"画批"可以帮助学生更好地聚焦题目要点。从众多问题条件中摘出最核心的条件，简化语言文字叙述，从而使条件简洁明了，这样更易于学生思考问题。画批还可以突出题目或要求中的关键词，起到提示的作用，避免思考问题时顾此失彼，犯下不该犯的错误。当然，这个习惯需要长期的培养。起初学生知道该"画批"，但不知道如何"画批"，这还需要教师在练习讲评时予以示范，明确哪些词是关键词，哪些词可以忽略不计。慢慢地，学生就能比较准确地找出题目关键词，正确画批了。

四、审题习惯培养的主要效果与尚存在问题

自从关注并培养学生"画批"审题的习惯后，学生做数学作业与测试中的审题态度比以前认真，错题逐渐减少，尤其像单位名称的换算等，越来越

多的学生会有意识关注这一点。但是，仍存在一些问题。例如有些学生知道
该"画批"，但是找不到题目要求的关键词或者题目中的关键词句，从而导致
做错。这一点教师还应在平时练习中有意识地关注这一点，教学生如何画批，
哪些词是关键词。

习惯的培养并非一朝一夕，还需要教师增强"画批"审题的意识，并将
其落实到每一节课、每一道练习的讲解中，以此使学生逐渐养成审题画批的
习惯，帮助学生提高成绩。

参考文献

[1] 唐西胜.大师谈儿童习惯培养 [M].重庆：西南师范大学出版社，2009.
[2] 华应龙.做一个优秀的小学数学教师 [M].北京：教育科学出版社，2011.

（本文于2019年获北京市教育学会论文评优二等奖）

三角形和正方形能抬脚吗？

——"鸡兔同笼"引发的思考

张立飞

一、背　景

2016年1月7日，贵州55位校长来访，我执教了一节五年级上册的《鸡兔同笼》数学课。

二、过　程

我出示了一道经典题目：今有雉兔同笼，上有三十五头，下有九十四足，问雉兔各几何？当学生通过小组合作用画图法、列表法、方程法和假设法分别解决了以后，我又介绍了一种"抬脚法"。"抬脚法"是古代著名的解决"鸡兔同笼"问题的经典方法，体现出古代劳动人民的聪明才智。其算理是：假如每只鸡都抬起一只脚（"金鸡独立"），同时每只兔也都抬起两条脚（蹲着），各抬起一半脚，则总脚数减半，此时一只鸡一个脚，而有一只兔就多一个脚，所以脚总数÷2－头数="多"量（兔）。如上面例题所示：

1.假如让鸡抬起一只脚，兔子抬起两只脚，还有94÷2=47只脚。

2.这时每只鸡一只脚，每只兔子两只脚。笼子里只要有一只兔子，则脚的总数就比头的总数多1。

3.这时脚的总数与头的总数之差47－35=12，就是兔子的只数。

学生一尝试，可能很快就会发现这种方法最简便、快捷，但在以后的训练中要让学生体会到，"抬脚法"仅适用于典型的"鸡兔同笼"问题（或"龟鹤问题"），而对于植树、租船等"鸡兔同笼"的变式问题并不通用。所以"抬脚法"具有一定的局限性。

我又出示了这样一道例题：

学具厂要用长度相等的木条钉制三角形和正方形学具，一共用了190根木条，共制成了55个学具，制作三角形和正方形各几个？

独立完成后在小组内说说你是用什么方法解答的。

学生出现了以下几种答案：

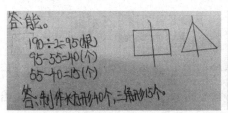

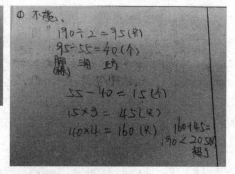

我让他们一一阐述了自己的观点，最后大家一致认为：三角形和正方形不能用"抬脚法"来做。

我问学生："真的不能抬起来吗？你能不能让它抬起来呢？"教室里一下子安静下来。过了一会儿，一个男学生递上一张纸条：

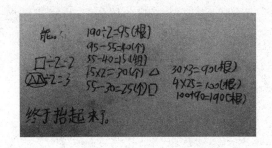

我一看，这个学生用"组"的思路解开了这道题。方法巧妙极了！

三、反　思

在我的数学教学中，常会碰到这样的问题：课上，学生把题目理解得很"明白"，自己一解题就思维短路。等老师把问题分析完毕，学生又恍然大悟："我怎么没想到呢？"事实上，学生面对的困难往往不是解答结果本身太难以致学生无法理解，而是学生无法找到通向结果的思路。思路不畅说明思维不完善。完善思维非常重要，它是解决数学问题的根本所在。而引发学生积极主动地再思考和深入思考，是我面临的最大问题。

首先，我们要相信学生能解决这些数学问题，相信他们有这种能力。这也是尊重学生的一种表现，也是能否让学生成为学习的主人的关键。教师应该看到学生本质上是爱学习的，是有能力的，是认真负责的。他们具有好奇心和认识兴趣，这是他们心智发展的原动力。学生之所以有时在教学中显得无精打采，主要是因为教师的"教"与他们的"学"不相适应，不符合他们的兴趣，不能满足他们多方面的需要。只要我们教师深入学生的生活，努力去了解他们，不断发现他们生活中所感兴趣的事物的教育价值，才能激发其内在的学习动机。

其次，学生是很有能力的，但是，我们往往不能正确地把握学生的能力。我们常犯的一个错误是高估学生的学习能力，低估学生的心智能力，从而造成对他们的学业成绩提过高要求，使得我们过多地看到学生的无知和对教育者的依赖，以致降低了对其独立性和心智能力的准确判断，不相信他们能够通过自己的探索而学习。事实上，在有一定经验基础的范畴，学生不仅能积极参与学习活动，而且能在活动中运用经验、扩展经验并有所创新，从而达到发展和提高自己的目的。因此，引发学生积极主动地再思考和深入思考是非常重要的。

（本文于2016年获全国小学课堂征文评优二等奖）

浅谈在数学学科中如何提高学生
"数学课本阅读"能力

李晶晶

　　阅读是读者从写的或印刷的书面材料中获取意义或情感信息的过程，是人类社会的一项重要活动，是人类摄取知识的主要手段和认识世界的重要途径。

　　谈到阅读，人们首先是把它和语文学科联系起来，很少有人瞬间联想到数学阅读。在小学阶段让学生阅读语文往往很容易，任意一篇课文都能读得朗朗上口，可要让他们读读数学课本，往往无从下口。苏霍姆林斯基说过："学会学习首先要学会阅读，一个阅读能力不好的学生，就是一个潜在的差生。"这里的阅读，当然也包括数学阅读。数学方法的应用、数学语言的表达、学生逻辑思维能力的培养、推理能力的养成都离不开数学课本阅读。因此，提高学生数学课本阅读能力不可忽视。

　　《小学数学新课程标准》也明确指出：教师必须注意指导学生认真阅读教材。数学教材也包括数学课本。数学课本是根据学生的心理特征、数学学科特点等诸多因素精心编写而成，具有极高的阅读价值。数学课本中的概念、定义、性质、公式等内容充分体现了数学的抽象性和严谨性；书中例题贴近生活，具有典型性、代表性；课文中的练习、习题具有广泛性；书中的图画、对话、表格形象生动。学生通过反复阅读理解数学课本，就能把知识融会贯通，获得数学的思想，所以"数学课本阅读"在数学学科学习中有不可替代的作用。

一、教学实践中存在的问题现象分析

　　新课程改革后，教材内容呈现方式多样，图文并茂，很多内容以对话的方式呈现，很多地方还需要学生动脑筋思考，阅读起来往往就不那么容易，所以学生就不习惯阅读数学课本，很多时候需要在老师的帮助和带动下才能将书上的概念、结论、定理、公式等做标记。但随着学生年级的不断升高，学习内容难度加深，课堂光靠老师所讲已远远不足，还需要学生不断阅读课本，将知识灵活运用、融会贯通才能提高学习效率。一年来，我都在关注学生课本的阅读情况，可从作业和考试中出现的种种问题来看，基础部分丢分严重，足以说明课本阅读远远不够。比如四年级上册《角》一单元中，书上对直线的定义为"一条线段向两端无限延长后就是一条直线，直线没有端点"；射线的定义为"线段向一端无限延长后就是一条射线，射线只有一个端点"。在考试和作业中学生们往往喜欢用自己的语言说成"一条线段向两边无限延伸后就是一条直线，直线没有端点"和"线段向一边无限延伸后就是一条射线，射线只有一个端点"，语言缺乏严密性。在四年级下册《认识三角形》一单元中，书上对三角形的概念定义是：由三条线段围成的图形是三角形，可学生老爱说成：由三条线段组成的图形是三角形，岂不知一字之差相距千里。诸如此类的情况还有很多，究其原因就是对数学课本的阅读不仔细，走马观花，没用心品味数学语言的严密性，从而断章取义造成的。所以，作为数学教师，要树立让学生阅读数学课本的理念，让学生通过阅读数学课本，自主地获得数学知识。但由于数学语言的符号化、逻辑化及严谨性、抽象性等特点，决定了数学课本阅读不同于一般的阅读，所以，在研究数学课本阅读教学时，教师必须要对数学阅读进行细读、品读，反复推敲阅读。因此教师必须通过阅读方法的指导使学生学会正确地阅读数学课本。

二、教师指导学生数学课本阅读的具体方法

（一）课前预习指导学生细读课本

课前的预习对学生来说必不可少，它能反映出学生对新知识的自我获取能力。当学生自学新知识时，必须逐字逐句地细读课本中的文字、符号、图

形和对话等，以便初获信息。在细读时可用笔勾画重、难点。如果阅读中有问题时可反复阅读、用心体会，直到读懂为止。如有不懂之处可做标记，不明白的地方更能让学生知己知彼，知道问题所在，以便上课时能认真聆听。如果在预习阶段学生们已经没多大问题了，课堂的聆听便可事半功倍。

（二）课中学习指导学生品读课本

因预习时学生们对课本已经有了初步的了解，课中教师的讲解和指导能让学生对所学知识更加了然，因此教师课中指导学生再次品读数学课本是非常必要的。教师要利用课堂，把"教材"变为"学材"，把品读课本方法的指导寓于数学课堂教学之中，指导学生掌握科学的数学课本品读方法。如"咬文嚼字"（再次反复嚼食书中的概念、定义、定理等中的关键字眼）、"推敲注释"（反复推敲书上的小注部分等）、"动手操作"（如画三角形的高，边读书边操作；再比如算理分析等，边读边练，同时调动多种器官同时参与，效果更佳）等方法，得法于课内而得益于课外，教师能自觉或不自觉地把课内学到的品读方法在课外数学阅读中加以实践应用，促进知识和能力的迁移，达到"教是为了不教"的目的。而且，教师让学生在课堂上品读数学课本，不仅可以节省不必要的板书时间，还可以增加学生课堂练习的空间，从而使学生更好掌握课本知识，提高课堂效率。

（三）课后温习指导学生推敲课本

课后温习也是学习过程中的一个重要环节。及时的课后温习不仅能巩固新知、强化记忆，让所学知识系统化，而且能帮助学生对学习活动进行有效的反思，提高学习的质量。正确的课后温习方法，应该是反复推敲阅读课本。那种只解题、不读书的课后温习对正确学习方法、良好学习习惯的形成是极其有害的。因此，教师要明确提出课后反复推敲阅读课本的要求，并给予必要的方法指导，使学生在推敲阅读数学课本后有强烈的收获体验。在推敲阅读中，教师可根据不同的学习内容采用以下指导方法：一是让学生一边阅读课本一边动手演练计算过程，明白算理；二是让学生学着将文字语言、符号语言与图形语言进行转化，以加深理解记忆；三是让学生抓获数学信息和问题，理清数量关系，建立数学模型；四是注重培养学生联系已学知识并将新知识进行迁移，承上启下。

我相信，学生们学会了正确的数学课本阅读方法后，不仅会读数学课本，还会读懂数学课本，从而能轻松地投入到数学学习活动中，对数学学习更感兴趣。教师也能真正做到让学生好学、乐学数学，以提高数学学科学习效率。

（本文于2019年获北京市通州区课题成果一等奖）

活力课堂 开发思维

魏明瑶

一、背景介绍

本节课选取的是北京市义务教育课程改革实验教材第一册第八单元第二课时的内容《11—20各数的认识》。本课内容是在学生熟练地掌握了10以内各数的读、写和组成的基础上让学生感受到比10更大的数的存在，引发学生学习的欲望和兴趣；通过让学生经历摆、拨等活动认识11—20各数、培养数感、掌握20以内数的顺序、大小和进一步区分基数与序数。同时，本课的知识也为今后学生进一步学习20以内数的加减法、更大的数的认识奠定了基础，是对数位和进制的初次接触。同时，学校的办学理念是活力教育。在数学的课堂上就是活在思维，活在创造，也正好符合了学校的学风：会学善思，乐于创造。所以我在两个环节的设计上有了深入思考：第一，通过摆小棒的活动探索数的组成，打开学生的思维。第二，用一条神奇的直线，承上启下，培养学生数感。以上两点体现了学校的活力课堂是自主探究的人本课堂和智慧生成的灵动课堂。

二、教学环节

创设精灵王国的情景，以此情景贯穿整节课。

（一）激情导入

活力沟通请出新朋友吸引学生注意力，通过考眼力让学生说4、6、9表示几个一，在计数器上拨9，再加一个珠子是几，复习满十进一，初步建立一个十的概念。

（二）自主探究

活力发展通过播放一段PPT录音，给学生一个期待，提出要求让学生用学具小棒摆11。学生出现了以下三种情况：第一，拿出11根小棒，一根一根地摆；第二，摆了两堆小棒，一堆是10根小棒，但是没有成捆，另一堆是1根小棒；第三，一捆小棒和一根小棒。摆放完成后，我从上面三个学生中选出最符合老师要求的方法，也就是第三种。

（三）点拨难点

活力突出让学生通过拨一拨和摆一摆的活动，巩固11—20各数的组成，运用摆11的方法摆其他各数，突出强调重点数11和20。

（四）变式巩固

活力训练通过给小精灵排队，抢答问题，复习基数和序数。

（五）总结升华，活力延伸

总结本节课重、难点，引出神奇的直线。复习旧知识，引出新知识，即比20更大的数。

三、案例分析

本节课的重难点是计数单位"十"的建立。对于学生来说，这是很难理解的一个知识点。也许学生做题没问题，但是让他真正地理解不容易。同时，这节课也是计数单位"一"到"十"的飞跃。如果学生在此打好了基础，那么对百以内的数计数都几乎没有问题。本节课我有意识地培养学生的动口和动手能力，给学生创造的空间，努力做到以学生为本，把课堂主动性还给学生。

（一）在动手操作中探索新知，创设活力课堂

本节课从引入开始就对新授知识进行铺垫。通过游戏，用多种方法对比出，一捆小棒和一根小棒是最符合要求的方法。这里，我让学生充分讨论为什么这种方法最好，把课堂主体性还给学生，有意识地培养学生说完整话。再通过拨11，让学生感受虽然都是一颗珠子，但是在不同的数位表示的意思不同。这里，学生对计数单位"十"的建立还是不够扎实。要让学生充分理解，需要提高小棒和计数器的作用，让学生理解小棒和计数器的联系，通过拨的过程，满十进一的过程，理解20是由两个十组成的。在这个环节的设计上，我有意识地做到了活力课堂文化的五个"让"：目标让学生明确、问题让学生提出、过程让学生参与、规律让学生发现、学法让学生总结。

（二）创设有趣情景，体现活力课堂

学习兴趣是学习积极性中很现实、活跃的心理成分，它在学习活动中起着十分重要的作用。在学习过程中，学习兴趣有时能弥补智力发展的不足。当一个学生对某一学科发生兴趣时，他总是积极主动、心情愉悦地进行学习，而不会觉得是一种沉重的负担。同时，兴趣又是一种积极的学习情感，他是发展人的智力的重要心理条件，也是影响一个人学习效率的重要因素。只有当学生对所有的知识产生了浓厚兴趣和热爱的情感时，学习积极性才有可能进入最高阶段，才能达到最佳学习状态。其实，学生的好奇心、求知欲是与生俱来的，是最值得珍惜的美好天性。所以在课的开始，我以学生熟悉的小精灵皮卡丘引入，让小精灵带领学生进入精灵王国，探索数的奥秘。整节课都是以这样一个大的情景贯穿，学生的学习兴趣一下子就被提起来了，都很期待接下来会发生什么并积极听讲。学生做到了三会目标的第一会：我会倾听。

（三）把握40分钟课堂，做到实效的活力课堂

在排序的环节，我通过设计抢答小游戏，让学生知道了有关11—20各数基数和序数的问题。这里问题的设计还需要加强，要充分体现基数和序数。同时，还可以提升难度。如让学生闭上眼睛想象着11–20各数的顺序回答，而不是盯着黑板直接说出答案，这样能充分体现游戏的目的，把握课堂实效性。提高课堂时效性，需要教师在课前多下功夫，多研读教材。

（四）延伸思维，提升活力课堂

最后，我出示一条神奇的直线，以培养学生数感，同时将新旧知识进行结合。

四、提升空间

本节课，还需要我更加深入地钻研教材。虽然重、难点基本把握到位，但是并没有把计数单位"十"的建立深入每一个学生心里，有些学生还是会出错。在个别环节的设计上，还需要注意细节。细节决定成败，即使是一个活动的小环节、一句话，也要设计好。在数学课堂上，教师的语言要简练。环节中间的过渡语略显生硬，要更加细致入微地设计。

学校活力教育的办学理念，不仅培养了有活力的学生，更是对有活力教师的一个挑战。在活力教育的路上，我还需要付出更多的努力，望以后能够更加熟练地把握充满活力的课堂，灵活掌握活力课堂的7个内涵，积极建构"尊重学生差异，促进人人发展"的活力课堂文化。

（本文于2016年获全国小学课堂征文评选一等奖）

让学生感知充分　才能准确建构知识体系

郎红艳

　　皮亚杰的建构理论坚持从内因和外因相互作用的观点来研究儿童的认知发展。他认为，儿童是在与周围环境相互作用的过程中，逐步建构起关于外部世界的知识，从而使自身认知结构得到发展。儿童与环境的相互作用涉及两个基本过程："同化"与"顺应"。同化是指把外部环境中的有关信息吸收进来并结合到儿童已有的认知结构（也称"图式"）中，即个体把外界刺激所提供的信息整合到自己原有认知结构内的过程。顺应是指外部环境发生变化，而原有认知结构无法同化新环境提供的信息时所引起的儿童认知结构发生重组与改造的过程，即个体的认知结构因外部刺激的影响而发生改变的过程。可见，同化是认知结构数量的扩充（图式扩充）；而顺应则是认知结构性质的改变（图式改变）。认知个体（儿童）就是通过同化与顺应这两种形式来达到与周围环境的平衡：当儿童能用现有图式去同化新信息时，他处于一种平衡的认知状态；而当现有图式不能同化新信息时，平衡即被破坏。修改或创造新图式（即顺应）的过程就是寻找新的平衡的过程。儿童的认知结构就是通过同化与顺应过程逐步建构起来，并在"平衡—不平衡—新的平衡"的循环中得到不断的丰富、提高和发展。这就是皮亚杰关于建构主义的基本观点。从皮亚杰的建构理论中，我们知道，学生新知识的建立必须是在已有知识经验的基础上充分地感知和体验，而后才能准确地对知识进行建构。

　　在一次教研活动中，我听到一节京教版教材五年级下册的课，内容是《分数的意义》。

案例：

第一环节：

师：◯用1表示，◯◯◯◯用几表示？

生：4。

师：——圈起来，用1表示，—— ——用几表示？

生：2。

师：————用1表示，——用几表示？

生：$\frac{1}{2}$。

师：生活中我们见过很多类似的1，例如一个班的人数、一个学校的人数等。

第二环节：

师：用你喜欢的方式表示出 $\frac{1}{4}$。

生：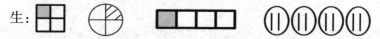

师：都用 $\frac{1}{4}$ 表示，有什么不同？

生：标准不同，单位"1"不同。

师：有什么不同？

生：都是4的倍数，都是 $\frac{1}{4}$。

第三环节：

师：有12朵花，请你们表示出喜欢的分数。

生：$\frac{1}{2}$、$\frac{6}{12}$。

师：你们觉得哪个更准确？

生：$\frac{6}{12}$。

课上，教师以小游戏的形式开始，想借助图形帮助学生理解单位"1"的含义。一个圈表示1，学生不陌生；2个圈也可以表示1，学生也可以接受；4个圈表示1，学生还能接受。教师追问，当8个圈表示1时，4个圈表示什么？学生能说出 $\frac{1}{2}$，看着好像也没问题。这个环节表面看着是，教师从1个圈作为整体1过渡到2个圈作为整体1，再过渡到8个圈作为整体1，教师的想法是从一个物体过渡到多个物体。在本环节，学生看起来好像懂了，其实不然，这个环节没给学生暴露问题的时机。接下来，教师让学生用画图的形式表示 $\frac{1}{4}$。大多数学生还是画的一个物体作为单位"1"，只有一个学生画了四个圆圈表示单位"1"。这个现象说明学生仍然停留在个体单位"1"上，对群体单位"1"的认识还是不太清晰，并且四个圈的群体单位"1"，学生理解起来有一定的问题，以此作为第一次接触群体单位"1"不是最好的呈现。最后，教师给出了12朵花，让学生表示出喜欢的分数。到这，学生还是没有理解分数要从"份数"的角度写，多数学生还是认为是从数量角度写分数。

认识分数意义这一课的重点是要让学生从数量上的比提升到"份"的比。本节课教师通过游戏的引入，没有给学生提供丰富的感知材料，学生没有受到大量材料的冲击和感知，没有对"份"这个概念有新的认识。其实，教师可以通过一系列的对比，比如出示不同数量的物体，份数形同，让学生感知分数只跟分的份数有关，跟数量没关系；也可以份数不变，每份数逐渐增加；还可以是每份数不变，份数增加或减少。以此通过不同的变化形式，从各种角度让学生充分感知到分数的意义，对其理解也会很到位了。

通过对本节课的认识和反思，教师重新进行了教学设计。首先，教师要对学生的已有知识进行分析。分数意义是在继三年级学生学习分数的初步认识之后学习的。学生的已有经验是对分数的初步认识，知道把一个整体平均分成几份，表示1份或几份，用分数表示，同时对像一筐苹果等这样的不可数单位"1"也有认知经验。本节课教师没有充分利用学生的原有认知经验来学习新的知识。学生的原有认知结构是一个物体作为单位"1"或者是不可数物体作为单位"1"，而这节课上，学生要理解多个物体作为单位"1"。多个物体作为单位"1"，学生接受起来还可以，但是学生在看多个数量时，部分学生是停留在数量和数量的比较上，而要提升到份与份的比较上来，这点是教师需要帮助学生重新建构的。建构新的知识结构，对于学生来说，要先打破学生原有的平衡。本节课教师通过课的开始打破学生的原有知识结构，但在建设新的知识结构上，教师给学生的感知不充分，使学生还是停留在数量与数量的比较上。

基于以上分析，我重新设计了本节课。

1.出示月饼图片

师：一块月饼平均分成两份，每一份是这块月饼的几分之几？

生：$\frac{1}{2}$。

师：继续分。$\frac{1}{4}$ 在这里表示什么？$\frac{1}{8}$ 呢？

本环节的设计意图是帮助学生唤起对一个物体进行平均分用分数表示的已有经验。

2.出示一桶苹果图片

师：把一桶苹果平均分成八份，每一份是这桶苹果的几分之几？

生：$\frac{1}{8}$。

师：如果是一个更大的桶，苹果的数量也会更多，还是平均分成八份，每一份是这桶苹果的几分之几？

师：再大一些呢？

师：如果这桶苹果变少了，还是平均分成八份，每一份是这桶苹果的几分之几？

师：（停顿）怎么都是 $\frac{1}{8}$？

生：和数量的多少没关系，和分的份数有关，只要是分8份，都是 $\frac{1}{8}$。

师：刚才我们不知道桶里有多少个苹果，如果桶里有10个苹果，还是平均分成八份，每一份是这桶苹果的几分之几？

生：还是 $\frac{1}{8}$。

本环节的教学意图是准确把握住学生的已有知识经验，教师通过苹果的数量不断变化，但分成的份数是不变的，让学生慢慢感知到不管是多少苹果，只要都是平均分成8份，就都是八分之一。这个环节的设计，都是基于学生的已有经验，教师只不过给学生进行了强化，强化的目的不言而喻，是为后面学习分数的意义打好坚实的基础。这个环节的设计已经通过分苹果的活动给了学生充分的感知。

3.在比较、辨析中理解分数的意义

【活动一】

先独立动手分一分，再填写，最后和同桌说说你是怎么想的？

平均分成4份，每份是这堆苹果的几分之几？

平均分成4份，每份是这堆苹果的几分之几？

平均分成4份，每份是这堆苹果的几分之几？

【活动二】

先独立分一分，再填写，最后和同桌说说你是怎么想的？

图形数量			
份数	2	3	4
每人分得占总数的几分之几			

这样的设计过程是在学生原有认知经验的基础上，先让学生充分地感知。只有感知充分了，学生才能更好地重组，才能达到水到渠成的效果。正如皮亚杰建构理论中提到的儿童的认知结构就是在"平衡—不平衡—新的平衡"的循环中得到不断的丰富、提高和发展的。

　　小学数学课程在不断地发展与变化，它最显著的特征就是内容不断更新和升级。教材的编排紧随时代的发展而变化，社会中相应学科的变化都能在教材中找到与之相对应的板块。

　　《义务教育数学课程标准》指出："义务教育阶段的数学课堂，其基本出发点是促进学生全面持续、和谐地发展。"为此，数学教学既要考虑数学自身的特点，更应遵循学生学习数学的规律，注重从学生已有的知识和生活经验出发，让学生亲身经历数学建构的过程。这种主动建构必须是在学生对已有知识和经验进行体验、反思的基础上实现的，从而使学生获得对数学理解的同时，在认知、情感、能力等多方面得到发展。学生都是有着丰富的人格、丰富个性的活生生的人，在倡导"以学生的发展为本"的当今课堂上，需要更加注重"感悟性"教学，让学生在感悟中体会到知识的连贯性。

　　总之，教师要注意从学生的经验和已有的知识背景出发，提供给学生自主探索的机会，让他们在经历知识的过程中，真正体验和感悟数学知识、思想和方法，同时获得广泛的数学活动经验，从而实现学生在认知、情感、智能等方面全面、持续、和谐的发展，才能实现数学教学从感性知识的目标转变为关注人的思维发展。

　　　　　　　　　　　　　（本文于2018年获北京市教育学会论文评优一等奖）

基于小学核心素养下的数学运算能力培养

——以计算教学为例

乔　姝

《义务教育数学课程标准》指出："运算能力主要是指能够根据法则和运算律正确地进行运算的能力，培养运算能力有助于学生理解运算的算理，寻求合理简洁的运算途径解决问题。"由此可以看出，数学运算主要通过计算教学来呈现。所以，计算教学是培养学生数学运算这一核心素养的重要途径。在进行计算教学时，不仅要教授学生计算的技能，让学生运用计算技能去解决数学问题，更要关注学生数学运算能力的培养，促进学生核心素养的发展。

一、核心素养下计算教学的教学目标

（一）强化学生的运算能力

运算能力是计算教学的基础，是学生解决数学问题最基本的保障。它的培养与发展是一个长期的过程，应该伴随着数学知识的积累和深化。学生的运算能力如果能得到强化，就能够使学生运用最简便的运算方法解决数学难题，提升学生的思维品质，提高学生的学习质量。因此，教师在进行教学时要将学生运算能力的提升作为计算教学的核心目标，增强学生的运算能力。

（二）培养学生的数学思维

学生运算能力的提高需要运算法则与运算定律的支撑，这就要求学生提高自身的计算知识储备，培养自身的数学思维。思维的培养不是一朝一夕就可以完成的，因此，教师要在分析数学问题时引导学生，拓展学生的思维，将培养学生的数学思维作为计算教学的重点教学目标，在潜移默化中培养学生的数学思维。

（三）提升学生的实际运用能力

在小学数学计算教学中，学生不仅要学习知识，还要学习如何运用知识，学会如何灵活地运用所学知识解决生活中的问题。教师在进行教学时要注重提升学生对知识的运用能力，将提升学生的知识运用能力作为计算教学的核心要求，促进学生核心素养的发展。

二、核心素养下提高计算教学课堂实效的方法

（一）借助趣味教学，激发计算兴趣

1.借助趣味情境，激发计算兴趣

在组织学生展开计算教学的过程中，教师可以充分借助多媒体教学手段来创设趣味化情境。这样，使抽象静止的问题以具象化、动态化的方式呈现，同时也能够提升数学学习的趣味性。

例如，在教学"7的乘法口诀"这一内容时，一位教师首先为学生播放了他们比较熟悉的动画片——白雪公主和七个小矮人。每一个小矮人的手中都拿有一个气球，每一个气球上写着不同的数字，分别为7、14、21、28、35、42、49。教师引导学生仔细观察这些数字，发现它们都和7有关，由此就可以巧妙地引入课堂教学重点。

2.借助趣味游戏，激发计算兴趣

小学生大都拥有争强好胜的心理特点，由此，教师可以组织充满趣味性的竞赛活动。比如"看谁算得又快又准""夺红旗比赛"等。竞赛活动的方式既有利于激活学生的计算兴趣，同时在提高计算能力方面效果显著。除此之外，教师还可以定期举办计算比赛，并且公布每次比赛的前十名。通过这样的方式为学生营造良好的计算氛围，能够使他们始终保持积极的热情和兴趣，在不知不觉中提升计算能力。

3.借助体验活动，激发计算兴趣

借助体验活动，教师可以让学生们扮演数的角色，激发他们的计算兴趣。学生通过这样的体验活动，站到数学中数的位置，探究数学知识的奥秘，提高对数学学习的兴趣，感受数学学习的乐趣。

学习四年级乘法分配律这一内容时，班里的一些学生总是将乘法分配律运用错，尤其是这样的题爱算成：

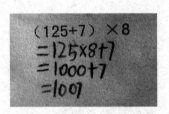

有些学生，今天错了订正完了，明天仍然错。于是我抓住其中一个学生的错误，及时地询问其他学生："如果你是7，你会对出错的同学说些什么？"班内一个学生立马说："你为什么不让我乘8？"B同学说："你为什么只给125乘了8，不给我（7）乘8，你真不公平。"从学生们的抱怨声中，那些出错的学生受到了启发，紧跟着我说："我们应该给这种错误起个名字，因为她在做错时，就是向着125不向着7，我觉得她就是一个偏心眼的家长，这种错误应该怎样命名呢？"同学们异口同声地喊，"偏心眼"，孩子们都乐了。可见，在教学中，抓住学生的错误，设计体验活动，让学生在有趣的体验活动中理解数学知识，不仅能激发计算学习的乐趣，还能加深学生们的学习印象。

（二）引导数学表达，理解算理算法

1.在数学表达中理解算理

学生理解算理是正确计算的关键前提。在实际教学中，我们可以发现很多计算错误都是由于学生没有理解计算算理导致的。因此，计算教学中，教师应经常组织学生口述具体的计算过程，说一说自己的计算思路，这样有助于教师准确把握学生的思维脉络，充分了解学情。

例如，在"笔算三位数除以两位数"一课中，我在讲述完例题后，应及时就课后的练一练"156÷37""580÷58"来展开算法的口述表达。在算法的口述表达中理解算理。在实际教学中，通过学生口述算理，我也发现有的学生并没有准确理解三位数除以两位数的算理，所以我立刻调整了自己的教学策略，组织学生针对具体的计算步骤进行进一步的巩固与完善，使学生充分理解应该怎么试商，理解这两个除法算式就是求"156里有多少个37"和"580里有多少个58"，使学生们充分理解为什么商要商在个位和十位上。

2.在数学表达中内化算法

实际计算过程中，算理和法则是不可缺少的计算依据，必须透彻理解算理、准确掌握法则，才能够提高计算能力，才能够保障计算过程。为了帮助学生更准确地掌握计算法则，教师首先需要使学生理解应当怎样展开计算，更要知道为何要这样计算。

例如，在计算"三位数乘两位数的笔算"的过程中，以"28×112"为例，教师首先需要学生理解题意：订购水果的价格为一箱28元，购买112箱水果的要花多少元。根据乘法的意义，可以了解到购买112箱水果的总钱数为 28×112，也就是112个28连加。通过之前学习两位数乘两位数的算法迁移，学生很快就能够从中领悟到：三位数乘两位数的乘法，实际上也可以分为两步分别相乘，最后只需要把两次乘积相加起来即可。再结合教师的演示和简单讲解，学生很快就能够准确把握算理，掌握算法。最后，教师还要在实际竖式计算的过程中强调位数要对准。通过多次训练后，学生们便能够在理解的基础上准确把握算法。即使以后再遇到类似的计算，也不会忘记了。

（三）强化基本训练，提升计算能力

学生计算能力的形成需要经过大量的计算训练。教学中，教师要通过强化基本训练的策略提升他们的计算能力。

1.强化口算基本训练，提升计算能力

在计算教学中，口算占据着极为重要的地位，这也是学生必须要掌握的基本技能之一。根据《义务教育数学课程标准》中的相关要求，在第一、二学段必须要全面强化学生的口算能力，还要坚持有效的口算训练。首先，要组织学生熟记一部分常用数据，特别是10以内的分解，还包括20以内的加减法运算等。能否达到脱口而出极为关键，良好的口算能力能够显著提高运算的准确性。其次，还要学会基本的口算。例如，整十、整百以及整千的加减，一位数乘整十数或者整百数，除此之外还包括简单的小数以及分数的四则运算等。对于不同学段的学生来说，需要结合学习内容熟记一部分使用频次相对较高或者具有典型规律性的数据，这样有助于学生形成良好的口算技能，既能够保障计算速度，也能够提高计算的正确率。

2. 强化简算基本训练，提升计算能力

简便运算也是计算教学中不可缺少的重要构成。计算过程中需要结合算式以及数据的不同特点，还要根据具体的运算定律、运算性质以及公式等特殊关系，恰当合理地对运算数据以及运算顺序进行改变，尽可能地简化计算过程，提高计算效率。简便运算能够培养学生良好的认真观察以及分析的习惯，能够快速准确发现事物中潜藏的规律，有助于训练学生思维的敏锐性和灵活性，是一种极为有效的提高计算效率的手段。

实际教学过程中，教师应有针对性地强化简算训练，引导学生掌握一部分特殊的简算方法。

例如，在学习乘法分配律时，很多学生经常犯以下错误：

$$32 \times 99 \qquad 32 \times 99 + 32$$
$$= 32 \times (99+1) = 32 \times (100-1) + 32$$

在教学中，我给这两种类型的题分别命名为"单身一族"和"小尾巴"，学生一下被这样有趣的命名给吸引了。在讲解"单身一族"时，我重点强调拆分法，强调拆分后大小不能改变。在讲解"小尾巴"时，重点讲解补乘1，告诉学生只有补乘1后才是一道形式完整的计算题。通过这样的辨析比较，有助于深化学生的记忆和灵活运用，能够最大限度地降低此类题目的计算错误。

总之，基于核心素养下的数学运算的培养，作为教师，要加大对课堂教学活动的关注，创新教学方法，结合案例分析，因材施教，提高学生的计算技能，培养学生的数学思维，促进学生综合能力的提升，为学生的全面发展奠定基础。

（本文于2019年获北京市教育学会论文评优二等奖）

尊重思维，从有效的学习路径出发

——《长方形和正方形的周长》案例研究

利丹丹

一、教材分析

《长方形和正方形的周长》是北京版教材小学数学三年级上册的内容，隶属于图形与几何领域中图形的测量。本课时内容是在学生已经认识了长方形和正方形的基本特征、初步理解周长含义的基础上进行学习的。

这部分内容，要让学生经历长、正方形周长计算方法的探索过程，关键是引导学生交流每种计算方法后隐藏的思考过程，不必限定学生必须用哪种方法解决问题，而是让学生在解决问题的过程中感受不同方法的优越性，灵活运用知识解决实际问题。

二、学情分析

在以往的周长教学过程中，教师们不难发现学生在做以下类型的题目时出错率较高：一是"一面靠墙"问题，二是利用转化思想求特殊图形周长的问题。我认为导致这两类题出错的根本原因在于学生不理解周长的计算方法，不能灵活运用。

因此本节课的学习路径如下：一是通过具体实物，回顾图形特征，找一找、摸一摸周长在哪儿；二是通过小组合作，在动手探究中寻找长方形周长的计算方法，并在教师的引导下有效完成知识建构，体验初步的推理和建模过程；三是利用探究长方形周长计算方法的有效经验自主探究正方形周长的计算方法，并灵活运用知识解决实际问题。

三、教学目标

在观察、测量等学习活动中，理解长方形和正方形周长的计算方法，能正确计算长方形和正方形的周长。

经历观察、测量、计算、思考和交流等活动过程，逐步建立空间观念，渗透推理和建模的数学思想方法，积累图形测量与计算的数学活动经验。

感受数学知识间以及数学与实际生活的联系，并渗透"相互联系、相互转化"的辩证唯物主义观点，体验数学学习的乐趣。

四、学习历程简案

驱动问题	锚基任务	教学反馈
哪儿是这张长方形照片的周长？	拿出手里的长方形纸片，指一指、说一说哪儿是它的周长？	提问：哪儿是它的周长啊？
你们有办法计算它的周长吗？	借助手里的工具测量出长方形图片的周长。	提问：你测量了几个数据？长方形的周长和什么有关？
你能计算出这个正方形的周长吗？	自主探究正方形周长计算方法	提问：哪种方法更简便？

五、教学实录

教学片段一：通过观察具体实物，回顾长方形的特征，明确它的周长。

驱动问题1：哪儿是这张长方形照片的周长？

在《长正方形的周长》这节课伊始，我并没有像以往的教学一样直接出示长方形让学生去计算周长，而是创设了一个符合生活实际并和学生密切相关的情境：帮班级做纪念相册。通过PPT展示含有班级特色照片的纪念册，激发起学生强烈的学习兴趣，紧接着我就可以引领学生一起去回顾长方形的特征以及周长的概念，为学生接下来的自主探究搭好阶梯。

师：同学们，老师最近在给大家做一本纪念相册。快看，这些照片是什么形状的啊？

师：请你们拿出手里的长方形图片，指一指说一说长方形有哪些特征？

师：为了美观，我想在每一张照片的周围贴上花边纸作为装饰，如果我想知道每张照片需要多长的花边纸就需要知道什么呢？

生：周长。

师：那请你们找一找、指一指哪儿是它的周长啊？

教学片段二：自主探究长方形周长的计算方法。

驱动问题2：你们有办法计算它的周长吗？

在本节课中，我没有直接给出长和宽的数据，而是给学生提供了需要的学具并给出了具体的活动要求。看似一个小小的改变却给了学生多一层的思考。学生需要动手去量取数据。在测量的过程中，学生可以更深刻地意识到利用图形的特征可以减少测量的次数，进而找到方便的解决长方形周长的计算方法，为学生积累必要的数学活动经验。

1.自主探究

师：你们有办法计算它的周长吗？请你们看活动要求。

活动要求：

①请同学们借助手里的工具（毛线、直尺）测量出长方形图片的周长。

②用直尺测量时注意保留整厘米数，并将计算周长的过程记录在学习单上。

2.汇报交流

①用线围

师：这种方法利用了周长的定义，可不可以？同学们思考一下，这种方法有什么缺点？

生：操作麻烦，数据不准确（有误差）。

②用直尺量

方法一：9+6+9+6=30（厘米）

方法二：9×2+6×2=30（厘米）

方法三：（9+6）×2=30（厘米）

师追问：测量了几次？得到了什么数据？怎样求出周长？利用了什么特征？

师：刚才同学们用不同的方法计算出了长方形的周长，但无论用哪一种方法，你们都先测量出了什么数据？（长方形的长和宽），看来长方形的周长和它的长和宽密切相关！

【点评】教师看似无为，实际有为。在整个动手操作的过程中，学生经历了用线围——用尺量四条边——用尺量两条边的自主优化过程，并逐渐感悟到了长方形的周长和它的长和宽密切相关。

教学片段三：自主探究正方形周长的计算方法。

驱动问题3：你能计算出这个正方形的周长吗？

师：你们看，这张照片变成什么形状了？

生：正方形。

师：那你们能计算出这个正方形的周长吗？

学生出现的算法可能有：

6+6+6+6，6×2+6×2，（6+6）×2，6×4。

师：仔细观察这四种方法，它们表达的意思一样吗？哪种最简便？

师：要计算正方形的周长必须要知道什么条件？

六、教师反思

在这节课的交流汇报中，我记得有一位学生是这样表述的。她说："你们看，我量出来这个长方形的长是9cm，宽是6cm。因为我之前了解过，长方形的周长=（长+宽）×2，所以这个长方形的周长就是（6+9）×2=30cm。"可见这个学生是存在个体经验的，但是她的经验还没有被大家所接受，紧接着她就受到了我们的"裁决"。还没等老师说话，很多小裁判都举手了。一个小裁判说："你能解释一下为什么是（长+宽）×2吗？"瞧！多好的疑问啊！那位学生面露难色，思考了一会儿紧接着答道："你们看长方形这边有一个长和一个宽，这边也有一个长和一个宽，有两个，所以是（长+宽）×2。"我观察到好多学生都默默地点了点头，还有部分学生面带疑惑。我知道该我出场了，我接着说道："你们看她是把一个长和一个宽看成什么？（一组）长方形里有这样的？（两组）所以我们可以先求出长加宽的和，然后再乘2，对吗？"在我的再一次讲解补充下，学生们全都明白了这种方法。我也就顺利地完成了一次建构。

可见，让学生在合作交流中充分地表达、争辩，在体验中"说数学"能更好地锻炼创新思维能力。在以后的课堂教学中，我将继续注重组织学生进行汇报交流，激发学生间思维的碰撞。

（本文于2019年获北京市教育学会论文评优二等奖）

在动手操作中激发学生的空间想象力

邓艳楠

《义务教育数学课程标准》中提道："动手实践、自主探索与合作交流是学生学习数学的重要方式。数学学习活动应当是一个生动活泼的、主动的和富有个性的过程。"可见，数学学习的过程是学生获得数学知识的过程。学具的使用是数学教学的一个重要环节。合理、有效地使用学具，通过学生动手去实践、操作可以激发学生的学习兴趣，提高学习效率和学习质量，提高学生的数学素养。有效地利用学具便于学生对知识的理解和掌握。本文以《圆柱的体积》一课为例说明有效利用学具在数学教学和学生数学素养的提升方面的重要性。

一、分析教材，为设计有效的教学活动做准备

圆柱体的体积是人教版六年级下册第三单元的内容，新课标中要求"结合具体情境，探索并掌握圆柱的体积的计算方法，并能解决简单的实际问题"。通过分析教材，我发现学生在五年级下学期建立了体积的概念，认识了体积单位，通过体积单位的累加推导了长方体和正方体体积计算公式。在六年级上学期，学生在将圆形转化成一个近似的长方形的过程中感受了"化曲为直"的数学思想，沟通转化后两个图形之间的联系，推导了圆面积的计算公式。

经历以上的学习过程，学生已经积累了一定的知识技能、方法思想和活动经验。但学生对这些知识和技能的掌握情况怎么样？学生能将这些知识和方法思想迁移到圆柱体体积的学习中吗？除了这些知识，学生对圆柱体体积的知识还有哪些了解？学生在学习圆柱体体积的过程中，会有哪些困难呢？

这些都引发了我的思考。为此我设计了"你有什么办法能够知道一个圆柱体的体积？"的调研题目，并期望通过分析，了解学生的认知情况和学习需求，更好地设计有效的教学活动，提高课堂效率。

二、分析学情，利用学具有效突破重难点

本次学情调研我主要采取的是问卷调查和学生访谈的方式，一共调研了35名学生。

在这次调研中，我发现共有32名学生，约91.4%的学生清楚知道圆柱体体积的概念，说明大部分学生已经掌握了体积的概念，也为我顺利开展本节课的教学奠定了基础。

在学生具备的数学方法思想方面，调查的35名学生中有16名借助了圆面积的活动经验，也就是有45.7%的学生有意识运用转化的数学思想将圆柱体转化成了近似的长方体，说明学生具备了将未知图形转化成已知图形解决问题的思想和方法。但是学生是怎样想到这样转化的呢？有一位学生是这样说的：学圆的时候把圆拼成了一个长方形，所以我把圆柱体拼成一个长方体。长方体体积我们学过。

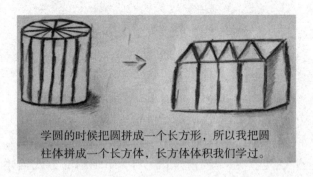

学圆的时候把圆拼成一个长方形，所以我把圆柱体拼成一个长方体，长方体体积我们学过。

这说明学生不仅能够运用转化的数学思想，同时还能够将平面图形的学习经验类推到立体图形的学习中，具备了转化的数学思想和类推的数学思想。但是仔细分析这16名学生的研究结果，我发现只有2名学生，约占全班人数的5.7%在详细绘制了转化过程后，还沟通了转化前后两个图形之间的联系，并

推导出了圆柱体体积的公式。

　　同时，这也暴露了学生能够借助推导圆面积计算公式的活动经验将圆柱体转化成长方体，但是没有沟通转化前后两个图形之间联系意识的问题。这一现象说明我们在教学中还应该设计学习活动，让学生在活动中观察、比较、沟通两个图形之间的联系，自主探究出圆柱体体积的计算公式。

　　除了运用转化的数学思想，在35名学生中还有1名学生，仅占全班2.9%想到用橡皮泥将圆柱体捏成一个长方体，并发现它们的体积相等，计算长方体体积就是圆柱体体积。他用"同等体积"也就是"等积变形"的思想解决了这个问题，抓住了形状变了而体积不变的特征解决了圆柱体的体积。

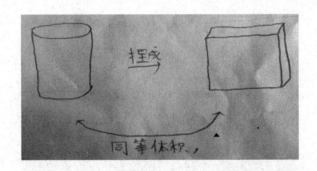

　　此外，还有6名学生，大约占全班17.1%用画图的方式描述了先将圆柱体内灌满水，再将水倒入一个长方体容器中计算水的体积，或者将圆柱体放入水中，溢出水的体积就是圆柱体的体积。这说明学生能运用解决不规则物体体积的方法解决圆柱体的体积问题。

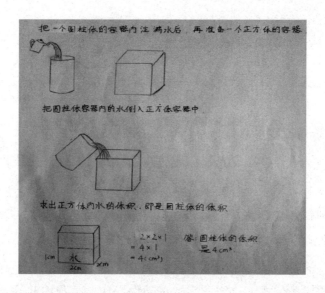

这些都说明学生能够运用不同的方法解决一个圆柱体体积的问题，但每种方法都有一定的局限性，不能解决所有圆柱体的体积。这时学生就会产生探究圆柱体体积计算公式的需求。

在调研最初，有的学生表示用公式就可以计算出圆柱体的体积，所以在调研将结束的时候我提出，如果你知道圆柱体的体积就请写出来。我发现能正确写出公式的只有13人，约占全班人数的37.1%。13人中，用写一写、画一画的方式表示出运用了转化思想探究的只有8人，只记住了公式的5人。我对这5名学生进行了访谈：你是怎样知道圆柱体体积的计算公式的？大部分学生说：我是在课外班学到的。这也说明大部分学生对圆柱体体积公式的由来并不十分理解，甚至根本就不清楚。

学生的这些问题也说明，在本节课中我应该给学生提供学具，让他们按照自己的想法动手操作、对比观察、合作探究，在课堂中自主探究得到圆柱体体积的计算公式。在渗透数学思想的同时，发展学生的空间观念。

从调研中反馈出有一小部分学生对于圆柱体的体积和表面积是混淆的，比如有3名学生在这次研究体积的调研题目中，就画出了圆柱体的表面积的分解图。虽然人数很少，但也要重视这一小部分同学概念的正确性。所以，在教学中我还是保留了引导学生说一说什么是圆柱体体积这样的环节，明确并强化概念。

三、课堂实施，学具的有效利用实现学生的创造力发展

（一）在活动过程中感悟思想、积累活动经验

本节课，我从解决橡皮泥圆柱体的体积和铁块圆柱体的体积开始，引发学生思考，激发学生原有的知识基础和数学方法思想，根据自己对圆柱体体积的了解对圆柱体体积解决方法提出猜想，并在课堂中进行动手操作验证。通过对比观察得到圆柱体体积的计算公式，最终运用公式解决问题。

以往的教学，由于学具的限制，通常都是教师演示，学生观察，从而推导出圆柱体的体积公式，这样学生缺少动手操作，直观体验的过程，对推导过程认识得不够深刻。为次，我特意为学生提供了两个用茄子切成的圆柱体，一个供学生用来切、拼，在动手操作中感受数学思想，另一个主要是为帮助学生观察、对比，找到两个图形之间的联系，更直观感受变化中的不变，发展学生的空间观念。

在验证环节，学生充分利用学具，经历切、拼的过程，运用类推的数学思想将平面图形的学习经验运用到立体图形，将圆柱体拼成一个近似的长方体，渗透转化和化曲为直的数学思想。通过对比、观察、想象，感受随着平均分的份数越多，拼成的图形就越来越近似一个长方体，感受极限思想。最后，再对比切拼前后的立体图形。

这个过程展现了学生头脑中"知识"的"构建"过程，学生在学习中逐步达成对数学知识的深刻理解。这一环节的设计，在使学生自主探究、教师指导、同学交流等过程中去粗取精，通过反思、抽象、概括，积累了基本的数学活动经验，并获得对数学思想和方法的感悟。

（二）在思考、想象过程中培养空间想象力

课中教师创造条件，在从事数学活动中发展学生的空间观念。在利用学过的圆的面积进行圆柱体体积的猜想时，让学生先想象再表达想法，闭眼想象

把圆柱等分成64、128、256……就这样无限地等分下去，拼成近似的长方体的情境，学生想象后利用实物进行实际操作，之后课件再现把圆柱等分成64、128份后拼成的近似长方体。学生先想象做出猜测，再实际做一做，最后再看一看，把实际做的、看到的和想象的进行比较、分析，通过思考得出正确的结论。教师以回忆与再现、观察与描述等活动作为发展学生空间观念的有效途径。在观察、想象、操作、比较、分析、抽象的过程中帮助学生积累想象的经验，提高对图形之间关系把握的能力，培养学生的空间想象力，发展学生空间观念。

（三）在"再创造"过程中培养创新能力

教师让学生在宽松的课堂中活跃起来，激励学生像数学家一样研究，亲身经历"再创造"的过程；鼓励学生在认真思考的基础上，利用实物动手尝试；面对学生遇到的学习困难，让学生自己发现和提出问题，培养问题意识、激发学生潜在的创新精神，这是创新的基础；探究方向"偏离"时进行同伴互助、学法指导，由一个学生的操作展示及课件演示引发全班学生的思考，变学生的无路可走为有径可寻，获得分析和解决问题的一些基本方法，这是创新的核心；在再次操作与合作学习活动中，鼓励学生运用"转化"的数学思想方法，通过观察、分析、归纳概括推导圆的面积公式，这是创新的重要方法。正是由于课堂中不断经历、不断锻炼、不断积累、敢于质疑、敢于表达、敢于讨论、敢于坚持，才有效激发了学生的创造力，提升了学生的创新能力。

（本文于2019年获北京市教育学会论文评优一等奖）

个性化练习促学生思维发展

王希臣

数学练习作为课堂教学的延伸，是巩固和反馈学生学习内容的重要手段，也是培养学生创新能力的重要途径，对数学知识的构建起着无可替代的作用。《义务教育数学课程标准》指出："数学课程要面向全体学生，适应学生个性发展的需要，使得人人都能获得良好的数学教育，不同的人在数学上得到不同的发展。"因此，针对不同学生的特点进行个性化的练习设计就成为数学课堂教学改革的必然要求。

小学生具有强烈的求知欲，正如苏霍林姆斯基所说："在人的心灵深处，有一种根深蒂固的需要，那就是使自己成为一个探索者、发现者，这在儿童的精神世界里表现得尤为强烈。"要充分利用学生的求知欲，使其成为学习活动的内驱力。由于低年级学生自主学习能力较差，对于新知识的获得必须经过阶段性的练习。因此，在低年级数学教学中，我们着重于将练习个性化，从而使不同层次的学生在丰富的练习活动中都能够发散数学思维，涌动生命活力。笔者认为最重要的方法是在设计练习时，激发学生解决思维矛盾的热情，长期的矛盾和成功的愉悦可以积淀成一种最直接指向数学学习的心理倾向，这是任何其他因素所代替不了的强动力。

所谓个性化练习设计是指，在一定的教学思想和理论的指导下，根据学生的实际情况设计数学练习，关注学生的已有知识背景和个性特长，对不同层次的学生提出不同的要求，使得每名学生都能感受到成功的喜悦，增强学生的自信心和自我效能感，并使之转变成学生学习的驱动力，从而让他们的个性能得到充分自由、和谐的发展。在设计个性化练习时，我主要遵循以下几个策略：

一、主体性的策略

学生是学习的主体，教师是学习的组织者、引导者与合作者。要针对各类学生的不同需求设置不同层次的数学练习，给学生提供"自由""安全""愉悦"的学习环境，提供充足的时空条件，让学生掌握练习的主动权，能够按照个人的意志和意愿，独立自主地进行选择练习。

如一年级上册"认识图形"的课堂练习中我进行了如下设计：下面题目你可以自由选择，看看5分钟内谁得到的☆最多。

（一）数一数，填一填☆

▭	（　）个
◻	（　）个
⬭	（　）个
○	（　）个

（二）找朋友（连线）☆☆

（三）数一数有几个正方体☆☆☆

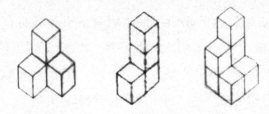

（　　）个正方体　　（　　）个正方体　　（　　）个正方体

习题（一）注重学生对于图形基本特征的掌握；习题（二）则要求学生在认识图形的基础上还要会从生活中抽象出这些图形；习题（三）侧重于培养学生的空间想象能力。由易到难的练习梯度没有硬性要求所有人必须完成，给予学生充分自主的选择权。这样以学生的自主选择为中心的个性化练习，重在弘扬学生的学习主体精神，无疑满足了各层学生的心理需求和学习需求。因此，学生的积极性被充分调动起来，大部分学生能够积极地完成尽可能多的习题，效果比统一要求要显著。

二、分层设置的策略

学生中实际存在知识水平的分层现象，这也要求我们面对不同层次的学生，在个性化练习设计中，在内容、形式及指导和评价上都能着眼于不同层次学生的发展。

（一）内容、形式分层

由于差异的客观存在，全班学生不可能在相同的时间内达到统一练习的标准，我们要允许不同层次的学生做不同层次的数学练习。从练习设计的内容形式上，分为A、B、C三个层次：A层练习为基础知识题，人人要做；B层练习为扩展加深题，潜能生选做，优等生和中等生必做；C层练习为拔高题，中等生选做，优等生必做。这样的分层让学生"能飞的飞起来""能跑的跑起来""该扶的扶一把"。大大减轻了学生的作业负担，达到"学生喜欢做，人人有收获"的目的。

如学习100以内数的进位加法和退位减法后，我设计了三类练习题：

A：竖式计算（基础型）

39+42=　80-27=　65+25=

B：被盖住的数字是几?（发展型）

$$\begin{array}{r} \ 4 \\ +\ 2\ \\ \hline 8\ 8 \end{array} \qquad \begin{array}{r} 8\ \\ -\ 2\ \\ \hline 3\ 0 \end{array} \qquad \begin{array}{r} 7\ \\ -\ \ 3 \\ \hline 2 \end{array}$$

C：猜一猜□和△分别是几?（提升型）

$$\begin{array}{r} \Box\ \triangle \\ +3\ \ 5 \\ \hline \triangle\ 3 \end{array} \qquad \begin{array}{l} \triangle=(\qquad) \\ \Box=(\qquad) \end{array} \qquad \begin{array}{r} \Box\ \triangle \\ -3\ \ 8 \\ \hline \triangle\ 4 \end{array} \qquad \begin{array}{l} \triangle=(\qquad) \\ \Box=(\qquad) \end{array}$$

习题以练习小条的方式发给学生，练习时间固定。每个学生都会先从A类题中获得2道习题，完成并批阅后从B类题中抽取2道题；依次类推，到C类习题。虽然都是巩固学生的竖式计算，但对学生掌握进位、退位的效果反馈得非常清楚，在提高学生学习兴趣的同时，还有利于教师有针对性地制定下一步练习巩固的方向。

（二）指导、评价分层

著名的罗森塔尔效应（暗示在本质上，人的情感和观念会不同程度地受到别人下意识的影响。人们会不自觉地接受自己喜欢、钦佩、信任和崇拜的人的影响和暗示）告诉我们，如果能针对每名学生的个性形成恰如其分的评价，就可以使他们的良好愿望变成现实。因此，对A层练习的题目，我们着重对潜能生进行面批、个别指导，并及时给出评价。对B层练习的题目，着重引导学生自评自改，有时可采取延迟性评价，让他们有更多反思的空间。对C层练习的题目，教师着重指导对潜能生有参考价值的评价，让潜能生参与听评，从中受到启发。同时，要引导各类学生主动参与评价，通过互评、自评，让每名学生在班级群体中正确认识自己，使他们真正享受获得成功的喜悦之情，从而将这种自信转化成学习数学的内驱力。

三、生活化策略

数学来源于生活，又服务于生活。个性化的数学练习还要体现与现实生活的联系，设计练习时要结合某一教学单元或某个研究专题进行，让学生通过观察、考察、应用等方式，将数学学习与生活联系起来，从而激发学生学习数学的兴趣。

如在学生学习了"认识人民币"之后，我让学生们每人从家带来一件小的学具或玩具，并模仿超市的价签标好100元以内的适当价格，以小组为单位利用手中的人民币学具进行商品交易。这样，在活动过程中，不同水平的学生都能够有所收获。在交易计算的过程中，不仅提高学生们了解题能力，而且积累了丰富的生活经验，同时，有利于其养成健康的个性品质。

总之，个性化练习设计要尊重学生的主体，关注学生的个体差异，从生活中来，运用到生活中去，同时要遵循学生思维发展规律和个体差异的原则。以促进学生个性的全面发展，培养学生的自主创新能力，同时提高教师个性化教学能力，促进教师和学生的共同发展。

（本文于2019年获北京市基础教育研究论文评优二等奖）

小学英语单元整体教学设计的实践与思考
——以"Travelling in the past, nowadays and future"单元教学为例

冯　颖

一、引　言

　　"单元整体教学"是一种先进的教学理论，其主要内涵是在整体教学之上，以培养学生的综合感知能力为目标，教师通过精心设计教学内容，深挖教学主线，以一种全方位多层次的方式呈现给学生一个整体的课程。2017年版《义务教育英语课程标准》明确指出，当前英语教材各个单元仍然围绕某单元主题开展且由不同教学板块组成，但不同板块功能、内容、作用都更贴近单元主题，所以为单元整体教学打下了良好基础。教学建议第五条也指出："教材是实现教学目标的重要材料和手段。在教学中，教师要善于根据教学的需要，对教材加以适当的取舍和调整。"作者基于课标对教师创造性使用教材的理念指导，提出对教材进行单元整体教学设计和实施过程中应关注的问题，并以北京版英语六年级上册 Unit3 "Travelling in the past, nowadays and future"为例，从单元整体目标、分课目标、分课时教学思路等方面分析该单元整体教学设计的思路。

二、单元整体教学设计和实施中应关注的问题

（一）关注单元教学目标的整体设计

　　单元是承载主题意义的基本单位，单元教学目标要以发展英语学科核心

素养为宗旨，围绕主题引领的学习活动进行整体设计。在同一话题情景中，这些关联的内容串联在一条纽带上，是以一个话题为主线的螺旋上升编排的有机整体。教师在进行单元整体教学时，应突出"整体性"，注重话题单元内部的联系，有机地融合各板块，统整教学目标。

（二）关注教学内容的适切补充

英语教材中的对话和语篇是英语教学内容的基础资源，它们赋予语言学习以主题、情境和内容。教师要对语篇的主题、内容、问题结构、语言特点、蕴含的价值观等进行深入地解读，确定单元教学的核心内容。然后对教材内容进行适切拓展、补充，进行文本重构。绘本故事或小视频，以其精彩的画面、生动的故事情节、原汁原味的英语口语等特点，一方面满足了作为语言实践活动载体的多重要求，另一方面又创造性地激活了教材内容，使英语课堂焕发生命的活力，更好地落实各分课时目标，进而提高学生的英语学科素养。

（三）关注教学活动的有效设计

在单元整体教学设计中，教师可以根据单元总目标及分课时具体目标的不同梯队要求，设计学习理解类的活动、应用实践类的活动和迁移创新类的活动，实现语言体验、运用和创造的不同目标。在此过程中，基于已知，引导学生在探究意义和解决问题的过程中培养语言能力，发展思维品质，落实英语学科核心素养。

三、单元整体教学设计案例分析

以下是对北京版小学英语教材六年级上册第三单元Travelling in the past, nowadays and future的整体目标、分课时目标、分课时教学思路等的分析。

（一）以单元整体目标为原点，发散设计课时分目标

北京版小学英语教材六年级上册第三单元Travelling in the past, nowadays

and future内容非常完整，话题性强，整个单元围绕外出旅行主题展开学习。因此，在设计本单元时，笔者对教学内容进行了调整、整合和补充。整个单元的设计思路为了解古代人的出行方式，对比古今交通方式，进而感受到发明带给现代生活的巨大作用为第一课时，谈论Mike在返程中忘带护照的难忘经历为第二课时，谈论Mike的杭州之旅为第三课时，在第四课时学生通过回顾本单元知识，能够和同伴谈论或描述自己和他人的旅行经历，在第五课时，通过补充视频和绘本资源，启发学生思维，畅想未来的交通方式，并与同伴交流和分享。在本单元的最后一课时，学生将结合本单元所学，为自己设计理想中的完美出行计划或攻略，就旅行话题进行较为完整的、有条理的表达。

1.本单元整体目标

学生能够围绕出行地点、方式进行简单询问，就出行方式的话题用两种不同的方式进行表述以及简单地询问。能够对过去发生的事情或进行的活动进行交流和描述，并对古人的出行方式进行简单的询问和讨论。能够听、说、读、写本单元要求掌握的11个单词，并能在相应的情景中应用；继续认读一些常用动词过去式的不规则变化。能够理解对话内容，并能够朗读对话；读懂转述主课文的语段，并尝试复述。能够在积极的情感体验中感受现代文明带给人们生活的便捷。

2.分课时目标

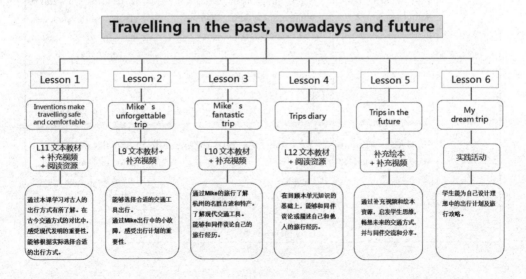

根据单元主题 Travelling in the past, nowadays and future我们把主题细化成 6 个话题，分别落实到6个分课时里：① Inventions make travelling safe and comfortable；② Mike's unforgettable trip；③ Mike's fantastic trip；④ Trip's diary；⑤ Trips in the future；⑥ My dream trip。以此 6 个分话题来完成对 Travelling in the past, nowadays and future主题的学习。

（二）以分课时目标为导向，合理设计课时教学内容

对本课相关的旅行话题学生有一定的知识储备，如交通方式类词汇、地点类词汇、相关动词词组，学生能够对旅行进行一两句话的简单描述。通过对一二单元的学习，对动词过去式的表达和变化规律有了一定的基础。通过五年多的英语学习，学生已经具备一定的听、说、读、写能力，养成了良好的同伴交流意识和合作学习习惯。学生对于出行、旅行话题的上位、下位知识分析：

Grade	Unit	Structure	Key vocabulary
二年级下	Unit 5 How do you go to school?	1. How do you go to school ? --I go to school by bus. 2. How does your dad go to work? --He goes to work by car.	by bus, by bike, on foot by car, by taxi, by subway
五年级上	Unit7What will you do in Chengdu?	1. Are you going to Chengdu by train? - No, we are going by plane. 2. What will you do in Sichuan? - I will visit Du-jiang-yan.	by train, by plane, by car, by subway, by bus, by taxi, pick up, travel alone, see the pandas, leave for the …, visit …, get back
五年级下	Unit7Are you going away for the holiday?	1. How long does it take to get to New York? - It takes more than ten hours by plane. 2. Why don't you take the plane to Shanghai? It's faster. - I enjoy travelling by train. 3. What is Sanya famous for? - It's famous for its sandy beaches.	plane to Shanghai, faster, taxi to the airport, more comfortable bus to the library, easier walk

（续　表）

Grade	Unit	Structure	Key vocabulary
六年级下	Unit4　What's the weather like？	How long does it take to get there? Are you going by train? – No. The train is too slow. It will only take us three and a half hours to get there by air.	slow, by train, by air

基于整体目标、分课时目标以及学生分析，本单元 6 个课时的教学内容和任务如下：第一课时，学生通过对于文本、补充视频、阅读资源的学习对古人的出行方式有所了解。在古今交通方式的对比中，感受现代发明的重要性，能够根据实际选择合适的出行方式。第二课时，学生将通过Mike出行中的小事故感受出行计划的重要性。第三课时，学生将通过Mike的旅行了解杭州的名胜古迹和特产，能够和同伴谈论自己的旅行经历。第四课时为本单元复习课。学生回顾本单元知识，和同伴谈论或描述自己及他人的旅行经历。第五课时为绘本阅读课。学生通过补充的视频和绘本资源，一起畅想未来的交通方式。第六课时是综合实践活动课，学生能够为自己设计理想中的出行计划及旅行攻略。

（三）以重构学习内容为手段，创设多元语用情境

在小学英语教学中，教师在设计单元整体教学时，应从全局考虑，根据北京版小学英语教材的内容和相关视频、文本阅读、绘本资源，教师整合了适合学情的学习内容，并且根据学生的实际生活需要，创设符合学生认知水平的语境。例如，在第一课时，笔者创设了Maomao和Yangyang通过网上学习、去书店查阅资料的大情境，将文本学习、核心语言操练及语言输出巧妙地串联在一起。第二课时，学生就第一课时中出现的现代交通工具的优缺点进行谈论，进而自然进入教材文本学习。笔者将自制Our unforgettable trips 视频呈现给学生，师生置身于难忘的旅行的学习氛围之中，就视频中出现的出行中遇到的一些状况进行讨论进而感受出行计划的重要性。第三课时的学习中，笔者根据学生假期的前期调研创编视频，为学生描述自己出行经历提供素材。旅行日记文本和Trips in the future绘本资源用于第四、五课时，为My dream trip的完整表达做好语言支持。在第六课时，学生将结合前五课时所学的语言和

表达形式进行较为完整的、有条理的表达。6个课时的视频和文本资源的重构，多种形式的教学资源让学生在情境中体会语言、学习语言、运用语言。

四、结　语

教育是一项事关祖国未来的事业，对于教学方法更需要科学的研究和实践。小学生英语是对小学生进行英语语言素养培养的关键课程，这就对小学英语教师提出了更高的要求。在英语单元整体教学理念的落实中，教师应遵循学生的发展规律，立足单元整体设计，从教学材料和话题出发，创设适合学生学习和运用语言的情景，培养他们的核心素养。

（本文于2019年获全国教育科研论文评选一等奖）

以活力英语课程涵育学生英语素养提升

马军华

北京小学通州分校于2010年建校，恰逢我国基础教育课程改革总结推进阶段，教育部明确了完善课程体系、落实课程方案、推进教学改革等七项任务。十年来，学校的发展与基础教育改革同步，伴随着综合教育改革的不断深化，基于习近平总书记在全国教育大会的讲话精神，以及北京城市副中心对通州教育的新要求和名校办分校的使命与责任，学校以立德树人为宗旨，将活力教育作为办学理念，确定了《构建活力课程体系，提升学生核心素养》的活力课程建设方向，经过了初步探索、深度实施、科学架构、纵深发展的历程，探寻出了学校课程发展的"三化"路径，即教育内容"课程化"、核心素养"校本化"、课程结构"体系化"，学校顶层设计和科学架构活力课程体系，最大化地发挥活力课程的教育功能和教育价值，促进学生核心素养的形成与发展，为学生的精彩人生奠定基础。

一、活力英语课程建设背景

学校的课程建设工作是在活力教育理念的引领下，以儿童的不同禀赋为起点，以实现活力教育育人目标为归宿，将国家课程、地方课程、校本课程有机整合，构成"三型五类"结构体系，整体优化课程资源、课程设置和课程实施。

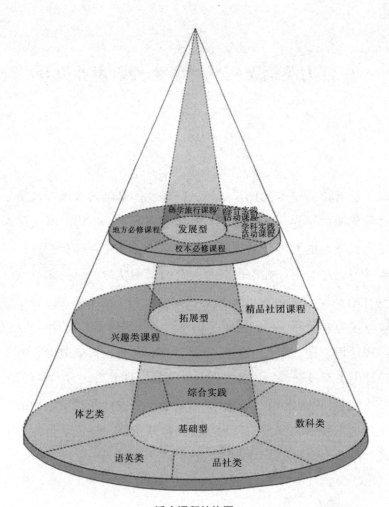

研学旅行课程　综合实践活动课程
地方必修课程　发展型　学科实践活动课程
校本必修课程

精品社团课程
拓展型
兴趣类课程

综合实践
体艺类　基础型　数科类
语英类　品社类

活力课程结构图

　　面对全球高度信息化和"一带一路"国际合作的喜人前景，基于新中高考改革对于学生英语综合能力的高要求，活力英语作为学校的特色学科，承载着率先课改的重任，学校在建校之初，在活力课程理念的统领下，围绕三级课程一体化课程理念，基于学生英语学科核心素养，即学习能力、思维品质、语言能力、文化意识，将英语学科与各个学科课程进行深度融合、统整，建构英语课程群；学校地处副中心的高端社区，面对高素质的家长群体对于活力英语的高要求，学校致力于在核心素养背景下，展开移动终端英语阅读的探索，将课内外、校内外的英语学习、英语阅读有机结合，打破社会、家庭和学校教育的壁垒，构建全时空英语深度学习的氛围，助推学生可持续发展的必备知识和国际交往能力日益提升。

二、细化培养目标，明晰课程要求

课程目标是实现课程宗旨的重要保证，课程目标既是课程的出发点，又是课程的归宿。学校依据《义务教育英语课程标准》，根据学生年龄特点，身心发展水平，基于学生英语学科核心素养，即学习能力、思维品质、语言能力、文化意识，制定《北京小学通州分校英语学科培养目标》，做到词汇丰富、口语熟练、乐于运用。搭建起课程标准、教材、教学之间的桥梁，促进学生形成核心素养品质。

北京小学通州分校英语学科培养目标

词汇丰富：学习英语兴趣高，积极参与有自信，自主积累词汇多，所以词句记得牢。

学段	目标
一二年级	对英语有好奇心，喜欢听英语，敢于模仿，乐于参与课堂活动：积累词汇200—350。
三四年级	对英语学习有兴趣，有表达的欲望，积极参与课堂活动；积累词汇400—600，初步学会使用字典学习词汇。
五六年级	对英语学习产生持久的兴趣，在课堂学习中善于参与，积极合作，敢于表达；积累词汇600—1000，积极使用字典积累词汇；有意识地在词语与相关事物之间建立联想。

口词熟练：灵活运用会交际，脱口而出语感好。愿意听说不畏难，成功快乐有体验。

学段	目标
一二年级	能够根据录音模仿说英语；能够大胆地操练语句；培养正确的语音、语调；开始与他人进行较简单的交流。
三四年级	能主动听录音模仿说英语；大胆操练，积极理解所学语句；掌握正确的语言、语调和语速；主动与他人交流。
五六年级	坚持学习，努力养成良好的语言学习习惯；口头表达时发音清楚，力求语音、语调优美；对所学的内容能够主动练习和实践。

乐于运用：听说读写基础好，唱歌表演练表达，合作学习多实践，日常用语ENGLISH.

（续　表）

学段	目标
一二年级	能够用简单语句表示问候、告别、感谢、致歉、介绍，以及理解和表达数字、颜色、食品、身体、服装等简单信息；能听懂课堂简短指令20句；能唱英文歌曲，说歌谣30—40首；能用英语做游戏，并在游戏中做简单的交际；能够模仿范例书写字母和单词。
三四年级	能够尝试用不同句型表示问候、告别、感谢、致歉、介绍、请求，以及理解和表达数字、颜色、食品、身体、服装、时间、动物、家庭等简单信息；能够听懂课堂用语与指令30句；能唱英文歌曲，说歌谣或诗歌50—60首；能用英语做游戏；能阅读带有图片的英语短故事；能模仿范例写句子并初步尝试书写简单句。
五六年级	能够用不同语句表示问候、告别、感谢、致歉、介绍、请求、邀请，以及理解和表达有关数字、颜色、食品、身体、服装、时间、动物、家庭、学校、朋友、爱好、节日、文体活动等简单信息；能够完全听懂并呼应课堂用语指令40句；能唱英文歌曲，说歌语或诗歌60—70首；能够积极与他人合作，共同完成学习任务；尝试阅读英语故事和英语课外资料；能够根据要求简单地描写图片与实物。

三、科学建构课程体系，合理设置内容

为了确保活力英语课程的有效实施，学校基于学科师资、学情实际情况，科学设置活力英语课程，分类设计课程内容，即基础型课程、拓展型课程和发展型课程。其中，基础型课程为国家课程及10%学科实践课，发展型课程为主题实践课，以项目式学习方式推进，都属于必修课程；拓展型课程为校本课程，分为校级必修和社团选修。学校教师自主开发的《活力英语》，即为校级必修课程；《外教口语》为三至五年级学生必修课程；《活力英语教学戏剧》、外教口语角等为社团选修课程。

北京小学通州分校英语课程设置表

课程	必修		社团选修
基础型课程	国家课程、10%学科实践课		
拓展型课程	校级必修	《活力英语》	视听说、英文歌曲、英语棋、快乐音图、外教英语角、英语教育戏剧、双师戏剧
	年级必修	《外教口语》三至五年级	

（续　表）

课程	必修	社团选修
发展型课程	活力绘本悦读	
	英语节课程 一年级：英语歌曲 二年级：趣配音 三年级：英语故事 四年级：英文电影配音 五年级：酷听说、演讲比赛 六年级：原创校园英语戏剧	
	基于主题的项目式学习(科技节、艺术节、读书节、体育节……)	

四、优化课程实施，提升学生素养

（一）夯实基础型课程

在国家课程北京版小学英语的实施过程中，教师注重落实英语课程"三维目标"，通过构建实活相济的活力英语教学模式，优化词汇课、阅读课、会话课、绘本课等不同课型的教学；采用任务型教学，调动学生学习的积极性；运用灵活多样的教学方法，例如在课堂教学中利用游戏、竞赛、表演，活用英语歌曲和童谣，激发学生的学习兴趣；注重学生学习方法的指导，以活力评价，培养学生的学习习惯。并以《北京小学通州分校活力课堂评价标准》为指导，以科研引领教研，保证教学质量的稳步提升。

（二）做实拓展型课程

就教学目标而言，必修课程侧重共同知识、技能、素养的形成，从教学功能看，必修课程在传授国家课程京版教材基本的学科文化知识基础上，基于学情实际研发满足学生英语素养发展的需求的校本课程。六年来，学校共开发《活力英语》12本。

北京小学通州分校英语校本教材

课程研发目标是趣味性、知识性、交际性和衔接性的统一，即从内容选择、训练形式上考虑，要符合各年级儿童的认知规律。根据学生年段开发英语校本教材，低年级以音图、视听说为主，中年级段加大阅读和短语篇的写作的训练，高年级则强化阅读与话题写作。

必修校本课程本着以趣促学的原则，以口语交际为主线，以儿童的生活学习用语为载体，紧扣国家课程教材，同时要自成一体，有较为完整的教学内容和知识达成目标，帮助学生理清所学知识的纵向联系，培养学生的综合英语能力。

而教材研发过程即教师专业化培训培养过程。在此过程中，教师由被动的教材传授者，转变为教材、课程的研发者，这一过程极大地提升了教师的课程研发能力，提升了学科教师的专业素养。

学校为了适应学生的个性差异，赋予学生选择性发展的权利，开设了快乐音图、课本剧、戏剧等社团课程，关注了学生学习的选择性，引导和促进学生个性的生动发展。学生自编校园剧my dream of basketball等剧目，为自主学习搭建了广阔的舞台，学生的英语学习热情空前高涨，孩子们大胆交流，乐于表达，综合英语能力得到提升。自编英语校园剧多次夺得北京市戏剧比赛桂冠，英语剧社团被通州区评为区级首批五星级学生社团。

（三）丰实发展类课程

发展型课程就是围绕真实问题，选取跨学科的主题内容，开展项目式研究实践活动。在以节日为话题的系列实践活动中经历提出问题、规划方案、解决问题和评价、反思四个环节，开展深入探究，从更广、更深、更结构化的层次对学生的综合能力进行培养和提升。如英语节课程是学校的传统节日课程，每年级围绕英语学习开展配音、讲故事、演讲等展示；结合学校开展的科技节、读书节等活动，进行跨界整合式学习，提升学生综合运用英语知识解决实际问题的能力。

（四）科研引领课程建设

英语学科教师积极参与中国教育学会外语教学专业委员会"核心素养背景下，展开移动终端英语阅读的探索"等立项课题研究，撰写区级子课题，并被北京市规划办成功立项，定期召开科研推进会，鼓励课题组教师将课题与日常教学相结合，运用"酷听说"构建移动终端学习模式，重视学生合理安排手机学习时间，边实践边收集数据，以科研视角引领教学，提高教师的研究能力和创新能力。

五、实施活力评价，提升课程品质

《义务教育英语课程标准》指出：评价是英语课程的重要组成部分，科学的评价体系是实现课程目标的重要保障。为促进学生的全面发展，个性发展和长期发展，教师应重视对学生学习评价改革的研究。

聚焦活力英语课程实施过程中的核心问题，我们确定了"以活力评价促进学生英语运用能力的研究"这一课题，在学校活力教育背景下，以多维、多层次的发展性评价为手段，以实现评价的综合功能为目标，激发学生的潜能、个性与创造性，使每个学生都具有自信心和持续发展的能力。

随着课题的不断推进，老师们及时研讨、交流、反思，整理出英语课堂评价用语集，探索有效的评价方法。寓活力评价课题研究于英语校本课程的实施中，理论联系实践，以科研促教研，提升了校本课程的课堂实效，使学生乐学、善用，真正地提升了学生的英语素养。"以活力评价促进学生英语运用能力的研究"被评为2016年度北京市基础教育科研成果二等奖，荣获北京市评价课题一等奖，通州区政府成果二等奖。

六、实活相济，彰显课程特色

9年来，学校师生始终致力于活力英语课程的研发与实施，学生的综合英语能力、学科素养不断提升，实活相济的英语学科教育教学风格逐渐形成。《活力英语》校本教材获得北京市基础教育优秀成果二等奖，标志着学校在活力英语校本课程实践上迈出了扎实的第一步；而《活力英语》校本课程喜获北京市基础教育优秀成果二等奖，《活力英语教育戏剧》被评为北京市优秀校本课程成果奖等，坚定了学校以活力英语课程提升学生英语素养，彰显活力教育特色办学的信念与决心。

学校学生与市区学生同台对决，连续三年获得市区英语剧大赛一等奖、歌舞表演大赛一等奖；全国英语大赛有百余人次入围，多人次获得国家级一、二等奖；三百余人次获得北京市"新星杯"英语词汇大赛一、二等奖；在学校举办的专场英语演讲比赛及历届活力英语节展演活动中，学生们的表现各个出人意料，获得与会领导、家长、同学的好评，凸显了活力英语教育教学特色。

经过近10年的实践，我们充分认识到活力英语课程建设存在很多不足，今后要着重做好三级课程的一体化实施、校本课程教法研究、英语学科实践课程研发等核心工作。课程开发与实施是一个循序渐进的过程，我们坚定信念、科学研究，提升英语学科建设水平，使活力英语课程最大化发挥其教育功能和教育价值，从而涵育学生的英语素养不断提升。

对小学英语有效性阅读教学策略的几点思考

禹立娜

一、小学英语阅读教学的现状

（一）学生的学习现状

笔者不止一次地发现每当上小学英语阅读教学课时，总会看到学生在课堂上昏昏欲睡，兴趣不高，呈现一种似懂非懂的状态。究其原因，主要是学生一遇到生词或第一次出现的新句式时，就感到恐惧和不安，看不懂阅读材料，甚至看都不愿意去看。而且，大多数学生在独自阅读材料时没有合理有效的方法，阅读的效率低下。再者，由于课堂上进行阅读教学的时间毕竟有限，在课外使用英语的面比较狭小，也没有形成一定的英语学习氛围。久而久之，就渐渐形成了现在这样的不良局面。

（二）教师的教学现状

大多数教师在进行阅读教学时，教学方法单一枯燥，很多时候把阅读课上成了语法课，过多地讲解生词，过分地重视词汇和语法的教学，而忽视了阅读技巧和方法的训练。这完全是一种本末倒置的做法。

二、小学英语阅读教学中存在的问题

（一）阅读重心失衡

阅读应该是理解、欣赏文学作品的过程，然而，目前部分小学英语教师的课堂阅读教学却忽略了阅读的本质，使课堂成为枯燥无味的知识填充场所，从而减少了学生自主阅读的机会，导致英语阅读的重心失衡。此外，学生的课外阅读没有科学适当地指导，课内阅读太受制于教材内容，也是当前英语阅读重心失衡的原因。

（二）阅读资源匮乏

良好的英语阅读能力是以阅读量为基础的，而阅读量不仅指阅读文章的数量，还指阅读文章的类型，也就是所谓的"阅读面"。现在小学生的阅读教材只有学校所发的英语教材，这使学生难以找到合适的阅读资源，阅读兴趣也会因此大打折扣。

（三）阅读方法缺失

据调查，当前小学生普遍没有形成科学的阅读方法。受传统教学模式的影响，学生已把阅读课堂当成一种学习单词、训练语法的主要场所，忽视了阅读能力对于提高英语综合能力的重要意义。

（四）阅读习惯错误

这里所说的阅读习惯，是指学生阅读文章时的阅读方法。很多英语教师的课堂教学只注重知识的传递过程，而忽略了学生的阅读习惯问题。由于没有科学的指导，小学生在阅读文章时普遍采取的是局部阅读法，而没有从文章的整体来理解文章大意，并过分纠结于不懂的单词和词组。长期下来，教师如不给予针对性的引导，学生对英语的学习兴趣将会消失殆尽。

三、小学英语阅读教学的有效策略

（一）发掘生活素材

英语只是学生的第二语言，并且在实际生活中，大部分学生的生活环境都不完全具备学习英语的条件。如果教师不能清楚地认识这一现状，仍然呆板地进行英语阅读教学，长期下来，学生学习英语知识的兴趣将会完全丧失，英语能力也无法得到进一步发展。为了解决这一问题，教师可以将教学

内容与生活内容进行有机结合，用丰富的生活素材充实英语阅读课堂（陈玥
2008）。比如，北京版教材四年级下册孩子们学习了Don't do… 和No doing!的
警示语后，教师便可以让学生亲自去公交车站、地铁站等公共场所找一找，
看到 "No smoking!" "No spitting!" "No littering!" 等警示语，孩子们自然就想
到了课堂上所学的内容，从而掌握这些英文信息的含义。或者看到学校或是
其他公共卫生间里的提示语：Wash your hands，please. 在教授给学生这些内容
时，都可以鼓励学生亲自去找一找，以实现阅读教学中对已学知识的拓展。

（二）提供阅读材料

恰当的阅读材料对打造高效英语阅读课堂作用重大。以《典范英语》阅
读材料为例，该阅读材料的特点是通过重现以实现对知识的巩固和强化作用，
每一个故事情节都引人入胜，仿佛孩子们置身到故事中，以轻松愉悦的方式
巩固所学习的内容。比如，北京版教材六年级上册U5是让孩子们了解奥运会
的发展史，因此，当学生学习这一单元后，教师可以让学生阅读典范英语5B
中的Olympic Adventure（《奥运冒险》）这个故事，虽然文章中有不少的语法
和生词，对学生的阅读造成了一定困难。但有了课本知识做支撑，再加上绘
本中完美的配图，如此一来，学生就能借助这些背景知识，相对减轻阅读难
度，获取阅读信息的过程也会更加轻松。与此同时，教师要在学生的阅读过
程中对出现的单词和语法知识稍加讲解，让学生全面理解文章内容，尽可能
让孩子们充分阅读。

（三）渗透阅读技巧

在传统的英语阅读教学模式中，教师的阅读教学手段通常是先带领学生
通读全文，再挨个讲解题目，最后给出答案，这反映了教师一直都是以自身
的讲解为主进行教学活动，而忽视了学生的理解能力和接收能力。因此，教师
可以在课堂中为学生讲解有效的阅读技巧，将略读法（Skimming）渗透到教
学中，以帮助学生学习和阅读。略读法是指有选择性地阅读文章内容，对于
某些细节可大致跳过，从而加快阅读速度。学生在小学阶段还不具备独立阅
读的能力，其阅读过程中经常会遇到不懂的生词和不理解的句子。因此，教

师可以让学生通过朗读的形式，先通读文章内容，跳过模棱两可的部分，只要求读懂文章的大概意思即可。

比如，在教授北京版教材第11册Story time中Story 4《曹冲称象》这个故事时，文章中描写了曹冲年龄虽小，但却聪颖过人，故事中有几句话中出现了较多的生词，这时教师要让学生先忽略生词部分，继续阅读下文。学生读完后，虽然不知道生词的词义，但孩子们借助图片以及孩子们已有的知识背景作为铺垫，在讲解单词知识时，教师还要利用多媒体工具或者借助思维导图的形式向学生提出问题，这些问题中应该出现要学习的新词语，教师可以通过肢体语言让学生深刻了解词义，最终理解全篇文章的寓意。

比如，六年级上册有一篇阅读对话材料：

T: When did Lingling come back from her summer camp?

S: She came back last Thursday.

其中，come back明显是对话中需要了解含义的词组，教师要重点讲解其含义才能帮助学生理解整体大意。在讲解come back时，教师可以先对学生发出诸如Walk to the blackboard之类的指令，再对学生说come back，反复多做几次，学生便能在这一行动过程中了解到come back有"返回、回来"的含义。此外，学生对阅读理解有一定的掌握后，教师还要将真实的实践活动引入到课堂教学中，以此帮助学生将所掌握的知识具象化，以便教师开展后面更有难度的阅读教学工作。

（四）拓展应用，提升阅读

1.复述内容

复述是指学生在充分理解所读或所听语言材料的基础上，用口头语言将材料重新表达出来的一种方式。复述能提高学生口语和书面表达的能力。所以，为了考查学生综合的阅读水平和能力，教师也可以组织学生进行内容的复述。教师可以借助重点词汇信息、思维导图、简笔画图片信息和问题信息等方式，唤起学生的旧知，进一步提高学生的语言输出能力，加强内化语言的能力。

2.小练笔

阅读只是一种语言输入，最终要转化成语言输出，阅读才有意义。而"说"和"写"是语言输出的主要形式。因此，在阅读教学中，教师要合理设计教学活动，利用各种手段引导学生"以读促说、以读促写"。比如，在六年级上册第一课对话中Yangyang和Mike正在谈论暑假中所做的事情，在学生熟练掌握对话内容后，教师可以先尝试以问题的形式让学生来进行回答。

培养小学生英语阅读能力不是一蹴而就的，教师要在课堂教学中循序渐进地对学生进行阅读技巧上的指导，并为学生提供更多的阅读材料，唯有这样，才能真正地提高学生的阅读能力，为学生今后的英语学习夯实基础。学习知识需要积累，阅读能力的提高也需要时间的沉淀。所以，教师应该根据学生已有的知识基础，传授学生最佳的阅读学习方法，从而达到最佳的效果。相信学生拥有了一定的阅读能力，平时勤加练习，一定会突飞猛进，为今后的英语学习乃至终身学习打下良好的基础。

（本文于2019年获北京市通州区区级学习科学学会论文评优二等奖）

借助学生预习，开展英语探究学习能力培养

宋立春

国家提出了"核心素养"的概念，提出学生应具备适应终身发展和社会发展需要的必备品格和关键能力，突出强调个人修养、社会关爱、家国情怀，注重自主发展，合作参与探究实践，这与国际上提出的21世纪技能非常契合。21世纪技能所涵盖的能力为：探究学习能力；批判性思考能力与问题解决能力；交流与沟通能力；合作、团队精神与领导力创造与创新能力。《义务教育英语课程标准》也提出"积极倡导自主、合作、探究的学习方法"的理念，课前预习的学习方法在提倡学生自主探究，培养自学能力，张扬学生个性，表现自我等方面有其独到的作用。借助学生预习，学生可以在课内课外进行教学内容的重难点学习，探究新旧知识之间的联系，找出自己的疑问和困惑，从而为他们接下来有的放矢地听课学习做好准备。

我所谈及的案例是北京版四年级教材第五单元，本单元围绕"节日及节日活动"这一话题展开，本课重点句型"What do you do on Children's Day?"以及答语"We go to cinemas on this day"，在所提供的情境中进行简单的交流，还有其他4个节日及相关节日文化需了解。关于节日话题，三年级出现过National Day、Teacher's Day，五年级即将学习Lantern Festival、the DragonBoat Festival、the Mid-Autumn Festival等11个左右的节日。因此，本单元节日主题内容比较重要，在小学英语学习中起到承上启下的作用。此外，节日话题更为社会生活中人们普遍提及的，学生在节日主题所掌握的技能尤其重要。教师首先要求学生在课下做足准备工作，引导学生网上查阅中外相关节日，自主预习，并提供节日活动单，启发学生主动学习，提高其兴趣。节日话题和学生生活联系紧密，孩子乐于参与。为了让学生充分感知节日名称与节日文化，本节案例除预习单外，我还设计"制作节日海报"小组活动，使学生在

小组学习中学会分享、学会认知，和谐互助，学生自信心、自主学习能力有了明显提高，学习效果明显，较好地达成了教学目标。

一、运用预习单，开启"和谐、互助"师生探究学习之旅

预学单质量直接影响课堂教学成效，是实现预习目标的基本前提。学生亲自设计高质量的预习单，自己预习，分析文本，拓展新知，有助于养成良好的学习习惯。教师自然而流畅地引导学生做课前准备工作，打开话题：Let's tell our Children's Day to Mike, so shall we go into our conversation? You did some pretext learning about lesson sixteen, please take out your preview list.

学生取出预习家庭作业——一张写满孩子认真探究、自主学习后呈现的预习单，他们在老师的指令下自信地试读句子。在自由发言环节，孩子们准确地说出本课新授词汇：cinemas、museums、celebrate、all over the country、get gifts、hold parties。在小组讨论环节，他们在一起分享了针对对话所提出的问题，有的问道：Who are in the dialogue? Where are they? What are they talking about? 有的问道：What does Lingling do on Children's Day? Do children all over the country celebrate this day? 这些问题恰恰是本课所要解决的问题，也间接印证了孩子们自主探究的过程。孩子们还能够准确地预设难点。本文中出现了两个。其一：Children all over the country celebrate this day. 此时，教师出示中国地图，给出北京、黑龙江、新疆、海南等省市图片，学生主动练习Children _____ celebrate this day这个难句，通过感性理解，学生准确地理解了all over the country、celebrate的意义。其二：Does our school hold parties to celebrate Children's Day? 出示两张本校节日图片，新年联欢与读书节启动联欢，启发学生练习朗读本句，并理解hold parties 的意思。

运用教师设计的预习单，让学生在课前进行充分的预习，自主学习得到有效锻炼。学生事先了解学习内容的重难点，认识新旧知识之间的联系，找出自己的疑问和困惑，从而为他们接下来有的放矢地听课学习做好准备。在自我展示后，师生共同和谐、互助、高效地学习对话。

二、提前规划教学活动，使学生乐享学习过程

在英语教学中，教师为了教学活动的顺利展开会通过多种手段与方法创设特定话题的真实情境或模拟真实情境，激发学生的学习热情与欲望，唤起学生的原动力与内驱力。教师在运用情境教学中，不免会看到学生与教师的互动是单一的、被动的、无真实意义的，因而孩子们参与的积极性与目的性不高，每一个孩子并没有真正成为学习的主体。在新教材的使用中，我提早做好规划，把即将开展的以知识与目标为核心的教学活动提前布置给学生，引导孩子做好记录或准备。在开学前的一周，我把Unit One 单元有关feelings的重点单词预习布置下去，并在一周间每天晚上画心情脸谱记录当天的感受，同时可以用中英文写下原因，表格记录完毕正好迎来开学的时刻，在课堂伊始，我出示了自己的一周心情脸谱，并配有照片辅助理解，学生对于心情脸谱非常感兴趣，主动倾听、认真思考、积极理解，在教师示范引领后，孩子们自主地询问：Why are you so happy on Monday? 我出示照片，并启发学生和我一起回答：Because I have a new computer。就这样，师生互动，一起初步学习了feelings类词汇与询问情感原因的问答句。在操练环节，我让孩子们生生互动，拿出自己的心情脸谱，与好友一起问答、交流与理解对方的真实生活，学生兴趣点被挖掘出来，在学习过程中变得有兴致，乐于参与表达，达到了较好的学习效果。

附图：心情记录表

Days	Monday	Tuesday	Wednesday	Thursday	Friday
Feelings	☺	☹	☹	☺	☺
Reasons	I have a new bag	My book is broken.	My mother is ill.	I go to the park	My father is back.

三、深挖节日文化内涵，开展深度探究学习

学生树立预习文本的意识，孩子们才能善于思考、主动探究，课堂上也才能取得高效的教学效果。如在Lesson Ten 重阳节一课教学中，孩子们对重阳

节知识知之甚少，如何让学生能够较为全面地了解重阳节节日文化，我和孩子沟通后，共同设计了图文并茂的课件，呈现People enjoy the chrysanthemum. Climbing up is the traditional activity. People get together to drink wine. The double-ninth cake is the traditional food. It's lucky to wear zhuyu.（重阳节主要节日习俗，赏菊花、登高、饮酒、吃重阳糕等尽收眼底），学生初步感知了重阳节节日文化，课堂气氛活跃，讨论积极主动，学生还在尊重老人、爱护老人的育人点上深受教育，且在家庭中尽力而为为老人做事情。达到了预期的教学效果。

教师在学生熟练掌握本课对话后，进行了生动、可操作性强的扩展活动，丰富了学生对节日文化的认知。教师设计了四人小组的海报设计活动，深入了解其他节日与节日活动。学生们兴趣盎然、主动参与完成任务，积极表述生生互动，学习效果良好。学生通过小组活动合作学习，分享了学习成果，感受了不同节日文化，训练了重点句型，丰富了节日活动词汇，培养了学生的合作精神和合作意识。

附图：（学生组内探究学习作品）

四、课题引领，师生在奋进中收获

开展"运用预习策略，探究教学模式的研究"课题研究，培养学生自主学习能力与小组合作学习能力。本课在新授环节，学生已经在课下完成了自主学习的过程，通过预习单这一学习形式，引导学生关注本课重点与难点知识，培养自学能力，张扬学生个性，表现自我等方面有其独到的作用。本节案例是对"对话教学课"研究，英语课型还有"阅读课""故事课""复习课""讲评课"，希望在"对话教学课"研究基础上，能研读其他课型，并能科学有效地借鉴到其他课型，让孩子们真正成为学习的主体，从而使师生共同创建"探究、自主、互助"新型英语教学模式，使学生乐享其中。让教师在课题研究中体验分享与快乐，让学生在课题研究中收获成绩与快乐。

本学期我承担了"借助学生预习，开展英语探究学习能力"课题研究，符合学校"活力课堂"基本模式中提到的学生能够"自主探究、活力发展"，即"五个让"："目标让学生明确，问题让学生提出，过程让学生参与，规律让学生发现、学法让学生归纳"。我在推进预习课题研究中不断实践与改进，通过课前完成预习单的学习策略，提前让学生开展自主学习，借助预习进行探究能力的培养，学生之间互动增强了，英语话语比例大大提升，英语核心素养得到一定程度的内化，达到了预期的学习效果。

（本文于2017年获全国教学征文评选一等奖）

基于主题意义探究小学英语单元整体教学策略

邹　晴

《普通高中英语课程标准（2017年版）》指出：单元是承载主题意义的基本单位，单元教学目标是总体目标的有机组成部分。教师要认真分析单元教学内容，梳理并概括与主题相关的语言知识、文化知识、语言技能和学习策略，并根据学生的实际水平和学习需求，确定教学重点，统筹安排教学，在教学活动中拓展主题意义（教育部，2018）。反思上述问题，就是对课程内容、教学方式、学生素养的再思考，这也是基于主题意义探究小学英语单元整体教学策略的前提。

一、主题意义下小学英语单元整体教学的重要性

围绕主题意义进行单元整体的教学能让学生在主题语境中理解主题信息的基础上，在分析、对比、整合以及评价主题信息的基础上，发展对主题内容进行综合表达和迁移创造性表达的能力，切实提升自身的主题交际能力。小学英语主题单元课程能够为学生提供内容丰富、多元化、开放性的素材，满足不同层次学生的学习需求，激发学生自主学习的智慧和潜能，促进学生知识技能与思维创新同步发展，全面提升综合学力。

二、主题意义下单元整体教学的基本路径

单元整体教学即将学科的教学内容以单元为基本单位进行教学。每个单元都有主题，教师要围绕单元主题对教学内容进行整体规划，挖掘单元主线，

拟定教学总目标，找准教学重、难点，为单元中各课时、各板块开展单元整体教学创造条件。基于主题意义开展单元整体教学要对单元教学内容和学情进行整体分析，确定贯穿于整个单元的主题意义理解、表达及学习能力发展的主线，在此基础上设计体现学生学习进阶的单元整体教学目标，规划促进学生语言能力和学习能力的螺旋递进式发展路径，设计体现综合性、层次性、关联性、实践性的学习活动，从而形成对主题内容的整体理解，提高学生的综合表达能力，提升学生的英语学科核心素养。

三、主题意义下小学英语单元整体教学的基本策略

北京版小学《英语》教材每个单元围绕一个话题，由四个课时、若干板块构成。各个课时、不同板块在功能上各具风格，但都围绕话题展开，课时与板块之间存在着显性或隐性的关联。现以笔者执教的北京版小学《英语》一年级（上）Unit 5 I can sing的单元教学为例，基于主题意义探究小学英语单元整体教学的有效策略。

（一）构建单元主题意义

主题是教学的切入点，主题的选择是主题意义下单元整体教学的关键。确定主题首先要考虑学生的需要和兴趣，以及学生的语言能力是否达到理想的要求，但基础是单元整体分析。因此，教师要做好基于文本和话题的教材分析，从而构建主题，进而确定主题意义，探究主题意义的落脚点，这是单元整体教学的首要环节。

就教学内容而言，本单元主题为在"人与自我"这一大主题背景下，主要围绕谈论"能力（ability）"展开。在本单元中，三个新授课所涉及的话题、功能句等知识点详见下表：

表　三节新授课知识点

	话题(topic)	功能句(Language)	词汇(Vocabulary)
Lesson17	Ability(能力，日常活动)：用陈述句阐述自己是否具备完成这些活动的能力。	–I can...	对话(听懂、会说，并运用): run, jump, sing, dance, swim, fly, card, fly a kite, drive a car 语音(听懂、会说并初步整体辨认): star, car, card
Lesson18	Ability(能力，日常活动)：通过对话，了解他人是否具备完成这些活动的能力。并提出建议。	–Can you...? –Yes, I can./No, I can't. –Let's...	对话(听懂、会说，并运用)ping-pong, out, play 语音(听懂、会说并初步整体辨认): out, mouse, house
Lesson19	Ability(能力，日常活动)：通过对话，了解他人是否具备完成这些活动的能力。并提出建议。	–Can you...? –Yes, I can./No, I can't. –Let's...	对话(听懂、会说，并运用): draw, read, book, bird 语音(听懂、会说并初步整体辨认): bird, skirt, girl

通过分析本单元前三课时知识点的联系，笔者发现：

本单元知识难度呈螺旋梯度上升。本课Lesson 19，是一节新授课。本单元的话题主要是围绕ability，与学生生活实际紧密相关。就学生情况而言，在语言知识储备上，在本单元的前两课时中，学生学习了：dance、run、jump、fly、fly a kite、drive a car、play ping-pong、swim等动作词汇。能够运用"I can..."" Can you...? Yes/No."对自己或对方能否做某事进行简单的表述及问答。

基于文本解读和学情分析，教师将本单元的主题确定为"We can do many things"，内容既有学生能做很多事情的自豪，又有能和同伴一起做某事的愉悦，以此不断提升学生的英语学科核心素养。

（二）寻求教学目标递进层次

单元教学目标是教师根据课程标准总体要求，结合单元主题意义和单元教学内容，在学生现有水平的基础上为他们设置的"最近发展区"，而课时教学目标则是在该区域内搭建的"脚手架"。在文本解读和学情分析的基础上，教师将本单元的教学目标确定为：

1.能够用"I can..."表达自己能做的事情，学会用"Can you...?"询问他人能否做某事，并能用"Yes，I can./ No, I can't."应答；能够根据所询问他人能否做某事的回答情况用"Let's..."向对方发出一起做某事的邀请。

2.能认读单词a star、a car、a house、a mouse、a bird、a girl、a skirt,并能够感知单词中的元音。

3.能够模仿录音朗读、表演韵文。

本单元的话题是围绕ability，与学生的生活实际紧密相关。本单元的重点内容是让学生学会表达自己所能做的事情，在适当的场景下，礼貌地询问他人能否做某事及其应答，并能够根据回答发出合理的邀请。教师通过每课时逐层递进、螺旋上升的推进方式分层实施，最终达成单元重点目标。

（三）设计螺旋递进式教学路径

单元整体教学还需要教师对教材文本有正确的认识。教师需要深层次地解读教材，选择与教材文本密切相关的教学内容，通过拓展教学资源，凸显单元主题意义，有效培养学生的英语学科核心素养。教师基于单元整体内容，设计了该单元教学实施的发展路径（见下图）。

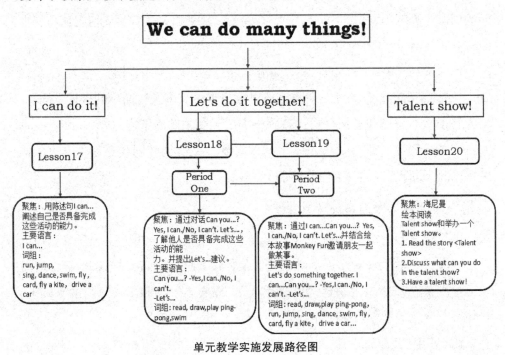

单元教学实施发展路径图

从上图不难看出，第一课时以Lesson17文本为载体，以"I can do it"为主题引导学生用陈述句I can...阐述自己是否具备完成这些活动的能力。第二课时整合Lesson18和Lesson19的小对话教学内容，以"Let's do it together"为主题通过对话Can you...? Yes, I can./No, I can't. Let's...，了解他人是否具备完成这些活动的能力。并提出Let's...建议。第三课时既本课设计是在学习完Lesson18和Lesson19新课整合的基础上，再次复习实践语言活动并拓展绘本阅读Monkey Fun。第四课时以"Talent show"为主题，聚集海尼曼绘本阅读Talent show并让学生以本单元语言为依托，以组为单位，学生自主回顾、融合本单元的语言，进行表达与分享，最后举办一个Talent show。

（四）规划单元整合性输出活动

单元整合性输出活动是依据单元主题，整合本单元的语言知识和语言技能，通过具有交际性的活动来建构个人理解的主题意义。单元整合性输出活动就是在所学主题内容的模仿性输出活动基础上的迁移创新活动，是整个单元教学效果的集中体现。

在第四课时中，教师和学生一起阅读海尼曼Talent show绘本阅读，并让学生以本单元语言为依托，以组为单位，自由讨论What can you do in the talent show? 学生自主表达与分享，并邀请小伙伴一起表演，最后举办一个Talent show。这一活动紧紧围绕主题意义，通过单元丰富的教学资源为学生提供了"用英语做事情"的广阔空间，成为学生语言与思维发展的生长点。

在单元整体教学之初，教师就明确告诉学生本单元的整合性输出活动是什么，让学生根据输出任务安排自己的计划，以及关注为了完成输出活动所需要的关键知识，提高了学生学习英语的目的性和时效性，在交流、展示的过程中体现了学生对单元主题意义的深刻理解与学生个性化语言的表达。

【结束语】

基于主题意义开展小学英语单元整体教学要从单元整体着眼，溯本求源，全面解读教材，确定文本主题。在融合与主题相关教学资源的基础上，规划单元整体教学路径，在主题引领下，通过逐层递进、兼顾多项技能的教学活动探究主题意义，在关注学生综合语言运用能力全面提升的同时，提高学生的学科核心素养。

（本文于2020年获北京市教育学会论文评优二等奖）

思维导图在小学英语课堂中的应用

吴　吉

　　学习是一个循序渐进的过程，只有根据学生的生理和心理的发展水平进行有的放矢的教学，才能够保证学生的学习质量和相关能力的培养。小学阶段的学生，活泼好动，喜欢发表自己的观点，但他们对于学习没有更深的认识，思维尚处于待开发和发展阶段，因此教师要针对学生的学习特点进行教学，如果在课上一味强行灌输，教师说得多，学生则无法主动参与到课堂当中，教学效果当然会不尽人意。思维导图在英语课堂的应用能够将抽象的思维过程用生动的图片和文字表达出来，提升学生在课上的注意力，激发学生的学习兴趣，必然会提高英语课堂教学的效果。

一、英语教学中遇到的问题

　　本校使用北京版小学英语五年级教材，教材以对话教学为主，如果完全按照教材照本宣科，学生学会的单词和句型无法进行应用，培养学生英语思维更是无从谈起。在平时的教学中，老师往往为了完成教学任务，而偏重知识的教学，从而容易忽略语言知识的应用，造成学生学了很多英语知识，但无论是口语的输出还是写作的输出都很欠缺，造成随着年级的增长，英语的学习变得异常艰难，对学生的信心造成打击。基于解决英语教学中出现的一些问题，提出以思维导图在英语阅读教学、英语写作指导和学生作文方面的应用，来浅谈利用思维导图最终达到帮助学生会灵活运用语言，形成英语思维能力的目的。

二、运用5W进行阅读思维培养

以北京版小学英语五年级上Unit7 Lesson 27为例，本课主要学习Lingling和爸爸妈妈来到成都，她的叔叔去机场接机并告诉他们，作为导游的他这几天给大家的行程安排。在学生进行阅读之前，老师提出要求，让学生根据5W（who、where、what、why、when、how）来观察图片，阅读文本信息，并回答问题。通过对5W的分析和理解，学生对文本的主要信息点一目了然，文章主旨清晰可见。在老师的带领下，学生能够完成如下的板书，并根据板书内容，复述课文信息。

Lingling's uncle picks her family up in the airport. They haven't seen each other for a long time. His uncle tells them they are going to leave at 7:30 after breakfast. He will drive them there. They will have a busy day and they will come back for dinner.

通过老师循序渐进地学法指导，学生很快能够就掌握了5W阅读方法，其他课文的学习，学生可以依照上课学习的方法进行套用，按照这个方法分析和提炼几个要点，掌握所学习的课文和阅读材料。

教学生阅读不如给学生一个方法让学生依葫芦画瓢学会自主阅读，利用5W这一思维导图工具，学生就可以真正做到化繁为简，快乐阅读。

三、提供支架，拓展学生写作思维

英语写作作为听说读写四个方面之一的技能，一直困扰着许多学生，小学学习的单词以名词为主，而他们的思维多以直观为主，缺少逻辑思维的能力。思维导图可以运用图文并重的技巧，能够把主题关键词与图像、颜色等建立记忆链接，让学生充分运用左右脑机能，利用记忆、阅读、思维的规律，打开学生的写作思路，协助学生在逻辑与想象之间平衡发展。

通过思维导图的形式创设精准的语境，激发了学生内在的写作动机，根据学生写作的需要或困境提供不同形式的支架，从而为学生写作学习创建"有源"的学习环境，达到提升英语写作能力的目的。

例如，北京版小学英语五年级上册第五单元的教学内容为介绍国家，因此写作要求为介绍一个你熟悉的国家或城市时，教师通过与学生利用思维导图来写出提纲来搭建框架，打开学生的思路，思维导图既可以体现写作的思路，又可以成为学生写作的依托。

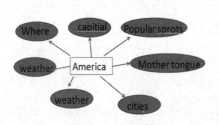

U.S.A is also called the United States of America. It's in North America. The capital of America is Washington D.C. It's in the east of America. There are many big cities like New York, Washington D.C, Los Angels and so on. Their mother tongue is English. Basketball, baseball and American Football are very popular in the U.S. They like eating hamburgers, sandwich and pizza.

英语写作教学的思维导图精明确，简明扼要，自然流畅，让学生看得清楚明了，能受到启迪，想参与写作活动，能发展学生的思维能力，实现由仿写到创作的过程，充分地锻炼英语写作的能力。同时在完成思维导图的过程中，各小组同学通力合作，集思广益，最大限度地展现学生的思维，为学生的良好互动提供基础。

四、思维导图助力特色化作业的实施

优化小学英语作业的方式可以促进学生自主学习能力的形成，帮助学生复习巩固所学知识，培养学生良好的学习习惯，图文并茂的特点让学生对作业不再是抵触和应付。传统的作业方式是通过做练习的方式进行巩固，虽然能够巩固知识的学习，但知识点之间的联系相对较弱，无法帮助学生形成知识体系，利用思维导图的方式可以帮助学生对已有知识进行梳理，比较，加深印象。

如教师对北京版小学英语六年级上册第一单元的三篇课文进行资源之后进行了对比和比较，三篇课文以对话的形式讲述了Lingling、Baobao、Mike三个人的暑假生活，在学习课文之后，教师为学生布置了学习任务：请你根据课文内容复述三个人的假期生活，并写写你的假期生活。

学生通过以上的作业不仅能复述课文内容，还能根据所完成的思维导图整理重点词汇和句型，达到复习的目的。另外，学生还可根据已学习的句型进行仿写，写出自己丰富的假期生活，锻炼自己的写作能力。

通过教学探索和实践证明，将思维导图学习策略引入英语教学是非常有帮助的。一是集中关键知识点，突出知识重点，有效助记，提高学习效率；二是改善信息加工方式，建立合理的知识网络，从而促进新知识的整合；三是培养学生形成系统学习和思维的习惯；四是使用图文并茂思维导图可以激发学生的学习兴趣，保持学习热情，有助于提高课堂实效。

思维导图"课堂型"教学模式，不仅培养学生的想象力和发散思维能力，还为老师的教学和学生的学习提供了乐趣。它不仅是一种学习和思维的有效工具，更是一种理念和思维方式：为学生提供自我创新、学习的空间，让学生主动参与学习，充分发挥其主体性和积极性，从而培养和发展其创新思维能力。思维导图教学方式变幻无穷，期待思维导图在小学英语教学中有着更广阔的天地。

（本文于2019年获北京市教育学会论文评优二等奖）

实现阅读模式变革

——低年级英语绘本阅读教学的策略研究

温秋利

对于广大的小学生来说，小学阶段是接受英语启蒙教育的黄金时期，把握住这一关键时期则对培养和提高小学生的英语绘本阅读能力尤其是低年级英语阅读能力能起到良好的促进作用。因此，教师在这个过程中扮演着很重要的角色，能否恰当运用有效策略抓住这一关键时期就显得尤为重要。

一、开展小学英语绘本阅读教学的重要意义

首先，是教学过程中奠定基础的需要。小学生是学习初级英语知识的接受者，其词汇量基础较为薄弱，也没有大量阅读英语资料的经验，所以，其理解能力就稍显欠缺。若单纯让他们阅读枯燥的文字篇目，其在心理上和实力上是不具备这种条件的。但是，英语绘本却不一样，它在向低年级小学生传递知识的同时又能以形象生动的图画穿插在教学内容中，使其丰富活泼，有利于教师顺利开展英语绘本教学活动，从侧面来讲也是奠定后期英语教学活动的基础条件。

其次，是有利于改变英语教师传统教学观念。由于传统教学观念中的"一言堂""教师讲，学生听"已经无法满足当代小学英语教学要求，其在实践中暴露出的枯燥、无聊、教学质量上不去等弊端已经严重阻碍了小学英语教学活动的发展。而英语绘本教学，关注到了小学生的情感体验，激发了他们的学习兴趣，给小学生营造了一个低压力与低焦虑的教学情境，这样更加有利于小学生语言能力的提高，进而不断提升英语课堂教学效率。

最后，是能提高学生自主探究学习能力。小学英语绘本阅读教学的实践和研究，就是通过教师的指导，再经过自己的探索，自主去阅读的一种学习方式，主动探究学到的知识，才是真正属于自己的知识而且记忆也会更加深刻。从另一方面来讲，这一自主学习能力在英语教学的今天显得日益重要。所以，在小学英语低年级教学实践中，教师要多采用英语绘本开展教学活动。

二、开展小学英语绘本阅读教学的有效策略

英语绘本的选择要恰当。英语绘本有等级划分，不同等级的英语绘本侧重点各不相同，教师在实际教学中要有针对性地选取绘本。英语绘本在很多情况下皆为图文混排类的信息，所以低年级小学生在理解起来还是较为方便的。教师采用这样一种教学方式，可以解决大部分小学生学习英语的抵触情绪，让他们融入英语课堂的学习中专心汲取知识。在英语绘本的选择上可以先侧重英语单词的积累，待积累到一定程度再换为侧重短语的绘本。这样，在教学过程中也能有个很好的过渡阶段，对于小学生来说，也易于接受。

教导学生运用多向式思维解决阅读中的生词。小学生由于本身的单词基础不强，再加以后天的学习水平不同，造成了每个小学生的单词积累程度也就各不相同。所以，难免在实际阅读绘本中遇到不认识的单词或是短语。如果遇到生词或短语就不再继续阅读下去的话是不利于小学生英语能力的发展的，因此，英语教师要教导学生学会运用多向式思维来解决问题，千万不能放任生词不管，下次阅读再遇到这一单词时，学生依然无法理解，如此恶性循环是不可取的。在直接理解单词无法达到这一目的时，可以从侧面理解，也就是结合前后文的语境来猜测其意思。

例如，在阅读英语绘本时，遇到"air-conditioner"这一单词，这是一个复合单词，也就是说两个意思拼合而成的一个意思，那么，就可以理解为："Dirty air, A machine with controlfunction."教师最好不要直接告诉学生单词的意思，这样做虽然可以让学生在很短的时间内知道该词的意思，但是这样记住的单词可能并不是很牢固。教师此时可以通过上面的句子对该生词进行解

释，进而引导学生猜测出"air-conditioner"的意思。这样在学生猜测出该词的意思后让他再次阅读绘本，看是否与原意相符，开展这样的教学方式，能够最大程度上加深学生的理解和记忆，并且在下次遇到这样的问题时，学生也会运用同样的方法解决问题，进而提高小学生阅读英语绘本的能力。

充分利用绘本里的图片信息。小学英语绘本中为了便于学生理解单词和句子穿插了很多活泼生动的卡通图片。教师在实践教学中，要教导学生充分利用英语绘本中的图片传递的信息，这样更便于学生理解和记忆。例如，学生在阅读英语绘本中遇到了这样的一种情况。一只小羊和一只小虎正在对话，小羊说："I got some fresh grass, I can share it with you, do you like eating grass?"小虎回答："No, thanks, I like to eat meat."在此，绘本中穿插的图片为小羊手提篮子，篮子里全是刚刚采来的新鲜小草，而小虎的手中则握着一块牛排。在这样的情况下，如果学生不理解"grass"或者"meat"，那么完全可以通过联系图片的方式达到理解的目的。所以，在小学英语绘本阅读教学中，教师应当教导学生充分利用绘本中的图片传递的信息，进而实现理解文本的目的。

由此可见，小学英语绘本阅读能在很大程度上激发小学生的阅读兴趣。教师选择恰当的绘本开展教学可以高效的引导学生开展独立阅读，在阅读中得到美的享受，进而攻克大部分学生惧怕阅读的心理难关，改变传统教学中的强制学生阅读的教学模式，真正实现阅读模式的变革，提高小学生的实践阅读技能。当然，培养小学生绘本阅读的教学策略并不止于此，更多的实用性策略还需在实践中多多总结。

（本文于2019年获北京市通州区区级学习科学学会论文评优二等奖）

让学生真正成为课堂的主体

——英语剧校本课程 The little house lizard borrows tails 教学案例

王志芳

新英语课程标准的基本理念注重以学生为主体。学生的发展是英语课程的出发点和归宿。课程实施应成为学生在教师指导下构建知识、提高技能、磨砺意志、活跃思维、展现个性、发展心智和拓宽视野的过程。英语剧表演为新英语课程理念的贯彻提供了条件。脍炙人口的故事牢牢牵住学生们的心，将故事改编成英语剧时，学生需要合作、表达、创作、思考和扮演，这对学生非智力因素的开发和培养大有裨益。这些活动既有吸引力，又有挑战性，他们往往以积极的态度去体验参与，不仅培养了学生的自主学习能力和创新精神，而且能满足小学生的表演欲，从而增强了学生学习英语的兴趣和自信心。

英语剧校本课程与英语国家课程共为一体，互为补充，从兴趣爱好入手，以愉快教学方式来培养语言的综合运用能力及综合素质。语言的综合运用能力包括社会语言能力，即表达能力和活动能力。英语剧校本课程采用交际法教学，尽可能多地创造英语环境，使学生进行欣赏、分析、表演为主的活动，在较为自然的状态下，处于丰富充足的语言环境中，自然地形成对语言的认识，掌握这门语言。此外，激发孩子的视觉、空间想象力，培养创造性，体会合作的力量，注重其综合素质的培养，让每个参与此课的孩子都有自己的位置和价值，让他们在英语学习的道路上走得更平稳、长远，可持续发展。

【教学内容】

学校的英语剧校本课程是活力英语系列校本课程之一，填补了国家课程中英语剧教育的空白。这一校本课程的开发，很大程度上将英语的听、说、读、写结合在一起，不仅使学生感悟到了中英文化异同，而且在创编、排演英语剧的过程中，学生充分发挥主观能动性及自身优势，积累表演经验，使其英语的综合语言运用能力和舞台表演能力有了大幅提高，提高了学生小组合作的实效性。此课更符合学生、学校特点和需要，更真实有效地促进学生发展，更体现学校的办学理念及学校活力英语的办学特色。本课所呈现的 The little house lizard borrows tails. 为教师自编英语剧。在课上，学生将进行故事赏析、自选角色、角色扮演等活动。

【学生情况】

英语剧班的全部学生分别来自三、四、五年级，他们活泼好动，性格开朗，模仿能力强，记忆力强，敢于尝试新鲜事物，发自内心地热爱表演。但是他们在英语基础、学习能力、舞台展现方面存在着不小的差异。通过一段时间的磨合，学生之间建立了深厚的友谊。高年级学生主动帮助低年级学生对台词、分析角色、表演指导，对他们在练习中出现的失误总能给予谅解和宽容。整个班级学习氛围浓厚，学生的英语运用能力和表演力不断提升。

【教学方式】

在指导剧本改编时，教师要采用适合舞台表演的英语剧童话故事或英语德育故事，引导学生参与创作与改编剧本，激发孩子们的想象力，配上滑稽有趣的动作，增强趣味性。同时，要调动学生们"乐学"的情绪，将学生们善于模仿表演的天性淋漓尽致地表现出来。

【教学流程图】

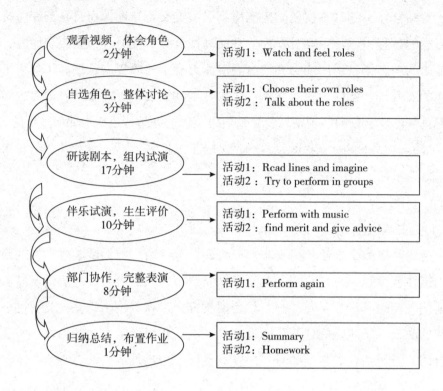

【教学案例文字描述】

一、切入主题，播放视频，体会角色

T:Today，we'll perform the story about the house lizard.

First, let's watch.

设计意图：通过观看视频感受、梳理故事情节及故事中各个角色的特点，深入体会角色的内心和情感，培养学生对角色的感知与欣赏能力，为接下来各个角色的分析讨论做准备。

二、自选角色，整体讨论

T: Which role do you want to perform? Let's choose.

学生用数字投篮决定，每个角色意愿扮演者不超过3人。

T: How about the roles? If you perform it, how to perform well?（整体讨论各角色）

You can say in Chinese.

S: ...

设计意图：充分尊重学生自主意愿，通过投篮确定各角色的扮演者，每个角色意愿扮演者不超过3人，以此形成同一角色的公平竞争，同时为接下来小组内试演、推荐做准备。让学生充分发挥想象空间，谈谈各角色性格特点，帮助学生更深入地体会各个角色，并引发学生思考如何把握角色，怎样表演才能更加生动形象，让学生在交流的过程中相互启发，碰撞出火花。

三、研读剧本，组内试演

（一）根据投篮所想扮演的角色给学生分组，小组内研读剧本，通过组内生生评价，每组推荐一人参与整体表演

T: ①First，find your group.（根据投篮意向，找同一角色扮演者组成一组）

②Three, two, one.（3秒钟迅速成组）

③Read your lines and try to perform in your group, then choose one to perform.

④If you have finished, you can go to other groups, watch or give them advice.

（二）学生组内研读、试演，教师巡视指导

设计意图：通过组内研读剧本并试演，民主表决，确定本组角色的扮演者，让学生真正成为课堂的主体，为接下来的实践表演做准备，激发学生的潜能，充分体现英语剧校本课程的民主性。

四、伴乐试演，生生评价

（一）参加整体表演的各角色扮演者先在一旁试着配合排练

T:House lizard, mother, ...

You try to perform together here.（让生在一旁试着配合排练）

（二）其他学生抽签，以确定观看时所重点关注的角色

学生仔细观看，并对自己所关注的角色扮演进行点评，至少说出一个优点和一个建议。

评价关注点：肢体语言（body language）、情感（emotion）、表情（expression）、声音（voice）四方面。

T: Let's draw lots. Watch and pay attention to your roles.

Then, give an advantage and a suggestion for each role. Got it?

Others draw lots.

（三）观看表演，生生评价并给出建议（1个评价+1个建议）

T: Sound engineer please!（音响师准备操作）

（四）Say out "1+1"

设计意图：在活动中，教师做到了关注全体，给每个学生都布置了任务。部分学生发挥想象进行走场表演，部分学生则根据自己抽签的角色进行重点

关注并进行点评。在表演过程中，教师充分发挥学生的主体作用，给学生充分的展示空间，提升学生的英语运用能力和表演技能。通过"1+1"形式的生生评价，培养学生的鉴赏能力和相互鼓励、相互欣赏的团队精神。

五、各部门协作，完整表演

T: Just now, we played the house lizard borrows tails.

All of you play as well as you can, but I think you can do better, right?

Then, let's perform again, try your best, ok?

Every group, dress up for your actors.（10秒钟）

Ss: Ready! One, two, three, action!（师生一起数数打板，完成表演）

设计意图：学生根据刚才相互所提的建议，认真体会，进行改正并提高。把台词和表情，走台步协调起来，进一步完善自己的表演。音响、化妆等任务均由学生来完成，让每个学生参与其中，让他们体会到自己在这个话剧课程中是有价值的，表演的各个环节都有自己的付出与参与，所呈现出的精彩表演是所有人共同努力的成果。

六、布置作业

T: Try to perform in front of a mirror.

Try to perform for your parents.

设计意图：通过布置在家对着镜子或给父母表演的作业，让学生认真体会，丰富表情及肢体动作，巩固练习，完善表演。

【评价方式】

根据肢体语言（body language）、情感（emotion）、表情（expression）、声音（voice）四个方面进行生生评价、教师评价、观众评价等多维评价。

评价的内容：过程评价，关注学生在课程学习中的参与度，如学习兴趣、学习态度、积极性、参与程度等。

结果评价：以汇报演出的形式展示优秀作品录像，并利用校园电视台、教室多媒体播放，择优推荐参加市区英语剧大赛。

【教学反思】

选材上既注重了趣味性，又注重了符合学生的认知发展水平，认识到了学生的年龄和心理特点与语言学习之间的关系，根据少年儿童的生理和心理特点来选材和设计活动，采用各种方法和手段促进语言学习。

学习的过程充满快乐，学生学习英语的兴趣得到了培养。学生在"看中学""想中学""读中学""演中学"，时时爆发出欢笑。在教学实施过程中，通过组织丰富多彩的活动，在主动、互动、交流合作、自主探究的氛围中实施教学。整个学习氛围非常轻松愉悦，充分调动了学生的积极性。

注重培养学习策略，教给学生怎样学习，学生成为积极主动的学习者。上课过程中学生能主动提问，向老师和同学请教，能积极运用所学英语进行表达交流和思考，在交际中遇到困难时能运用表情手势进行交流，能在小组中互助合作学习。能对学习内容简要小结，谈出学习体会。

此教学案例最大亮点：活动的设计以学生为主体，以主题为线索，以活动为中心，让学生通过做事、思考、合作等过程来体验语言，体验到学习语言的乐趣，使学生在"用"中发展思维能力、创新意识和各种语言的应用能力，充分体现了在情境中的语言习得规律。因为有兴趣，学生的表演十分逼真。整个教学过程中，教师只是引导身份，充分发挥学生主体性，让学生真正成为课堂的主人。此外还培养了学生合作学期的能力：在学生小组排练过程中，学生自己分角色，排练并相互提建议，帮助改进；在整剧排演时，学生各部门（剧务人员、演员等）分工协作，完整排演。

改变了传统、单一的评价方式，采用自我评价、同伴评价和教师评价相结合的方式。好的评价给予学生有利的激励，让学生有一种成就感和自豪感。在此过程中启发学生从语音语调、流畅程度、肢体的模仿、剧本的改编等几方面让大家各抒己见，让每位学生都有成功的体验。

通过这次的尝试让我发现，不是学生们不能成为课堂的主人，而是教师没有给学生们成为课堂主人的机会。只要教师大胆尝试，学生们会给我们意想不到的惊喜！

（本文于2016年获北京市教育学会论文评优一等奖）

多元化的英语课堂更精彩

——利用多元智能提高小学生学习英语的兴趣

王冬花

兴趣是最好的老师，是学生积极认识事物、积极参与学习活动的一种心理倾向。学生一旦对英语产生浓厚的兴趣，就乐于接触它，并兴致勃勃地全身心投入学习和探索中去，变"苦学"为"乐学"，从而取得事半功倍的成效。

一、多元智能的教材内容

第一，教学内容贴近学生生活，符合小学生兴趣的需求。例如数字、颜色、食品、服装、玩具、家庭、学校、朋友、文体等以及周围环境和社会生活这些鲜活的话题。教材采用儿童喜爱的表现形式，如寓言故事、会话表演、游戏等，呈现给学生，足以引起学生的兴趣。

第二，语言功能、结构、话题、任务有机结合。以话题为核心，以功能和结构为主线，以任务型活动为目标安排各单元或各课的教学。学生通过用中学、学中用，"习得"与"学得"结合，学生模仿，教师指导，使学生逐渐形成良好的语音、语调、书写、拼读的习惯，逐步培养起初步的语感。

第三，采用多种教学方法，如情景法、视听法、结构法、功能法、沉浸法等，创设情景，促进相互交流。如创设打电话、购物、生日聚会、野餐、旅游、问路、看病等栩栩如生的情景，开展互动式、合作式学习。当学生们扮演角色，成功地做成一件事时，他们会喜形于色，兴趣倍增、信心加强，受到很大激励。

第四，练习和活动的形式符合儿童生理和心理发展的特征。手、脑、口、耳、眼、肢、体并用，动态、静态结合，基本功操练与自由练习结合，注意发展多元智能。

第五，注意利用多种媒体，提供配套的教学资源，为学生提供良好的语言环境，使学生置身于以英语为母语的环境中，体验英语的实际运用，优化教学过程。

二、多元智能课堂教学环节策略

（一）多元导入

课堂导入是课堂教学的重要环节，也是整个教学过程的起点。俗话说："良好的开端就是成功的一半。"一堂课如果导入得当，可以为整节课起到良好的铺垫作用，能直接吸引学生的注意力，引起学生浓厚的学习兴趣，极大地调动学生学习英语的积极性，使学生能主动、积极参与整个教学过程，使课堂教学气氛变得轻松活泼，课堂教学活动能够顺利进行，大大提高了课堂四十分钟的教学效率。多元智能理论为我们提供了导入的新思路：以8种智能类型和学生理解事物的方式为起点，调动起学生多种智能，引发学生的思考。

（二）多元智能理论丰富课堂形式

1.发挥学生表演的天赋，发展学生的语言和逻辑智能

把教材的对话当成"剧本"，学生既是"导演"，又是"演员"，使每位学生都有最直接的感受和直接参与的机会。真实的情境使原先抽象复杂的对话变得简单，学生也更为自信。在交流中，学生的语言文学智能得以发展。在英语课堂上，教师要把大部分的时间留给学生，让学生开口，让学生尽情地说。

2.让学生尽情地唱和跳，发展学生的音乐旋律智能

语言学习与歌曲可以紧密结合，共同开发学生的音乐旋律智能。在英语教学中，给学生教授课本里的歌曲以及国外经典儿歌，把教学内容巧妙地配

上简易的曲调进行演唱。英语学习与歌曲、交谈紧密结合，能够有效地发展学生的音乐旋律智能。

3.运用趣味数数和竞赛，发展学生的数理逻辑智能

在英语课堂的热身中，报数是被选用概率最高的方式之一。但是千篇一律的话，学生的报数会变得机械化。为了使学生的脑筋动起来，不妨在说明规则的前提下，让学生分组进行竞赛抢答。这样，学生的大脑处于紧张兴奋的状态，思维运转迅速，不仅使学生的数理逻辑智能得到了发展，同时也是一个逐渐培养学生"think in English"的好方法。

4.让学生当回小画家，发展学生的视觉空间智能

如何使学生的视觉空间智能在英语学习中得到发展呢？心理学研究表明：颜色、实物、动作等会使小学生产生浓厚的兴趣并激发他们的热情，而这种热情是教学中最需要的一部分。因此，结合颜色、实物和动作三者，让学生动手绘画不失为一种行之有效的方法。

5.脑、耳、口、手等并动，发展学生的身体运动智能

英语课堂是活动的课堂，要给学生大部分的时间，同时要给学生足够大的空间。小学生生性好动，动手操作和表演能使学生在动中学、在动中用，开发身体运动智能和创造力。也就是说，在课堂的舞台上，教师这位"导演"要退到幕后或者观众席中，放手让学生这位"演员"出场来表演，要让学生觉得课堂的舞台是属于他的。"台词"（课文的对话）固然重要，但既然是表演，就得有表情、动作等一系列的要求。也就是说，学生必须脑、耳、口、手等并用，才能较好地完成各项任务。

6.利用生生合作、小组合作，发展学生的人际关系智能

合作学习是英语课程标准所提倡的课堂教学的一种重要形式，也是很有效果的一种方法，更何况，英语作为一门语言，是用来交流的。就说表演，如果没有生生、小组合作，表演又怎能成功？教材中很多新的对话，可以先"丢"给学生，让他们通过合作的方式进行分解，初步消化，这个过程既培养了学生自主学习的能力，同时体现了小组或同桌间的合作精神。

7.运用户外活动发展学生的自然观察者智能

小学生虽然容易精神不集中，但必须看到，他们眼睛的发现能力和分析能力极强。尽可能地把学生带到大自然中去，把大自然融入所学知识，充分发挥学生的耳、眼及感受能力，发展他们的自然观察者智能。让学生说说各种花的颜色。求知欲强的学生会询问很多英语单词。淡然，最有趣的莫过于在野外唱英语歌、做英语游戏、表演课本剧等等。

（三）多样化的英语作业

在作业的设计中，教师一定要注意分层次，对不同程度的学生要留有不同水平的作业，使每个学生都能有所发展、提高。对自觉性不高的学生，要有切实可行的措施保证其作业的质量。我尝试了几种方法。

1."找"，让学生从生活中学习

让学生自己去发现生活中的英语，例如VCD，KFC等，然后在课堂上用几分钟时间让学生展示。让学生当当小老师，把自己找来的单词告诉其他学生，过把"老师瘾"。

2."画"，增强学生的理解力，发挥空间想象力

为了让课堂更有趣直观，有时需要很多道具，把道具发给孩子去做。比如，在Welcome to my home一课，先让学生去画各自的家，或者设计一个家，然后利用学生的作业来学习新内容，利用自己的东西来学习，学生的兴趣会非常大。

3."查"，增强学生查阅资料的能力

信息化时代的学生必须学会自己学习，查阅相关学习资料，以有效保证课外知识的拓展。如学习了部分国家后，可让学生看国旗、查资料，用英文写出各个国家的国名；学习部分外国人的姓氏后，让学生查阅资料，列举外国人的一些常用姓氏。

4."编"，增强学生的创新思维能力

学习完一课对话之后，在课上给学生一些表演时间，有时为了节约时间或使学生表演得更丰富，可把排练放在课后。对能利用新旧知识或课外知识

的学生及时进行表扬，可以大大提高学生的积极性。

总之，英语学习，兴趣为先。作为英语教师，一方面要向学生传授语言知识并使他们掌握技能，另一方面更要重视培养和保持学生对这门学科的兴趣，获得事半功倍的效果。多元智能理论在小学英语教学过程中具有巨大的潜力。很好地利用这一理论必能使小学英语教育更加充满活力。

（本文于2017年获北京市教育学会论文评优二等奖）

巧用"在线英语多元自主阅读",助力学生英语运用提升能力

——小学英语学科"Nature"主题线上阅读的方法初探

刘尔静

外语教育专家黄源深说:好的英语是"读"出来的,学习任何语言都需要大量阅读。学习英语也需要大量阅读。英语学得好的人,一般说来,都读过相当数量的书;反之,也只有读得比较多的人,才能真正学好英语。可见,英语阅读的重要性不可小觑。2020年上学期,受新冠肺炎疫情影响,本着"停课不停教、停课不停学"的理念,学校积极探索"以英语主题在线多元自主阅读促低年级学生跨学科素养提升"的研究。学生在教师的引领下,通过自主完成主题阅读并进行相关知识的梳理,参与各种跨学科主题阅读的过程体验,深刻浸润、感悟英语阅读带来的精彩世界,同时积累语言知识,提升语言能力。实现"学会学习、学会生存、学会发展、学会与人相处"21世纪人才培养目标,走好坚实的一步。

一、筛选资源,引领阅读目标明

"Nature"是一个非常大的主题,围绕这个主题可以从不同角度进行探究。例如,什么是自然、自然中有什么、这些东西有什么特点、自然和人类的关系等等。每个角度都有很多可以讨论的内容。所以首先,在布置自主探究任务之前,教师们组内探讨,基于学情选取了适合三年级大部分学生的小话题:植物、动物、人与自然三部分进行展开。同时通过搜索引擎、公众号等搜索相关资源,为学生自主阅读做准备。

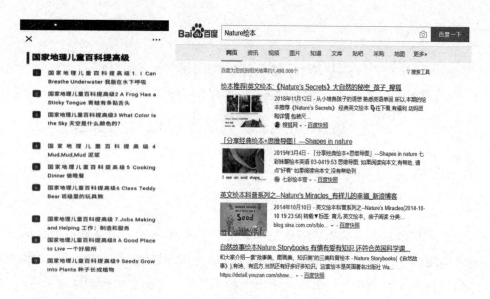

二、分析资源，多元阅读体验多

考虑到与前一阶段"食物"的相关性，在第一课时，教师选取绘本 Plants on My Plate 作为导入。"上周我们自主探究了饮食相关内容，那你知道某些食物来自哪里吗？请欣赏绘本Plants on My Plate，自主将学到的单词、句型、新知识写一写、记一记。"通过食物和植物的内在联系，让学生将思维从"食物"自然而然地迁移到"植物"这个"自然"相关的小话题上来，为之后一整个阶段"自然"主题的学习奠定基础。

"除了植物，动物也是大自然的一部分。你都学过哪些动物呢？他们都长什么样子呢？自主用句子描述、小报、思维导图等任意形式复习一下吧。"大致了解了植物之后，教师将话题引入另一小主题"动物"。植物和动物是大自然中最重要的两大组成部分。同时，学生们在之前的学习里对动物有着相当充分的了解，包括名称、特点等。所以第二课时选择让学生用自主复习的形式，将旧知重新梳理，变成自己的知识。同时，为了增加趣味性，也为了能让学生有更新的收获，教师添加了绘本"Zoo Map"的学习。"Zoo Map"通过主人公逛动物园的形式，展现出了一个生动有趣的动物园形象，也为学生介绍了一些之前没有出现过的动物，如"flamingo"等。"Zoo Map"整体绘本还是一幅动物园的地图，也为之后课时中的实践活动做了准备。

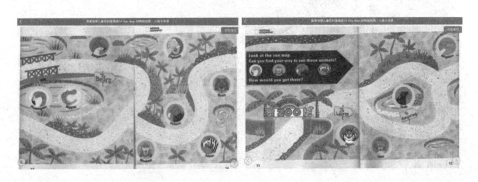

"除了动植物，大自然中还有什么呢？绘本二选一：①Plants and Animals Live here；②Water, Land, Air自主探究，想一想、写一写，或画一画。"第三课时中，教师利用"国家地理儿童百科"中的两个点读绘本，为学生们介绍了动植物赖以生存的环境，补充了"Nature"主题中小话题的空缺。同时增加歌曲"Nature"，为学生的学习生活增加一份旋律。学生截止到这一课时为止，对组成大自然的各个部分都有了初步的概念。

在第四课时，结合延期开学区研修中心提供的网课，学生跳出固有概念

框架，将自身置于大自然当中。在网课老师的引导下，结合疫情背景，进一步思考自然及人与自然的关系。所以在最后一课时，教师为学生提供了输出口。

实践活动三选一：1. 经过一周的学习，你对自然一定有了更深的了解。以"Nature"为题写一篇小作文吧。2. 为了和大自然和谐相处，我们可以做些什么呢？用英文谈一谈吧。3.仿照周二的Zoo Map绘制一个"Nature Map"（一张或多张均可），有兴趣的同学还可以仿照Zoo Map写一些问题。

在这三个实践活动中，有篇章性输出方式、有人与自然相处方式的意识引导、有仿照之前课时的图画梳理，开放性较强，学生自主选择空间较大，也能让对本阶段的学习内容加以运用，内化于心。

三、整合资源、跨学科阅读乐趣多

大自然奇妙无穷，带给我们很多的科学知识。在英语世界里，教师也能开展科学学科知识的探索，使居家自主学习获得无穷无尽的乐趣。学生们开展了学科整合学习的实践。徐伊人同学运用科学规律中的毛细现象，把自然界里面的英语名称写在花朵里，在律动中学习与记忆。相信：这么神奇的变化，一定能给学生留下美好的学习体验与感受。

四、与时俱进、阅读世界享受多

大自然美好壮阔，大自然赋予人类很多很多。我们身边的一切都是大自然赋予的，我们还有什么理由不爱护大自然、保护大自然、敬畏大自然呢？三年级学生在居家学习时，捕捉到这方面的信息，信息如下："大自然在说话"系列公益影片极具创意，内容涉及大自然母亲、雨林、土地、海洋、珊瑚礁、水、花、红木。该系列影片是首部以大自然元素为"第一人称"讲述自然与人类关系的环保影片，以其独特的视角、新颖的表现方式，号召人类提升爱护自然的意识。学生们积极开展视频阅读、笔记记录、读后学习、自主配音多种形式，用英语完成了一个个精彩的配音作品。对三年级的学生来说，宣传片里的英语文本比较难，但他们克服困难，充分阅读、享受阅读，展现出强大的学习内驱力，向我们呈现完美蜕变。

五、在线自主多元阅读反思

学生们通过"Nature"主题在线多元自主阅读，深入学习了与大自然相关的单词、词组、句型等，丰富了英语语言知识，提高了英语语言表达能力，学生的阅读速度、阅读方法有了很大幅度的提升。在后续的在线英语多元自主阅读活动开展中，我们会加强教研力度，优化阅读策略研究，同时在跨学科阅读方面继续深入学习，深刻变革思维模式，创设丰富的多元自主阅读情境，优化阅读资源供给，将提升学生线上线下英语自主阅读能力进行到底。

（本文于2020年获北京市通州区论文评优一等奖）

小学生科学前概念的成因分析及解决策略

韩振伟

科学前概念是小学生在科学课前对所学知识已有的认识和了解。小学生的科学前概念有的与科学概念相似，有的与科学概念相悖。在教学中我发现：如果学生的科学前概念和科学概念比较一致时，学生就容易理解，能掌握所学知识，教师也教得轻松；反之，学生就会觉得很难接受，同一知识点往往反复出错，教师虽竭尽全力但收效甚微，让人颇感无奈。所以在实际教学中，如果教师能够提前了解小学生的科学前概念，就能在教学中做到有的放矢，从而提高课堂教学效率。

当前，国内一些教育工作者对科学前概念的研究已取得了一定的成果和经验，科学前概念的研究也被越来越多的小学教师认识并得以重视。小学科学课程标准中就明确指出：科学教学应首先关注学生已有的知识基础和认知发展水平。可见，科学前概念在小学生的科学学习中扮演着非常重要的角色。

以下就是这几年我在教学过程中，对小学生科学前概念的一些思考和研究。

一、了解小学生科学前概念的途径

（一）直接提问法

常见于课前导入阶段。教师与学生面对面交流，老师提问，学生回答。这种方法的优点在于能第一时间了解小学生对所学知识的认知程度，可以针对不同班级学生的水平调整教学内容结构。但是这种方法的受众面有局限，只涉及提问到的学生，教师不能了解所有学生的认知情况，容易把发现的问题过分扩大或缩小。

（二）问卷调查法

教师把需要了解的内容让小学生以书面形式表达。教师对问卷进行整理、分析，得出统计数据。这种方法的优点是能了解到每一位学生对所学知识的认知程度，统计数据真实可靠，能客观反映问题。但是问卷的试题往往带有教师主观意愿，问卷的质量无法量化。而且问卷回收后，数据统计工作烦琐，得出结论的周期长。

（三）直观画图法

这种方法特别适用于低年级的小学生。低段学生表达能力相对较弱，与其逼着他们写、说，还不如让他们把想法画出来。这种方法的优点是结果直观，教师能一眼看出问题所在。同时这种方法迎合了小学生的兴趣，使学生乐于参与。但这种方法有年段局限性，高段学生参与度不高。

当然，获得小学生科学前概念的途径还有很多，在此不一一列举。在教学中，教师可以根据实际教学选择一种合适的方法来操作。

二、几种常见小学科学前概念简析

小学科学教学的内容包罗万象，小学生对大千世界的了解也是深浅不一。结合这几年的教学实际，我把小学生的科学前概念分为三大类，即错误的科学前概念、模糊的科学前概念和空白的科学前概念。

（一）错误的科学前概念

这种前概念类型是小学生中最常见的，也是最容易被教师发现的。我认为导致小学生产生错误的科学前概念有以下原因。

1.受日常生活经验影响产生的错误

在学习《给水加热》一课前，学生都认为烧水时冒出的白气是水蒸气。在课堂中，尽管教师如何解释，课后依然有大部分学生认为这些白汽就是水蒸气。类似的问题还有把水、空气是"无色"说成"白色"、把"叶脉"说成"筋"等。分析这些问题的成因后发现，在日常生活中，家长一直都是这样在表述，久而久之，小学生在脑海里就形成了深刻的印象。

解决策略：这种错误的特点是顽固性、长期性。对这种错误，教师要意识到小学生需经过较长的时间才能转变，千万不能急功近利。对屡次出错的学生要予以尊重，不能嘲讽。在校园中，教师要率先规范自己的言语表达。在课后，教师可以尝试着让学生去做家长的小老师，让学生指出家长的一些口头表达错误。这样不仅能达到纠正错误的目的，还能进一步激发学生学习的兴趣。

2.受形象思维影响产生的错误

在学习《空气占据空间》一课时，所有学生都会说"我们周围充满了空气"。但教师只要进一步追问，便会发现问题：小学生会把"周围"二字理解为"空旷的地方"。对于认识"水中有空气吗？石头、木头这些固体物质里有空气吗？"的问题时，由于受到空气无色无形特点的影响，学生看不到水里、石头里的空气，所以他们认为这些地方没有空气。类似的问题还有"电池有电流""月亮是光源"等。

解决策略：小学生总是把眼睛看到的作为直接判断依据。但科学课中我们要学习太多无形的东西，如声、光、电等。对这一种错误，教师就要采用"眼见为实"的策略。这些物质虽无形，但教师可以设计一些明确反映事实的模拟实验，让每一位学生在模拟实验中用自己的亲历过程来调整自己的认识。

3.望文生义产生的错误

这种错误是由学生不了解某概念的确切含义，仅仅从字面上去牵强附会而产生的。比如在科学五上《能量》单元里，出现了一个非常重要的能量名称——热能。很多学生都理解为这种能量是热的，或者说只有热的物体才具有热能。所以他们在回答冰箱把电能转化成什么能量时，自然创造了一个"冷能"。类似的问题还有"白色污染是指白色的废品污染"，"糖类"就是"白糖，很甜"等。

解决策略：小学生仅从字面上去理解，常导致概念含义的错误扩大或缩小。但如果教师向学生完整解释这些词的科学定义，以小学生理解能力，这样的做法显然是把简单的问题复杂化。对于这类错误，我尝试过许多方法，最有效的还是故事教学法。学生对学习内容的新鲜感过去后，就会失去热情。讲故事，好比一种兴奋剂，能带给沉闷的课堂一丝生气。在故事的世界里，学生沿着历史的进程，感受科学发现的艰辛；了解科学家怎样发现问题、分析问题和解决问题。在这种轻松的氛围中，师生教学相长，课堂效率达到最佳。

4.由认知规律产生的错误

小学生的认知水平处在形象思维阶段，在这之前，他们多通过图像、声音等形式来认识世界。小学生的许多科学前概念在这些图像、声音中潜移默化地形成。如在教学《蚂蚁》一课时，我先让学生画画你脑子里蚂蚁的样子。结果，孩子画的蚂蚁是五花八门，有的画了长着眼睛、咧嘴笑的蚂蚁；有的画了长着类似人的两条腿，能直立行的蚂蚁；有的画的蚂蚁只有头和身体等。显然，这样的图画来自书本而非现实观察。

解决策略：儿童的认知规律是一个不可逆的过程。如果我们盲目追求科学性而忽视书本给孩子带来的巨大影响，那这种教育无疑是在扼杀孩子的天性和创造力。对这类错误，与其说教师在帮学生改正，还不如说要帮学生建立一种良好的学习习惯。例如设计一个学生观察蚂蚁的活动，让他们从惊喜到慢慢地有序观察——由头到尾的整体观察，再到局部的观察和绘画记录，再通过老师的讲解认识蚂蚁的身体结构。之后让学生用观察记录与课前画的脑中的蚂蚁进行对比发现用什么样的方法能够正确认识事物才是正确的。

因为学生的成长过程教师不能左右，我们要做的是培养学生留心观察，及时记录和大胆质疑的习惯。

（二）模糊的科学前概念

在教学中，教师还常遇到学生"知其然，而不知其所以然"的情况。如在教学《斜面》一课时，学生都知道爬陡坡累，缓坡轻松。但问及为什么盘山公路要修得弯弯曲曲时，学生都说不出个所以然来。究其原因：在生活中，小学生多凭借感官对现象进行一些直观的解释，但这些解释往往停留在感性认识的水平上，缺乏严格的推理和实验验证，所以当场景转换后学生又变不知道了。

解决策略：针对这类前概念的成因，教师可以用"类比建模"的策略。教师可以用学生熟悉的事物来做对比，促进各种建构活动，帮助他们建立正确的新概念。以上述案例为例，在教学中我是这样来处理的：我把盘山公路截成一小段一小段，每一小段就如同一个斜坡。有了这样的对比，学生自然就领悟到盘山公路修得弯弯曲曲是通过延长路程来减小坡度，这样就方便车辆爬坡了。这种"类比建模"的方法能将问题的难度大大降低，引发学生主动思考问题，有助建立学生学习的自信心。

（三）空白的科学前概念

在教学中，我发现有一部分知识是小学生从未接触过的，即空白的科学前概念。对这部分内容的教学，教师容易唱"独角戏"，学生主动参与的积极性很弱。例如教学《北极星不动的秘密》这一课前，我了解到大部分小学生连东南西北都分不清楚，他们怎么去找北极星？北极星的方位都找不准，怎么来观察北极星不动，其他星星绕着北极星转动这一天文现象？

解决策略：教师单纯的说教当然无法引起学生的共鸣，就算学生死记硬背把所学知识都记下来，这种印象也不会深刻。在教学中，我是这样来处理的：在当前学习的过程中如果出现相关的知识内容时，我有意识地对知识进行拓展延伸，让学生了解其中的内容。如在教学五上《光》单元时，就有学生问及"为什么日晷要倾斜着放"。我抓住这个契机，向学生介绍有关经纬度的知识，此时学生学得饶有兴趣，巴不得你能和他们多说一点，与此同时，我也为下学期学习《地球的运动》单元做好了一些知识铺垫。

小学生的科学前概念各不相同、各有特点，很难将其一一细分归类。但作为科学教师，在平时教学中我们要注重对小学生科学前概念的收集与分析。只有及时了解小学生的科学前概念水平，采取合适的教学策略来补充、完善小学生的认识，才能真正做到引领小学生自主探究，提升科学教学的有效性。

（本文于2018年获北京市教育学会论文评优一等奖）

"电"出来的思维

刘 华

科学课堂是一个充满智慧和乐趣的天地，在这里经常会发生一些让老师和学生们回味无穷的故事。下面叙述的就是我在和四年级的学生们一起探究"生活中的电"时发生的一件值得教师深思的事情。

"老师这是什么？我能试试吗？"学生刚一走进实验室便被桌上的"起电机"吸引了。还没等教师开口，教室里突然响起了一声尖叫："哎哟！"怎么回事！这突如其来的声音使得同学们的目光一同聚焦在一个小男孩身上，他丝毫没有掩饰的迹象。"老师老师，这东西有电，我被它电着了！"看着他"搞怪"的样子，教室里顿时笑声一片，同时有几个小男孩也偷偷地要去摸桌上的材料。

上课的铃声把我们从惊异中拉了回来。看着满脸惊慌的小男孩，我微笑着对大家说："你们想试试吗？"顷刻之间，教室里顿时活跃起来。有一个小女生先后几次伸出胆怯的小手，在克服心理作用后小手终于接近了金属球，在发出尖叫的同时手也甩个不停。还有的学生发现，将两个金属球相互接近发出了电火花和啪啪声。尽兴之余，我赶紧让教室重新恢复了安静。"你们发现了什么？""你们想知道什么问题？"学生争相举起手来："我发现金属球有电。金属球为什么会带电？两个金属球没接触为什么会有火花和声音？为什么两个金属球碰到电却没有了？"……我肯定了学生的发现，把学生提出的问题依次简记在黑板上。

"你们都知道金属球有电了，那么两个金属球带的电一样吗？""带同种电还是带不同的电？"我的问题使学生陷入了沉思。在我的引导下，学生们充分认识了放电现象。我本以为学生此时会眼睛一亮的，可是我却看到有的学生还有些疑惑。见此，我问道："关于放电现象，你们还想知道什么？"学生相继提出了"生活中有没有放电现象？放电时为什么产生电火花、噼啪声？两个金属球为什么带异种电？两个金属球哪个带正电，哪个带负电？"等问题。（我把问题同样简记在黑板上）此时，我抓住"生活中有没有放电现象"这个问题巧妙地过渡到了自然界中，适时引导学生认识了雷电现象。在此之后，学生又提出了"天空中的云怎么会带电？为什么有的云带正电、有的带负电？天空中的云有电，飞机飞过时是不是会有很大危险？能不能用一根长长的导线把雷电导下来？雷电能不能利用？"等问题。

回顾"放电时为什么产生电火花、噼啪声？两个金属球为什么带异种电？两个金属球哪个带正电、哪个带负电？"等问题，我陷入了深深的思考之中。

走进科学教室，学生直接接触电机，恰好迎合学生的好奇心理。通过动手摇、摸，被电了一下后，激发了他们的兴奋神经。当学生的学习疑点被激发后，在观察事物时、在倾听别人的意见时，学生或多或少会产生一些新奇的想法或问题。这是学生在探究中深入思考的结果，是思维的创新。例如，学生能够提问："生活中有没有放电现象？两个金属球哪个带正电、哪个带负电？"就已说明学生的思维已经有了超前意识，并没有停留在异种电上。为更深入地进行探究活动奠定了坚实基础，"一疑激起千层浪"，用科学的探究氛围使学生展开想象的翅膀，我提出了更富有创造性的问题。例如，"用一根长长的导线能不能把雷电导下来？雷电能不能利用"等。这些问题虽然可能是学生的假想、猜想，但它也可能就是科学领域的新发现，很可能引导学生将来真正走上探究科学的道路。我将学生课上提出的问题延伸到课外，让学生任意选择有兴趣的问题进行自主研究。在兴趣的驱动下，他们会全心投入，像小科学家那样去亲身实践，感受和体验科学。长此下去，现在的小科学家很有可能成为未来的大科学家。

任何科学的发现都是从问题开始的。科学研究同样是在不断地发现过程中接近成功的。"主动提出问题"是富有求知精神、思维创新的外部表现，同时也是追求新知的动力。因此，我们教师要做到减少成人思维对小学科学探究的干预，给予他们失败的经历，将教材、教学内容、教学目标适度协调，精心创设教学情境，培养学生善于提问的习惯。

（本文于2019年获北京市教育学会科学学科论文评优一等奖）

对提高科学课堂实验教学实效性的研究

杜明达　韩秋军

提高小学科学实验教学的有效性是促进科学实验课程高质量开展的重要途径，只有教学有效性得到保证，才能使学生通过学习科学实验课程来不断地提高自身的能力。所以，教师在教学中应该应用科学的手段，如开展丰富多彩的科学实验活动，培养学生对科学实验课程的学习兴趣等方式，来调动学生的学习积极性，使学生积极地与老师进行互动，配合老师完成教学任务，并达到提高科学实验课程有效性的教学目的。

一、提高小学科学实验教学实效性的意义

提高小学科学实验教学的实效性，对小学科学实验课程的高效开展和学生对科学实验课程的学习有非常重要的意义。教师的主要任务是教学，教学是传授知识，更是帮助学生学习和应用。提高科学实验课程的有效性，才能使学生的能力得到真正的提升。并且提高教学实效性的主要目的，就是让学生学会并消化吸收知识，在这个过程中，教师应该充分树立学生的课堂主体地位，培养学生对科学实验的学习兴趣，使学生养成主动学习的习惯，这样才能使课堂教学实效性得到稳步的提高。

二、培养学生善于观察、思考的习惯和能力

观察是科学研究的基础，对科学研究起重要作用，而良好的观察能力是要通过后天的培养和训练获得的。善于观察是人们获取智慧的重要方法。很多科学家和发明家都善于观察，从很细小、很普遍的自然现象中看出问题，

追根求源，然后从这些现象中发现了真理。因此，在小学科学教学的过程中，培养学生善于观察和思考的习惯和能力十分重要。好的观察能力主要包括以下几个方面。

坚持不懈，有耐心。有价值的科学发明和真理，都是科学家们经过若干年坚持不懈的观察思考和不断实验的结果。

客观真实性。在探究科学的过程中，必须保证观察的真实性。因此，在小学科学教学过程中，教师应引导学生一切从实际出发，真实记录所观察到的事物和现象，培养他们求真务实的科学态度。

目光敏锐。观察力敏锐是做很多事情能否成功的重要因素。在科学探究中，观察力敏锐尤为重要。在观察某个事物或现象时，教师应引导学生仔细观察，不忽略每一个细节，培养他们敏锐的观察力。

有目的性。很多小学生在观察事物或现象的过程中，很容易被别的事情所吸引，而忽视他们真正要观察的事物和现象。所以，在教学过程中，教师要明确观察的目的，让学生有目的地观察事物或现象，从而培养他们良好的观察品质。

三、教师做到实验时明察秋毫，见机行事

课上动态地了解学生，才能上好科学课。教师要细心观察他们在做什么，分析他们在想什么，预测他们会朝哪个方向进展。掌握信息越多，教师就越能清醒地进行指引。因此，在学生活动着的时候，教师应是最忙的，不是去讲述，不是对学习活动指手画脚，而是在观察学生行为上的变化和独创性，在用心发现学生的特殊表现，在注意各个小组有意义的探究行为。

（一）从实验现象的差异中去找寻规律

在探究中，几十个差别各异的学生会得出各种各样的现象，而其中会有大量大同小异，能体现普遍性的现象。而基于这些现象的汇报交流，将是课堂进展的主要方向。

（二）从实验现象的普遍中去发现特殊

周密设计过程，确保实验教学有序进行，科学实验的设计必须符合小学学生的认知规律。为确保学生实验成功，实验前教师应做好知识的准备和必要的技能示范。有些实验有危险性，教师应在课前把实验先做一遍，并做好记录：什么地方是要注意的，什么地方是需要学生全神贯注观察的，做到心中有数。同时，要设计好实验记录，便于实验开展，在学生动手做实验时，教师就可有的放矢地加以指导。

四、实验后引导交流，挖掘提升

如果说科学实验是探究科学事实的重要组成部分，那么对科学实验现象的交流与分析是学生展示研究成果、实现成果共享，相互取长补短，继续发现问题、解决问题，获取科学知识的关键。

由于小学生活泼好动，一开始，他们对实验表现出极大的热情。但到了交流研讨阶段，学生经常会陷入"无序"化状态，有的摆弄实验器材不肯放手，出现插嘴、不认真倾听、对同学的意见不屑一顾、钻别人牛角尖，挑刺等不良行为，使交流研讨效率大打折扣。"动得起来，静不下来"是科学实验教学中常见的现象。教师只有制定切实可行的规则，学生才能在课堂上按照规则开展秩序井然的交流研讨，从而学会准确地与他人交流，学会向别人解释自己的想法、倾听别人的想法，进而获得更正确的认识。针对班级学生的实际情况，从上第一节课起，教师就应制定科学探究的条例，并在教学中逐项渗透，有意识地逐项攻破。如果教师能从一年级就抓起，从每堂课抓起，那么实验交流的有效性也就有了保证。

在实验操作之后的集体研讨中，学生常常各抒己见。也许是实验结果的差异，也许是认识角度的不同，交流中往往会有出入，甚至产生矛盾。教师要善于发现其中存在的意义和价值，巧妙地予以挖掘提升，让矛盾为实现教学目标服务。

（一）抓住思维亮点，层层深入

小学生的思维往往趋于表面，深入思考的主动性不够。心理学表明，小学生的思维水平大致处于复合思维和前语言思维的层次上，会出现语言思维障碍，出现交流研讨内容与实际操作迷路的状态。并且，心理学还指出：在科学学习中，不正确的、幼稚的语言和思维只能在感觉器官、思维和情感同时并用的基础上，通过与师生、生生互动发展来完成。

（二）借助意外现象，指引探索

在顺利地交流之后，学生们往往都"松了一口气"，这时是教师提出新问题，引起研讨新问题的好时机。

（三）捕捉有效信息，拓展延伸

学生研究后延伸的内容同课堂学习应属同一个内容范畴，它们有着必然的逻辑联系，它应该是课堂研究内容的扩展、深化。教师要敏锐地捕捉这些转眼即逝的信息。

要真正上好一节实验课，科学探究要真正做到有效有序，就需要教师在实验教学过程中充分发挥自身的教学智慧，引导学生手脑并用，用活动来带动思维，用思维来改善活动；必须尽可能地为学生创设条件，从符合学生心理和行为特点的要求出发，在实验操作、深入思考、教学组织等方面用心关注细节，抓住机遇，适时"导""拨"，使学生都能规范、科学地动手操作；让学生通过自行探究获取自然科学知识，培养学生创新意识与创新精神，提高实践能力，从而真正发挥实验的效应，凸现科学课的教学功能，演绎出教学的精彩。

（本文获北京市教育学会科学学科论文评优二等奖）

在小学低年级观察实验教学中培养学生的比较分类能力

韩秋军

思维能力是小学生能力的核心，培养学生的思维能力是小学阶段自然教学的重要任务。比较和分类是进行思维培养的基础。因此，我们在教学中要按照能力培养的具体过程对学生进行训练。在课堂教学中形成一种既定的模式，使学生的能力得到迅速的发展。

一、比较、分类的定义

比较是在思想上确定一事物与另一事物或者这一特征与另一特征异同点的过程，是理解问题解决问题的基础。

分类是通过比较，按事物的相异程度在思想上加以分门别类的过程，能认识事物种与属的关系与联系。

二、比较、分类能力组成要素分析

学生的比较、分类能力可分为基础知识和心智技能两个要素。只有知识要素与能力要素互相融合，达到类化的程度，才能举一反三，熟能生巧，形成能力。

（一）创设情景，发现问题

创设情景是在课堂教学中利用一些教学媒体如录音录像、投影、图片、教学仪器、标本模型等，创设一种学习的氛围，使学生由有意注意转化为无意注意，把学生的注意力引到教学之中去。此时，教师适当地引入，就会牢牢地掌握学生学习的情况。在这个阶段，教师引导学生提出问题，并启发学生根据问题去思考，能把学生思考的方向进行定位，即比较与分类。

教师在此阶段设计的教法主要为调动学生的学习积极性，设计教学情景并使之附和思维的要求，符合学生的实际。教师引导学生发现的问题要指向性明确，范围宜窄不宜宽。然后根据学生提出的问题引导学生进行研究。如在《各种各样的根》一课中，教师让学生观察植物，让学生把植物的根剪下来，让学生观察：这些根是什么样子的？他们有什么不同？就能把学生的思维引到比较和观察上来。

教师还要让学生明确比较、分类的程序，即先干什么、后干什么。《不同与相同》《分一分》中，教师就要教给学生比较、分类的方法，并要求学生用简单的语言进行描述。

学生在此时应具备探求的欲望，明确学习研究的目的，使比较分类的程序与步骤在头脑中形成清晰的表象，并具备初步的语言表达能力。

（二）收集事实、信息、资料

收集事实、信息、资料是进行比较分类的基础。

1.教师提供结构性的材料

教师为了让学生收集到最典型的资料，要给学生提供具有结构性的材料（如具有科学性、直观性、典型性的实物、图片、实验现象等资料）。结构性的材料是指有一定组织结构的，经过教师精心选择和整理的以突出特征的材料。根据学生学习的特点，教师准备的材料一要充足，二要有利于学生的观察。如在低年级要选择外部特征明显的材料，在中年级要适于学生观察事物的本质特征。如在《各种各样的根》一课中，教师提供了经过加工整理的直根和须根，以突出典型的外部显著特征。在《种子的构造》中，教师给学生提供了泡出了胚根和胚芽的单子叶和双子叶的种子，有利于学生观察种子的典型特征。

教师的提问要精心设计，引导学认真观察，使学生在头脑中留下清晰的表象。

2.观察、实验

学生在提出问题的基础上，根据自己选择的材料进行研究，自己做实验，自己观察出现的现象，形成表象。

3.提取现象、数据、资料

学生要积极参与观察实验中去。他们要认真操作，并观察、提取到一些现象、数据、特征等，这些是与教师提出的问题相关的事实。教师要让学生认识到这些事实才是进行比较和分类的内容，即对这些数据、现象进行比较和分类。

学生在观察实验中伴随着一系列的心理活动，如感知记忆注意判断等。学生在进行观察时，教师要对学生提出具体的要求。以便学生观察到教师想要学生观察到的内容，以便有利于学生对观察到的资料进行比较和分类。

（三）学生对于信息的加工整理——比较、分类

学生在获取一些数据之后，教师要引导学生对这些数据进行分析、综合，加工整理，以得出正确的结论。其中，对数据的比较和分类是经常要进行的工作。它是学生建立科学概念，形成科学认识的基础。同时也是培养学生的归纳概括能力、分析综合能力、推理能力、想象能力的基础。

比较是区分物体的关键，而对信息资料的获取占有是基础。教师要把比较、分类的过程进行分解，使学生了解比较的步骤，并能按照这些步骤进行简单的比较，得到简单的比较知识。

教师要引导学生进行分析，引导学生明确比较的标准、范围，明确比较的对象。教师要对学生有针对性的训练，使学生对比较的过程达到熟练的程度。

学生要求知道获得的信息，要知道比较的过程，并能用语言表达比较的结果。学生能力的培养是分阶段进行的，而不是一蹴而就的。教师可以把这一过程分解为以下几个部分并设定其应达到的最基本的要求。在《不同和相同》一课中，教师让学生先观察个体的特征，然后再把两个不同个体的特征放在一起进行比较，得到两个物体的不同与相同，让学生知道比较的过程和

方法。在以后的几课中，让学生反复练习，使学生达到熟练的程度，并让学生应用语言进行表达。

教师在教学中要提出问题，引导学生比较提取出的物体的相同与不同，并引导学生据此把物体分成类别。在低年级只是根据物体的外部典型特征分类，在中高年级则渗透了根据一些事物的共同特征进行分辨。如学习了动物的共同特征，就要把这些动物从其他动物中分离出来。对动物进行分门别类，建立起种属概念，对事物的认识建立概念与系统化，有助于学生掌握知识。

教师要引导学生明确分类的标准和层次（在小学阶段自然教材中只涉及了一级分类），要让学生知道分类的依据与标准。分类是在一个标准下进行的，学生掌握了这些分类的基本知识才能更好地进行分类。如按大小、按形状、按颜色等分类。

学生要明确分类的标准、顺序、分类的级别，并能用语言表达分类的结果。教师要把比较分类的过程进行分解，使学生了解比较分类的步骤，能按照这些步骤进行简单的比较分类，并得到简单的比较分类知识。在《分一分》一课中，对学生进行分类能力方法的训练，在以后的《各种各样的根》《各种各样的果实》等课中反复练习，逐步使学生达到熟练的程度。并在四年级的《导体和绝缘体》《花的构造》《种子的构造》等课中进一步训练，使学生更加熟练。

（四）反复练习、形成能力

能力是经过练习，一步一步形成的，因此教师要把学生的能力形成的过程分成各个阶段，在各个阶段进行练习，使学生逐步达到熟练的程度，形成能力。教师可以把比较和分类的能力形成过程分为学习模仿、积累经验、运用经验形成能力。

如学生在学习《不同和相同》和《分一分》时，通过学习模仿，学生能够在教师的指导下进行比较和分类，在其后再安排了几课，让学生进行专项能力的训练。学生经过模仿练习就可以巩固比较分类的方法，学生既学到了知识，又发展了技能积累比较分类的经验。学生在二年级末应该达到熟练的程度，自己能独立进行比较和分类，并具备一定的速度。教师就可以认为他们能够运用经验并已经具备了比较、分类的能力。学生在中年级学习《导体和绝缘体》《种子的构造》时，比较分类能力已经达到相当熟练的程度，并能根据所学习的知识进行比较分类，为培养学生的归纳概括能力打下良好的基础。

　　总之，教师要下大力气抓好学生的思维能力的培养，创设有利于学生能力发展的课堂教学模式，使学生的思维发展到一个新的阶段。

（此文于2018年12月获得北京市教育学会小学科学学科二等奖）

浅议科学记录单里的核心素养问题

党范文

　　小学科学课程的总目标是培养学生的核心素养，并为他们继续学习、成为合格公民和终身发展奠定良好的基础。学生能够通过观察、实验、调查、阅读等多种方式收集可观察和测量的资料，并且能够运用表格、统计图表等形式整理分析数据资料。这就要求学生需要运用上述方式方法进行科学探究。科学探究是科学研究过程的本质特征，具有重要的教育价值。实验记录单则是科学探究过程留下的重要实物之一。学生能选择自己擅长的方式（文字、图表、模型等）表述研究过程和结果。本文主要论述核心素养是如何在教师设计和学生使用实验记录单过程中体现的，并提出学生的核心素养在实验记录单的设计运用过程中是可以培养的这一结论。

一、科学意识和态度——实验记录，小中见大

　　实验记录单的主要作用是反映科学事实，收集实验数据和对实验数据进行分析。在小学科学实验教学过程中，实验记录单起着举足轻重的作用，它既可以体现学生实验探究的思维过程，同时也是培养学生素养的重要载体。但是在现实的教学中却呈现出教师对实验记录单极度忽视的现象，而且学生也对实验记录产生了消极倦怠的心理。出现这两种现象的原因主要在于，科学教师没有认识到实验记录单也可以培养学生的核心素养，教师自己也没有敏感的科学意识和积极的科学态度。

　　教师和学生对待实验记录单的观念和态度是不可量化也是不易被察觉的，但正是这种不易被察觉的态度对师生核心素养影响最深。认真积极对待科学的态度可以提高教师和学生的核心素养。教师的素养体现在设计实验记录单

的方方面面，学生核心素养的提高在于科学合理地运用实验记录单。要培养学生积极正确的科学意识和态度，实验记录单是科学课上最有效的工具之一。而教师要意识到学生边实验边进行实验记录不仅是课标里的要求，更是教师培养学生核心素养的一个关键。

二、科学精神和信念——合理设计，师生共进

科学精神具有丰富的内涵，实事求是是科学精神的基础，求真、求实和客观是学生急需内化的一种核心素养。学生在实验记录过程中填写虚假数据、编写符合结论的数据已成为学生"又快又好"完成探究的重要"法宝"。如下表是某小学六年级学生在《抵抗弯曲》一课中的实验记录单，可以清楚看到实验数据经过多次改动，甚至因为预测和实测规律不一致，而改变了预测数据。显然这一小组的预测是符合规律的，由于操作过程没有严格控制变量使得实测出现误差，像这样随意改变数据的不在少数。出现这种普遍现象主要在于实验记录单设计得过于枯燥，长期实验只需学生在实验记录表中填写数字，甚至连单位都不用写，这就使得学生对实验记录处于一种疲惫的状态，学生并不会花时间去思考每个数值真正的意义或规律，反而为了尽快完成任务或迎合教师的结论形成了与核心素养背道而驰的习惯。

学生填写的实验记录单

纸横梁的宽度与抗弯曲能力的测试

纸的宽度(以最窄的纸为标准)		1倍宽	2倍宽	4倍宽
抗弯曲能力大小 (垫圈个数)	预测	1	5	4
	实测	2	7	5

纸横梁的厚度与抗弯曲能力的测试

纸的厚度(以纸的张数计数)		1倍厚	2倍厚	4倍厚
抗弯曲能力大小 (垫圈个数)	预测	4	5	15
	实测	4	7	15

学生亲身经历的科学实验记录才是真正能够培养学生核心素养的活动，

记录过程教师需要及时有导向性的引导学生基于科学事实的推理，以形成科学认识。对于生命科学这部分内容，实验记录主要是使学生客观认识这些生物及不同生物的特点，帮助学生把结构特点和功能联系起来。实验记录可以很好地还原科学事实，让学生拥有求真、求实、客观的科学精神和态度。

小学高年级实验记录单相比中低年级则自主性更强，更加简洁客观，实验记录单更倾向于图表、文字记录、画简图等。高年级学生的记录除了包含观察到的现象、数量、计算的数据之外，还可以包括对所做的、观察的和思考的做简短的描述。而且教师设计的实验记录单在培养高年级学生实事求是精神的基础上，还要培养高年级学生的创新精神。每个单元可以设计不同的主题记录单，每单元结束后让学生自评，并与前一单元的设计进行比较找出进步创新之处。教师合理设计实验记录单，不仅体现了教师的科学精神和科学价值观，同样也可以指导学生形成核心素养。

三、科学方式和方法——善于发现，正确引导

科学的积累性、逻辑性特点，决定了科学学科的学习要比其他学科的学习需要更多的理性思维。科学方式和方法是核心素养的重要构成因素之一，教学中的科学方法包括科学的思维方式和行为方法，《课标》要求学生初步了解分析、综合、比较、抽象、类比等思维方法。科学实验记录单在很大程度上能帮助教师分析学生的思维过程，教师要有意识地去引导帮助学生建构科学的思维方式和方法，并及时给予适当的评价。评价应以课程目标和内容为依据，体现基本理念，全面评价学生在科学知识、科学技能、科学态度、科学精神、科学方法等方面的表现。

科学是探究课而不是验证课，实验记录单是学生从未知到已知的探究体现，而不是对已知结论的又一个论据支撑。学生在教师的引导下对自己的实验记录单进行设计会体现出个人的科学思维。例如，北京市某小学六年级的一名教师在上《抵抗弯曲》一课时，实验记录单是由学生自己设计的，部分同学设计得十分细致，包含他能想到的各个方面。学生这样设计，有科学老

师的影响，也有自己对实验的认识。如果长期由科学教师来设计实验记录单，学生会对实验记录产生倦怠心理。可以看出，学生多次实测体现了一种严谨的科学态度；对实验的设计也能看出观察法和实验法将在实验过程中得到运用；三次实测分析，体现了学生对演绎法的一个反馈；根据三次实测分析得出最后发现是实验归纳法的运用。实验归纳法是在实验的基础上，对实验数据认真加以分析，通过实验事实归纳出科学规律的认知方法，下表由数据到"我的发现"是对数据的分析过程和对科学规律的归纳过程。

学生自己设计实验记录表

纸的宽度(越来越宽)		1	2	3	4
抵抗弯曲能力	预测垫圈数				
	实测垫圈数				
	实测平均				
我的发现：					

　　下表是这个班里最简洁的实验记录单，这个记录单简洁但不简单。在材料使用上，他并没有用A4纸一层层增加的方法，而是选用厚度不同的纸直接实验。这样的设计能明显观察到纸越厚抵抗弯曲能力越强的现象，并不需要多次重复验证。因此，学生如此简洁的设计同样是科学、合理的。同时，教师需要引导学生在实验过程中用好控制变量法。

学生自己设计实验记录表

纸厚度	A4纸	卡纸	纸板
垫圈个数			

　　由此可见，实验单是可以体现核心素养的一个良好载体。通过实验记录单的放权，让学生自行设计记录单，教师适度点拨来引导学生科学思维方式和科学方法，不仅能展现学生的个性化发展，也能鼓励学生进行创新。科学方法和思维方式方法都可以在实验记录单里体现，并可以通过教师的指导在学生原有科学方式和方法基础上再次建构，通过多次强化培养学生科学思维方法和科学行为方法，以更好地提升学生核心素养。

四、总　结

核心素养不仅包含科学知识与科学技能，也包括对待科学的科学意识和态度，科学精神和信念以及科学方式和方法，只有后三者的核心素养不断提升和进步才能促进科学知识和科学技能的自我习得。科学无处不在，素养不分大小，一张实验记录单可以渗透多方面的核心素养，做好教学中像实验记录单这样的小事也是教师核心素养的真正体现。学生的核心素养可以在实验记录单里体现出来，并且教师也可以通过实验记录单在教学过程中培养学生的核心素养。

参考文献

［1］中华人民共和国教育部.义务教育小学科学课程标准［S］.2017年.

［2］Junqing Zhai.Jennifer Ann Jocz.Aik-Ling Tan. 'Am I Like a Science?' : Primary children's images of doing science in school. International Journal of Science Education ［J］. *Internationnal Journal of Science Education*. 2014(04):569.

［3］叶宝生.小学科学教学观察实验设计的依据和方法［J］.课程·教材·教法，2013（11）：68-69.

［4］［美］阿瑟·A.卡琳，乔尔·E.巴斯，特丽·L.康坦特.教作为探究的科学［M］.北京：人民教育出版社，2008年.

［5］张红霞，郁波.小学科学教师核心素养调查研究［J］.教育研究，2004（11）：73.

［6］中华人民共和国教育部.义务教育小学科学课程标准［S］.2017年.

［7］王强.小学科学实验教学论［M］.北京：人民教育出版社，2015.

（本文获北京市教育学会科学学科论文评优二等奖）

基于展开创造教育的思考与研究

李　倩

一、创造教育的由来

关于创造教育，最早是由英国的心理学家、优生学家高尔顿提出的。20世纪40年代，美国奥斯本研究集体创造思考方法，著有《思考的方法》。20世纪50年代以来，这种教学在美国得到发展。

在我国，陶行知是创造教育的开拓者。20世纪30年代，他在育才学校设立"育才创造奖金"，后发表《创造宣言》。70年代末到80年代初，创造教育在中国再度兴起。如1982年中华创造力开发研究所的研究人员在上海和田路小学进行实验，运用一些专门编排和设计的教法。此后，这方面的研究在各地普遍开展。

二、创造教育的现状

（一）创造教育与传统教育的区别

现如今，创造教育已经与我们的教育教学实践紧密相连。与传统的教学方法相比，创造性教学方法能够取得更好的教学效果。

从目的来看，创造教育注重运用知识，传统教育注重掌握知识；从教法来看，创造教育注重启发，传统教育注重传授；从学法来看，创造教育注重发现，传统教育注重接受。不难发现，创造教育正是我们作为教育工作者所在追求的创新启发式教学，更加考虑到学生能力的提高和素质的培养。

（二）当下创造教育的特点

创造教育仍强调知识是创造的基础及教师在教学中的主导作用。其特点是鼓励学生主动探索，重发散思维，学有特色。它有独特的课堂活动形式，如戏剧、竞赛、小组活动等；有独特的课堂结构，如创设情境—自学探究—概括总结—练习运用等。

（三）推广创造教育面临的问题

当今的创造教育虽然总被大家所提及，但是在它的推广和研究中也还存在着一些问题。

首先是创造教育目标的缺失。审视我们以往的教育目标，我们对创造教育的目标几乎没有规定，在评价考试体系中创造的教育目标要求也不多见。在具体的培养目标上，我们向来要求的是知识—能力—情感的培养顺序，也造成过分重视知识技能而忽视创造的状况。

其次是教师缺乏创造教育素质。创造型教师应具备的基本素质是：尊重学生人格、具有强烈的创造意向和独立的批判精神等。但是针对当今教师的培养，由于教师能力水平的不同，我们的培养还只能从注重师德，教师专业技能上开始，而缺少对创新精神的培养。这就导致创新教育的推广和推进难以大范围落实。

三、创造教育的目标

（一）创新教育核心目标：培养创新素质

我们说当今创造教育的目标是缺失的，还不够明确。作为教育者应该认识到的是，创造教育的核心目标就是培养创新素质。所谓创新素质就是指人在先天遗传素质基础上后天通过环境影响和教育所获得的稳定的在创新活动中必备的基本心理品质与特征。

创新素质应包括创新品质、创新思维和创新能力，能够打破常规、突破传统，具有敏锐的洞察力、直觉力等，从而使思维具有一种超前性、变通性。

如果脱离创新过程来培养创新素质就会是空话，创新素质的培养是必须通过一定的创新过程来实现的。

（二）培养创新素质，更新观念

更新观念很重要。在我国，千年来的应试教育不是一下子就能转变过来的，这是制约创新素质培养的一大障碍。好在近年来人们已认识到这一点。素质教育已不断地得到重视并发展壮大，让创新素质的培养有了发展的空间。

在更新观念时，我们要树立正确的成才观、教学观和教师观。学生是教的对象、学的主体。作为一名教师，需要具备的专业素养既包括教学技能，也包括自身的言传身教。韩愈在《师说》中说道："师者，所以传道授业解惑也。"凡是能传授知识去解惑、作出榜样的都是较好的教师。

四、创造教育的展开

（一）牢固树立创新观念

知识经济和创新意识对我国21世纪经济社会发展具有极端重要性和紧迫性。我们要充分认识到：在当今全球经济一体化的形势下，唯有发展知识经济，才能增强我国的国际竞争力。而发展知识经济的关键在于知识创新，这就需要增强创新意识。

因此，我们要彻底破除"因循守旧，不图创新"和"只重引进，忽视创新"的旧观念，牢固树立"不创新就灭亡"的新观念，使创新成为全民的共识而且化为实际行动，形成一种"锐意创新，开拓进取"的良好社会风气，为创造教育的开展扫清思想障碍。

（二）加强对创造教育的研究与推广

首先，要加强对创造教育的研究。充分利用国内外创造教育及相关学科的最新研究成果，深入研究创造教育的基本规律，构建完善的理论体系，形成完整的教育思想、教育体制、教学内容和教育方法，使创造教育日趋成熟。

其次，要对创造教育进行改造、创新。创造教育发源于美国，具有西方文化特色。由于我国与美国的社会文化传统不同，所以在引进创造教育时不能生搬硬套，而必须对其改造、创新，形成有中国特色的创造教育。

（三）改变教学方法，发展学生创新意识

1.改"一刀切"为因材施教

教育是培养人的活动，而每一个学生都有其独立的个性，因材施教是发展学生个性，培养创造力的有效方法。要根据不同学生的知识基础、特点、优势、爱好和兴趣，采用相应的教学内容和教学方法以及把握好广度、深度和难度，使不同类型和层次的学生，都得到各具特色的发展。

这在教学实践中往往是需要我们依靠教学经验才能逐渐提升的。通过教育教学上的不断反思，使自身首先树立起创新意识，之后才能在教学中渗透对学生创新意识的培养。

2.改"以课堂教育为中心"为课堂、实践并重

课堂与实践并重，是开发学生创造潜能的根本教学方法。课堂教育以学习创新的理论知识为主，实践训练以培养学生的创新能力为主，两者并重，就可实现理论与实践相结合，使创新的理论知识转化为创新能力。鉴于传统教育轻视实践，更应抓好实践环节。

例如对于科学这一学科，除了要继续抓好学生的实验活动之外，还应开展科技小发明等创作活动，锻炼学生的创新能力。做到真正从培养学生创新意识出发，在实践中也应通过创新活动的适当安排来进行引导。

3.改注入式为启发式教学

在创造教育中，启发式教学的最重要的方法是探索法。与注入式方法不同，探索法更能体现学生主体地位，更能激发学生思维能动性。

学科思维导图的广泛应用，就是我们改变传统教学方法为启发思维教学的方式，同时也是在符合创造教育培养目标在教学上做出的提高。可以说，思维导图的应用对学生在思维上有了更高的要求，通过不断地学习思考，学生的创新意识也在过程中不断增强。

五、小 结

综上所述，基于时代的变化和教育的发展，我们要重视和积极推行创造教育，以此来培养和造就具有创新素质的人才。

作为教育工作者，我们不仅要了解创造教育，还要树立起创新观念，不断学习，从而使我们教师团队的创新能力整体提高。这样，我们才能在教学实践中不断创新。

创造教育需要我们足够重视。事实上，很多教师无形中也在做着改变传统教育的工作。若将理论上的学习和思考落实到实践中，创造教育必定会更大范围的开展和展露成效。

（本文于2018年获北京创造教育研究会论文评优二等奖）

关注学生需求　调整教学设计

王艳芬

课堂是教师实施教学活动的主阵地，教师在每堂课、每个教学环节、每次提问的设计上都是与学生进行情感交融、智慧碰撞、生命跃动的过程。美国教育家波利亚也说过：教师讲什么并不重要，学生想什么比这重要一千倍。因此，教师讲什么，怎样讲，应该根据学生需要来设计和调整教学，使课堂成为师生一起欢笑、一起沉思、一起震撼、一起陶醉的课堂。下面以《万园之园遭劫难》为例，谈谈我在关注学生需求，提高教学实效方面调整教学设计的一些做法。

一、关注学生的认知需求，激发情感动力

我在《万园之园遭劫难》第一次备课时，将引入环节设计为介绍网上收集的2009年2月23日至25日法国佳士得公司拍卖两件圆明园兽首的相关新闻。本想以此引出课题，没想到，这反而加大了学生理解上的难度。

著名教育家陶行知先生说："先生的责任不在教，而在教学，而在教学生学。"既然这种引入加大了学生理解上的难度，为何不以学生感兴趣的内容引入呢？依据学校的开课要有吸引力的活力课堂评价标准，在第二次备课时，我将引入环节改为谈话内容。我问学生都到哪里旅游过？心情怎么样？之后，我话锋一转，说起自己曾去过的一个地方，至今心里都不是滋味，同时我出示旅游时拍摄的圆明园的照片。这样不仅很快引出课题，而且较快地把学生带入了学习状态。

二、关注学生的内心需求，激发学习兴趣

很多人都知道圆明园面积大、景色美。但它到底有多大、有多美，没有亲临现场谁也体会不出它真正的内涵。在第一次备课前，我从课前调查中了解到，学生非常希望看到圆明园的样子。于是，我从网上找到一些复原的昔日圆明园的照片，在课上展示给学生看。学生的好奇心得到些许满足，但从他们的眼神中我总感到没有达到他们的希望值。

苏联教育家苏霍姆林斯基讲过，教育要给学生一份知识，他的头脑里就应该有这一知识的十倍的储量。教科书的知识含量必定有限，这就要求教师有强大的旁征博引的能力，然而这种能力是需要培养的。

下课了，我询问学生，课堂上为什么会有那种希望的眼神？有学生说，圆明园美是美，但是不知道历史上的圆明园是什么样。听了学生的话，我也有同感，于是开始搜索视频资料。为了截取一段昔日辉煌的圆明园的完整视频，我穷尽自己所能，观看了大量视频资料，最后截选出一段1分多钟的视频。在第二次备课时，我把它补充进去，这下学生的内心得到了满足，也充分感受到了昔日圆明园的风采。

三、关注学生的探究需求，促进思维发展

叶圣陶先生说过：教材只能作为教课的依据，要教得好，使学生受益，还要靠教师善于运用。这句话提示我们，教材不是圣书，它只是提供了最基本的教学内容。尤其是品德与社会。因此，我们要创造性地使用课本，使品社课堂，成为最有深度的课堂。

学生通过视频了解了火烧圆明园的惨烈场面，特别希望了解火烧圆明园的原因。此时，教师就要从学生的探究需要出发，组织学生了解火烧圆明园的原因。在第一次备课时，我为学生提供了一份文字资料，专门讲述火烧圆明园前后的社会历史背景。这份资料的介绍从叙述上有些成人化，学生读起来有些拗口，在理解上有些困难。

第二次备课时，我根据学生的年龄特点，把那份资料改编成儿童语言，以故事叙述的形式呈现给学生。课堂上，学生阅读这份资料后很快就摸清了当时的社会状况，认识到清政府的腐败无能。

教师的责任不仅仅是把教材内容教给学生，而且要教学生学。教育不是管束人，而是发展人；不是死守教室，而是走进生活；不是灌输知识，而是学会创造；不是记住别人的思考，而是产生自己的思考。

为使学生了解火烧圆明园的真正原因，在第二次备课时，我在火烧圆明园的历史背景资料介绍之后又加入了两份视频资料，分别是八里桥大战和乾隆皇帝的藏宝室。通过观看视频，学生进一步认清了火烧圆明园的真正原因，不仅仅是清政府的腐败无能，还包括皇帝大臣认识上的落后，清政府武器的落后，落后就会挨打，已成为不争的事实。至此，我实现了《品社》课标所指出的：在教学中，教师要调动学生的生活经验与认识，引导学生用多种感官去观察、体验、感悟社会，获得对社会的真实感受。

四、关注学生的情感需求，帮助宣泄情绪

著名教育家叶岚教授提出：教师在教学中的角色，不仅是知识的呈现者、对话的提问者、学习的指导者、学业的评价者，更重要的是教学过程中呈现出信息的重组者。

生活中，一个人的情感累积到一定程度总是要宣泄的。为此，我在第二次的教学设计中就增加了让学生宣泄情感的环节。

首先，在某些环节结束时，让学生谈感受，以表达他们的爱憎之情。

其次，通过结语和过渡语，激发学生的情感。例如，结语：列强在这里践踏的不仅是财宝，更是国家的尊严与主权，这比财宝的损失更令人心痛。过渡语：如今的圆明园已是满目疮痍、荒草丛生，曾经的那些金碧辉煌早已流逝在历史的长河中。

再次，精心设计学生的情感宣泄环节。例如，当学生分析出火烧圆明园的真正原因后，我利用上面的结语和过渡语，设计了让学生写和说的环节，

即"面对圆明园那段不堪回首的往事，我会对＿＿＿说：'＿＿＿。'"学生通过语言表达了自己对侵略者的愤恨、对清政府的愤慨、对国家未来的希望之情，同时表达了自己的爱国之情和强国之志。

短短40分钟，学生在老师的引导下层层深入，抽丝剥茧似的逐渐认识到了"落后就会挨打"的历史教训，激起了"少年强则国强"的激昂斗志，激发了"勿忘国耻，振兴中华"的爱国情感。

教育是艺术，也是一种修炼。作为教师的我们如果能从关注学生需求出发，以广博的知识、适合的教学方法、多样的教学手段进行教学，定能吸引学生，也定能提升我们的课堂魅力和学科魅力。

（本文获全国小学课堂教学论文大赛一等奖）

浅析法治主题教育在不同年级的呈现与实施

贺艳华

从"品德与生活""品德与社会"到"道德与法治"，不仅是课程名称的变化，更是课程内涵的丰富与提升。青少年承载着祖国的未来和希望，"道德与法治"是他们今后在社会立足的根本，更是共建和谐社会过程中每个公民不可或缺的核心素养。

儿童的品德和行为习惯的形成、知识和能力的发展、经验的积累是一个连续的、累进的过程。因此教学活动要关注活动之间的连续性，教师要将目光聚焦于分布在不同年级学段的同主题品德教材"螺旋上升"的研究上。根据不同年龄儿童的认知特点，形成具有学习坡度的层次和系列，才能使学生认知得到有序地发展，情感逐渐提升。

一、明确小学道德与法治课程中法治教育的定位

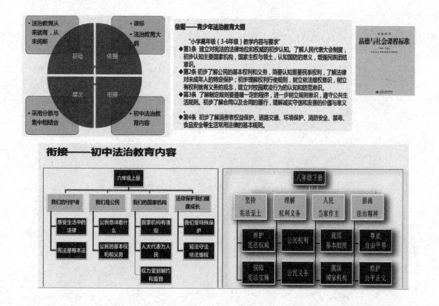

　　道德与法治课与法治教育的融合是时代发展要求。当前，我国正向着法治国家、法治政府、法治社会一体化建设的方向迈进。道德与法治课既要教育学生继承我国优良的道德传统，做一个有修养的人，又要在课程中有意识地渗透法律法规，并以最简洁的文字呈现相关法律条文。帮助学生树立法治意识，强调法律面前人人平等，人人学法、守法，会用法律的武器保护自己。中小学《道德与法治》课程中的法治教育是一种公民素养教育，而非法律专业教育。因此，法律观念与法律态度的培养就是第一位的，法律知识的学习是第二位的。《青少年法治教育大纲》中也明确指出，中小学的法治教育"侧重法治意识、尊法守法行为习惯的养成教育"。在教学中，教师要弱化法治条文、强化法治观念，使学生养成自觉守法、遇事找法、解决问题靠法的思维习惯和行为方式。

　　法治教育从未间断，《课程标准》和《青少年法治教育大纲》中有明确要求，基于学生公共生活空间的不断发展，按照儿童认知发展的规律，采取分散教育的方式，以纪律、规则为主要内容的法治意识教育，基于学生思维领悟能力和价值判断水平，采取集中（六年级上册和八年级下册）的法治教育专册的方式，以宪法精神为主线，突出国家意识和公民意识教育。对比来讲，小学阶段简明概括，初中阶段全面细致。

二、梳理法治教育在不同年级学段的体现

（一）层次——分散与集中相结合

　　《青少年法治教育大纲》中明确指出，"小学低年级（1—2年级）：初步建立规则意识，初步理解遵守规则、公平竞争、规则公平的意义与要求"。低年级以规则教育为主的"前法治教育"，中高年级以"嵌入式"为主的法治教育。法治教育专册的出现，为提升当下小学生的法治素养明确了路径。据不完全统计，全册教材中涉及法律的文本学习、知识判断、条款应用、观点交锋的共有23处。这无疑是对广大小学道德与法治课教师的一次巨大挑战。六

年级上册和八年级下册集中讲授宪法，以专册形式加强"系统法治教育"。这就是所谓的分散与集中相结合，同一生活领域，按照学习难度的不同，采用螺旋上升的编排方式。

六年级以实际生活中的问题为案例，来引发学生的思考与讨论，从中寻求法律依据来解决问题，使学生知法、懂法、守法、靠法，具备法治观念和法治思维能力，崇尚法治精神。在活动和思辨中，促进学生思维和情感的发生与发展，落实核心素养，践行新课程理念。法治教育专册的教学目的，是为了在学生心中埋下法治的种子，教材在阐释法律规范的同时，更注重学生法治思维的养成。

（二）需求——关照儿童的年龄特点

教材根据社会发展需求和学生年龄特点而编排。低年级年龄小，教材会更加具象，所以设计更多的是有抓手的课。高年级基本成熟，有一定思维领悟和价值判断能力，所以六年级上册是法治专册，进行系统的法治教育。教师在教学中一定要关照儿童的年龄特点，关照不同年级学生的活动能力，为学生顺利完成活动搭建梯子，给予帮助。不能对教材内容简单移植，要根据学生年龄特点，设计活动，让学生真正活动起来，并达到其活动目的，提升活动实效性。

三、拓展多种渠道开展低中段教学策略

（一）从学生真实的生活情境和需求出发

基于儿童发展阶段的特点，低段的更多体现为规则教育，为今后的法治教育打好基础。比如二年级《班级生活有规则》本课先发现问题，再一起解决问题，最后做成文明棋，体现游戏化学习。二年级就是让学习像游戏一样有趣。棋也可以经常下，但在游戏体验环节中要注重培养学生规则意识，从而起到潜移默化的作用。

到了中年段就应该逐步开始在生活情境中渗透法律条文，在这些情境中

培养学生的法治意识。比如三年级《让我们的学校更美好》一课中，是在一位学生失学的生活情境中，融入了"中华人民共和国教育法"中的第四条"凡具有中华人民共和国国籍的适龄儿童……依法享有平等接受义务教育的权利，并履行接受义务教育的义务。"这样融入方式就实现了法律条文与学生生活之间的联系，学生不再是脱离具体的生活来学习抽象的法律，这种教育更容易唤起学生在生活中用法律维护自己权利，并履行自己法律义务的动机。从这个意义上说，要有效培养学生的法治精神，在教学中也要从学生真实的生活情境和需求出发，实现法治精神的培养。

（二）将宪法精神和公民意识的培养与班级、学校和社区等"准公共生活"结合起来

法治精神中还有一个非常重要的精神就是宪法精神和公民意识。在教学中，教师要结合学生生活中的"准公共生活"来培养学生的公民意识。

比如二年级《班级生活有规则》一课中，就将公民意识渗透于班级生活中。对于学生而言，虽然他们还不是成年人，无法过严格意义的公共生活，但是学校生活场域中的这些"准公共生活"场域都可以培养他们的公民意识。

四、拓展多种渠道开展法治专册教学策略

在教学六年级法治教育专册时，教师要实现教材中的法律语言与学生的生活语言、儿童语言相互贯通，让法治教育既有"法治味"，又有亲和力，更有实践性。

（一）体现"法治教育"教学语言的温度

虽然法律语言的体系是固有的，是无法改变的。但教师可以选择一些有利于儿童理解的方法进行教学，体现"法治教育"教学语言的温度。

比如《知法守法，依法维权》一课，教师应合理利用教材资源分析案例；使用宪法和自制法治手册维权有法可依；以身说法，生活案例巧发掘，明确维权先情理后法理，树立权利不滥用，维权有边界的法治意识。学生借助已

有的法律知识和思维理念，合情、合理、合法地解决身边维权的事情，让学生用德法兼顾的视角去分析问题、提出主张、合理维权，让学生在经历从懂法到用法的过程中，做到知晓法律、智慧维权、依法维权，从而有效落实法治意识和法治思维培育目标。重视法律背后的公平与正义，重视法律对特殊人群的保护，展示了法律正义与温情的一面。

（二）凸显"法治教育"教学语言的精度

比如《国家机关有哪些》，在学习司法机关时，教师出示了一张法庭庭审的图片。一名学生说："法庭庭审时，有一个犯人站在笼子里。"教师随即点评："虽然你看懂了图的意思，但表达上有两个错误：第一，审讯过程中不能称之为犯人，只能称作犯罪嫌疑人；第二，法庭上的笼子有一个专门的用词——被告席。"

案例中的教师将学生的儿童语言提升为准确规范的法律语言，使学生感受到法言法语的庄重严肃、规范严谨，凸显"法治教育"教学语言的精度，为树立法治意识、法治观点奠定基础。

（三）彰显"法治教育"教学语言的力度

法治教育专册的学习同样遵循生活体验的原则。教师应选择生活中常见的鲜活事例，建立内容与生活的对接，彰显"法治教育"教学语言的力度。

比如《公民意味着什么》在"认识居民身份证"板块中，学生了解了身份证号码独一无二的信息特点以及在生活中的用处后，教师让学生解决身份证丢失、借用、查验等生活问题，使学生明白既要配合国家机关提供身份证信息，也要树立法治意识，运用法律知识保护好个人信息，免受侵害。

（四）挖掘"法治教育"教学语言的深度

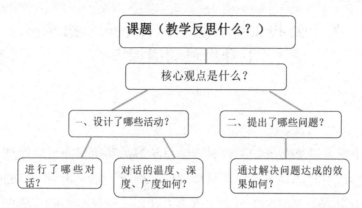

第一，抓核心观点设计教学主线策略。教学中，首先要确定整节课及每个环节的核心观点，以核心观点为引领，设计一条教学主线。第二，围绕核心观点进行活动体验策略。这是理解和体悟核心观点的第一步，即以活动为情境，把学生带入有仪式感的学习场域，建立学生对核心观点的初步感知与体验，从而发现问题，产生对核心观点探究的兴趣。第三，引领思辨设计核心问题策略。这是理解和体悟核心观点的通道和路径，问题的解决关联着学生思维与情感的发生与发展，是提升学生对核心观点认同的重要策略。第四，提升核心观点引领深度对话策略。这是理解和体悟核心观点的关键，课堂上师生、生生对话的真实对话，是学生思维、情感发展的输出和表达。学生通过个体经验的交流、碰撞、思辨和教师的点拨、梳理、概括，使核心观点逐渐清晰，从而完成学生对核心观点的升华和体悟的过程。

同一主题螺旋上升，新的课程、新的教材、新的挑战。教师时刻关注儿童学习法律的需求，就会找到适合学生学法、悟法、践法的捷径。

（本文获北京市通州区教育学会论文评优一等奖）

关于公共文明主题教育在不同年级螺旋
上升出现的微探究

高明月

统编小学《道德与法治》教材以学生学习活动所指向的问题域作为教材的基本结构，内容体现了鲜明的价值导向，突出了基于生活、引领生活、提升生活的编写策略，给学生预留了许多表达经验生长的空间，体现了道德教育与法治教育的有机融合。新教材中的一个突出特点——"同一主题内容在不同年级螺旋上升出现"，教师如何针对年级特点把握教学侧重点有效教学问题成了教学中的重要难题。教师要准确理解教材编写意图，依据教学目标用好教材资源并开发相应的课程资源拓展教学时空，设计有效的教学活动，强调互动与交流，实施"对话教学"策略，基于生命与尊重促进学生"生长性学习"，使教学呈现出生命活力。本文主要围绕"公共文明教育"这一主题在不同学段螺旋上升的教学方法进行研究。

培养社会主义社会的合格公民是小学道德与法治课程的目标，更是建设社会主义法治国家的基本前提。公民能力实则需要在公共生活中进行实践培养，但学生很少有机会参与到真正的公共生活中，他们参与的主要是学校、班级准公共生活。小学道德与法治统编新教材通过聚焦校园、班级准公民生活培养学生初步的公民能力。因此，在课程教学中，充分利用学校、班级准公共生活培养学生的公民能力，对于培养社会主义合格公民既十分重要又大有可为。

纵观小学1—6年级道德与法治教材，共有三个单元是集中进行公共文明教育的内容。其中，在二年级上册，由于学生年龄小，公共意识弱，这一单元主要聚焦在公共场所里最基本的文明行为教育。随着年龄的增长，到了三年级下册，则是从公共生活中的具象设施、抽象规则和社会性情感三个视角引领学生进一步认识公共生活、提升公共意识。到了五年级，学生参与公共生活的范围更广、能力更强，本单元在前面教育的基础上增加了公共参与、公共服务、公共责任等更多视角来认识公共生活，提升公共参与意识及社会责任感。

年级	单元	课
二年级上册	我们在公共场所	这些是大家的 我们不乱扔 大家排排队 我们小点儿声
三年级下册	我们的公共生活	大家的"朋友" 生活离不开规则 爱心的传递者
五年级下册	公共生活靠大家	认识公共生活 建立良好的公共秩序 我参与我奉献

一、立足教材逻辑体系定位教学目标

纵观总体教材，回看二年级上册"我们在公共场所里"这一单元，本单元由班级空间扩大到学生时长进出的真正公共场所。通过对"公共财物""公共卫生""公共秩序""公共文明修养"这四个方面的重点引导。本单元的话题领域看似是以校园、班级生活为主，但从本单元在全套教材中的位置与作用来看，从公民能力培养的角度分析，具有奠基作用。

例如，二年级上册三单元"这些是大家的"一课，本课的教学结合学生生活实际，把认识公物、爱护公物的意识落在实处，引导学生发现并关注到与他们生活、学习息息相关的公物。因为二年级学生年龄小，参与社会的范围很小，接触最多的就是学校这个特殊的公共场所。因此，在此主要是带领学生认识校园里的公物，引导其解决校园公物保护中的具体问题，引导学生发现保护公物的方法，初步形成爱护公物的意识。同一主题，在三年级下册"大家的'朋友'"一课中重复出现。本课的教学目标确定为认识公共设施，了解它们的作用，指导公共设施给人们的生活带来方便，指导爱护公共设施人人有责。本课中的公共设施与"这些是大家的"一课中的公物意义相同，但范围不同。本课是建立在二年级"这些是大家的"一课的基础之上，由学校生活过渡到更广泛的其他社会公共生活，认识与之生活息息相关的公共设施，了解它们的作用，引导学生遵守公共秩序。五年级下册，学生的认知等能力更强了，这一单元主要是通过教学活动引导学生懂得只有共同维护公共利益，才能更好地享受公共生活，在参与公共生活中增强公共意识。随着学生年龄的增长以及认知能力的不断提升，教材逻辑的层次也就不同，因此，每个年级单元的教学目标也就自然形成了螺旋上升的情况。公共生活这一领域在不同阶段的侧重点确定为如下：

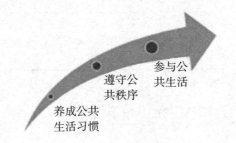

养成公共生活习惯　遵守公共秩序　参与公共生活

二、基于实际学情设计教学活动

　　道德与法制学科是一门活动型的综合课程，课程致力于教导学生拥有健康的身心和良好的品德。课程的呈现形态主要是儿童直接参与主题活动、游戏和其他实践活动。在道德与法制学科的教学活动中，如何基于学情、围绕目标开展教学活动，如何提高教学活动的有效性，是新教材使用过程中教师必须认真思考的一个问题。

　　例如，二年级上册《我们小点声》一课，在教材内容基础之上，设计适合儿童年龄特点的教学活动来促进教学目标的达成。在"做个小小调音师"环节，教师根据二年级学生年龄小的特点以及本环节涉及的调音情况多，设计了"小小调音师大闯关"游戏活动来组织教学，在激发学生兴趣的同时突破了教学难点。

教材中，有三个单元集中进行公共生活文明领域教育，在不同阶段所追求的共同价值也是不同的，因此，在设计教学活动时要符合实际学生年龄特点和认知规律来促进教学目标和重难点的达成。

三、精选思辨话题提升公共文明修养

课堂开展思辨活动，是提高学生能力的重要途径和关键所在，培养公民能力也需要在思辨中引导学生理性地分析和辨别。在二年级上册"我们小点声"一课的最后一个教学环节里，通过设计观察思辨活动，精选思辨话题，由学校向更广泛的公共生活空间拓展，通过辨析"这里需要小点声吗？"这一话题，进而实现深化认知"各种公共场所都要小点声"环节。课堂教学中总是存在的一些美丽的"意外"，而这些"意外"就是在学生思辨的过程中产生的。在思辨的过程中，学生潜意识中的集体意识被激发，责任意识、主体意识、参与意识得到肯定与鼓励，民主和平等的公民意识得以萌发。

新教材对于教师的专业素养和教学能力提出了更高层次的要求，作为一线教师，要着眼于学生的核心素养发展，运用多样化教学策略，让学生感受、感悟。公共文明修养是小学生应具备的核心素养之一，发展学生的核心素养，既是课程改革的需要，更是促进学生道德与法治生命可持续发展的需要。作为教师，要弘扬真善美、唱响主旋律、传播正能量。

（本文于2020年获得北京市首届教师"基本功与智慧"教育教学研究成果征文评选二等奖）

新课标背景下"过程与方法"的探索

娄　琳

过程与方法对音乐学习非常重要，在音乐教学中，要重视过程，强调方法。学生在音乐实践活动中得到充分感受、体验、交流、合作的机会，让学生学会音乐、学好音乐，授之方法，有了浓厚的音乐学习兴趣和积极乐观的学习态度，有助于学生对音乐学习保持持久性和终身性。

新课标将"过程与方法"课程目标细化为五个具体目标，分别是：体验、模仿、探究、合作、综合。在音乐课堂教学中，我对这五个具体目标进行分析、理解、探索，寻找冲出传统教学的突破口，使"过程与方法"目标贯穿整个音乐教学始终。

一、体　验

体验是指由身体性活动与直接经验而产生的情感和意识。它强调身体性参与，充分发挥学生的各种感官，获取直接经验。

苏霍姆林斯基说过："真正的教育智慧在于教师保护学生的表现力和创造力，经常激发他体验学习快乐的愿望。"因此，在教学中要精心设计，使学生主动参与音乐、体验音乐，鼓励学生用各种方式感受、体验音乐的魅力。例如，《阿细跳月》。

$$51\ 313\ 521\ |\ 53\ 313\ 521\ |\ 51\ 6\ 13\ 52\ 1\ |\ 55\ 3\ 1\ 3\ 52\ 1\ |$$

《阿细跳月》片段

在欣赏彝族乐曲《阿细跳月》时，曲谱由于音调简单、短小，旋律音只有1、2、3、5、6五个音，旋律重复进行，学生听几遍就对主旋律印象深刻。为了丰富学生的情感体验，我播放了一段表现众多男女老少穿着节日盛装在月光下围着一堆堆篝火，手拿伴奏乐器边唱边舞的"跳月"欢快的视频场面，画面把人们的神态、表情表现得很生动。我问道："看了影片，你最想做的是什么？"学生们异口同声地说："跳。"学生通过视听结合，积极主动参与并感受、体验彝族音乐的风格，在舞动的旋律中了解彝族音乐特点。

北京师范大学教授于丹说过："所谓体验就是，以身体之，以血验之，那是一种非常深刻的浸润。"为了使学生深入了解歌曲，在讲授《我的祖国》时，因为歌曲是20世纪50年代初期抗美援朝战争的影片《上甘岭》的插曲，由于年代较久远，对故事内容不了解，所以学生不感兴趣，鉴于此，我用一段激情而震撼的导入语及影片片段的视频导入新课。学生顺其自然地进入了学习状态。

（导语）师：（语气平缓）同学们，今天的音乐课将把大家带到60多年前，那一年发生了一个这样的故事。（出示两张战争时代的图片）这两张图片就是战争中的插图。（语气沉重、抑扬顿挫地）1952年，抗美援朝战争中，志愿军忍饥挨饿，抛洒热血，牺牲生命。为了祖国，为了朝鲜人民的自由，他们坚守上甘岭24天，最终迎来艰难的胜利。在坑道里，战士们期盼和平、怀念祖国、思念家乡，于是在女卫生员的带领下，唱起了歌曲《我的祖国》。（出示电影《上甘岭》片段）你们的感受是什么？

生1：感受到战士们在战争中的勇敢与坚强。

生2：感受到志愿军们为了朝鲜人民的自由抛头颅洒热血的场景。

生3：感受到战士们怀念祖国、思念家乡的情景。

这段视频震撼、感动了学生，使他们了解了歌曲的创作背景，为有感情地演唱歌曲奠定了坚实的基础。这可以看出体验教学在音乐课堂中的重要性。

二、模 仿

模仿是音乐学习过程中常用的，又很有效的方法，主要针对中低年级学生的身心特点，从音乐实践入手，使学生通过模仿积累音乐经验，为进一步表现音乐和创造音乐奠定基础。

如二年级演唱歌曲《小麻雀》一段体结构，旋律流畅，优美，起伏得当。音乐形象突出，贴近学生生活，学生运用模唱的方法能够自学歌曲旋律。而且二年级的学生学唱歌时主要就是以听唱为主，视唱为辅。于是我大胆放手，放几遍录音范唱，学生自己跟着模唱。果然，在短时间内学生就唱会了歌曲。这也说明模仿的方法对于低年级音乐教学很有效。这正如新课标中指出："通过亲身参与演唱、演奏、编创等艺术实践活动，并适当地运用观察、比较和练习等方法，进行模仿，积累感性经验，为音乐表现和创造能力的进一步发展奠定基础。"

三、探 究

探究这种学习方法在音乐课堂中也是必不可少的，它可以激发学生学习兴趣，独立思考能力，丰富学习体验，培养学生发现问题、分析问题，探索、解决问题的能力。

如欣赏《茉莉花》时，教材中提到了江苏、河北、东北三首不同地区、不同风格的茉莉花。在欣赏前，学生已了解部分地区乐曲的知识，并小组合作、讨论后，我便出示下表：

地区风格对比

地区	旋律音调	风格特点
江苏	（清丽、婉转）	（柔美、细腻）
东北	（夸张，风趣）	（粗犷豪爽）
河北	（明快，具叙述性）	（刚直、爽朗）

依次播放三首《茉莉花》后，在我的指导下，学生能够收集资料，通过观察、比较、分析、交流、发现三首茉莉花的区别，并归纳总结，准确填出表格内容。探究学习模式可以发挥学生的想象能力、创新能力，为以后学习打下坚实的基础。

四、合 作

合作是指学生在小组或团队中为了完成共同任务，有明确的责任分工的互助性学习。音乐课程标准强调："在音乐艺术的集体表演形式和实践过程中，能够与他人充分交流，密切合作，不断增强集体意识和协调能力。"

如在学习《军民大生产》这首歌曲时，范唱的演唱形式是领唱、齐唱。为了丰富歌曲的情感，体验边区军民的劳动热情，我鼓励学生们小组合作，设计领唱形式，并展示。

《军民大生产》歌曲片段

领唱的形式，小组1认为：每个小组各领唱一段歌词；小组2认为：每个组出1个领唱的同学；小组3认为：女生领唱1、2段歌词，男生领唱3、4段歌词，老师领唱第5段歌词；小组4认为：学生自愿领唱。

通过这种小组讨论设计演唱形式的活动，促进了学生间的交流、研讨、协作，增加了学习的趣味性，使所有的学生都参与表现。领唱能力好的学生还可以得到更多的展示，这样既面向了全体学生，又注重了学生个性的发展，这也正是新课标的基本理念。

五、综 合

在音乐课标中提出：音乐与艺术之外的其他学科的综合，但是运用综合方法时，应突出音乐学科的特点，通过音乐构建与其他艺术门类及其他学科的联系，这样拓展了学生的艺术视野，深化学生对音乐艺术的理解。

$$1 = \flat E \quad \frac{2}{4}$$

$$\dot3 \cdot \dot2 \mid \dot1 \; 6 \mid \underline{565} \; 3 \; 5 \mid \underline{\dot1\dot1\dot1} \; \dot1 \; \dot1 \mid \underline{\dot1\dot1234} \mid$$

$$5 \; \underline{3 \cdot \dot2} \mid \underline{13} \; \underline{5\dot1} \mid \dot3 \; \underline{\dot2 \cdot \dot3} \mid \dot1 \; - \mid \underline{22 \cdot 3} \mid \underline{2\dot1} \; 76 \mid \underline{56 \cdot \dot1} \mid 5 \; - \mid$$

$$\underline{5 \cdot 6} \mid 3 \; 5 \mid \underline{\dot12 \cdot \dot1} \; 5 \; - \mid 5 \; \underline{6 \cdot 5} \mid 3 \; 5 \mid \dot1 \; \underline{\dot2 \cdot \dot1} \mid \dot3 \; - \mid \dot3$$

$$5 \mid \underline{3 \cdot 5} \mid \underline{\dot12 \cdot \dot1} \mid \dot3 \; - \mid \dot3 \; \underline{\dot2 \cdot \dot3} \mid \dot1 \; 7 \mid 6\dot1 \cdot \dot2 \mid 5 \; - \mid 5$$

《运动员进行曲》片段

如欣赏铜管乐《运动员进行曲》时，为了使学生体验乐曲的情绪和节奏特点，感受乐曲行进的速度与运动员进入运动场的感觉，我为学生播放第29届北京奥运会的运动员入场式的视频。尽管这段视频每个学生都非常熟悉，但他们仍在聚精会神地观看，有些学生不知不觉地跟着走了起来。

这节课通过播放熟悉的影片视频，使音乐与其他艺术的门类巧妙地综合，激发了学生学习兴趣，扩大视野，帮助学生记忆、理解表现音乐，激发学生对音乐学习的热爱。

新课程标准三维目标中提出的"过程与方法"是对传统教学模式"教师教，学生学"的进一步改革，是对教师教学方法的引领与创新，是对学生学习活动的归纳与总结。教师要仔细研读新课标的理念与精神，加深对音乐的理解，充分挖掘作品所蕴含的美，使学生得到展示、探索、合作、交流的机会，在音乐的氛围中得到美的享受。

（本文于2018年获北京市"京美杯"论文评优一等奖）

浅淡音乐教学中审美兴趣的激发与培养

郝　爽

随着社会的发展与进步，人们越来越重视对美育的教育。音乐教育是对学生进行美育教育的一个重要内容，音乐学科的教育与其他学科的形式不同。它通过各种艺术活动，来诱发培养学生的爱美情趣，使学生在优美动听的音乐中、丰富多彩的教学活动中，感受美、表现美、鉴赏美、创造美、以美引善、以美导真，从而使学生真正得到美的享受、美的滋润、美的营养、美的熏陶，进而使他们潜移默化地在精神上、品德上、性情上、理想上有所促进。因此，音乐课堂上，培养学生的审美素养和能力是小学美育的一项基本任务。常言道："教学有法，但无定法，贵在得法。"就此，我谈一谈自己在实践教学时的一些做法与体会。

一、注重以审美为核心

俗话说，兴趣是人们学习的最好老师。著名的音乐教育家卡巴列夫斯基说："激发孩子对音乐的兴趣，是把音乐美的魅力传送给他们的先决条件。"如果没有学习兴趣，再好的音乐也是乏而无味的，对学生来说也只是无意义的声音，根本谈不上接受音乐审美教育，更不可能进行审美能力的培养。由此可见，培养学生的审美能力，进行审美教育，解决审美兴趣是关键。低年级的学生，上音乐课喜欢用耳朵听、用眼睛看、用动作描绘，这就需要教师根据他们的心理特点设计教学。如《理发师》一课中，首先要引导孩子去听，音乐在流动的过程中，通过人的听觉直接作用于人的大脑，对每一根神经产生内在动力，使人精神愉悦，获得美感。初听歌曲时不要给学生负担，要给学生音乐的整体感，让学生通过自己的理解去感受音乐的情绪。但并不是每一次听歌曲都是盲目地听。比如二次聆听这一课时，我选择了让学生听歌曲的节拍。节拍是歌曲组成的重要部分，也可以选择请学生轻轻地为歌曲伴奏。低年级的学生是喜欢这种动起来的方式的。在听歌曲时，我展示了两张歌曲中出现声音的图片（剪刀、喷壶），让学生去听歌曲中是怎样表达这两种物品声音的，并让学生来模仿。低年级的学生喜欢模仿。这样的教学方式可以增强学生学习的热情，同时又让学生在音乐中体会歌曲中理发师认真、快速、愉快、忙碌的形象。

聆听歌曲的过程中，我并没有让学生听歌曲的情绪，更没有告诉他们歌曲的情绪是怎样的，而是通过聆听、模仿等方式让学生自己体会，自由想象，用他们自己的方式表达对音乐的感受，从而让学生感受劳动时快乐及成功时喜悦的心情。

音乐课的基本价值在于通过以聆听、表现和创造音乐为主的审美活动，使学生充分体验蕴涵于音乐音响形式中的美和丰富的情感。这些音乐教育的新理念给新世纪的音乐教育注入了新的血液，既符合音乐艺术的主要特征，也适应我国素质教育的要求。新课标指导下的音乐课，须摒弃固有的教学方法，创设适合学生特点的情景，让学生在美的教学意境中，充分感受音乐的情感。使音乐课能"充满音乐""饱含师生的情感""洋溢快乐和美"。

二、灵活多样的教学方法

音乐课堂教学不同于其他学科，它不以理性的认识为主，而更多侧重于审美情感的艺术表现，学习方法多以灵活、游戏、有趣、形象、自然的形式作为感受、理解、创造音乐为出发点。教师在设计教学过程时要注意以学生为主体。首先教师要了解教材，知道课程中所要学习的主要内容及重、难点，然后根据这些内容设计问题，引导学生寻求答案，用这样的方式代替教师喋喋不休的说教，学生在教师的引导下能够积极地参与教学活动，愉快地学习。这样，教师和学生就都成了课程的创造者与开发者，成了最终实现教学目标的有机结合体。

《理发师》一课的导入我采用了一封信的形式，信是写给所教班级学生的。这样设计，首先确定了本节课的主人是学生们，然后请学生听歌词中描绘的是一家什么店？对于低年级的学生而言，由歌词入手会更易学，而后再从学生的年龄特点出发，出示图片播放音频，让学生模仿声音，再跟歌曲音频接唱"咔嚓""沙沙"的部分。歌曲分两段教唱，教唱过程中可采用多种形式。例如，歌曲接唱、男女生对唱、分组演唱等。选择学生喜欢的方式学唱，让他们在音乐活动中学会唱歌曲。学唱过程中请学生说出哪些地方唱不好或者觉得难，教师给予指导。在唱歌曲高音do的地方请学生自己想办法怎样能唱好高音，教师指导学生唱到高音do的位置可将手抬高至头顶，找音的位置。学会唱歌曲后，请学生自己编创动作，教师参与编创，与学生共同表演唱。

重、难点的解决是唱好歌曲的基础。在《小乌鸦爱妈妈》一课中第四乐句为本课难点之一，我将第四乐句作为发声练习，将难点首先解决，我并没有先给学生做示范而是让学生自己找出旋律中的音乐记号。比如连音记号、空拍等，然后我再做示范。第四乐句的最后一小节第二拍为空拍，我先唱了有空拍的旋律，又唱了没有空拍的旋律，让学生自己听两种节奏的不同之处，让学生自己去发现问题、解决问题。当他们自己唱时会特别注意这一小节。学习歌曲前我首先注重于旋律方面的学习，旋律是学会歌曲的重点之一，但是单一地让学生听旋律又很单调，这就需要教师抓住歌曲的旋律特点。《小乌鸦爱妈妈》一课的旋律有重复音这一特点，我抓住这一特点在重复音这一小节先给学生前两个音，让学生去听重复的后两个音，然后再给出听的答案。整首乐谱出来后我再引导学生看有重复音的几小节，并请学生唱这几小节，我唱其他小节。这一环节中，学生不但发现了歌曲的旋律特点，而且对歌曲的旋律有了大概的了解。

在教唱歌曲前，我先让学生了解歌谱，排除学唱时的障碍。这节课中音时值唱准、连音记号处的歌词演唱都是难点。首先可从音的时值下手，让学生自己看歌谱，教师引导找到这些地方，先解决难点，后面的学习就会轻松很多。教唱歌曲第一段时可先让学生对口型唱，然后小声跟教师唱，然后再自己唱，第一段教唱时一定要细致、慢速，为后两段歌词的学习做好铺垫。

二段学唱时可直接让学生跟琴演唱，让学生们自我挑战，可以让学生自己说说学习中的困难，针对问题进行下一步学习。第三段学习时我注重了师生、生生配合，分组演唱、分乐句演唱、分段演唱。同样的旋律、三段不同的歌词，这就需要在教学生唱每段歌词时变换不同的方法。教师应从学生的角度出发，选择他们喜欢的方式学唱，在音乐活动中学会歌曲。做到"教无定法"，让学生在有兴趣的氛围中学习。

三、注重教学评价方式的多样性

教师的正确评价是学生认识美、发现美、欣赏美的基础。小学教育阶段的音乐课堂教学应面向全体学生，评价也要面向全体学生、注意个体差异。教师在课堂教学中要关注每一个学生，特别是对学习有困难的学生要给予切实的帮助。教师的眼睛要时刻发现每个学生的心理动态，注意学生不同的接受力，设置阶梯，让后进生也能享受到成功的快乐，要力争让所有学生都有所得。

评价需激发学生的学习兴趣，教师切记不能忽视学生的学习兴趣和信心，不要只用"真好""真棒"这样的话，评价语言要有针对性。例如，你节奏打得真准确；你的表情真美；你动作创编得很有新意等。多用这样的语言激励学生，久而久之学生也会用这样的语言评价他人、赞美他人，这样既有树立榜样的效果，又增加了学生学习的兴趣。新课程评价在对学生的学与教师的教两方面都提出了新的要求，极大地激发了学生学习的兴趣。教师要重视对学习过程中学生学习行为的积极性评价，以鼓励学生以积极的心态参与音乐学习活动。

美誉是全面发展的有机构成部分。音乐教学作为实施美育的一种重要手段，是美育中不可代替的重要组成部分。音乐之美正如古诗所描述："随风潜入夜，润物细无声。"通过创设美的环境、美的教学、美的欣赏，使学生在心理上产生感受、情感上产生共鸣、性情上得到陶冶，在不知不觉中受到教育，从而树立正确的人生观、世界观。

（本文获北京市第五届"京美杯"一等奖）

创新性音乐课堂

张世怡

音乐是用来表达人们思想感情、反映现实生活的一种艺术。音乐活动也是艺术教育中的一部分。音乐教育作为一门基础学科，首先是一种基本素质教育。

一、基础阶段音乐教育对受教者综合素质培养有积极影响

（一）增强了学生的集体荣誉感和社会责任感

学生们通过音乐课认识到，只有积极参加集体活动才能不断完善自我，取长补短。音乐实践可以是他们接受音乐艺术教育的具体实践。如合唱团的排练、演出，乐队的排练、演出等。各种形式的合作，学生们完成了一部部和谐美好的作品，体会到了心灵相融、友好合作的气氛。

（二）净化学生心灵、完善自我人格

调查表示，在课堂上欣赏音乐作品时，学生开始更多地领会作品的深刻内涵，进而从中领略到音乐的美感，使心灵得到升华。如歌曲《小鼓响咚咚》，节奏欢快，非常具有画面感，其中所蕴含的留心关爱他人的感情无形中感染了学生。又如《两只小象》，不但旋律优美，也鼓舞着每一个同学做一个彬彬有礼的人。再如《洋娃娃和小熊跳舞》，优美的旋律表现出人类友情诉求，学生们对友情中所带来的快乐与幸福感可以感同身受。

（三）创新性素质培养的良好载体

创新精神是一个国家和民族发展的不竭动力，也是一个现代人应该具备的素质。只有具有创新精神，我们才能在未来的发展中不断开辟新的天地。

创造能力不仅表现为具有强烈的创新意识，而且具有丰富的想象力、敏锐的直觉，而创造性的思维和动手进行艺术创作的能力对当代学生来说尤为重要。

综上所述，音乐教育是对学生艺术类素质教育的重要手段，在艺术素质教育中具有不可替代的重要作用，它在提高学生艺术素质的同时也能促进学生思想道德素质的提高。

二、基础教育阶段创新性音乐教育

（一）创新性教育对基础阶段教育的重要意义

创新教育对推进素质教育有着非常重要的作用。一是创新教育是适应知识经济时代人才素质培养的一种重要的教育形式，它的实施有助于加速应试教育向素质教育转轨的进程，同时也使素质教育具体化。二是创新教育要求更新教学观念，建立新的思想观念和理论，而新的思想观念、理论和方法需要从素质教育中产生和传递。三是创新教育要求教学内容具体体现与时代发展相适应的先进的科学技术知识和技能，而先进的知识和技能又是由创新教育所创造更新和普及的。

（二）创建基础教育阶段音乐创新性课堂的思考与探索

1.创新性音乐课堂的内涵

将基础教育阶段的学生比作八九点钟的太阳再好不过了，他们拥有无限的可能性。一个孩童从无知到知之，好奇心和求知欲是他们最大的导师。因此，随着学生对世界的了解逐步加深，他们会很积极地探索新方法、新格局。

音乐是形式各异的，同样的旋律所表达的感情会因歌词走向而大相径庭。因此，音乐作为一个载体去培养学生的创新能力是有积极意义的。音乐创新性课堂主要旨在培养学生的创新素质，而新素质主要可表现为：创新意识、创新思维和创新能力。

（1）树立新的课堂教学观念，培养学生创新意识

创新意识是指人们根据社会和个体生活发展的需要，引起创造前所未有

的事物或观念的动机，并在创造活动中表现出的意向、愿望和设想。在课堂教学中，教师如能更新教育观念，确立以学生发展为本，以培养学生创新精神和实践能力为重点的现代课堂教学理念，采取灵活多样的教学方法，充分发掘教材中创新教育的知识点，并立足于当代社会具体分析，就能适时恰当地培养学生的创新意识。

（2）为学生创新性思维打造新音乐教育教学环境

什么叫创新呢？在英文中，创新"Innovation"起源于拉丁语。它有三层含义。一是更新。二是创造新的东西。三是改变。研究和运用创新思维，对提高学生学习兴趣，展示学生思维个性有着重要意义。在课堂教学中实施教学民主，创设宽松、平等、自由的教学环境，有利于激活学生的创新思维。

（3）丰富课堂教学模式，开发学生创新能力

创新能力是运用知识和理论，在科学、艺术、技术和各种实践活动领域中不断提供具有经济价值、社会价值、生态价值的新思想、新理论、新方法和新发明的能力。创新能力是民族进步的灵魂、经济竞争的核心。这就要求教师不断变换课堂教学模式，实行参与式教学，引导学生主动学习，实施开放性教学策略，开发学生情感、思维、动作，尽可能地让学生在课堂中大胆尽情地动脑、动口、动手，自由发挥自身的能力。

2.创建开放性音乐课堂

（1）打造开放式音乐课堂

开放式教学，渊源于科恩1969年创建的以题目为中心的"课堂讨论模型"和"开放课堂模型"——人本主义的教学理论模型；同时，还渊源于斯皮罗1992年创建的"随机通达教学"和"情景性教学"——建构主义的教学模式。这些教学理论模型强调：学习是学习者主动建构的内部心理表征过程，教师的角色是思想的"催化剂"与"助产士"。

因此，教师要善于捕捉来自学生的思维的灵感、智慧的火花，不失时机地将其延伸为思维过程，拓展为创造能力。

（2）在音乐课堂中大胆引导学生展开想象

想象力比知识更重要，因为知识是有限的，而想象力概括着世界上的一

切，推动着进步，并且是知识的源泉。教师要诱发学生创造性地想象，展开想象的翅膀在想象的自由王国里遨游。如对歌词的拓展探索，用已知旋律谱写歌词表达不同的中心思想等。

（3）让学生参与音乐课堂，拓展教学范围

参与式教学是近一二十年发展起来的一种新型教学法，指全体师生共同建立民主、和谐、热烈的教学氛围，让不同层次的学生都拥有同等参与和发展机会的一种有效教学方式。参与式教学作为一种教学方式，它可以采用多样化的方法，如小组讨论、角色扮演、模拟等。让学生们积极加入课堂，是激发学生表达自我观点的重要渠道，是培养学生创新能力的有效手段。

（4）积极利用教学辅助设施，多角度展现音乐教学内容

要积极探索音乐教育和现代教育技术手段相结合，如计算机、电视、录像、实物投影等辅助课堂教学的模式。教育的根本是学生。教学不应该是教师主宰学生跟着走，而是根据学生的具体情况随时调整教学过程，真正使学生成为学生的主人，使课堂从"静态"向"动态"发展。

当今社会，科技进步日新月异，国际竞争日趋激烈，创新性人才越来越重要。因此，当代教师对创新性学生的培养负有非常有意义的责任。我们可以看到，音乐课堂作为一种培养创新性素质的手段，正在发挥巨大的作用。

（本文获"中国梦"北京市教育学会论文评优一等奖）

播种美术核心素养　让美育遍地开花

丁　瑞

　　新理念下的美术课，其五个核心素养分别是：图像识读、美术表现、审美判断、创意实践以及文化理解。美术教师面对具有观者和画者双重身份的学生，如何培养其对自然美、社会生活美和艺术美的感受爱好和审美能力任重而道远。实践是检验真理的唯一标准，学生的审美感受力的提高归根结底还得回到创新实践能力的培养上。

　　创新实践是指在美术活动中的创新意识、创意思维和创作方法。具有创意实践素养的人能养成创新意识，学习和借鉴美术作品中的创意和方法，在线条、形状、色彩、肌理、空间、明暗等方面运用形象思维大胆想象，尝试创作有创意的美术作品；能通过各种方式搜集信息，进行分析、思考和探究，联系现实生活，对物品和环境进行符合实用功能和审美要求的创意构想，并通过草图、模型等予以呈现，与他人交流，不断加以改进和优化。

　　兴趣是学习美术的基本动力。在教学中，要充分发挥美术教学的特有魅力，使课程内容形式和教学方式都能激发学生的学习兴趣，并使这种转化成持久的情感态度。同时将美术课程内容与学生的生活经验紧密联系在一起，强调了知识和技能在帮助学生美化生活方面的作用，使学生在实际生活中领悟美术的独特魅力。

　　为使学生形成基本的美术素养，在美术教学中，还要注重面向全体学生。以学生发展为本，培养学生的人文精神和审美能力，为促进学生健全人格的形成，促进他们全面发展奠定良好的基础。因此，我选择了基础的有利于学生发展的美术知识和机能，结合过程和方法，组成课程的基本内容。同时，让课程内容的层次性适应不同素质的学生，使他们在美术学习过程中，逐步体会到美术学习的特征，形成基本的美术素养和学习能力，为终身学习奠定基础。在美术课堂上，我着重做了一些新的尝试，力求美育能够更系统、更明确。

一、创作临摹，两手抓两手硬

我将课程分为两个板块进行，分别是创作课和临摹课。创作课，即教师引导一个主题（一个方向），学生通过自己丰富的想象力去创作一幅作品。那为什么要临摹呢？古人说到艺术教育，有句话叫"外师造化，中得心源"。"外师造化"的意思是很多的观察都来源于自然。自然不仅仅是好风景，也是每一刻真实的生活和每一刻真实的感受；"中得心源"就是我们要学习传统。艺术尤其是绘画的传统在哪儿？是在所有过去大师的名作里面。但是临摹课不是单纯地要求临摹得越像越好。本学期三年级的学生是以线描为主。学生们的内心目标是想画"像"对象，这是毋庸置疑的。但在小学阶段，学生不可能都画成范画的水平。在儿童以线条自主造"形"的发展过程中，在他们临摹或写生的美术课上，始终存在的主要矛盾是：教师要以保护学生本真的自主表现为第一位，同时，还需要关注学生们造型痕迹的质量。这里的质量包括"构图，如何用线、线的表达、形态的基本构成、线条组织及形态疏密表现、孩子自己对线条造型的主观认识与理解"。其中，学生自己对线条造型的主观认识与理解应该是最主要的评价指标。学生们临摹范作的最佳表现是：用线肯定、以主观感觉为导引，画出个人对范作的基本认识。

二、回归传统，体验团扇文化

扇文化是中国传统文化的重要分支，其发展历史源远流长，在有史记载的夏朝之前，就有了关于扇子文化的记载。随着时代的发展，扇文化开始逐步向两个方面发展，一种是仪仗式的扇文化发展，一种是向着轻便实用的扇文化发展。随着扇文化的发展，到了两汉时期，团扇作为扇子的一种，开始逐步走上历史舞台。从历史描述的团扇造型来看，在团扇出现的最初阶段，团扇的形状主要是圆形，还有梅花形、海棠形等艺术造型，所使用的材料主要是丝绸等。随着造纸技术的发展，隋唐时期出现了纸面团扇。到了唐宋时期，随着刺绣技术的发展，精良的刺绣技术制作出的团扇开始广泛地得到应用，其特点是扇柄为中轴，并配备素白色的绢作为扇面，深受大家闺秀和文人骚客的喜爱。我本人对宫廷团扇的制作和绘制非常感兴趣。本学期，我以提升学生兴趣，重新认识传统文化，了解非物质文化遗产——宫廷团扇的历史，通过找寻漂亮的扇形，亲自带学生绘制扇面，来体会"银烛秋光冷画屏，轻罗小扇扑流萤"的美好，让学生更好地了解传统文化以及古人的高超技艺。团扇绘制完成后，我选择将学生作品挂在三层走廊进行展示，每盏灯下面悬挂一把团扇，借助灯光把团扇的另一种美展现出来，每件作品都有署名，学生看到自己的作品展示出来也很有成就感和自豪感。

我们总说美育重要，什么是美育呢？美育，就是审美教育。苏霍姆林斯基说："美育最重要的任务是，教给儿童通过周围世界的美、人的关系的美而看到精神的高尚、善良和诚挚，并在此基础上确立自己的美的品质。"美育的重要意义在于，它是实现教育"立德树人"这一根本任务的重要途径。可以说，美育是心灵的润泽，是塑造美好人格的教育，是追寻生命意义的教育，也是点亮人生信仰的教育。

实施美育的途径是多样的，但最符合美育特征，也最有成效的是体验。所谓体验，需要我们进入情境，调动各种感官，与对象互动，深度唤起情感，形成共情，获得审美享受。与情境的互动，依赖于敏锐的感官。马克思说："欣赏音乐，需要有辨别音律的耳朵，对于不辨音乐的耳朵来说，再美的音乐也毫无意义。"对耳朵如此，对眼睛和其他感官也是如此。感官训练最有效的方式是欣赏艺术。面对艺术品的欣赏是一种有意识的行为，具有"开始"和"结束"的特征，因此我们还需要一些无意识、任何情况都可以发生的审美行为。能够产生这种审美行为的是优美的环境，包括家庭环境、社会环境和自然环境，这样才能体现乔治·桑塔耶纳所说的"美感教育就在于训练我们去观赏最大限度地美"，从而达到以美育塑造人的美好心灵的目的。

艺术真正的基础其实是每时每刻的，美育的意义不在于画出来一张画，而是说画者能够用画一张画的态度来对待他的生活。我觉得，未来我们可能不需要那么多职业的艺术家，但是我们确实需要更多审美能力更强、更有创造力的各行各业的专业人士。因此，美育确实是一个非常必要的需求，但关键是美育不能变成技巧性的训练，最终要成为人对审美、对生命中每时每刻的品质的要求，其实这就是审美的要求。

但是，我们的审美教育还需要走一段相当长的路，因为大家已慢慢意识到了生活之美是更迫切的一个需求。你的目力所及、你的家、你的一件衣服，生活中的细节之美其实才是人感受到的最真切的美。而我们在去博物馆看到名作时的那种感动，会成为一个依据，成为一个灵感，让我们向着那种审美高度来安排生活和完成生活。一张桌子、一个书案都会变成你的作品。作品感是审美教育的一个本质，它不是演给人看的，而是为了自己享受，为了自己这一刻发自内心的愉悦。

提高学生的美术素养，需要的是将小学美术渗透到生活中，将学生们的多种能力有效地结合起来。这既需要教师在课堂中科学合理地讲授，也需要家长在生活中积极地引导。在平时要多鼓励学生大胆地去画，将自己的想象力与创造力展现到自己的画作中去，从而培养自身对于美术的自信心与表现能力。希望每一个学生都有一双发现美的眼睛。各美其美，美人之美，美美与共，天下大同。在提高小学生美术素养的路上，我们继续仰望星空、脚踏实地。

（本文获2019年北京市教育学会劳动技术教育研究会论文评优二等奖）

小学美术欣赏教学课堂对话的方法策略研究

焦海月

在小学美术欣赏教学中，课堂对话是十分重要的环节。师生之间通过课堂对话可以分享彼此对艺术的感受和体会，表达自己内心的思想感情。通过有效对话，教师可以了解学生内心的想法和对艺术作品的理解，从而有利于开展教学活动。

一、小学美术欣赏教学中的对话意义分析

（一）可以使师生形成美术共同体

美术能够通过具体的形象来体现作者的思想感情和审美趣味。人们通过美术欣赏能够极大地丰富自己的精神世界和物质世界。教师和学生通过对美术欣赏，可以形成学习的共同体，从而促进学生自身的发展。师生之间的对话能够使教师和学生形成共同的思想，使师生共同体会到美术的本质，同时也丰富了学生的内心感受，促进了学生的全面发展。

（二）可以锻炼学生的创造性思维

在美术欣赏教学课堂中，由于每个学生都有其独特的思想和特点，这就使学生之间的审美理念存在一定的差异。在课堂教学对话过程中，学生能够利用自己独特的欣赏理念来对美术进行艺术判断，并在这一过程中拓展自己的思维，使自己的创造性得到发挥，从不同的角度去进行美术欣赏。所以说，在美术欣赏教学中加强课堂对话，能够有效地锻炼学生的创造性思维。

（三）能够培养学生自主学习、尊重他人的良好习惯

在美术欣赏教学中增加课堂对话，不仅能使学生诉说自己的对美术作品

的看法，也能倾听其他同学对美术欣赏的观点，有利于培养学生的自主学习能力。教师在开展教学活动的过程中，需要及时了解学生的内心想法，善于倾听学生的内心想法。久而久之，学生也会习惯于倾听别人的想法和观点，从而形成尊重他人的良好习惯。

二、美术欣赏教学课堂对话的几点影响因素

以下以某小学美术欣赏课为例，对课堂对话的影响因素进行具体分析。

（一）美术欣赏课堂中的倾听

在讲述《一位艺术家的故事》的美术作品时，教师可以在课堂导入的过程中播放和作品相关的乐曲，让学生通过音乐来感受乐曲所要表达的内容，并利用绘画来表达自己内心的想法。教师的教学设计要以启发学生的想象力和创造力为目的，通过倾听的方式使学生的情感得到释放。一个优秀的美术教师应该善于在课堂上倾听，这样才能了解学生内心的想法，从而使课堂对话发挥重要的作用。

（二）教师对问题的设计

教师对课堂问题的设计是课堂对话的重要影响因素。在美术欣赏教学课堂中，教师应该根据美术作品来进行提问，学生根据问题说出自己的观点，然后教师会根据学生的回答进行剖析。在这个过程中，教师和学生能够形成有效的沟通和交流，从而有利于课堂教学活动的开展。如果在课堂教学中教师不能根据艺术作品来设计有效的提问，就会导致学生的思维停滞，没有正确的思考方向，从而无法深入地分析艺术作品。教师可以在黑板或多媒体上描绘各式各样的线条，然后进行提问：大家观察一下这些线条有哪些特点？线条之间有什么样的联系？然后让同学们进行回答。这时教师就可以将图画和音乐联系在一起。如：美术作品《一位艺术家的故事》的音乐也像图中的线条一样，表达出了作者内心的思想感情。这种方法可以让学生通过聆听音乐，达到欣赏美术作品并了解作者思想的目的。

（三）让学生能够真正"看到"美术

在播放音乐的过程中，教师可以引导学生进行想象力的拓展，让学生通过想象去感受艺术作品所要表达的意境。在这个过程中，教师可以利用语言对音乐所要表达的内容进行讲解，这样有利于提高学生的理解能力，让学生的思想和作品所要表达的思想更加接近，从而使学生在音乐中"看到"作品，提高自身对美术作品的欣赏能力。

三、改善小学美术欣赏教学对话的有效方法

（一）在课堂中采用反思性对话进行教学

通过情景学习给学生反省思考空间。在对美术作品进行欣赏的过程中，教师应该创设出适当的艺术场景，例如播放音乐、动画或者视频短片等，然后给学生一定的思考空间，让学生在课堂对话过程中不断地反思，对自己对艺术的理解进行优化。

在提问过程中反思自己对作品的定位。在对美术作品进行欣赏的过程中，教师会根据学生对美术的理解来进行提问，让学生在提问中对自己的答案进行反思，从而改进和完善自己内心对艺术作品的理解。

（二）在课堂中采用探究式对话进行教学

在课堂对话过程中创设不同的情景和问题，从而引起学生的兴趣，引导学生积极参与到课堂对话中，利用探究的方式来促进学生对美术作品的欣赏。

在课堂对话过程中，教师能够了解到学生对美术作品的视觉感受，这时可以利用学生的感受来进行探究式对话。在欣赏美术作品时，可能会遇到重、难点问题，这时教师可以利用探究式的对话形式展开教学，提出新颖的问题来引起学生的注意力，从而使学生主动探究美术作品的重难点。

（三）在课堂中采用生成对话进行教学

要想使课堂对话更加有效，就要加强师生间的情感沟通，尽量拉近学生

和教师之间的距离，这样才能使双方的情感相融合，从而使课堂对话能够顺利开展。

对艺术作品的欣赏不仅是靠教师的讲解，还需要在对话的过程中增加适当的联想，这样才能充分理解美术作品所要表达的含义，从而增加对话的有效性。

每个学生都有其对美术作品欣赏的独到见解，在课堂对话过程中，教师要鼓励学生表达自己对美术作品的理解，充分尊重学生个性化发展的规律。

综上所述，本文通过分析美术欣赏教学课堂对话的意义，了解到影响课堂对话的主要因素，并提出有效改善课堂对话的有效方法，这些方法能够激发学生的学习兴趣，丰富学生的情感，并提高学生对艺术欣赏的水平。

（本文获2016年北京市通州区教师研修中心论文评优一等奖）

让良好的书写习惯成为书法课堂常规

王晨萌

我是一名书法教师，承担小学生书法启蒙、入门到自主学习的教学任务，但是面临几百个完全不了解书法的学生，传统的安静临帖似的教学方法并不适用。孩子们对书法好奇但不理解、书写习惯不正确等基本性问题接踵而至，导致书法教学很难有序稳步开展。在我的书法教学师傅郭老师耐心细致地给我评课、通州区书法教研员王伟老师传达的"习字渗文、重基础、重育人"的理念指导下，我的教学方向逐渐清晰——先牢固书法基础习惯，再进行书法技术教育。在二年级书法教学中，我对于培养初学型学生书法学习常规又有了一些新的认识。

一、创编口诀　学长示范

单纯地给学生们灌输知识效果甚微，这样只会消磨他们对书法的兴趣，我决定改变以前纯讲的形式，采用编口诀、背口诀、小游戏的教学方式保持学生的习字热情，逐渐加强学生良好的写字习惯。在常规书法课中，我向学生明确书法习惯知识，并详细讲解示范了工具的使用与保管方法，提出了最基本的要求，并将创编"口诀"的形式作为书法课堂教学环节中的固定流程。例如，教学二（3）班《竖的写法》一课。

上课之前，两个书法课代表准时来到书法教室检查每桌笔洗、毛笔摆放情况。课代表们认真负责，省去了我很大一部分的课前准备工作。随后，将近50个学生有序地进入到书法教室并自觉站在自己的位置前把水写布平铺在桌子上，每人都自觉地练习拿笔姿势，每桌组长检查各同学工具是否完备。接着大家统一轻拉椅子坐下。此时，我最大的感受是学生们多了份自觉、多了份秩序，大家对书法教室的习惯已经很熟练，不再出现丈二和尚——进来不知道干什么的情况。我也不用再"装恶人"扯着嗓子吼了！学生们都喜欢安静的书法课堂，学会了静心。

进入教室后的拿笔预备活动：

毛毡水写布要铺平

拿笔姿势要做到：背挺直/脚放平/笔立直/腕端平

书写时：

把笔捺尖

笔尖一歪就调尖

练字慢慢匀速练

练习要从右到左、上到下

停笔时：

笔尖要调尖

清水不外流

水写布要对正

毛笔平搁在书桌上

执笔姿势：

老大老二捏住笔，老三在外钩住笔，老四老五从里抵。五指要捏紧，手中有鸡蛋，手掌竖起来，笔管竖起来，手腕要放平。

学生书写习惯培养的重点和难点是"双姿"。学生受到硬笔书写定势思维影响，坐姿不正确的现象相当突出。我会把坐姿五大规范——"头正、身直、肩平、臂开、足安"逐一讲解示范，展示小学长或同年级姿势端正的同学照片形成示范，并指导学生模仿、练习。随时发现问题，及时纠正，并将几大规范作为"口诀"穿插于课前身心准备、课中书法练习环节中。朗朗上口的口诀也是评价学生习惯的准则。在说双姿口诀的同时，每组小组长也会检查每个人的双姿并纠正。通过口诀自查、小组长检查、同桌互查、教师检查等方式进行强化训练，反复练习，时时督促提醒，让书法口诀不止于口号，而是成为准则、标准。

执笔习惯的培养是难点。因为毛笔书法工具不同于铅笔、钢笔，它柔软。初学者对执笔及运笔时的力量控制难度大，对笔管、笔毛的掌控力更差，所以强调五指的和谐配合，要用手腕运力而非手指。这一点，对于初学书法的小学生来说相当难。目前普遍采用的"五指执笔法"——撅、押、钩、格、抵，执笔要领是"指实、掌空、掌竖、腕平、管直"，这些概念晦涩难懂，即使教师反复讲解、示范并手把手反复辅导，学生在实际练习书法时还是会出现许多问题。针对这一点，我结合学生的年龄特点特征和形象思维为主的认知特点进行探索，以"口诀"、小学长示范的方法将晦涩的知识简化且达到形象直观化。口诀形象有趣，符合儿童心理，激起了他们学习书法的兴趣，也极大地降低了理解和学习的难度，二年级中执笔姿势基本符合要求的学生很快达到了80%以上。另外小学长的示范带头作用不仅在姿势上，也可以体现在五指拿笔动作上。小学长明确、清楚的演示激发了学生模仿热情，巩固了正确姿势。虽然在这些习惯培养上，老师事无巨细，把习惯培养渗透在课堂方方面面，但经过一段时间的坚持，学生们通过练习双姿学会了静心，老师在课堂的教学环节中讲解书法知识就容易多了。

学生双姿练习　　　　小学长示范坐姿　　　　小学长示范笔姿

学生在练习中注重双姿正确

二、善用辅助线　行思学巧

二年级初学书法从基本笔法开始，从开始的中锋用笔到捻转笔杆、切笔，之后开始学习基本笔画。每节课双姿练习之后我都设置了"小游戏""小常识，来分享"等环节。课堂知识新授，分为"我会观察""我来试一试""我来练一练"三个环节。在以往教学中，我发现很多学生练习时无秩序、无规律，没有界格概念，并且对笔画切笔的外形也不太敏感。所以在教学中，我把用笔、笔画和水写布中的辅助线结合起来，引导学生巧用辅助线。例如，教学二（3）班《竖撇的写法》一课。

"我会观察"环节，我出示欧体九成宫中带"竖撇"的月字，让学生观察欧体"竖撇"的形态，最后我进行总结：竖有曲有直，有力，末端短弧度，出尖。行笔中有粗到细、竖长弯短的变化。

在"我来试一试""练一练"环节中，我先让学生在水写布上试一试，并找同学在投影上试写。学生练习时很容易出现形态差别太大、起笔切笔成圆形、行笔没有粗细变化、收笔太粗等问题。这就是典型的对笔画形态不明确问题。所以在讲解示范时，我先带领学生用签字笔利用水写布的辅助线勾出竖撇的外形。

1.以横竖辅助线的交点为起点，沿着斜中线方向勾出竖撇的方切的起笔。

2.竖撇的行笔一面中段处是直的，可以直接用直向的辅助线，另一面因捻转动作略呈弧度。笔画中段粗到细。

3.竖撇收笔弧度较大，角度较斜。可沿着斜中线勾出尖。

勾出竖撇的形态后，学生先按照勾出的形态练习一遍，再独立练习一遍。我发现在练习笔画的时候，学生就能自觉按照标注出的辅助线练习。以此养成了心中有笔画、意在笔前的书写习惯。

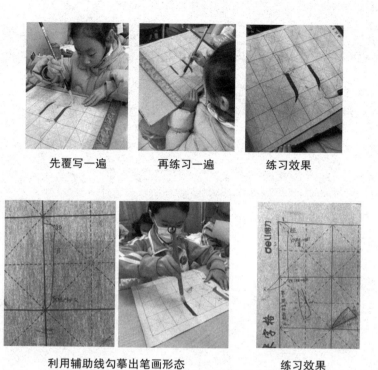

先覆写一遍　　　　再练习一遍　　　　练习效果

利用辅助线勾摹出笔画形态　　　　　　练习效果

　　在"评一评"评价过程中，我综合采用自评、他评、互评等方式，发现学生在学习书法中的闪光点，及时表扬、真诚鼓励、耐心指导，帮助学生树立学习书法的信心，培养更强的意志力。在教学中，我发现学生在评价时往往只评论其他同学书写的问题，而忽略了优点。所以在评价中，我将评价分为前后两部分。笔画讲解中，以点出问题的方式评价学生书写，让学生以评价问题为主。而到练习后期，鼓励学生多以欣赏的眼光发现他人书写的优点。令我感慨的是他们的学习习惯、评价语言明显有了层次，会从不同角度看待他人练习，甚至能先从拿笔姿势开始点评。这样细小而繁杂的小习惯好了很多，学生们即使在练习中也能自觉地保持正确的双姿。

　　书法教学工作进行得顺利、顺心，小小的学生也感动着我。他们逐渐喜欢写毛笔字。他们在书写准备和清洗工作上几乎不会让我费心——做得又好又快，省出的时间都用来练字了。他们认真听我讲课，听我讲书法小故事，看我做字运笔要领演示，和我一起分析笔画形态……我很感动，觉得上书法课辛苦一点、啰唆一点也很值得，甚至有一种享受安静的教学体会。每个学生都在用心，每个学生都有明显的进步。我感受到了他们学习书法的信心增强了，感受到他们渴望进一步练更多的字的心情。我期待着下学期，在书法教育研究上能有改进，在教学质量上能有更大的提高，期待能得到更专业的书法指导，期待学生们学得更好！

（本文获2020年北京市通州区书法教育教学论文评优一等奖）

以综合实践活动解开美术欣赏的绳索

胡军玲

尹少淳教授提出美术学科核心素养包括图像识读、美术表现、审美判断、创意实践、文化理解五大类。《义务教育美术课程标准》（2011年版）提出："美术以视觉形象承载和表达人的思想观念、情感态度和审美趣味，丰富人类的精神和物质世界……当代社会的发展对国民的素质提出了新的要求，学习图像传达与交流的方法、形成视觉文化的意识和构建面向21世纪的创造力已成为当代美术课程的基本取向。"视觉形象就涉及对其的欣赏与识读，图像识读则是美术课程中学生应具备的最基本、最重要的能力之一。图像识读指对美术作品、图形、影像及其他视觉符号的观看、识别和解读。它是美术学科核心素养的首要方面，是其他四个方面的基础。

在教学实践中，"欣赏·评述"领域相对较多地、更集中地指向图像识读素养的培养。它不仅指学生欣赏自然美术作品、美术现象获得的愉悦的审美体验，还应认知作品的思想内涵、形式与风格特征、艺术家及其相关的历史与社会背景，并能用语言、文字等多种方式表达自己的感受与认识。该领域的内容与图像识读素养的培养直接对应。在教学实践中，教师应注意以多样的教学方式，通过美术馆、博物馆、网络、书刊等多种渠道收集相关信息，同时充分利用当地的文化资源，引导学生理解美术作品与当地地理、历史、经济、民俗的联系，使欣赏与评述活动更贴近学生生活。学校组织的两次艺术综合实践活动："天书艺术进课堂""名画模仿秀"，根据阶段性不同目标将活动分别分为"游戏""欣赏""再创作"三个阶段，从多种方式、多个角度提升了学生的欣赏评述能力以及创作实践能力。

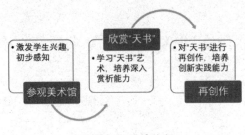

名画模仿秀活动流程

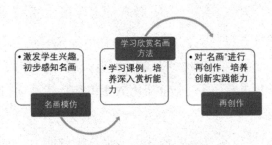

"天书"艺术进课堂活动流程

一、游戏激趣，初步感知艺术魅力

"天书艺术进课堂"的第一阶段是参观韩美林艺术馆。韩美林艺术馆位于通州区梨园镇主题公园内，是离北京小学通州分校最近的美术馆，是我国目前展品最多、艺术门类最丰富的个人艺术馆。其建筑面积10000平方米，共3层。一楼以雕塑为主；二楼是以动物为创作主题的装饰画及陶瓷、泥塑等；三楼主要是书法作品，共计2000余件。优越的地理位置和丰富的艺术精品为双方合作奠定了基础。北分师生一同去韩美林艺术馆参观学习，感受浓厚艺术氛围。艺术馆讲解人员成为学生的老师，展品是学生学习的帮手，有的拿笔记录、画画，有的拿手机拍照，记录下眼前美好的作品。

"名画模仿秀"活动的第一阶段是模仿名作。学生有的拿白菜叶子做头发、用卫生纸做胡子，有的戴着耳环，有的叼着烟斗，有的披着头巾，有的拿起锅铲，有的表情呆滞，有的莞尔一笑……他们忙得不亦乐乎。粗略统计，学生们模仿最多的作品是达·芬奇的《蒙娜丽莎》、维米尔的《戴珍珠耳环的少女》、毕加索的《吹笛少年》、蒙克的《呐喊》等。

活动以充分调动学生的学习兴趣为出发点，注重艺术能力发展和审美情趣的培养过程。学生通过参观、欣赏、对比、模仿、装扮、互换名画角色，开阔了眼界，提升了鉴赏能力与审美水平，为学习欣赏方法奠定基础。

二、图像识读 培养深入赏析能力

美术教师利用美术课提前将"天书"艺术重点给学生讲解，学生们进行临摹，旨在让学生重点学习、领会韩美林先生的天书艺术。《天书》是韩

—— 《天书》 韩鹏美林多年来对中国文化孜孜探索，对艺术创作不解追求的结晶。

美林先生历经34年时间，从全国各地的甲骨、石刻、岩画、古陶、青铜、陶器、砖铭、石鼓等历代文物上搜寻记录了数万个符号、记号、图形和金文、象形文字等，耗时数年，呕心沥血、一丝不苟。他对这些历史文化的遗存做了精心的钩沉、临摹、整理和创造，汇集成《天书》。"仓颉造字鬼夜哭，美

林天书神灵服。不似之似美之美，人间能得几回读"，这是著名画家黄苗子看到《天书》后挥笔的诗句。古人云"书画同源"，中国绘画和中国书法关系密切，两者的产生和发展，相辅相成，其本质是相同的。因此，这些历史遗存的符号和文字既属书法范畴，也可以看作是国画艺术。学生们会从历史的角度感知文字的发展源流，从艺术的角度则加深对文字结构的认识，感受古人的想象力与创造力，增加创作乐趣。

名画模仿秀活动课程

课程性质 年级	欣赏课	实践课
低年级	《力力与蒙娜丽莎的约会》	《走进人物画的世界》
中年级	《疯子梵·高》	《非遗制作设计——剪纸》
高年级	《中国的非物质文化遗产》	《色彩基础理论》

在模仿秀活动中，为了使这次的活动更有深度，北分美术教师将名作模仿秀活动划分为"高""中""低"三个学段。模仿秀之后，教师根据学生模仿的情况，制作两节线上课程。一节为欣赏课，欣赏国内外的名家名作，重点介绍学生模仿最多的作品或者艺术家，开阔学生眼界；一节为实践课，依据之前模仿、欣赏的内容，学习人物、静物等创作方法，并能使用不同的表现手法对作品进行二次创作，提高学生的美术表现能力和创新思维。六位教师根据不同学龄阶段的学生特点及模仿情况实施分层教学。低年级胡老师对课本中《参观美术馆》一课进行活动整合教学，录制课程《力力与蒙娜丽莎》。胡老师抓住学生兴趣点，创设了学校的吉祥物"力力"小朋友和蒙娜丽莎在卢浮宫见面的场景教学。通过两人的一场跨世纪对话，力力穿越到卢浮宫，问蒙娜丽莎"你为什么会一直微笑呢？"画中的蒙娜丽莎突然开口了："孩子你想知道答案吗？想知道答案就进来。"力力跳进画框里，问了蒙娜丽莎一系列问题，解开了蒙娜丽莎的身世及其微笑的秘密，渗透学生作品欣赏的构图、色彩、创作背景等方面的知识，以及欣赏方法。丁瑞老师的教学视频中，开篇的一段小动画打开了梵·高传奇的一生，使学生产生极大兴趣，对梵·高重要作品进行重点介绍。焦海月老师和曾华老师对我国的非物质文

化遗产做了细致讲解。焦老师对六年级下册《中国的非物质文化遗产》一课进行整合教学，通过视频，学生了解了我国传统工艺的制作方式与特点。

不管是对美术馆展品的深入学习，还是重点欣赏模仿秀中的作品，学生更加深刻感受到了艺术的魅力和精髓，同时在一定程度上学习了艺术赏析的方法。

三、重新创作　激发创新创造活力

学生在上个欣赏临摹阶段对天书的形式美、结构美有了较为深入的了解之后，再将天书艺术画到T恤上。实践中，五彩缤纷的衣裳成为学生驰骋想象的沃土，他们尽情在衣服上挥洒，做成一件只属于自己的衣服。有的学生将《暮宿芙蓉山主人》用篆书写在T恤的正前方，文字大小工整，笔画流畅，有的学生摘取天书中的象形文字用不同的颜色以及点、线、面进行装饰，颇具现代感，有的加入自己的抽象画，与《天书》浑然一体，有的学生将"北京小学通州分校"写在衣

服上，这让老师们感受到孩子们对学校深深的热爱。韩美林艺术馆提供的T恤有8种颜色，分别是睿智蓝色、俏皮粉色、冷俊黑色、淡雅白色、热情红色、鲜活绿色、沉稳紫色、温暖黄色，8种颜色代表8种风格。每个人都是独一无二的思想体，每件衣服都是一件艺术作品，汇集在一起变成一件更大的艺术作品。在体育老师的带领下，学生们完成一次《我相信》的广播操，孩子们穿上各自设计的衣服，精神抖擞，缤纷的色彩给这套广播操注入了新的活力，整个三年级就像流动的彩虹集体，青春洋溢、活力无限。

名画模仿秀实践阶段。低年级金老师创设故事场景分析名作，讲解创作人物画的方法，生动有趣，拓展学生思维。高年级的王老师带领同学们学习

色彩知识及水彩涂色技法，运用色彩的巧妙变化重绘名画作品。学生在活动之后进行创新。他们用头脑风暴加上使用现代化材质，常常能做出独一无二的作品。学生们亲身接触大师作品，体味其中艺术的奥秘，不再是简单地从教师的教学中学习，而是尝试运用很多不同形式进行表现，例如线描、色彩、超轻黏土等，颇有自己的独特性。学生通过不同角度，例如作品色彩、构图、作品故事等与生活体验结合，进行绘画实践，实现创意实践能力的提升。

　　两次活动在中西方浓厚的文化氛围中激发了学生的创作欲望，学生们走出校园，不仅能开阔视野，通过艺术场馆的藏品"细窥"文化艺术流传至今的精髓，加深了对世界艺术丰富性和多样性的理解，激发创新创造活力。

四、拓展提升　以美育涵养品行

　　陈宝生部长所说，构建德智体美劳全面发展的育人体系必须全面贯通"五育"，在"一育"中发现"五育"、渗透"五育"、落实"五育"，在"五育"中认识"一育"、把握"一育"、实现"一育"。这种对五育之间整体关系的认识应当成为新时代构建德智体美劳全面发展育人体系的一个重要思想基础。学校坚持以艺术教育为纽带，寓德于美，这使得美术教育不是单纯传授绘画知识和技能的一门学科，而是同时担负着培育学生健康的审美能力和对学生进行思想品德教育的重要职责。《天书》得益于韩美林先生34年的坚持，这种坚持不懈的精神，感染了参加活动的学生们。

在学生参加活动后的笔记里有这样真诚的表达："韩爷爷将快要消失的古文字一笔一画写下来，有时候写一天笔都粘在手上了。他的精神真令人感动，希望韩爷爷身体健康。"我想，学生在欣赏天书艺术精髓的同时，更深刻领会了韩美林先生为艺术执着奋斗、艰苦卓绝的精神。国外不乏这样的艺术家的故事，教师每次给学生讲解也是一次次德育洗礼的过程。

通过这样的艺术课程，在人文、艺术知识的积淀中，帮助学生以美育德，带领学生用鉴赏的眼光欣赏美，用健康的心态感受美，在生活中拓展美、升华美，塑造学生的健全人格与优秀品格。

在欣赏·评述领域的美术教学中，综合实践活动内容丰富、形式多样，对培养学生图像识读素养有积极的促进作用。在教育实践中，教师要利用多样化的手段和丰富的教学资源为学生提供营养深厚的土壤，通过学生喜闻乐见的活动方式调动学生积极性，打开学生思维，帮助学生从感知

一（6）班
44号 王劲津

上提高艺术学科专业素养，从认知上提升美育素养，塑造一批专业水平高、美育素养强的审美型学生。

（本文获2020年北京市通州区教育学会艺术教育研究会论文评优一等奖）

欧体笔画从哪儿教起

郭振宇

　　唐代楷书是书法的一个大发展时期，较之以前的书体更加注重法度，唐楷如名器，精美而雕琢。欧体楷书一直被认为是楷书中的楷模，其法度严谨，笔力险峻，世称"唐人楷书第一"。可以说欧体比同为四大楷书"颜、柳、赵"更加严谨。我们学习书法，从严谨学起再到自由容易，从自由到严谨要难。欧楷扬弃了一切不规范的东西，使其成为单一、程式化了的书法形式。法，就是法度、规则、书法的形式规范。它是一个历史性的范畴。晋人作书虽然注重法度，但他们是循理生法，用法潇洒自如。唐人则循法求古，用法谨严，在法度的范围内抒情达意。书法被称为"法"，可见"法"对于书法的重要作用。

　　欧体教学中，我们该从何教起呢？一般人都会说："从基本笔画教呀。"基本笔画从哪教呢？假行家会说："横、竖、撇、捺、点、提、横折……"我们在教学中会发现，一个"横"，需要分为以下几个步骤才能完成：①笔尖沾纸右下按。②笔尖不动，笔根向上调转。③向右行笔，捻笔管调转笔尖。④中锋行笔。⑤横画由粗到细，再由细到粗。⑥笔尖不动，笔根向上调转。⑦笔尖不动，笔根向下调转。⑧向右下提笔出锋。横书写完成。到此，横是所有单向笔画中最复杂的。教学中一个基本规律就是由易到难，由简单到复杂。哪个笔画最简单呢？是"点"。点分三步完成：①笔尖沾纸右下按；②笔尖不动，笔根向下调转；③向右下行笔，提笔出锋。即使最简单的笔画也要三步完成。具体每步的具体笔法，对于一个没拿过毛笔的学生来说理解起来也是不容易的。另外，对没有用过毛笔墨汁的学生来说，能不能保证卫生也是要考虑的。所以我在教学中，初期首先要用水写布，让学生练习沾水，什么时候沾水沾利落了，再用墨汁。小学生学习书法，他们正处于启蒙阶段或初学阶段，他们所应该学的是如何对书法艺术共性方面的东西加深理解，对共同的技巧加以强化训练，打好基础。这一阶段应该着重临习被历代所公认的、比较规范的字帖，认真学习书法共同的规律。如果在这一时期就开始不恰当地强调个性、个人的风格的话，就势必会减少对共同性东西的学习，甚至放弃对优秀古帖的学习。这些是我们在教学中应避免的错误。

在教笔画之前，学生需要做一些基础的用笔练习。

第一个练习：中锋用笔练。楷书中，几乎每个笔画都是中锋用笔。要让学生从一开始就强化中锋用笔的意识。练习方法是：在水写布上找到一根横向的直线，用笔尖沾到横线，沿线的方向向右按下，沿线的方向向右行笔，画长线。要求线条粗细一致，匀直，笔尖永远走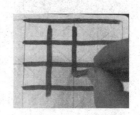在线上，走在笔画的正中间。学生练习熟练之后可以变为竖向练习，由上而下。竖向练习熟练之后再进行斜向练习，可以由上而下，也可以由下而上。练习达到要求，笔画粗细一致，匀直，书写时笔尖在笔画中间，这时可以进行下一个练习。

第二个练习：提按练习。笔画有粗细变化是毛笔书写的特征，也是区别于硬笔书法的重要优势。这个练习在中锋用笔的基础上稍加变化。练习方法是：先找一条横线，笔尖沾到横线，不要按下，直接向右行笔。在行笔过程中逐渐向下按，由细到粗，按到笔肚位置再逐渐向上提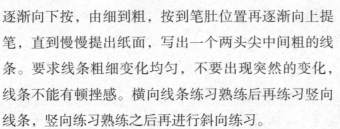笔，直到慢慢提出纸面，写出一个两头尖中间粗的线条。要求线条粗细变化均匀，不要出现突然的变化，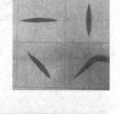线条不能有顿挫感。横向线条练习熟练后再练习竖向线条，竖向练习熟练之后再进行斜向练习。

第三个练习：起笔练习。欧体楷书每个笔画都用露锋起笔。仔细研究过会发现，无论横、竖、撇、捺、点、提、钩，每个笔画的起笔都是先向右下按。起笔怎么练呢？还是要利用水写布上面的米字格。每个格子的左上角都是直角，中间一个45度的斜线。练习方法是：笔尖沾在格子的左上角，沿着斜线上方向右下按下。要求笔尖沾纸要准，向右下按时不能移动，笔压斜线要齐，不要过斜线。练的是下笔的准确性和渗透笔画形态的意识。在斜线上方练习准确之后，改在斜线下方练习。

　　第四个练习：调转方向练习。起笔练习的方向是向右下按。不管是横向还是竖向笔画，直接行笔都是侧锋运笔是不对的，所以行笔前都要先调转毛笔的方向。这个练习在起笔练习的基础上完成。首先笔尖沾在米字格左上角，沿着斜线上方按下，下边的动作比较有难度，手臂带动笔杆，向下移动，笔根移动到斜线之下，笔尖不能移动。这个练习难度在于使软笔听话，笔尖不动而笔根移动。技巧上要用手腕和肘的动作完成调转。这是由侧锋调整成中锋的必要技巧。由斜线上转到斜线下练习熟练之后，再练习先按在斜线下方再往上调转。

　　第五个练习：调转笔尖练习。第四个练习主要是调转笔根，这个练习是在调转笔尖，把笔按下时捻动笔管，是笔尖在动。在起笔书写时，笔尖向右下按下，即使调转过笔根再行笔，笔尖仍然在左上方没动，所以笔画还是侧锋的。这时就要用捻笔管的动作调转笔尖的反方向了。还有的笔画有转弯时，也要用捻笔管调转笔尖的方法。练习方法是：在水写布上用两个格的位置画半圆。画的过程中要保持中锋，在转弯时笔尖发生偏转，要及时捻笔管调转笔尖方向。画半圆时可以向上画，也可以向下画，向左画，向右画。

　　有了这五种基本笔法的练习，学生在学习笔画时，每个笔画的动作就知道怎么做了。例如，"点"的写法，就是第四个基本功练习和第二个练习的结合。写法是：1.笔尖沾纸右下按。2.笔尖不动笔根向下调转。3.向右下行笔逐渐提笔出锋。完成。

　　通过以上的练习，最复杂的横也就能明白了。写法步骤是：1.笔尖沾纸右下按（第三个练习）。2.笔尖不动笔根向上调转（第四个练习）。3.向右行笔，捻笔管调转笔尖（第五个练习）。4.中锋行笔（第一个练习）。5.横画由粗到细再由细到粗（第二个练习）。6.笔尖不动，笔根向上调转（第四个练习）。7.笔尖不动，笔根向下调转（第四个练习）。8.向右下提笔出锋（第二个练习）。

学完单向笔画之后，再把这些单向笔画加以组合就是组合笔画，也不外乎这些基本笔法。汉字的笔画有很多种，要不要都学呢？我认为没有必要。有很多笔画只是名称的不同，在书写方法上在其他笔画上稍加变化就会写了。

我建议教学笔画的顺序是：点、竖、竖撇、弧撇、直撇、提、横、捺、横折、横撇、横钩、竖提、竖钩、弯钩、卧钩、斜钩、竖弯钩。

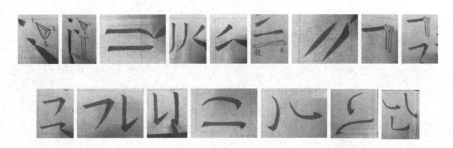

按这个顺序教，教师就会发现这些笔画之间是有联系的，是顺应学生的认知规律的。没必要过多地学习笔画，有这些笔画就足以概括汉字所有基本笔画的写法。其他笔画也就是将这些笔画再进一步组合。组合的转折方法也脱不出这些笔画的转折、弯转等方法。这些笔画也是书写的基本方法，在字中，这些笔画也是千变万化的。如横在字中就有多重形态出现，如长横、短横、凹横、凸横、左尖横、右尖横、腰细横等，这些笔画写法大致相同，具体的不同我们在临帖时要注意变化。这也是我们在教学中要遵循的"九大原则"中的"先重结构，后重用笔"。

由于当今教育体制的改革创新，学生所接触到的多元样的教育，本身所受外界的干扰就远远大于过去任何一个时代。如果再加上急功近利，盲目强调发展个性，即使偶尔会有一两个成功的事例出现，也如昙花一现。从学习书法整体发展的普遍规律来看，没有可取之处的，也是得不偿失的。谁都知道造楼房的道理，要想在地面上造高楼，就必须往地下打桩，只有地下的基础打得越深越牢，地面上的楼层才能造得越高。少年儿童时期就如同造房前的基础部分，只有沉下心来经过严格并艰苦的基本功的训练，将来的发展才有资本，才能有后劲，层次才会更高。那种认为书法学习不需要艰苦的传统训练，不需要进行大量的临摹，随便涂涂画画就可以的想法必将贻误终身。书法还需耐住寂寞，咬定一帖不放松，一以贯之。坚持下去必有收获。

（本文获2018年北京市教育学会书法教育研究会论文评优一等奖）

如何在劳动技术学科中落实学生核心素养

崔宏伟

劳动技术是一门涉及面广，融知识性、技术性、实践性及教育性于一体的综合学科，在培育人才中发挥着重要作用。在劳动技术教育中既要利用传统技术培养学生的基本素质，又要使学生掌握一定的知识技能，发展主动获得知识和信息的能力，养成主动获取信息的学习习惯和主动探究的态度，发展信息素养，探究能力和创新精神。北师大肖川教授认为："从学科角度讲，要为素养而教（用学科教人），学科及其教学是为学生素养服务的，而不是为学科而教，把教学局限于狭隘的学科本位中，过分地注重本学科的知识与内容，任务和要求，这样将十分不利于培养视野开阔、才思敏捷并具有丰富文化素养和哲学气质的人才。"核心素养，是指学生需要具备的一种关键能力和必备品格，能与社会发展需求相适应，更好地促进学生的终身发展。核心素养具有时代性和科学性的特征，其核心是培养学生的全面发展。核心具体分为三个方面的内容：社会参与、自主发展、文化基础，包括实践创新、责任担当和人文底蕴等六大素养。作为综合实践活动的四大指定领域之一，劳动与技术教育是以操作性学习为基本特征的教育，其实践性极强，倡导"做中学"和"学中做"。在劳动与技术教育中运用多种教学策略，能将学生学习兴趣激发出来，使学生充分体验劳动的快乐，进而对学生的实践能力和创新能力进行培养。

任何学科的教学都不是仅仅为了获得学科的若干知识、技能和能力，而是要同时指向人的精神、思想情感、思维方式、生活方式和价值观的生成与提升。学科教学要有文化意义、思维意义、价值意义，即人的意义！

核心素养的培育需要良好的教育。遗憾的是，在我们中小学经常可以看到有些学生学科知识掌握得很熟练很牢固，解题能力也很强，但是你跟他相处，马上就会感受到他身上缺了什么东西，这就是素养！学科教学要努力把学生培养成为知识丰富、思维深刻、人性善良、品格正直、心灵自由的人。

一、注重学科间的"融合"

我们现在教育提的最多的是核心素养，学科融合，英文缩写为STEAM。STEAM是五个单词的缩写：Science（科学）、Technology（技术）、Engineering（工程）、Arts（艺术）、Maths（数学），鼓励孩子跨学科发展，培养孩子的综合素养。我所教授过的英语、语文、劳技等几个学科的经历恰好给了我一个从多角度考虑问题的基础。如果说语文、数学、英语等这些工具学科是一种输入，那么劳动技术学科就是一种输出，将学生的所学，融会贯通地通过一种技术表达呈现出来，而这种表达，正是现今社会最需要的创新能力，而劳动技术学科正是在知识学习与实践应用间构建起了一座桥梁。也许若干年后，学生们不会记得那些曾经背过的数理化公式，但却依然会记得，曾经在课堂上学会的一种技能，并对他今后的工作生活起了多大帮助作用。

下面讲几个我在教学中的小实例。

如在教学"剪立体字"一部分内容时，在学生掌握剪字方法后，我将剪立体字与语文识字教学结合起来，用于复习汉字知识。什么样的字可以剪成立体字？哪种结构的字剪出来会更漂亮？独体字、左右结构、上下结构的字在剪立体字时需要注意些什么？学生通过上述思考和动手实践，一方面灵活应用了剪字方法，同时举一反三进行创新，另一方面还有效地复习了汉字知识，将语文学习中认识的很多汉字剪成了立体字，寓教于乐，学生们获益良多。

再如在课堂上发挥自己的英语特长，运用双语进行教学，把语言的学习和学科教学联系起来，让学生感觉语言学习不再是干巴巴的，而是在学中用，用中学。像在给六年级学生教授丝带绣的过程中，整个教学结束，由于反复再现和应用，学生们至少记住了：Ribbon Embroidery（丝带绣）、Stitch types（针法）、Straight stitch（直针）、Curly stitch（卷针）、Stitch up/Stitch on（缝补）等日常生活中和缝纫有关的一些词汇，这样就把英语的语言应用有效地融入了学科教学。

二、"弹性"设计教学方案

教师应"弹性"设计教学方案，为学生"生成性资源"的重组留有足够的空间与时间。新课程改革在教学过程中强调课的动态生成，但并不主张教师和学生在课堂上信马由缰式的展开教学，而是要求有教学方案的设计，为教学过程的动态生成创设条件。在教学设计上注意教学目标的弹性设计，不能将目标仅仅局限于认知，还要考虑到学生在这节课中可能达到的其他目标。但也不能绝对化，重要的是水到渠成式的巧妙引导。教师既需要在课前尽可能地对教学过程实施中学生可能出现的种种"可能"加以猜想推测，又要具备良好的教学敏感；在课中准确洞察学生心灵的秘密，敏捷地捕捉学生在课堂上稍纵即逝的变化；不断捕捉、判断、重组从学生那里涌现出来的各种信息，见机而作，适时调整教学进程和教学内容，形成新的教学步骤；使课堂教学更贴近每个学生的实际状态，让学生思绪飞扬、兴趣盎然，使师生积极互动，涌现新的问题和答案。

在带着学生做中轴线手工创意作品中，我引导学生做的是一套纸模服装，并将编制盘扣与纸模服装相结合，同时配以特色的中轴线纹样符号加以修饰。整个过程对于四年级的学生是一个很大的挑战，但通过这次活动，学生不止学习了中国结的编制，更体会了原创纸模服装从失败到成功几次的修改与创作的过程，锻炼了孩子们的意志。同时与品社中首都北京的内容相结合，让学生对北京中轴线历史文化有了更深入的学习和了解，知道了北京的中轴线在哪里？它的发展历史和地位，有哪些代表建筑，每一个纹样具有怎样特殊的意义等。因此，这次制作的收获是丰富、立体的，而不仅仅是一个作品而已。

三、给予学生创作的"空间"

教师首先应做到与学生平等对话，尊重学生的现实思考。新课程改革强调人与人之间心灵的沟通，强调教学应在师生平等对话的过程中进行。这就要求教师要平等对待每一个学生，学会"蹲下身子倾听"，使学生敢于发表意见，善于思考问题，乐于同教师对话，从而使师生之间达成相互碰撞、接纳、融合的同构共生状态。这里尤为重要的是教师要尊重每一个学生在对话过程中的独特体验。很多时候，学生的想法看起来非常"可笑、幼稚"，甚至是

"错误"的，却都是学生自己的思考成果。教师没有任何理由去轻视冷落。如果教师稍加挖掘，或许在这些"可笑、幼稚"，甚至是"错误"的背后会发现一个惊人的创造火苗。所以有人说，学生在课堂上的所有现实表现，不管是多么正确，或多么错误，都是一种很好的教育资源，关键要看教师怎样恰如其分地利用和开发这些资源，而开发和利用的基础又正是建立在与学生平等对话的基础上。如果教师强制粗暴地干预，必然造成学生心灵的封闭，师生之间的平等对话也就无法生成。

比如，纸工教学"折小椎体"要先从识图再到动手。学生首先要有一个思考的过程，识图需要运用到数学里的几何和空间知识，再加上逻辑推理的能力，将平面的图纸在头脑中构造出立体的造型，再进行动手实践。此过程中学生不免出现偏差或错误，教师应不急不恼，给学生充分的时间进行探讨，找到规律。其实，这个探究的过程比最后呈现的结果要有意义得多。总说"心灵手巧"，在劳动技术学科里，这句话体现得更为突出，每一次的动手都是在动脑的基础上完成的。

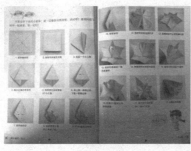

通过学习小椎体的折法，并运用小椎体制作纸娃娃，学生还学习到了"基本构件"这个概念，知道小椎体可以作为一个基本构建进行创新的组合构成一个新的作品，例如纸娃娃、康乃馨、圣诞树等。

由此学生又引申出了很多新的可以作为"基本构件"进行组合的纸工作品。例如，用"小裤子"组合成一只可爱的"小狐狸"，用"立体三棱柱"组合成一个实用的笔筒。在举一反三、发散创新的过程中，学生灵活地应用所学知识，更是发展了思维和创新能力。

总之，新时代给教师创造了一个改革与创新的平台，让教师们从不同方面对教育、教学进行深入研究和反思。当前社会需要的不仅仅是知识丰富的人才，更是需要具有高技能素养的人才。在对中小学生进行教育的过程中要将教育过程与劳动实践相结合，从书本中看世界，在实践中学习。让学生在劳动实践中开阔视野，帮助学生树立正确的价值观念，为社会培养具有创新能力的人才。教育的路是漫长的，还需要我们潜心去探索，在学习和反思中不断成长。

（本文获2018年北京教育学会劳动技术教育研究会论文评优一等奖）

在线教学巧示范　举家锻炼强体魄

张海涛

2020年，是一个不平凡的春天，是一个特殊的学期。每年的这个时候，学生们都会坐在明亮的教室内读书、学习，在操场上做操、上体育课，但是，由于新冠病毒疫情的影响，学生们不能像往年一样如期开学，不能像往年一样欢聚在操场举行春季运动会。针对疫情，通州区教委领导统一部署，本着一个核心——"防控、健康、学习"、两个途径——"指导、答疑"，建立三级课程——"市、区、学校"，加强四方统筹——"市、区、学校、家庭"，五育并举——"德、智、体、美、劳"。

学校也根据区教委要求以校长为组长制定防控工作方案，全面部署、调控学校疫情防控工作，做好支部工作，发挥党员冲锋在前的模范作用。根据学校制定的方案，体育组也制定了本部门的计划，秉持"健康第一"的思想，依据人体运动规律以公众号的形式将各类运动资料发给学生，倡导学生与家长每日完成居家"一小时运动总动员"，倡导学生按年级完成规定运动与自主运动。学校结合"一校一品"项目，以教师录制微课的形式，线上辅导学生每天练习大课间素质操、眼保健操、1分钟跳绳等活动，通过教学及反馈，做到40分钟活动；在练习大课间素质操之余，学生自主开展仰卧起坐、平板支撑、瑜伽、亲子操等20分钟活动。教师通过班级群每天对学生进行体育锻炼活动的指导和监督，锻炼学生体魄，增强身体素质。

一小时运动总动员规划表

年级	规定动作(40分钟)	自主动作(20分钟)
一年级	1.大课间素质操规定套路，每天练习1次，大约22分钟。 2.眼保健操，每天上下午各1次，约10分钟。 3.1分钟跳绳，每天坚持5次，每次间隔1分钟，共10分钟。	单脚跳、双脚跳、全蹲起、开合跳、小步跑、篮球的各种原地运球。(自选次数)

（续　表）

年级	规定动作（40分钟）	自主动作（20分钟）
二年级	1.大课间素质操规定套路，每天练习2次，大约22分钟。 2.眼保健操，每天上午下午各1次，约10分钟。 3.1分钟跳绳，每天坚持5次，每次间隔1分钟，共10分钟。	单脚跳、双脚跳、全蹲起、开合跳、小步跑、篮球的各种原地运球。（自选次数）
三年级	1.大课间素质操规定套路，每天练习2次，大约22分钟。 2.眼保健操，每天上午下午各1次，约10分钟。 3.1分钟跳绳，每天坚持5次，每次间隔1分钟，共10分钟。	高抬腿跑、仰卧起坐30次、平板支撑1分钟、全蹲起、开合跳、小步跑、前滚翻、篮球的各种原地运球。（自选次数）
四年级	1.大课间素质操规定套路，每天练习2次，大约22分钟。 2.眼保健操，每天上午下午各1次，约10分钟。 3.1分钟跳绳，每天坚持5次，每次间隔1分钟，共10分钟。	高抬腿跑、仰卧起坐30次、平板支撑1分钟、全蹲起、开合跳、小步跑、前滚翻、篮球的各种原地运球。（自选次数）
五年级	1.大课间素质操规定套路，每天练习2次，大约22分钟。 2.眼保健操，每天上午下午各1次，约10分钟。 3.1分钟跳绳，每天坚持5次，每次间隔1分钟，共10分钟。	平板支撑2分钟×3组、仰卧举腿30次×3组、立卧撑20次×3组、仰卧起坐40次×3组、篮球的各种原地运球
六年级	1.大课间素质操规定套路，每天练习2次，大约22分钟。 2.眼保健操，每天上午下午各1次，约10分钟。 3.1分钟跳绳，每天坚持5次，每次间隔1分钟，共10分钟。	平板支撑2分钟×5组、仰卧举腿30次×5组、立卧撑20次×5组、仰卧起坐40次×5组、篮球的各种原地运球。

线上教学，"举"家锻炼强体魄活动。作为一名体育教研组长，作为一名体育教师，我是这样做的：

一、以规定动作、自选动作为内容，以大课间素质操为主线，教师巧示范、勤反馈、精总结，做到五育并举，健康第一，居家锻炼，研学共进

学校体育教研组自2020年2月17日开始，每周进行线上教研组会议、线上教研组活动，利用网络落地我们的教研活动。

线上教研组活动

通过教研活动，我们制定计划，结合"一校一品"项目，以微课的形式推进大课间素质操每周日。我把提前录制好的微课以美篇的形式制作，发到学生群内，供学生周一到周五跟着老师的分节动作学习，便于掌握动作。在美篇制作中，做到有引入、有激励、有评价、有总结。

视频动作和两人组合的视频分节动作

用数据说话。学生按照学号每天反馈居家练习情况。第一天，每班1至10号学生，第二天，每班11至20号学生，以此类推，一周内完成整个班级的反馈。针对学生的反馈，教师就学生在练习中存在的问题进行答疑，每天记录，形成表格，每周以美篇的形式进行总结。

四年级1班表格，记录每天学生的活动反馈

小组	班级	学号	姓名	必选项	自选项							
				素质操	跳绳	跑步	足球	篮球	健身器械	柔韧练习	体能练习	其它
一组	四(1)	1	陈德芳	√	√							
	四(1)	2	陈欣怡	√						√		
	四(1)	4	董伊萱	√	√						√	
	四(1)	5	高洁博	√	√						√	
	四(1)	6	桂子杰	√							√	
	四(1)	7	郭子涵	√		√					√	
	四(1)	8	候睿文	√							√	
	四(1)	9	胡承岳	√	√						√	
	四(1)	10	胡榕泽	√					√			
二组	四(1)	11	黄馨语	√	√	√						仰卧起坐、骑自行车
	四(1)	12	黄一晟	√	√	√		√			√	
	四(1)	13	蒋秉辰	√	√	√	√		√			骑自行车、仰卧起坐、俯卧
	四(1)	14	孔嘉欣	√	√	√				√	√	仰卧起坐、跳绳
	四(1)	15	李昊一	√	√		√				√	卷腹+蛙跳
	四(1)	16	李炘然	√								骑自行车
	四(1)	17	梁芮淇	√	√	√			√			
	四(1)	18	梁梓宁	√	√						√	仰卧起坐
	四(1)	19	刘创	√	√	√	√	√		√	√	骑自行车、踢毽子
三组	四(1)	3	崔胤哲	√	√			√	√		√	
	四(1)	21	刘潇竣	√	√	√			√		√	
	四(1)	22	刘译阳	√	√						√	
	四(1)	23	刘禹成	√	√			√				

（续　表）

小组	班级	学号	姓名	必选项	自选项							
				素质操	跳绳	跑步	足球	篮球	健身器械	柔韧练习	体能练习	其它
三组	四(1)	24	刘子晴	√	√					√		
	四(1)	25	柳思涵	√	√	√				√		
	四(1)	26	马颢熹	√				√			√	
	四(1)	27	齐明扬	√	√						√	
	四(1)	29	刘若谷	√	√	√	√				√	
四组	四(1)	30	王博涵	√		√		√			√	骑车
	四(1)	31	刘诗妍	√	√					√		乒乓球
	四(1)	32	徐靖琳	√		√					√	骑车
	四(1)	33	闫景舜	√	√				√		√	
	四(1)	34	杨岱青	√	√		√					
	四(1)	35	张晏慈	√	√					√	√	
	四(1)	36	杨张家	√	√	√						仰卧起坐
	四(1)	38	尹琮然	√	√	√						
五组	四(1)	39	袁若熙	√	√	√				√		
	四(1)	40	曾子轩	√	√	√			√		√	
	四(1)	41	张楚煊	√	√	√						
	四(1)	42	张涵瑜	√	√	√					√	
	四(1)	43	张师瑜	√	√	√						
	四(1)	44	赵珣	√	√	√	√					
	四(1)	45	赵梓萱	√	√	√						
	四(1)	46	钟玉燊	√	√	√						
	四(1)	47	周峻锋	√	√	√						
	四(1)	48	周芮伊	√	√	√						
完成率	44人完成，共47名同学，93.6%											

四年级1班学生反馈的部分视频材料和照片

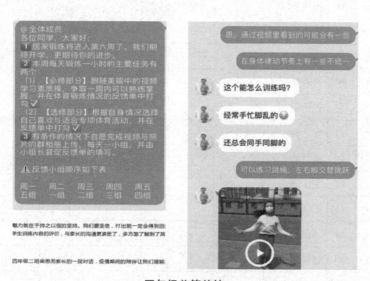

四年级美篇总结

做到全员落地，形成系列性材料保留收存。通过线上大课间素质操的分解动作学习，学生非常感兴趣，每天都主动给老师反馈。每一位体育教师负责自己的班级，保证每一个学生的练习质量和问题答疑。每一位体育教师都参与其中，首先保证自己会做、会讲，才能保证会教，会纠正动作。

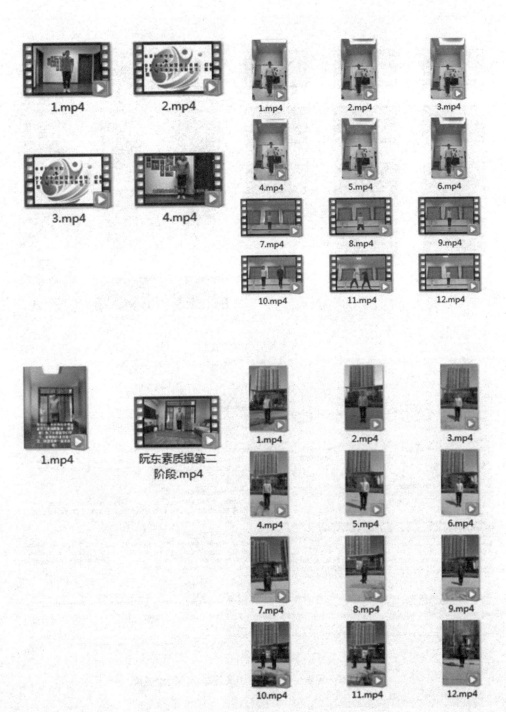

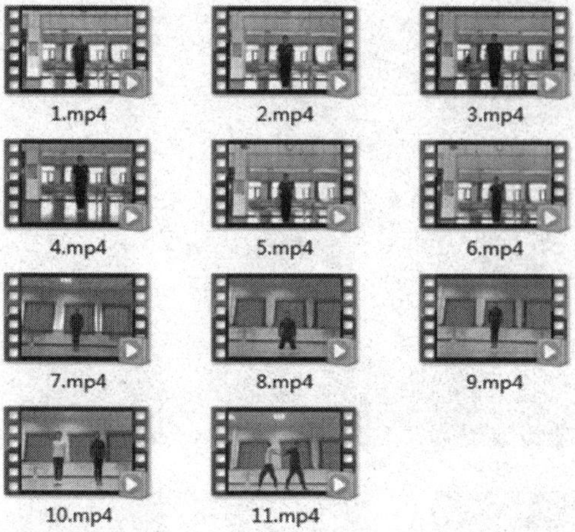

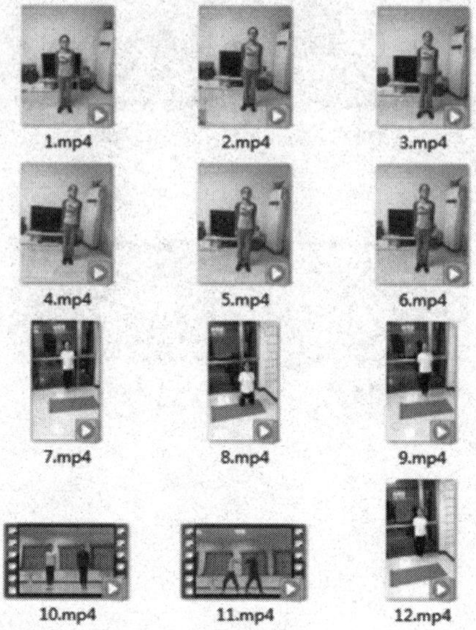

体育教师们录制的视频

马乐乐第一总结：
https://www.meipian2.cn/2u1o17wu?first_share_to=singlemessage&first_share_uid=8158093&share_depth=1%3Fshare_user_mpuuid%3Dc736e602f9794e004d2dd0fac4db6f55&user_id=8158093&v=5.5.4

张岢欣第一周总结：
https://www.meipian2.cn/2u1m9nrc?first_share_to=singlemessage&first_share_uid=28096844&share_depth=1%3Fshare_user_mpuuid%3D701013fe58a52725a333533ab33fe9f3&user_id=28096844&v=5.5.4

藺文韬第一周总结：
https://www.meipian7.cn/2txyo9fy?first_share_to=&first_share_uid=ohbsluMMK4AJpssvvFT8PY4HCxgs&share_depth=3&share_source=singlemessage&sharer_id=ojq1ttx_8gDWS-xA_3qTMXbyxU8o&user_id=ohbsluMMK4AJpssvvFT8PY4HCxgs

王银平第一周总结：
https://www.meipian2.cn/2u0dlima?first_share_to=group_singlemessage&first_share_uid=64472885&from=group_singlemessage&share_depth=1&share_from=self&share_user_mpuuid=f467ac582bb73b90aabe03c1a6cbfdfc&user_id=64472885&utm_medium=meipian_android&utm_source=group_singlemessage&uuid=ca1fb13a69fe4db79e7537e639742e00

阮东第一周总结：
https://www.meipian2.cn/2tzspc2y?first_share_to=singlemessage&first_share_uid=85648084&share_depth=1%3Fshare_user_mpuuid%3D4fc109faff319c021c4b157cf4882c69&user_id=85648084&v=5.5.4

宋少亭第一周总结：
https://www.meipian5.cn/2tz5h3wn?first_share_to=&share_depth=2&sharer_id=ojq1tt0sej1y95FfCaH4I3xJaqH8&user_id=ohbsluNvFrGt5M24eU1b9EwirCpI

王宇第一周总结：
https://www.meipian5.cn/2u2j7827?first_share_to=singlemessage&first_share_uid=99867320&share_depth=2&share_source=singlemessage&sharer_id=ojq1tt6Shv5ABYAGXjwZRa_on8hI&user_id=ohbsluGzBTtLNP98BJ2XADpH5h8o&v=5.5.4

阮东第一周作业布置美篇：
https://www.meipian2.cn/2tijaacw?first_share_to=singlemessage&first_share_uid=85648084&share_depth=1%3Fshare_user_mpuuid%3D4fc109faff319c021c4b157cf4882c69&user_id=85648084&v=5.5.3

马乐乐第一周作业布置美篇：
https://www.meipian2.cn/2tdz1wqa?first_share_to=singlemessage&first_share_uid=8158093&share_depth=1%3Fshare_user_mpuuid%3Dc736e602f9794e004d2dd0fac4db6f55&user_id=8158093&v=5.5.3

张岢欣第一周作业布置美篇：
https://www.meipian2.cn/2tg4umoz?first_share_to=singlemessage&first_share_uid=28096844&share_depth=1%3Fshare_user_mpuuid%3D701013fe58a52725a333533ab33fe9f3&user_id=28096844&v=5.5.4

宋少亭第一周作业布置美篇：
https://www.meipian2.cn/2tesjoae?first_share_to=singlemessage&first_share_uid=78606704&from=singlemessage&share_depth=1&share_from=self&share_user_mpuuid=cd47af8d6fcecce4840a280dabbb3c3a&user_id=78606704&utm_medium=meipian_android&utm_source=singlemessage&uuid=e3d97de6679ea9a210675f6edf50348a

藺文韬第一周作业布置美篇：
https://www.meipian2.cn/2te5oc9c?first_share_to=singlemessage&first_share_uid=65278602&share_depth=1%3Fshare_user_mpuuid%3D05b1ed533899e757cf6dededc670e9e8&user_id=65278602&v=5.5.4

王宇第一周作业布置美篇：
https://www.meipian2.cn/2th5tl4j?first_share_to=singlemessage&first_share_uid=9197897&share_depth=1%3Fshare_user_mpuuid%3D3b22ded4d5e123c5ee6d1c9a692e895f&user_id=9197897&v=5.5.3

收存的第一周学生视频作业和美篇总结的网址链接

以小达人的形式进行表彰。开学延期，但学生的成长不延期。在线教育信息化应用给学生们带来了不一样的学习效果。我相信，在这个信息化、科技化领先的时代，教育无处不在，教育形式无处不在。

二、开展全员网络亲子运动会

（一）指导思想

四月，春暖花开，本应该是学生们在操场上激情狂奔的日子，几乎所有学校都会举办一次春季运动会，但由于情况特殊，春季运动会不能如期举行，学校决定开展全员网络亲子运动会，把本次运动会搬到家里、搬到线上，地点变了、形式变了、内容变了，不变的是我们的宗旨，不变的是我们的目标，那就是坚持"学生为本，健康第一"的指导思想，践行活力教育办学理念，培养学生积极参与体育活动的兴趣和爱好，形成坚持锻炼的习惯和终身体育意识。

（二）活动时间

2020年4月6日至4月17日，班级竞赛。

2020年4月20日至4月24日，校级竞赛。

2020年4月27日至4月30日，总结表彰。

（三）活动内容

1.大课间素质操

在全员网络亲子运动会期间，我们推出了大课间素质操练习，要求用手机记录下优美动作，发给班主任老师，比一比谁的动作标准，谁的节奏感强。

2.家庭运动会

要求每个家庭根据规定项目进行练习，将练习成绩上报班级群，每班选拔最优秀的三组家庭进行全校"线上"平台比赛。考虑到有特殊情况的家庭，学生在老家由爷爷奶奶照看，我们也安排了单人的比赛项目。

（1）一、二年级

亲子项目：1分钟一带一跳绳，1分钟计时比多；快乐的小兔子，钻跳5组计时。

单人项目（特殊家庭参加）：1分钟单摇跳绳；闭眼单脚站立计时。

（2）三、四年级

亲子项目：快乐跷跷板，1分钟计时比多；开心收割机，计时比快。

单人项目（特殊家庭参加）：1分钟仰卧起坐；平板支撑计时。

（3）五、六年级

亲子项目：你拍一，我拍一（俯撑击掌），1分钟计时比多；叠叠乐金字塔（推小车叠杯子），计时比快。

单人比赛（特殊家庭参加）：1分钟仰卧起坐；平板支撑计时。

3.自选项目：拼创意赢合作，捕捉精彩瞬间

在本次全员网络亲子运动会期间，学生可以有展现才华、彰显个性的机会。他可以和家人一起打太极、跳热舞、踢毽子、扭秧歌、跳广场舞等，也可以用手机记录下精彩的瞬间，与班主任分享。

4."体育绝活"秀

在本次全员网络亲子运动会期间，学生如果还有体育绝活没有展现出来，也可以拿起手机记录下那一刻，再配上个性解说，与班主任老师分享。

（四）参赛办法

每个家庭最多可以报两个亲子项目。

每人可以报两项单人项目。

报亲子项目的家庭不再报单人项目。

（五）本次活动的比赛方法

第一轮以班级为单位进行比赛，共四项内容。第一项大课间素质操，通过班级评比，推选出5名优秀学生进入第二轮评选（上交3至5分钟视频）。第二项家庭运动会，按低中高三个水平学段，以班级为单位进行比赛，每项推出3名优秀学生进入第二轮，每班四项共12人（上交比赛视频）。第三项自选项目和第四项"体育绝活"秀，以班级为单位各推出3名优秀学生（上交3至5分钟视频或照片）。

第二轮为校级评选。第一项大课间素质操，根据各年级各班上交的视频，每年级评选16名优秀学生；第二项家庭运动会，按低中高三个水平学段，每年级共四项，根据推荐视频评选，每项前10名。第三项自选项目和第四项"体育绝活"秀，根据推荐视频或照片评选出每年级10名优秀学生。

各班级上交的材料集中保存于以班级命名的文件夹中，内含四个文件夹：①大课间素质操（5个推选的学生各3至5分钟视频，以学生姓名命名）。②家庭运动会（每年级四项目，每项目一个文件夹，每项目3人比赛视频，以学生姓名命名）。③自选项目（3个推选的学生，各自3至5分钟视频，以学生姓名命名）。④"体育绝活"秀（3个推选的学生，各自3至5分钟视频或照片，以学生姓名命名）。

（本文于2020年获北京市教育学会论文评优二等奖）

北京小学通州分校冰上运动开展现状调查分析

蔺文涛

北京小学通州分校于2010年建校。自建校以来，校方非常重视校园体育文化发展，并面向全校学生积极开展各种不同项目的体育运动。轮滑运动是北京小学通州分校长期重点开展的运动项目之一。随着北京成功申办2022年冬季奥运会，北京小学通州分校积极响应国家体育总局号召，大力发展冬季运动。学校根据实际情况，在原有轮滑项目开展的基础上积极进行轮滑转滑冰训练，并进一步面向学生开展了冰壶和冰球项目教学培养工作。现阶段，北京小学通州分校开设了冰上运动为短道速滑、冰球和冰壶三个项目。学校所开设的三个项目与学校地理位置及场地条件有直接关系。北京小学通州分校校内未设冰雪场地，因此开展冰雪运动仅能通过租用社会场地的方式。由于通州区内仅有室内滑冰场地，没有大型滑雪场地，因此北京小学通州分校仅能开展冰上运动。

据调查，目前北京小学通州分校未设室内冰上运动场地，因此学校开展冰上运动主要的通过租用社会场地以及利用学校陆地训练场地的方式。如下表所示，北京小学通州分校每周利用下午课余时间组织学生进行5次训练活动。通常情况下，各项目周一、二、三、五在学校田径场或室内走廊进行陆上训练，如陆地冰球、陆地冰壶以及轮滑训练。周四或周六（根据实际情况安排，通常为周四，遇有特殊情况会改为周六）校方通过租用校外场地的方法开展各项目的冰上训练。由于校外冰上场地距离学校较远，校方会采取包车的方式组织学生集体前往并进行训练。无论是陆上还是冰上训练，每次训练的时间均维持在1.5小时左右。由此可见，北京小学通州分校虽开设有冰上运动，但受场地条件及经费影响，学生所进行的训练较多的是陆地的代替性训练，而真正进行的冰上训练时间相对较短，不利于学生专项能力的发展。

北京小学通州分校冰上运动训练开展情况

时间	周一、二、三、五	周四或周六
冰球	训练内容：陆地冰球技术、体能或对抗训练 训练场地：校内室外田径场	训练内容：冰上技术、对抗训练 训练场地：华星博大路冰球馆(丰台区)
冰壶	训练内容：陆地冰壶技术、体能或对抗训练 训练场地：校内室内走廊	训练内容：冰上技术、对抗训练 中体奥冰壶运动中心(怀柔区)
短道速滑	训练内容：轮滑或体能训练 训练场地：校内室外田径场	训练内容：冰上技术、对抗训练 东奥冰尚俱乐部(通州区)

一、学校学生参与冰上运动现状分析

（一）学生性别及年龄分布

据调查，北京小学通州分校所开展的3个冰上项目训练工作面向全校各年级学生招生。学生可根据自身喜好报名，教练员根据学生身体条件及体能情况进行综合评价及筛选，最终选择合适的学生参与各项目的训练。

如下表所示，北京小学通州分校现有71名来自各年级的学生参与冰上运动活动，其中男学生44人，占62%；女学生27人，占38%。在不同年级方面，一至三年级学生共39人，占54.9%；四至六年级学生共32人，占45.1%。在不同年级学生的性别分布上，男学生比例均明显高于女学生。总的来看，北京小学通州分校参与冰上运动学生中，高低年级人数比例较为均衡，能够形成合理的后备人才发展梯队。但男学生人数比例明显高于女学生，运动开展呈现出性别不均衡特征。

北京小学通州分校参与冰上运动学生年级及性别分布

年级	男		女		小计	
	人数(人)	比例(%)	人数(人)	比例(%)	人数(人)	比例(%)
一至三年级	25	35.2	14	19.7	39	54.9
四至六年级	19	26.8	13	18.3	32	45.1
合计	44	62	27	38	71	100

（二）学生参与项目情况

如下表所示，北京小学通州分校所开设的3个冰上项目中参与冰球项目的学生最少，共13人，占18.3%；参与冰壶项目的学生共18人，占25.4%；参与短道速滑项目的学生人数最多，共40人，占56.3%。这与学校重点开展短道速滑项目有直接关系。不同项目学生性别分布上，参与冰球和冰壶项目的均以男学生为主，女学生人数比例相对较低；参与短道速滑项目的男女学生人数比例则较为接近。总的来看，北京小学通州分校参与各冰上运动项目训练的学生人数呈现出明显的不均衡特征，且以短道速滑项目为主。受重视程度影响，参与冰球和冰壶项目的学生人数比例较低，且性别分布也不均衡。

北京小学通州分校参与冰上运动学生项目分布

项目	男		女		小计	
	人数(人)	比例(%)	人数(人)	比例(%)	人数(人)	比例(%)
冰球	10	14.1	3	4.2	13	18.3
冰壶	12	16.9	6	8.5	18	25.4
短道速滑	22	31	18	25.3	40	56.3
合计	44	62	27	38	71	100

二、学校冰上运动教练员现状分析

如下表所示，北京小学通州分校现有4名教练员（3男1女）负责学生冰上运动活动的指导工作。4名教练员均为大学本科学历，且均为校方外聘教练员。在专项能力方面，3名教练员有超过10年以上的专项训练经历，且达到健将以上水平。另1名教练员的训练年限为8年，专项水平为国家一级。全部教练员中，1人为中级教练员，2人为初级教练员，1人无教练员等级。2名年龄较大，经验最为丰富的教练员负责指导短道速滑以及轮滑项目的训练工作。另外两名教练员分别负责冰球、冰壶以及陆地冰球项目的训练工作。由此可见，北京小学通州分校现有的冰上运动教练员的专项业务能力整体较强，但经验丰富教练员主要集中在短道速滑项目，从事冰球及冰壶项目指导的教练员在执教经验方面存在一定不足，不利于各项目训练工作的均衡开展。

北京小学通州分校冰上运动教练员情况

姓名	性别	年龄	学历	运动等级	运动年限	教练员等级	执教项目
王某	男	35岁	大学本科	健将	15年	中级教练员	短道速滑(高年级队)
戴某某	女	35岁	大学本科	健将	15年	初级教练员	轮滑、短道速滑(低年级队)
胡某某	男	20岁	大学本科	国家一级	8年	无等级	冰球
张某某	男	22岁	大学本科	健将	12年	初级教练员	冰壶　陆地冰球

三、学校冰上运动训练开展现状

　　北京小学通州分校将学生分为两支队伍进行各冰上运动项目的训练工作。其中一至三年级为二队，主要为各项目的后备梯队。由于年龄较小，进行训练时间较短，因此其训练内容以基础体能和专项技术为主，其余专项体能、战术和实战方面训练的比例安排相对较低。四至六年级为一队，其要担负代表学校参加各项目比赛的任务。一队的队员均有着一定的专项基础，因此训练内容则更多以专项体能、专项技术和战术为主，基础体能和实战训练比例安排相对较低。总的来看，北京小学通州分校冰上运动项目训练内容比例安排较为合理，遵循少年儿童运动训练规律，以体能和技术能力为主，兼顾战术和实战训练，注重学生专项竞技能力的逐步形成，有利于其日后更好地发展。

北京小学通州分校冰上运动训练内容安排

训练内容	基础体能	专项体能	专项技术	战术	实战
一队	15%	25%	25%	20%	15%
二队	30%	15%	35%	10%	10%

四、学校冰上运动开展策略

（一）加大场地设施投入力度，为训练开展提供便利

目前，北京小学通州分校所开展的冰上运动训练均是在租用的社会场地中进行的。由于经费有限，学生每周只能进行1次冰上训练，很大程度上影响学生专项能力的提高。校方应进一步加大对开展冰上项目的投入力度，适当增加场地方面的资金投入，尽可能多地租用社会场地，或是通过与社会场地联合办学的方式，让学生能够得到更多进行冰上训练的机会，从而更有效地开展训练工作，促进学生专项能力的科学发展。

（二）适当招聘或培养冰上运动教练员，加强外聘教练员管理

北京小学通州分校现有的4名冰上运动教练员均为聘任制，由于是编外人员，因此4名教练员在日常的绩效管理方面相对受学校的约束较少。同时由于目前校内体育教师中没有具备冰上运动教学能力者，因此难以对4名外聘教练员的教学质量进行最有效的监督。北京小学通州分校应适当招聘具有冰上运动能力的专职教师，尤其加强对冰球和冰壶项目教师的招聘，或是加强对现有教师冰上运动能力及教学能力的培养，提高在职教师的冰上运动教学和训练能力，从而进一步促进训练工作的有序开展。同时校方也应制定详细的工作制度，加强对外聘教练员工作的绩效管理，形成有效的训练监督机制，促进校园冰上运动训练工作的有效开展。

（三）加大宣传力度，促进冰上运动在学生中进一步普及

北京小学通州分校参与冰上运动的学生中，男女比赛严重失调。其主要原因在于小学生心智发育尚未成熟，对体育运动作用的认知和理解存在偏差。很多女学生认为，只有舞蹈、健美操、啦啦操等运动才适合女生。同时很多学生家长也认为，冰上运动具有一定的危险性，且冰球等运动对抗性较强，不适合女性参与，因此不支持女孩子进行冰上运动。校方应进一步在学生及家长中宣传冰上运动的重要作用及意义，让其能够理解冰上运动在促进身体发育、培养意志品质、发展团队意识等方面的作用，并支持女学生更好地参

加学校开展的冰上运动，促进校园冰上运动的均衡发展。

五、结　论

北京小学通州分校开设的冰上运动为短道速滑、冰球和冰壶三个项目。受场地条件及经费影响，学生所进行的训练多为陆上代替性训练。冰上训练时间较短，不利于促进学生专项能力的发展。

北京小学通州分校参与冰上运动的学生高低年级人数比例分布均衡，但男学生人数比例明显高于女学生，呈现出性别不均衡特征。参与不同项目训练的学生人数呈现出明显的不均衡特征，且以短道速滑项目为主。冰球和冰壶项目学生人数比例较低，且性别分布也不均衡。

北京小学通州分校现有冰上运动教练员的专项业务能力整体较强，但经验丰富教练员主要集中在短道速滑项目，从事冰球及冰壶项目指导教练员执教经验不够丰富，不利于各项目训练工作的均衡开展。

北京小学通州分校冰上运动项目训练内容安排合理，以体能和技术能力为主，兼顾战术和实战训练，注重学生专项竞技能力的逐步形成，遵循少年儿童运动训练规律，有利于其日后更好地发展。

北京小学通州分校冰上运动开展策略为：加大场地设施投入力度，为训练开展提供便利；适当招聘或培养冰上运动教练员，加强外聘教练员管理；加大在学生及家长中对冰上运动作用的宣传力度，促进冰上运动在不同性别学生中的均衡开展。

（本文获2020年北京市学校体育科学论文评优一等奖）

"体育、艺术 2 + 1 项目"实验背景下小学冰雪项目教学内容体系的构建

马乐乐

一、引　言

"体育、艺术 2 + 1 项目"指的是在体育教学的过程中采用课内外结合的形式，通过各类艺术教育活动，使学生在小学阶段义务教育中充分掌握运动的技能，从而促进学生的全面发展。在"体育、艺术 2 + 1 项目"落实的过程中，学生的德、智、体、美可以得到全面的进步，在一定程度上推动了学校体育教学的实效性。

随着北京冬奥会的成功申办，冰雪运动成了未来竞技体育和大众体育的主题。为保障北京冬奥会的顺利筹备，国家会出台更多相应的政策。目前，针对冰雪运动的规划和意见已经明确了冰雪运动在未来几年的目标。

二、小学冰雪项目教学内容体系应该遵循的基本原则

（一）实践性和综合性结合

在"体育、艺术 2 + 1 项目"小学足球教学的环节中，应该在综合性教学的基础上提高学生的实践能力，在普及冰雪项目知识的基础上，让学生将冰雪运动当作健身的方法，并帮助学生掌握相应的冰雪运动文化。在冰雪项目教学的环节中，教师要对冰雪项目运动的技术进行指导，在实践活动中完善基础知识的传授，以增强学生的体质为目标，不断完善学生的体育素养。在冰雪项目教学体系中，教师应该注重教学的实践性，此外还应该呈现出综

合性特征。在教学中，教师应该将教学实践和知识相结合，通过实践的环节，使学生的各项身体机能更加完善，内脏器官等得到充分地锻炼。学生在冰雪项目运动中还能放松身心，感受到乐趣。在"体育、艺术 2 ＋ 1 项目"中，学生可以掌握冰雪项目的理论知识，也能掌握各项运动的技能，这个教学目标的实现在于让学生在理论课堂和实践课堂上发挥自己的能力。知识传授一般通过理论讲授的方式，但是学生对冰雪项目运动的体验还是要在实践中获得。在小学冰雪项目教学中，教师要追求健身性和文化性，在教学中应该展现出健身的价值。

（二）阶段性和可重复性结合的原则

冰雪项目运动能力的形成具有一定的阶段性特征，每个阶段都有不同的任务和方法，这些特点在不同的阶段呈现方式也存在差别。尽管这些阶段性特征都是人为划分，但是在对阶段划分的过程中都是遵循冰雪项目运动规律的。在进行冰雪项目教学的环节中，教师要设计长期、中期和近期的目标，每一个阶段的目标又可以实现进一步的分解。阶段目标制定得越清晰，各项任务的可行性就越高，学生锻炼的效果就越好。

三、小学冰雪项目教学内容体系应该遵循基本规律

其一，在小学冰雪项目教学中，教师应该遵循心理发展规律。个体的心理发展会随着年龄的增长发生变化，学生的知觉、记忆和思维都会日渐深化。在冰雪项目教学的环节中，冰雪项目运动技能的学习应该在感觉器官的基础上，实现记忆、思维、注意力的带动，从而使学生对冰雪项目运动技能更加了解，并且可以获得冰雪项目运动的技能。所以，在进行冰雪项目内容设置的过程中，教师应该结合学生的心理发展特征形成循序渐进的教学方法。

其二，在小学冰雪项目教学中，教师应该遵循运动技能的形成规律。冰雪项目技能的形成和体育运动会形成本质上的差异，所以，教师应该结合学生的特征，在需求技能训练中让学生先从简单的运动练习，然后再反复地练

习高难度的动作。在冰雪项目教学内容设计的环节上，教师应该对各阶段的教学特征进行深化，将比赛的意识和战术能力贯穿在整个教学中。

四、"体育、艺术 2＋1 项目"背景下小学冰雪项目教学内容体系的构建

（一）概念的界定和小学冰雪项目教学体系设计

体系是将很多个非常相关的事物联系在一起。在冰雪项目教学的环节中，建立内容体系指的是将冰雪项目学科中的各类相关的技能结合在一起，在教学中作为素材使用，这些素材形成一个有机的整体。在教学的过程中，需确定教学内容的范围。落实政策是当前推动冰雪运动的关键。第一，加强组织领导，动员社会相关部门加强对冰雪运动的宣传和组织工作。第二，完善投入机制，保障冰雪场地的建设。第三，完善冰雪场地的标准和统计体系。第四，对冰雪运动的发展进行有力的监督。

冰雪项目课程内容在构建的过程中，应该确定好课程的主体，对体育课程的演变方式加以分析，从国家制定体育教学的内容到地方制定教学的内容。现在学校已经是构建冰雪项目课程内容的主体，体育老师可以深入地贯彻冰雪项目课程内容。但是，这种教学体系的设置模式在一定程度上会忽视教师的角色，教师在这种体制下只是被动地执行教学的大纲。所以，在"体育、艺术 2＋1 项目"模式下，冰雪项目教学应该建立专门的实践的平台，教师也可以作为教学内容的设计者，在广征教师意见的基础上，应该在教学中形成有机整体，从而建立完善的小学冰雪项目教学的内容体系。

"体育、艺术 2＋1 项目"强调在冰雪项目教学中不仅要实现课内的教学，还要采用课外的体育教学形式，使学生在义务教育阶段能接受各类知识。在对冰雪项目教学内容设置的过程中，要在对课程标准分析的基础上建立水平目标和宏观目标的方式，结合青少年的身体素质情况，制定符合他们的课程目标，建立阶段性目标，让学生在学习中可以完善身体健康和心理健康，

并且提高社会的适应能力。

（二）"体育、艺术 2 + 1 项目"背景下小学冰雪项目教学内容的整合

在对小学冰雪项目教学内容体系构建完成后，应该顺应冰雪项目教学的时代趋势，但是仅仅在宏观层面上分析小学冰雪项目教学的内容还存在局限性，应该在细节处分析，对教学的内容进行提炼和筛选。随着体育内涵的不断丰富，人们对体育教学的认识也在不断完善，教学目标朝着多元化的方向发展，在课程标准中也明确提出了在冰雪项目教学中提高学生的社会适应能力和心理健康水平。所以，小学冰雪项目教学朝着多元化方向发展，其不仅仅是简单的理论教学，还应该实现内容上的更新和整合。

小学生的大部分时间都在学校中度过，但是根据调查结果显示，校园组织学生参与的冰雪活动较少。冰雪运动是一项"贵族"运动，如何才能让所有中小学生都能频繁地参与冰雪运动是提高参与率首要解决的问题。学校不仅要定期开展冰雪运动的比赛、活动、参观等，宣传冰雪知识，加强学生参与冰雪运动的安全教育。社区也应该多举办冰雪相关的冬季活动，带动家长和学生体验冰雪运动。降低学生参与冰雪运动的门槛，拓展参与的渠道，让学生能够有更多的机会体验冰雪运动的乐趣。

五、结论与建议

在"体育、艺术 2 + 1 项目"背景下，小学生冰雪项目教学的目标更加明确，不仅仅是让学生掌握冰雪项目运动的基础知识，而且也是让学生掌握冰雪项目运动的技巧，养成锻炼的习惯，使学生具有良好的体魄和健康的心理。在冰雪项目运动中，学生可以树立合作意识和竞争意识，提高自己对社会的适应能力。在繁忙的学习生活中，学生养成冰雪项目运动这项爱好，可以有效缓解他们在学习中的压力，促进学生的全面发展。学校应该加大对冬奥会和冰雪运动的宣传，组织学生参与冰雪运动。

学校体育中应多开展冰雪项目的课程，因地制宜地创造条件，组织冰雪

运动的教学，加强对小学生的冰雪文化教育和奥林匹克教育，推广多种多样的冰雪活动，为学生创造条件，降低学生参与冰雪运动的经济门槛。校园和社区应该多组织冰雪系列的赛事，通过赛事吸引更多的学生参与冰雪运动，让参与者感受到冰雪竞技的乐趣。注重培养冰雪运动人才，落实冰雪运动进校园的计划。小学生是竞技体育的后备人才，要使我国在冬奥会上成为冰雪运动强国，就要从娃娃抓起，培养新生代的冰雪力量，打通小学到中学的上升通道。在场馆经营方面，提供多样化的器材和设备，以参与者的安全为重。重视室外冰场或者雪场的环境保护，发展冰雪旅游资源。北京市校园开展冰雪活动可以借鉴黑龙江省冬季活动的优秀经验，在体育课堂中融入冰雪项目，例如打雪仗、滚雪球、雪车等。将传统的体育课与冰雪项目相结合，以游戏的方式来增加课堂的趣味性。在"一区一品"的冰雪系列活动中，增加亲子类的冰雪活动，让参与者在冰雪运动中感受到家庭氛围，这对今后家长在保护孩子安全和支持孩子参与冰雪运动上都有促进作用。

（本文获2020年北京市学校体育科学论文评优一等奖）

浅谈小学体育篮球教学中的美育

王 宇

　　体育教学中离不开美。在体育教学中进行良好的美感教育，不仅可以调动学生的积极性，丰富他们对美的情绪体验，促进教学质量的提高，而且能够培养学生理解美、爱美、创造美的能力，对学生的身心发展十分有益。我在教学中注意体现以下几个方面。

一、篮球体育教学中的艺术美

（一）韵律美

　　在常态化教学中，为了优化课堂教学，使学生在教学过程中得到一种教学艺术的享受，教师在教学的各个环节都可以穿插活泼快乐的乐曲和儿歌以及动作优美的舞蹈。例如，在小学一年级教学中，针对小学生注意力不集中的特点，教师可以以小儿歌开头来吸引学生。"小朋友，笑眯眯，我们是快乐的一年级，学唱歌，嘟来咪，学走路，一二一！"在准备环节中，要想带学生走成圆形，教师可带领学生一边走一边说儿歌，加强趣味性和美感。如"走，走，走走走，一个跟着一个走，不说话，不回头，走成一个大圆球"。在基本环节教学中，一般有两个内容（新授和复习），针对儿童易疲劳的特点，克服教学内容的枯燥与乏味，教师在两个内容之间可穿插一个乐曲，使课堂气氛活跃起来。结束部分形式多样，不求千篇一律，安排的乐曲、舞蹈要欢快，动作要轻盈放松。说儿歌走圆形，走螺旋形都可以。这样，在儿歌声中，在节奏欢快的音乐指挥和伴奏下进行舞蹈，学生就会愉快地、尽情地把自己的韵律感和优美的姿态表现出来，达到感受美、创造美、表达美的目的。

（二）设计美

常态化体育教学大都是在室外的操场上进行的，场地、器材是构成体育教学的一个重要因素，如果运用得好就能刺激学生的感官，产生美好的印象，因此教师在课前要根据教学内容和求美的观点来设计和安排。例如，小学低年级的队列队形教学中，如果过多地重复一种形式，学生就会产生厌倦情绪，练习的积极性也不会高。教师若能事先在场上划出清晰的标志线，再剪几朵不同颜色的纸花贴在界线上，形成新颖的图案，就能用直觉唤起学生的美感，使之具有一定的艺术性。再加上教师洪亮清晰的口令，学生临场时会产生一种兴奋的心理状态，能激起浓厚的兴趣和练习的欲望，产生一种对优美情境的向往心理。

（三）造型美

在平时的常态化教学中，教师应该从课的内容中挖掘出具有创新倾向的知识点，再把这些知识与学生的接受能力结合起来，利用学生争强好胜的性格和喜欢形象思维的特点进行课堂教学。例如，让学生利用课下时间搜集矿泉水瓶，摆出各式各样的图形并加以说明。上课时教师可以让学生们分组讨论自己设计的图形，进行发言。学生们发言非常积极，有的说："我选的是禁烟图形，说明吸烟有害健康。"有的说："我摆的是一个人踢足球的图形，说明运动有利于健康。"随后教师又启发学生："这些瓶还能干什么？"学生们各抒己见，"把它装上沙子当手榴弹用，可以锻炼臂力""当保龄球瓶，做游戏时看谁命中得多"。另外，在呼啦圈教学中，教师可以让学生自由结组，拼图案。学生有拼"2008、8"的，拼五环的，这些都充分发挥了学生的想象力和创造力。教师通过欣赏和评述营造了一种和谐、平等的气氛，提高了学生们的学习兴趣，并充分发挥了个人的想象力，使他们感到体育能跟美育紧密联系在一起，以此激发出他们审美的欲望。体型是人体的外形特征和体格类型。现代篮球比赛中，队员的体型都朝着身材高大、体形匀称、躯干短、四肢长、关节灵活、上肢手大臂长、下肢大腿粗小腿细、肌肉发达、剽悍健美的方向发展，既具备了大个的优势，也具备小个的灵敏，良好的柔韧性和惊人的弹跳力充分显示了他们的体型美。

（四）姿态美

在篮球教学中，由于篮球运动的各项技术都需要人体上下肢的协调配合，运动中大量的移动和跳跃造就了篮球运动员们匀称、健美的形体和优雅大方的姿态，同时对发展运动员腰、腹、臀部和腿部的肌肉起到良好的作用，基本功的训练对这些肌肉部位的锻炼比较充分。因此，系统的篮球训练会产生优雅的人体姿态。体育教学中的艺术美主要表现在千姿百态的人体运动中，走、跑、跳（远）、投等，给人以奋进力度之美。各种体操技术给人以惊险、刚健、稳定美。各种球类则给人以协调、机敏、轻盈美。另外，学生在课上进行体育锻炼中能获得一种自我满足的运动美感。总之，所有在体育锻炼中焕发出的艺术美，都对学生的审美能力和美感起着潜移默化的作用。

（五）技术美

篮球运动的技术美是队员的运动技术水平与体态美素质美动作造型美的综合体现。它表现出的娴熟、快速、准确、优美的篮球动作，并与身体运动的速度、耐力、灵敏等身体素质结合在一起。良好的技艺是产生篮球美的根源和基础，在自然不自然中流露出来。球技术中的各种脚步移动也能让人体会到简单的单一技术竟然让篮球运动员运用得如此变幻莫测。

（六）战术美

战术美是在娴熟的技术美和高水平的素质美基础上，通过集体合作、组织配合的形式所表现出来的。篮球比赛时，既要考虑主观因素，又要根据对方的实力技战术的发挥和运用的客观因素，随时改变自己的战术形式，发挥克敌制胜的战术效能美。"双塔战术""挡拆战术"等战术都给予人一种耳目一新和充分的想象力。

二、篮球体育教学中的自然美

（一）健康、形体美

体育所追求的人体美是自然美中的健康美。马雅可夫斯基的诗中说："世界上没有任何一件衣衫能比健康的皮肤和发达的肌肉更美丽。"小学生的骨骼、肌肉、内脏各器官都在发育过程中，适量的练习密度才会使学生生长发育得更健壮完美，形成坐、立、行、卧的良好姿势，形体发育协调匀称，给人以健美的感觉。

（二）示范动作正确、优美

人们在欣赏美的事物时，总是在心理和行为上刻意地模仿着欣赏对象的各种美的姿态。产生相应的美感，特别是小学生善于模仿。如在跳箱分腿腾越教学中，教师的示范得体，动作准确，熟练优美，轻松自如，就能为学生建立优美的榜样形象，消除学生的恐惧心理，使学生有一种跃跃欲试的感觉，又能激发学生有一种一跃而过的决心。反之，如果不做示范或示范动作马马虎虎，拖泥带水，学生不仅学不到优美动作，而且会产生抑制心理，积极性得不到发挥，就会影响体育课的教学效果。

三、篮球体育教学中的社会美

（一）思想美

根据儿童具有进取心和荣誉感的心理特征，在教学中，教师应多采用分组竞赛的形式进行游戏，培养学生的思想美。在上"障碍接力跑"游戏教材时，用网、框、架、垫子、画线设置"敌人封锁线"，用塑料小手枪做接力棒，再加上录音机里枪声、冲锋号声交融在一起，教师再用语言引导："为保卫祖国，冲啊！"在这种意境中游戏，加强了对学生的思想教育，培养了学生的集体主义精神和长大保卫祖国的坚强信心。另外，在跳箱、跳山羊和技巧教学中，同学间互相保护与帮助，对胆小或不会做的同学给予鼓励、帮助，培养了学生团结友爱的精神。在教学生技巧的组合动作时，让学生们自由结组，依据每个人的特点，同学之间互相商量，制定出一套或几套成套动作，由个别学生来完成。这样，就能充分发挥每个学生的自身优势，既激发了他们的创作积极性，又锻炼了学生之间相互合作的能力。

（二）行为美

根据儿童静止时间短、自控能力弱的特点，教师在教学中以表扬为主，多进行正面教育，是调动学生行为美的方法。用简短的表扬性语言，给予肯定和鼓励，再加上教师衣着整洁、精神焕发，站立、转法等优美规范的动作，也给其他学生树立了良好的榜样，激发了学生的上进心，使学生做到行为美。

（三）规范美

建立和贯彻课堂教学常规的过程，是向学生进行文明礼貌、组织纪律、思想作风和安全教育的过程，也是培养行为规范美的过程。

（四）语言美

课上，教师可用幽默的言语来集中学生的注意力。体育锻炼多紧张激烈，学生有时不加思考地表现出来。作为一名教师，要善于抓住时机，运用适当的教育方法，才能使学生达到语言美。

（五）对抗美

现代篮球比赛都是在十分激烈的对抗中进行的，运动员的技战术运用基本都是在推、拉、挤、挡甚至在猛烈的冲撞中完成。篮球比赛中的对抗的表现形式主要有身体对抗、技术对抗、战术对抗、心理对抗、智慧对抗，我们能从这些对抗中看出运动员所表现出的非凡技巧和超人智慧，能体会到队员自信能战胜对手的表情，能体会到运动员所表现出的那种勇猛顽强、斗志高昂的精神。对抗能激发人们的斗志和智慧，显示出了人类善于创造的本质力量。

（六）团队精神

篮球能使人们拓展心胸、拥抱理想，把团体义务置个人荣耀之上。优秀球队所获得的成绩不是单纯凭个人的优异表现得来的，而是要靠每个球员抛开自我，携手为共同目标努力获得的。只有这样，才能体会篮球精神的博大与精深。

篮球体育教学中的社会美是客观存在的，但并非其本身能产生美育的结果，还需要有一个教育过程，抓住本质的东西，用适当的方法，达到美育作用。如果放任不管，放弃教育，也会产生相反作用，使学生以丑为美，在参加体育锻炼和比赛中养成言语粗野、行为蛮横的不良习惯。篮球比赛中，我们往往都注意着比赛的过程，比赛的精彩程度，而忽略了与篮球有关的一些元素。其实，它们也产生了视觉美。比如服饰、场地器材，啦啦队的表演以及现场的音乐等这些元素也给球迷带来了不同美的感受。

（本文获2020年北京市学校体育科学论文评优一等奖）

微课在小学信息技术画图软件中的实践与评价

石永庆

近年来，随着智能终端和移动互联网的繁荣，出现了一个以微博、微信、微视频为代表的微时代。伴随着微时代的到来，在教育领域，微课作为一种新型的教育新型资源应运而生。微课是以阐述某一知识点为目标，以短小精悍的视频为表现形式，以学习或教学应用为目的的教学视频。在小学信息技术课堂中，制作和课程相关联的微课，并且有效地运用在课堂之中，不但可以激活学生的兴趣，还能够增强课堂的教学质量，拓展学生的思维，有效地彰显出信息课堂的独特魅力。

小学画图软件是小学三年级上册的内容。对于三年级学生来说，他们无意注意占主导，注意力不稳定，容易分心，观察力弱，记忆力不强。对于画图软件这种操作性为主的课程中，大部分教师采用的是传统的"讲—练"集合。这种方式往往导致教师讲的时候他们都明白，觉得什么都简单，但是让他们做的时候就什么都不会了。而且学生的基础参差不齐，教学进度难以协调。如果长期使用这种教学方式来教学，会导致学生对原本有趣的画图软件的学习失去兴趣。因此，微课的出现对此问题提供了解决方案，也大大影响了教师与学生传统的教与学的方式。

一、微课在小学信息技术画图软件中的实践

（一）课前预习

信息技术是一门实践性比较强的课程。由于课时及学科特点，部分学生在预习时可能存在一定的困难。将微课引入到课前预习中，可以让学生在课前对所学内容有简单的了解。比如对于画图软件中的变形工具，这一内容涉

及重新调整大小和旋转两个方面，学生容易只考虑其中一个内容。因此在上课前，可以让学生观看上节课的主要知识点讲解，通过演示让学生了解两者的差异，从而掌握变形工具的使用。通过这种方式进行课前预习，一方面可以引导学生进行思考，另一方面可以提高听课效率和听课质量。

（二）课中解决难点

在教学过程中，由于每个学生的基础参差不齐，一些学生无法在有限的课堂时间内完全掌握教师的教学知识点。微课最大的优点是可以不受时间、地点的限制，学生可以根据自己的学习进度随时播放视频。因此在课堂中，教师可以录制一些微课，当学生对知识点内容不明白或存在困惑时可以观看教学视频，从而进一步理解重难点知识，强化课堂学习内容。对于画图软件中双弯曲线及封闭曲线的绘制，学生常常很难掌握要点。因此教师在讲解过程中，将绘制要领单独录制成小视频。学生可以反复观看，直到明白教学内容。

（三）课后巩固

在传统教学过程中，往往课程结束后这节课就完成了，部分理解能力较弱的学生可能无法将所学知识进行全部吸收。此时，教师可以将本节课的微课发送给学生。学生可以针对个人情况及时复习或重新学习。通过课后复习看微课的形式可以帮助学生巩固课堂所学的知识点，加强学生的记忆，防止学生遗忘。

二、微课在小学信息技术画图软件中应用出现的问题

（一）学生知识点无法系统化存储

根据小学生的认知特点与水平来看，小学生的大脑发育还未完全成熟，大多数的记忆为表象记忆。微课的教学使其知识记忆碎片化、零散化，没有成系统的资料支撑，因此对于小学生来说，知识点无法在记忆中系统化储存，

不能有效地提高小学生的知识掌握程度。

（二）课堂效率低

教师在制作微课时，经常会不断重复一些无用的话语，导致学生无法及时发现重点，无法利用微课挖掘深层次的知识。当发现学生在课堂中利用微课无法掌握知识时，教师就会在课堂上反复再进行强调。长此以往，微课教学就会流于形式，非但没有体现出微课的应用价值，反而使上课效率低下。

（三）学生适应性不高

小学生具有天生的好奇心，会对新生事物表现出强烈的兴趣，但是对新事物的接受能力有限，持久性不够，适应性低。最开始采用微课教学时，学生能够集中精力观看视频去学习知识，但时间过长，学生就容易分散注意力而影响学习效果。

三、实践策略

（一）分层进行微课设计

设计微课时，教师应注意分层教学。因为学生水平参差不齐，有的学生从小接触电脑比较多，而有的学生接触很少，因此在制作微课时可以设计一些关于基础知识的视频和一些技能提高的视频，这样就可以让学生自主选择自己需要的内容进行学习。同时在制作微课时最好可以将完整的视频课程以知识点作为单位进行分割，这样可以提高学生对知识点的检索效率。

（二）微课设计要简洁明了

微课的制作一定要立足于学生已有的知识基础，在对学生已有的知识基础进行分析的前提下，依据课程特点以及学习者的特征来设计高质量的微课。微课要能简洁明了地突出教学重难点，让学生在学习过程中能快速地把握住学习重点，提高学习效率。此外，微视频的长度要合理，过短无法充分表达教学的重难点，过长又容易使学生疲劳而无法集中注意力。

（三）微课的使用时机要合理

微课在解决教学的重点与难点、提高教学效率方面发挥着重要作用。但是并不是所有教学内容都适合微课。因此教师必须具备一定的分析能力和选择能力，选择适合的知识点进行微课录制，此外录制好微课后什么时机使用也是需要考虑的。在讲解过程中，教师要根据学生掌握情况及教学内容的难易程度来选择合适的时间使用教学微视频。通常情况下，微课大多放在学生学习过程中，此刻的微课扮演的是老师角色，由它来指导学生的具体操作，纠正学生的错误操作，帮助学生解决学习困惑。

总之，在小学信息技术课教学中，教师要充分发挥微课的积极作用，运用微课提高学生的学习效率，为学生提供更多的选择。作为教师，我们也要在教学过程中精心设计教学环节，在合适的时机呈现微课，以便达到事半功倍的效果。

（本文获2019年北京市教育学会论文评优二等奖）

坚持立德树人　深化"三爱"教育　关注实际获得

代　佳

学校全面贯彻党的教育方针，围绕立德树人根本任务，以弘扬爱国主义为核心，以传承中华传统美德为主线，深化"三爱"教育，关注学生实际获得，培养活力少年。通过融入全学科课堂教学、打造精品年级课程、挖掘体验活动载体、创新综合评价形式、拓宽家校合作途径等尝试，形成学校"三爱"教育品牌和亮点，使社会主义核心价值观融入教育教学全过程。

一、发挥主渠道作用，将"三爱"教育融于课堂之中

课堂教学是学校教育活动的主渠道，是社会主义核心价值观教育的重要场所。学校坚持"总体融入，结合教材，突出重点"的原则，通过科研培训，根据每门课程的特点实现"三爱"教育与现有教材的有机融合，将"三爱"教育内容和要求细化落实到各学科课程的德育目标之中，通过课堂教学潜移默化地使学生接受教育，得到启发。

学校重视发掘主题活动课的教育优势，由"王汉博班主任工作室"牵头，带领教师进行深入研究，推出研究课供教研探讨。邀请德育部高主任、于老师、团区委点评指导，通过培训交流使教师充分了解主题活动课特点及实施重点。上学期学校举行了"三爱"教育优质主题活动课评选活动，参评教师结合学科特点，巧妙地设计活动，引导学生理解"三爱"内涵，突破说教式的文本知识传授，将知识、态度与价值观有效融合，以学生喜爱的活动形式以智启德，收到良好教育效果。

二、打造精品课程，将"三爱教育"落实于年级之中

学校深入研究重点年段学情，通过年级课程解决重点年段焦点问题。各年级都建立了相契合的年级德育课程。我们将"三爱"教育内容和要求细化落实到各年级课程目标中，通过每周五下午的"实践一小时"着力实施。

如三年级的活力种植课程。学校开发《植物与生态环境探究》校本教材，让学生体验种草药的过程，了解药性，了解中国博大精深的中医药文化；校园内昆虫采集，开设土壤博物馆，要求学生每年寒暑假外出，把全国各地的土带回学校研究土壤成分，激励着学生对生命的探究与热爱，激发爱国情，感受学习的乐趣，劳动的快乐。

又如为有效做好幼小衔接工作，学校在一年级实施的入学季课程。学校开发《守礼之行》校本教材，将新任一年级教师、新生、新生家长作为培育对象，让专家、教师、高年级学长、校外辅导员成为教授者，通过学校授课、家庭联动等多种途径，帮助教师、新生、新生家长调适心理，夯实习惯养成，顺利平稳度过一年级，提高一年级工作的实效性，使一年级新生快速成长为"知礼、守礼、明礼、达礼"的活力少年。

再如为帮助六年级毕业生顺利跨越初小衔接的人生栏杆，学校在六年级开展了毕业季课程。通过"认识自我""起航逐梦""感恩服务""励志奋进""成果展示"几组课程，使毕业班学生逐步成长为"对祖国勇敢担当、对自己正确认识、对他人懂得感激、对未来有所准备"的合格小学毕业生。

三、挖掘活动载体，将"三爱教育"推进于体验之中

（一）结合传统节日和纪念日，深化"三爱教育"内涵

每年学校都结合传统节日和纪念日开展丰富多彩、寓教于乐的教育活动。如学校开展的"清新中秋　墨韵中秋"主题活动。学生们围绕"感恩、团圆"主题，借助网络、短信、微博、微信等现代交流平台，开展中秋签名寄语活动，通过抒发感想、发送感恩寄语，表达畅想团圆、感恩父母、报效祖国之

情。组织开展家庭联欢会活动，赏月、吃月饼，各展才艺，感受中秋佳节的幸福团圆。充分利用班会、活动课，广泛开展中华传统经典诵读、中秋诗文朗诵会、诗词赏析讲座、墨韵中秋等活动，组织学生诵读中华经典，书写中秋诗歌，感受传统文化的魅力。组织学生开展卫生大扫除，整治校园环境卫生，清除卫生死角，增强学生的生态文明意识，创造整洁优美的环境。

（二）扎实开展社团活动，传承中华传统文化

学校整合优势资源，建立保证和考核机制，成立了戏剧社、文学社、空竹、唐人娃娃、武术、剪纸、书法、中国结、刺绣等30余个学生社团。组织得力、参与广泛、内容丰富、形式多样、机动灵活的活力社团是"三爱教育"的重要载体。学生在社团中成为小小非遗传承人，建立起强大的民族自信，同时在快乐的学习生活中学有所长。

（三）系列活动品牌化，品牌活动精品化

"小小百家讲坛"是学校的品牌活动。学生通过阅读课、亲子共读、戏剧社团等形式阅读《论语》《三字经》《弟子规》《中华传统美德故事》《十德树人》等文化经典，以"课前三分钟"、校园广播站、校园电视台、美德故事会、国旗下讲话、班级微信群等形式开展"小小百家讲坛"活动。学生通过讲述孟母三迁、闻鸡起舞等故事、开展美德辩论赛、诵读比赛感悟中华优秀传统文化的精髓，增强民族自豪感。学校还先后多次邀请文化名人、英雄模范、道德模范、通州榜样等先进人物参与"小小百家讲坛"活动。"通州榜样"东直门医院东区逯俭医师为六年级学生带来精彩的开学第一课——《"敬业"是一种美德》。逯俭医师通过古今中外名人故事和自身经历生动讲解了什么是"敬业""敬业"的故事、我是如何"敬业"的。对于小学生来说，敬业是什么？生动的事例，活跃的互动，让学生了解到"敬业"的真谛。他们表示，作为当代小学生，敬业就是"乐学""守纪""懂礼"，做"敬业"好少年无限光荣。温文尔雅的儿童文学作家曹文轩教授分享自己童年的阅读故事，循循善诱地向全校师生、家长阐述："只有阅读才能成为有智慧的人、才能成为高贵的人、才能成为有眼力的人、才能成为姿态优雅的人、才能成为有创造能力的人！"歼十飞机首席试飞员徐勇凌大校以自己的人生经历为学生上了一堂主题为"飞翔的梦想"的爱国课程，他以自己和战友自律奋进、不畏艰险、忠于祖国的飞行经历感召学生勇敢追梦、严于律己、努力学习，争做时代的先行者！他的人生经历深深吸引和震撼着学生的心灵。他们积极参与现场互动，将课前预习时遇到难解的航空知识向功勋试飞员请教。临近尾声时，学生们由衷地喊出了"向英雄学习，做杰出北分少年，做祖国栋梁之材"的奋斗目标。

"寻访红色足迹"是学校另一项品牌活动。学校组织学生开展"三个一"活动：读一本革命故事书，看一部红色电影，会讲一个红色故事。通过赏析红色影片《建国大业》《建军伟业》《长征》《地道战》《四渡赤水》《洪湖赤卫队》、各班的戏剧社编创表演《小萝卜头》《赖宁》《董存瑞》等红色故事、组织学生参观革命历史博物馆、烈士陵园等活动引导学生了解中国近现代史，特别是中国革命史和中国共产党历史，体验革命情怀，弘扬革命精神，激发爱国之情。

四、创新综合评价形式，将"三爱"教育深化于评价之中

学校注重发挥评价导行、评价育人作用，制定并实施了"和小力力一起成长"评价体系，将"三爱"教育内容落实于各项评价目标中，整体构建富有学校办学特色的立体化学生评价体系，关注学生的全面发展。在评价管理工作中，将学校行政推动、班级常态落实、家长积极辅助、挖掘社会资源等参与学生评价的各方力量进行整合，从学生全面发展的角度拓宽常规化的评价途径为立体化的评价体系，让学生在全面发展的过程中最终成为自我评价的小主人。

每周各班都利用班级评价课反馈评优，目前已形成常态。班级评价课在充分尊重和激发学生参与热情前提下，由班级自查反馈、学生自评互评、班级问题讨论、班级榜样推、制定个人奋斗目标相互监督达成目标等几个环节组成。通过坚持每周一次的班级评价，学生们反思自身的不足、发现他人的

闪光点、共同解决班级疑难问题，为小伙伴提供帮助支持，感受榜样的力量，努力达成奋斗目标。目前班级中已形成了"团结、务实、民主、向上"的良好班风，班集体荣誉感空前高涨，同学间友爱之风盛行，学生主人意识和自律能力显著提升。

另外，班级小榜样中的佼佼者被推选为班级小代表，每周二与校长共用午餐，为学校发展出谋划策，这大大激发了学生的参与热情和主人意识！

为激发班级成长活力，学校也实施了"卓越班集体在升起"班级评价体系。通过每周一评价，即德育处、教务处、体育组、科任组每周对班级安全、纪律、卫生、健体、学科进行评价贴星，此五项合格评为"奋进班集体"。每周累计汇总，即累计获得四次"奋进班集体"，同时又在活动、内务方面达标的班级升级为"光荣班集体"。每学期一总结，即学期末获得"光荣班集体"次数最多的班级升级为"卓越班集体"。这个评价体系将横向比较变为纵向提升，将关注点放在班级的成长上。另外，升级为"光荣班集体"后学校的表彰形式也很灵活，拓展活动、外出游学、优秀课程、专场演出都成了激励项目，激发出师生的动力和班级的活力，使班级凝聚力迅速提升。

五、拓宽家校合作途径，将"三爱"教育拓展于合作之中

学校注重家校协作，推进学生品德养成，通过课题研究引领，不断拓宽家校合作途径充分发挥家长教师协会作用。发挥家长讲师团、蓝袖标护苗团、家长后援团、家长智囊团作用，在相互协作之中，提升"三爱"教育实效性。

如学校低年级中开展的"家庭公约"活动。通过家庭会议发现每位家庭成员的提升方向，制定家庭公约，明确奖惩方式，每天记录，每周总分。几个家庭结合成组，相互监督。坚持执行后大大促进了民主和谐、积极向上家庭氛围的形成，成为学生好习惯及责任心培养的有效方式。

在今后的工作中，我们将进一步将"三爱"教育与我们的德育工作紧密结合起来，与校园文化建设结合起来，与校本课程建设结合起来，创新工作思路，创新工作形式，努力开创学校德育工作的新局面。

（本文获"育人杯"德育论文征集一等奖）

创新班级评价机制　提升学生综合素质

刘　慧

　　在当今全面深入实施素质教育的背景下，中小学生综合素质评价作为一项重要改革内容在全国各地普遍开展。学生综合素质评价是班级管理的重要内容之一，班主任可以有效地利用学生综合素质评价，有力助推班级管理工作。有效的评价可以提高学生的自主管理能力，推动良好班级文化的形成。

　　教育的目的是培养完整人格的人，不能仅仅强调学生的学业发展水平，更应该关注学生的情感、态度以及价值观等方向。学生是教育的主体，应该促进其对自我的认知评价，评价不能是教师的一言堂。每个学生都有其独特的个性，不能采用同一模式去评价每个学生。学生是发展的人，尤其是小学阶段的学生，出现缺点、毛病是正常现象，要以评价引导其完善自我。在学生综合素质评价方面，我将班级管理与综合素质评价相结合，主要进行了以下几点的新尝试。

一、活动与评价相结合，为学生综合素质评价搭建平台

　　综合素质展示平台不是额外增加、独立割裂的一项活动，而是可以与各种班级管理教育活动有机地结合起来。学生综合素质展示内容可以转换为班级管理的教育活动主题，并通过班级管理教育活动促使评价内容的达成，两者相互促进、共同发展，既实现了对学生综合素质进行客观评价的目的，又能够有效地达成班级管理目标，促进班级的团结与稳定，培养积极向上的班风。例如我以综合素质评价为抓手，评价与活动相结合，鼓励学生积极参与学校各项活动，并专门制作了评分机制。在此基础上，我将各项活动的体验与《小学生综合素质评价手册》中各部分相结合，建立"积分制"与"将票制"相结合、"个人评价"与"小组评价"相结合，着重过程性评价，侧重学

生成长、进步痕迹，逐步梳理、建立了多维评价体系。

二、丰富班级管理角色，为学生综合素质评价保驾护航

真实有效的学生综合素质评价信息才能真正发挥改进、调控和激励作用，使学生不断地审视自我、认识自我，促进学生综合素质不断提升和发展。在学生综合素质评价实施过程中，教师需要建立相应的保障机制，而机制的确立和实践过程也在不断地推动和完善班级管理制度的实施，两者相辅相成，共同实现规范、约束、保障等作用。班级内除了班干部和组长以外，几乎所有的其他学生都有一个管理角色：监督衣着是否整齐，语言是否文明，行为是否规范，门窗的开关等，而且还定期交换管理角色，每个学生都是班级的评价者与被评价者，每个人都觉得责任重大。活而有序班级角色分工与评价机制，有助于学生逐步养成自律、积极向上的良好品质，推动了班级常规管理的良好有序运行。

三、巧用评价构建良好的人际关系，挖掘学生综合素质内涵

良好的人际关系是一个班级建设的重中之重。其人际关系可以分为四类：师生关系、生生关系、老师和家长间的关系、学生和家长间的关系。如何协调好这四种关系是挖掘学生综合素质内涵的重要方面，它直接影响着小学生的综合素质发展。

（一）在家里的表现分值表

序号	内容	得分标准	扣分标准
1	在规定的时间内完成作业	+1	−1
2	不用家长催促按时起床、按时上学	+1	−1
3	帮忙做家务。	+1	−1
4	不跟家长顶嘴	+1	−1
5	关心尊敬家长	+1	−1
6	按时睡觉	+1	−1

（二）在学校参加活动分值表

序号	内容	得分标准	扣分标准
1	积极参加学校活动	+3	
2	在学校活动中取得名次	+5	
3	积极参加班级活动	+2	
4	在班级活动中取得名次	+3	
5	被评为周明星	+3	

生生关系是这四种关系中最难调控的一种，也是最重要的一种。良好的同学关系，关系到学生在校生活的方方面面及身心健康。因此，我依据学生综合素质内涵及其评价要求，以及班级明确班级人际关系培养目标，将生生关系细化到学生的日常行为表现和具体

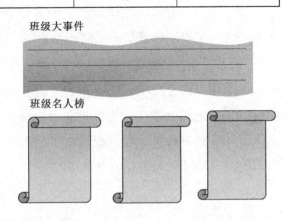

要求，渗透到学生常规管理、德育管理等各个教育教学环节中。每一周我都会给班级定一个主题，如"感恩周""微笑周""爱心周"。在每周的主题引领下，我抓住典型事例及时表扬，张贴"班级名人榜"和"班级大事件"，宣扬好人好事，给学生树立榜样。通过班队课和晨间谈话逐渐扭转错误思想，解决问题，并在教学过程中渗透德育，进一步进行教育。

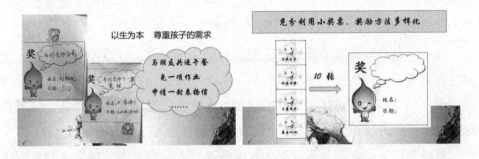

在丰富的班级教育资源里，家长的理解、支持和配合是很重要的一块。

及时将学生的好品质，以表扬信的方式与家长沟通给我带来了很多意想不到的好处。不仅可以使学生的优良品质得到进一步发展，有效促进班级人际关系，形成良好的班风，还可以真正做到家校互动，形成教育合力。

四、创新评价机制，以生为本，满足学生内在需求

为了使学生养成在纪律、卫生、学习等多方面的好习惯，我结合班级文化专门设计了水滴四班的表扬信和小奖票。小奖票分为"水滴石穿""上善若水""泉水叮咚""冰洁水清"四种奖票。学生某一个方面表现好，我就会把相应的奖票发给他。奖票放在讲台上，各科老师都可以使用。每一种小奖票攒够了10个之后，学生就可以找老师兑换表扬信或者小愿望奖票。愿望奖票的内容不进行具体的设定，根据孩子的需求不同可以进行多样的奖励。比如"使用彩色粉笔""与喜欢的老师合影"，甚至作业写得好的同学可以获得"免一次作业的特权"等。这些特殊的奖励充分调动了学生的积极性。为了凑齐兑换特殊奖励的"小愿望奖票"，他们都在无形中学会了约束自己。

为使班风得到进一步体现和升华，经过班级全体学生讨论研究，制定了班级制度评比细则。在每周一下午的班会时间，我会抽出一定时间进行小结，并根据学生一周内的表现评出"每周之星"和"优秀小组"。凡是获得"每周之星"称号的同学，每人都可以得到一张喜报。俗话说："玉不琢不成器。"然而，在坚持说服教育的前提下，适当的惩罚也是必要的。当学生在一周内表现不好时，我就会让学生双休日在家背一首诗，摘抄一篇好文章等，以此作为惩罚的内容，让学生在受到惩罚的同时，又增长知识。

制定具有班级特点的评价体系是开展学生综合素质评价的基本保证，而制订评价体系的过程是一个民主开放、集思广益的过程，是在班主任指导下学生学习、理解教育目标和要求的过程，是学会合理表达自己意见、倾听和尊重他人观点的过程，也是学生将知识内化和自觉接受评价标准的过程。

有研究认为，在当今全面深入实施素质教育的背景下，班主任要从班级活动的外在控制者转变为班级活动的共同参与者，从班级管理中的绝对权威

转变为建议的提倡者，从学生评价的独断者转变为学生评价的协商者。无论是学生综合素质评价还是班级管理，都要以全面促进学生各种综合素质发展为目的，在实施过程中避免"管""卡""限"，而且班主任要特别重视学生自主管理能力的培养，逐步实现促进学生全面而有个性地发展，为学生终身发展奠定坚实基础的目的。

参考文献

［1］邢利红.中小学生综合素质评价：班级管理的助推力［J］.思想理论教育，2013（4）.

［2］李群.班主任班级管理角色转换探析［J］.基础教育，2003（10）.

（本文于2018年获北京市教育学会创造教育研究会论文评优一等奖）

带着孩子一起"撕名牌"

田亚楠

　　有效的班级管理评价一定要让学生有兴趣并且乐于参与其中。著名心理学家皮亚杰认为，一切有成效的工作必须以某种兴趣为先决条件。实践证明，当人们对某方面事物感兴趣的时候，这种兴趣会引导他积极地从事这方面的实践活动。当学生对于所学内容感兴趣的时候，学生就会自觉地集中注意力，全神贯注地投入学习活动。这时的学生有旺盛的求知欲，对于新的事物会格外用心理解，精力集中并且从情感和认知上都做好准备。基于这一点，我主动和孩子沟通，走进他们的生活，了解他们最近最着迷的事物，从中提取信息，为班级管理评价注入新鲜的东西来吸引孩子的注意力。用他们喜欢的话题作为本学期班级管理评价的主题。

　　我主动与学生沟通，了解他们经常谈论的话题。例如，我发现学生总是会谈论"跑男"或是"撕名牌"。随着这项大型真人秀节目的热播，孩子们在课间不仅谈论，有时候还会找同学一起玩里面的"撕名牌"游戏。但是，在楼道和课间玩这个游戏很危险。通过几次的安全教育之后，我仍担心有学生会偷偷玩。换个角度想一想，越是禁止的游戏，学生越是爱玩，或者我可以带着他们一起来玩这个游戏。于是我想到了将这个"危险"的"撕名牌"游戏变成一种安全的游戏——名牌擂台赛。

一、根据学生的情况制定"游戏"规则

（一）对本班学生进行心理分析

二年级的学生在心理上有两个明显的特点：心理趋向稳定和出现早期的竞争意识。

1.心理趋向稳定

二年级的学生的形象思维十分活跃。二年级的学生可以熟练地做自己想做的事，并能把自己的想法简单地记下来。所以，我让学生自己记录班级发生的情况和加减分的情况。由于个人能力提高、思维方式发生变化，二年级学生心理趋向稳定，显示出一定的个性特征，个人能处理的问题越来越多，自信心不断增强。根据班杜拉的自我效能理论：教师应该为学生设立通向成功的阶梯。成功的经验会增强学生的自我效能，使学生树立成功的信心，正确看待自己的能力。这就要求教师着重培养学生良好的心理品质，培养学生正当的兴趣、爱好和特长，并给学生创造成功的机会，为学生铺好通向成功的阶梯。正如班级中的职务认领。让孩子根据自己的能力认领自己力所能及的任务，让他们可以出色地完成自己认领的任务，获得成功的经验，增强自信心。

2.出现竞争意识

因为二年级的学生已经能够判断自己的能力大小，所以在发现别人的表现比自己好或者差时，相应地会引起心理的变化。当别人不如自己时，内心会暗暗感到自豪得意。这是较早出现的竞争心理。根据这种竞争心理，我将学生各项的评比展示出来，并且设定特定表扬区域，这个区域是学生的榜样。我的目的是希望在竞争中，每个学生都能向榜样学习，充分发挥榜样的作用。班杜拉认为，人的行为可以通过观察学习过程获得。但是获得什么样的行为以及行为的表现如何，则有赖于榜样的作用。榜样是否具有魅力、是否拥有奖赏、榜样行为的复杂程度、榜样行为的结果和榜样与观察者的人际关系都将影响观察者的行为表现。在班级中获得"班级小明星""班级小月亮""班级小太阳"称号的学生，作为其他学生的榜样，让全体学生去学习。通过树

立好的榜样，让孩子去学习这些榜样的行为，从而提升班级的整体道德行为。

（二）根据评比项目制定撕名牌的"游戏规则"

我按照班级评分表，从道德纪律、学习、卫生健康三方面进行评比。三方面满分共100分，其中道德占40%，学习、卫生健康各占30%。学生道德得分35分以上，卫生各25分以上的可以得到贴画。各项得分都在20分以下的会得到一个绿色的贴画。

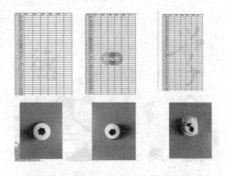

每周一总结三方面的分数，学生按照班级规定分数得到相应的贴画并贴在自己的名牌上。不同的方面，贴画的颜色和形状不同。如果出现绿色的蝴蝶贴画，代表违反纪律或是扣分较多。如果要摘下一个绿色的贴画需要5个优秀的贴画。绿色贴画如果达到5个及以上，学生就要面

临OUT。被OUT之后的学生，暂时无法参加班级的评比，则必须完成3件好事，才能重新回到游戏中。学生都不愿意得到绿色贴画，有些学生得到绿色的贴画后会偷偷地藏起来，不贴上去。基于这种情况，我以绿色的贴画为主题，进行了班队会教育，告诉他们绿色的贴画不仅仅代表你的错误，它还在提醒你需要改掉这个坏习惯，如果你能将一个绿色的贴画摘下来，你就是我

们所有人的榜样，因为战胜自己的人是最棒的。此后，班级中的学生越来越诚实，进步也很明显。

在这个游戏中，不仅会评比学生的常规习惯，还会对所有学科的课堂表现和成绩进行评比。根据每位任课教师不同课上的评比规则，

最终都以不同的贴画来代表学生在不同方面的表现，建立一个完整的学科评价体系，如下图所示。

除去绿色贴画外，贴画总数达到10个的学生可以获得"班级小明星"的称号，并获得一朵黄花。总数达到20个的可以获得"班级小月亮"的称号，并获得一朵粉花。总数达到30个的可以获得"班级小太阳"的称号，会获得一朵红花，并能实现一个愿望。如果绿色的蝴蝶贴画达到5个，则会被撕掉名牌。

二、将小干部培养与"名牌擂台赛"相结合

二年级下学期，学生已经有了自己管理自己的能力。所以，我侧重全面发展学生的能力。能力是建立自信心的基础，因此要注重培养和发展学生的各方面能力，能力水平提高了，学生的自我效能自然会得到提高。所以，我让每个学生在班集体里找到自己合适的位置，让每个学生都在班级中负有一定的责任，都有为大家服务的机会，并不断地为每个学生创造成功的机会，使他们品尝到成功的欢乐，从而培养学生的自信，提高他们的自我效能感。

首先，让学生自己发现班级的职务，并且通过自愿报名和班级投票选举的方式。然后，组织学生认领职务，获得职务的学生将职务条贴在自己的名牌上。这样，班级里面的每个学生都是班级的管理者，而且通过自己不同的职务来发展他们除学习之外的其他能力。在这项活动中，学生的能力得到了一定的培养和提升。班里面的一个小男孩——小庆，在学习上属于潜能

生，但是他却主动认领了"清洁大师"的职务。每节课课间都不再出去打闹，而是在擦黑板，打扫卫生。其他同学受到他的影响也在跟着擦黑板，班级里的卫生有了很大的提高。还有一名小男孩——小轩，他主动争当"粉笔小卫

士"，帮助老师收拾没用的粉笔头。考虑到他课上总是不能完成作业，课下需要时间来补作业，所以我拒绝了他。但是他课后主动找我要求担任这个职务。我说出了拒绝理由，但他还是坚持并且保证作业都在课上完成。我给了他这次机会，发现他真的改变了不少，没有在课间补过课堂上的作业。又如，班级里面的一个小姑娘——小艺，她发现班级里天天有人丢文具，想弄一个失物招领箱，每周固定时间进行失物招领，从而减少文具的丢失。我同意了她的做法并且让她负责。后来，我发现小艺越来越自信，班级讲台上再也看不到丢失的铅笔和橡皮了。这些成功的经验会增强学生的自我效能，使学生树立成功的信心，正确看待自己的能力。这就要求教师要着重培养学生良好的心理品质，培养学生正当的兴趣、爱好和特长，并给学生创造成功的机会，为学生铺好通向成功的阶梯。正如班级中的职务认领，让孩子根据自己的能力认领自己力所能及的任务，让他们可以出色地完成自己认领的任务，获得成功的经验，增强自信心。

三、家校合作共同制定班级评价管理机制

班级评价管理要想行之有效，必然少不了家长的支持与配合，所以在开展班级评价管理时，教师应主动与家长沟通，共同制定班级评价管理机制。

苏联教育家苏霍姆林斯基曾经说过："两个教育者——学校和家庭，不仅要一致行动，要向孩子提出同样的要求，而且要志同道合，抱着一致的信念，始终从同一原则出发，无论在教育的目的上、过程上，还是手段上，都

我的心愿库　　>>>>>>
- 我要有一天没有家庭作业的日子
- 我想当小小举牌手
- 我想当班长
- 我要当卫生检查员
- 我想当某老师的课堂小助手
- 我想和某某同桌一天
- 我想参观校长办公室
- 我想看看学校的广播室是怎么工作的
- 我想当一年级小弟弟妹妹的睡眠管理员
- 我想音乐老师带我遨游音乐殿堂
- 我想让体育老师带我们做游戏
- 我想和某某老师合张影
- 我想跟着上一堂课**校本课
- 我想当图书管理员
- 我要看动画片
- 我今天免 课外班的课
- 我要随便选心爱的礼物
- 我想周末去公园
- 我想邀请小朋友周末来家里玩，家长配合
- 我想邀请爸爸妈妈来学校共进午餐一次
- 我可以免一次考试
- 我当一次小老师，给同学们布置一次作业
- 我想要一个盖学校印章和班级印章的小笔记本

不要发生分歧。"所以在制定本班的班级评价机制的过程中，我将我的想法与家长沟通，听取家长的意见。如在班级最终奖励上的"心愿卡"。我的想法是让学生随便写愿望，不限制学校或是家庭的，但必须合理。但是，由于学生比较小，对于"合理"一词的意义理解不到位，造成学生和家长之间出现"讨价还价"的现象，使得学生对于家长丧失信心。根据家长反映的这些情况和他们的建议，我将愿望规定成跟学习成绩有关的或是班级有关的愿望，并且让家长帮助我完成学生愿望的调查表。从此，每个学生都有了自己的目标，他们获得奖励的方式不再是奖品此类物质化的实物，且对他们的情感、价值观方面也有所提高。

四、我的感受与收获

爱玩是孩子的天性，他们不愿意被束缚。如果用某一种枯燥的"班规"规定学生在学校的各项表现，他们产生的第一种心理反应一定是反抗。一旦有了这样的心理，任何的规矩对他们来说只是一种"枷锁"，他们每天都在为挣脱"枷锁"反抗，从而使得班级评价管理工作进行得更加困难。如果换一个角度，用他们喜欢的话题和方式和他们做游戏，不遵守或是破坏游戏规则就直接OUT，这样他们才会珍惜在游戏中的机会，慢慢地改变自己不符合游戏规则的行为。我的目的也达到了。如此双赢之事，何乐而不为？

参考文献

[1] 陈琦，刘儒德.当代教育心理学 [M].北京：北京师范大学出版社，2007.

[2] 皮连生.教育心理学 [M].上海：上海教育出版社，2011.

[3] 陈海滨，徐丽华.优秀班主任60个管理创意 [M].上海：华东师范大学出版社，2013.

[4] 王振刚.做学生生命中的贵人 [M].福州：福建教育出版社，2014.

（本文获2017年《北京教研》第五届征文活动一等奖）

建立良好的师生关系，俯下身陪孩子一同成长

王 楠

　　爱是教育永恒的主题，教育与爱从来都是水乳交融的。良好的师生关系，能够使学生更好地成长。作为一名小学班主任，特别是一年级的班主任，是一个复合性角色，每天与孩子们斗智斗勇。一年级处于幼小衔接的重要阶段，学生年龄小，因此我既充当着一位慈母的角色来呵护学生的心灵，又充当着严师的角色，在学生成长的道路上为他们导路领航。但是作为一名新晋班主任，原本还是小女生的我，在很多问题上也会有措手不及的时候。班主任工作虽然烦琐，但我每天都在享受着自己与学生们相处的每一分钟。每天除了对学生的学习负责以外，还要关心他们的身体、纪律、卫生、安全以及心理健康等情况。我每天都会以最饱满的精神状态去迎接我的可爱的学生们。正因为如此，才换来我和学生们良好关系的建立，使得班级凝聚力更强，学生也越来越好。下面我就自己的经验谈一谈：

一、陪孩子一起融入新班级，让孩子心中多一个家

　　新班级、新伙伴、新老师、新的校园环境，对于一年级学生来说，这让他们感到既兴奋又不安。因此，如何让学生尽快融入班级就成了重中之重。开学前，我对每一个学生都进行了细致的家访，了解了每一个孩子的爱好、特长、生日等，这样既方便开学后的管理，也能为开学的工作提前做好铺垫。经过家访，我对班里的46名学生都有了一定了解。在开学前一天，我整理了所有学生的姓名、生日等信息，把教室打扫干净、桌椅摆放整齐，在黑板上写上欢迎语"繁星八班，我的家"，尽力营造出家的感觉。学生一进班就能体会到我这个大家长对他们的用心与呵护。

　　班主任的仪表和气质会给学生留下深刻印象。开学这一天，我精心整理自己的仪表，让学生眼前一亮。对于学生来说我是陌生的，因此我走到学生之间与他们一起聊天，说一说如何来学校的等，在与学生的交流中处处渗透给他们家的概念。很快学生们从拘谨变得轻松愉快。在接下来的几个月的时间中，学生们也确实将"繁星八班"这个大家庭时时装在自己的心里，经常会为"家"做自己力所能及的事情。"家"就意味着责任，学生身为家中的一员，有责任保护、爱护自己的家。因此学生们为班级拿来绿植、笔筒等来装扮他们的家。不仅是在学生心中，我同时努力在家长心中建立繁星八班这个大家庭的概念，爱八班这个大家庭，爱家里的每一个孩子。在这样的班级文化影响下，家长自发为班级设计心情脸谱背板，为孩子们送来小椅垫、书柜、小奖励等，使得这个大家庭越来越温馨。

二、班级文化影响孩子的行为，陪孩子养成好习惯

　　班级文化反映的是班级这个特定的社会组织的价值观念和行为准则，是一种渗透在班级一切活动中的理念与灵魂。班级文化是班级师生共同创造的精神财富，是校园文化的重要组成部分，也是形成班集体凝聚力和良好班风的必备条件。一个好的班级文化会影响学生的行为，从而促使他养成好的习惯。班级环境就是班级不可分割的一部分，比如班级内外的扎板、班级展示墙、班名等都会影响着学生们。同时班级的思想观念文化，如班集体的价值观、信念和目标等，构成了班级文化的"核心"和"灵魂"。我们班的班级名称是繁星八班；班级口号：繁星八班，闪耀明天；班级目标：让每一颗星星都绽放光芒。

　　之所以为班级取名为"繁星八班"，主要是由于每一个学生都有闪光点。如果我们不断地去发现他的闪光点，学生们就会像璀璨的繁星一般闪闪发光。同时一颗星星的力量是有限的，教师就像是链接这些小星星之间的线，当所有的星星都发光发彩时，才是最耀眼的。同时，强调集体意识，也会使学生在他的成长过程中会用这样的标准去管理自己，从而闪耀明天，这也就是我

们班的最终目标"让每一颗星星都绽放光芒"。在这样的班级文化氛围中，每个学生都会趋向于好的方向，让自己在八班这个大集体中发光发彩，这样，整个班级都会形成一个积极向上的氛围。

学生良好行为习惯的养成不是一节课、一两天说说就行的，它必须贯穿在整个管理过程中。为此我制定出详细的班规，要求学生对照执行，使学生做到有规可循、有章可依。由于低年级学生自觉性和自控力都比较差，避免不了会出现这样或那样的错误，这就需要班主任做耐心细致的思想工作，不能操之过急。我经常利用班会对学生中出现的问题进行晓之以理、动之以情、导之以行的及时教育，给他们讲明道理及危害性，从而使学生做到自觉遵守纪律。作为班主任，在学生养成习惯的过程中，我会俯下身陪伴在学生身边，而不是作为一个管理者高高在上。同时会在上课过程中进行渗透，例如，"谁坐得标准，生字宝宝就先和谁做好朋友"。这样既渗透了班级管理，同时又使得学生对学习产生极为浓厚的兴趣。

其实在学生成长的过程中，作为一个刚刚转换角色的新教师，我很庆幸得到了家长们的认可。家长们会经常给我发信息，和我分享学生们成长的喜悦，同时表达对我的感谢以及工作的支持。这使我感受到，学生成长的同时我也在不断成长。

三、"创造奇迹的鲸鱼"，陪孩子一起分享进步的喜悦

奖励在小学生教育过程中具有必要性，科学的奖励可以强化小学生的良好行为，也可以使小学生获得自信和愉悦感，从而达到不用奖励就可以保持和继续其好的行为，从而达到班级自制。

我看过这样一个例子，对我的触动很大。香港海洋公园里有一条大鲸鱼，虽然是一头重达8600公斤的庞然大物，却能跃出水面6.6米高。面对这条创造奇迹的鲸鱼，有人向训练师请教训练的秘诀。训练师说，在最初开始训练时，我们会先把绳子放在水面之下，使鲸鱼不得不从绳子上方通过。每通过一次，鲸鱼就能得到奖励。渐渐地，我们会把绳子提高，只不过每次提高的幅度都

很小，大约只有两厘米，这样鲸鱼不需花费多大的力气就可能跃过去并获得奖励。于是，这条常常受到奖励的鲸鱼，便很乐意地接受下一次训练。随着时间的推移，鲸鱼跃过的高度逐渐上升，最后竟然达到了6.6米。训练师最后总结道：他们训练鲸鱼成功的诀窍是，每次让它进步一点点。正是这微不足道的一点点积累起来，天长日久，便创造了惊人的奇迹。

与训练师相比，教育者的工作应该更有优势，因为我们面对的是高智商的人。首先，确立目标，因材施教。目标就像长在树上的桃子，学生的基础不同，能力各异，教育者要帮助学生确立不同的"桃子"，而不是一刀切，让所有学生摘到同一高度的桃子。教育专家林格曾说过，教育者在帮助学生设立阶段目标时要注意尺度，"跳起来正好够得着"应是目标设立的基本原则。因此在班级内，我会及时去发现学生们身上的闪光点，给予他小星星的奖励。当他的小星星够5个之后，又可以来兑换大红花的奖励，与学校的整体评价体制进行结合。当5个红花集齐时，又可以来兑换小奖状。同样，奖状也可以兑换相应的礼物。这样一步一步"逗着"学生们朝着好的方向发展，在奖励的过程中，陪着学生们进步与成长，分享他们的喜悦。其他的学生看到他人得到奖励时，也希望被认可、被奖励，从而督促全班不断向好的方向发展。

四、榜样作用，陪伴学生左右

低年级学生，尤其是一年级学生，对于自己的老师有着天生的崇拜。你的一个眼神、一个动作，甚至一个细微的表情，都会被学生无限放大，然后进行模仿。因此我处处都会留心自己的行为。凡是需要学生做到的事情，我一定会亲力亲为，时刻为学生做榜样。例如我要求学生不留指甲，那么作为教师首先我会把我的指甲剪短。当学生看到老师的指甲也剪短后，自然就会想到自己，主动去修剪指甲。一年级学生还不会做值日，如何维护班级卫生就显得尤为重要。在我的影响下，学生能够主动俯下身捡起地面的垃圾，主动擦黑板、水池等。学生在做操时，我也会用心跟学，把动作做到标准。我这样的榜样作用，潜移默化地影响着学生本身。除了自身的榜样作用，在班级我还会建立小榜样，让小榜样开花、结果，从而去影响着他周围的人向榜样学习，使自己也可以开花结果。

五、面对错误，俯下身仔细聆听孩子的心声

低年级学生自制力较差，难免会犯错误，犯错误时，他的自身会非常矛盾、不安。大多数时间犯错也是无意识的，因此当学生出现错误时，我并不是一味地批评，而是俯下身像大朋友一样仔细聆听他的心声，用自己的爱去陪伴每一个学生的成长。在我们班有个出了名的"淘气包"——宇翔。他本身非常聪明，由于家中纵容，有着自己的小理论，很不愿意让别人管他，因此对老师的批评特别反感，甚至出现逆反心理。无论你说什么他都不听，也不改正。经过两周的时间，其他学生都有了不同程度的变化，但是宇翔这种不受管的情绪却愈演愈烈，这让我十分头疼。后来和他的爸爸沟通，了解到孩子的一些情况，知道他其实是一个非常听话的孩子，但是前提是他要认识到错误，并且能够听懂道理。

在后面的教育中，我决定采用道理来打动宇翔，可结果是我以失败告终。处于一年级的学生，心智发展还不是很成熟，许多道理孩子根本听不进去，也听不懂。我心里特别焦急。在一次午餐过后，大家排队准备离开，宇翔由于说话、打闹被主任批评了。我能看出他心里并不认同对自己的批评。我把他单独叫出来，和他说了很多，可宇翔依旧一副"我就没错"的态度。最后我决定采用冷处理，和其他同学聊天、游戏、谈心。

起初，宇翔对这些并不在意，一直站在一边，或坐或站，但是过了一会儿，他开始慢慢向我靠近，站在我的面前。我假装看不到他，这时宇翔开始和数学老师说话。我向数学老师用了一个眼色，叫数学老师不要理他。这时候孩子的表情很失望。排队的时间到了，宇翔这次主动站到了队里，没有再打闹或说话聊天。我抓住时机走过去，低下头问他："你刚才站在我面前是有什么想说的吗？"宇翔想了想说："没有。"我故意抬高声调说："那就算了。"宇翔的脸色更难看了，这时我低下头，诚恳地看着他，问道："刚才老师们不

理你的时候，你心里什么感受？是不是特别不高兴？"宇翔看着我说："挺不舒服的反正！"这时候他的眼神里已经没有了开始时的不服气。我紧接着问："那你愿意把这种感受给老师吗？""不愿意！"他的回答很坚定。这让我内心舒了一口气，这孩子还有救！我对宇翔说："你知道吗？你上课不听讲，随便说话，这种忽略老师的态度，已经让老师非常不舒服了，我相信你一定不愿意把这种感受带给别人，对吗？你是一个善良、懂事的男孩，你很优秀，也愿意为他人着想。所以老师相信，你一定能够变得更好！"宇翔坚定地点点头。下午的课上，宇翔坐姿非常标准，课堂纪律也特别好。

德国美学家黑格尔说："不应该使孩子们的注意力长久地集中在一些过失上，对此，尽可能委婉地提醒一下就够了。最重要的是要在学生身上激发出对自身力量和自身荣誉的信念。"面对学生犯的错误，我并不是每一个都进行批评，当他的闪光点盖过缺点时，适当地忽略是很有必要的。教育归根结底还是要发现学生的闪光点，让学生在不断挖掘自身优点的过程之中成长，成人，并成才。

教师只有建立好与学生之间的关系，拉近与学生之间的距离，才能够更好地教育学生，帮助孩子成长。作为一名新晋班主任，我需要成长的地方还有很多，但是我愿意俯下身，和孩子们站在一个高度，陪他们一同成长。

（本文获北京市通州区德育论文评优一等奖）

"理智与情感"

——让班级更理性，更具爱心

王汉博

一、爱的前提

1994年7月，刚满18岁的大男孩走上三尺讲台，我已经是一名光荣的人民教师了。我和我的第一届学生们一起学习与生活，可谓半师半友，一同成长。前两年的聚会上，我们已经分不出谁是老师谁是学生，欢聚一堂。回首这20多年的教学生涯，我满心感慨，有苦有累，却无怨无悔。

我的爱人是一位通州区农村小学的老师。她总是问我："为什么你要当老师呢？你有城镇户口，又是个男的，学习也不错。"我知道我的同学、朋友、同事，他们很多都觉得做个小学男老师实在是太辛苦。可是，我从小的梦想就是当一位老师。我实现了我的理想，我很快乐，这就是我无怨无悔的原因。

其实人做事，不用想太多，本着一颗心去做就好了。20多年的一线教育教学经历使我感悟颇深。我发现：我只有和孩子们在一起时，我才是真心的快乐。我属于他们。

工作20余年，我先后被评为崇文、朝阳、通州语文区级骨干教师，多次被评为优秀教师；语文课2次获"朝阳杯"一等奖；曾获通州区"秋实杯"一等奖，市级"华师杯"一等奖。这一切，源于我爱我的事业，我爱我的学生。

二、爱的管理

（一）爱的思考

2013年9月，我回到北京小学通州分校工作。

面对学生，我想，学生们彼此之间还不够熟悉，而我又是一位新老师，如果我是学生，面对陌生的老师，面对陌生的新集体，最需要什么？

作为教育者，这个答案可能会有很多选项。而作为一位从教20多年的班主任教师，我的答案就是：班级文化。

北京小学通州分校"活力教育"深入人心，校训是"活于心 力于行"，从字面来说就是心中富有活力，落实行动用心有力。

我作为一名班主任，就需要将学校活力教育文化的核心和班级现状结合，更要和自己对教育的认识相融合，创造属于自己的具有独特风格的班级文化。

每学期上第一课时，我都是以"新起点"为内容。为了能够快速地把这个班级紧紧地凝聚在一起，我首先想到的就是班级文化建设，要用"理智去建设情感"。

（二）爱的营造

我和学生们一起选定了班级的名称"爱心四班"，希望他们将活力宣言"让我们在阳光下自信成长！"落实在自己的行动中；我们的班级目标是"踏实学习 专心做事 友善交往 合作成长"；我的班主任寄语是"我爱我们家，爱不仅是想法，爱也是能力，爱更是行动！让爱成为我们人人进步的动力吧！"

我们班的班徽则是一颗爱心，寓意爱是核心，人人有爱，人人付出，人人进步。爱心像是倒垂的树叶，寓

意生机勃勃。爱心分有4种颜色：蓝色代表老师，理智关心；红色代表家庭，无限关爱；黄色代表学校，提供舞台；绿色代表自然，生机无限！

经过学生们热切的参与，班徽设计出来后，我又用了一节课时间给学生们做介绍，并获得了全票通过。学生们欣然地接受了班徽和班级口号，并且在日常生活中开始运用。比如站队时，他们会整齐地喊班级口号；在开大会时，也会大声地喊班级名称。学生们在新的班级有了班集体的观念。"爱心四班"把学生们的心系在了一起。

在此基础上，我们在第二学期设计了自己的中小队旗，并在学校运动会、图书节等活动上大放异彩。家长们还自发为班级印制了班徽的即时贴，并在活动中佩戴在孩子、老师和家长的身上。随着班徽得到不断宣传、在生活中的反复使用，孩子们对班级的认可度越来越高，对班级文化逐步从接受到服从，从服从到自愿，形成了良好的班级氛围。

（三）爱的萌动

作为一个理智的班主任，"包办型的溺爱"只能"授之以鱼"。给孩子成长的空间，让他们在引导中自我成长、自我管理才是"授之以渔"，也是实现"班主任在与不在一个样"的有效途径。

开学三周后，在对学生们都有了大致的了解后，我开展了"说普通话竞选班干部"的活动。我把岗位以及相应的职责告诉了他们，让他们针对自己的特长自愿报名。学生们非常积极，39个学生中有23个上台竞选。

在此基础上，学生根据竞选的职位，自己考虑要竞选的职位准备演讲。在周一的班会课上，先由教师宣布班干部竞选开始，学生按抽取的顺序依次上台演讲。最后经过大家投票，评选出班干部的人选。

每一次的竞选活动，都是对自己优缺点的认识。通过活动，学生学会了交流：与同学，与老师，与家长；学生知道了要承担责任：对自己，对班级。虽然是学生的竞选，老师处于旁观者的角色，但是在整个过程中，我看到的是孩子们在成长，他们已经开始有自己的思想，不再完全依靠老师。我想到了自己今后应该如何更加理性地面对这些正在成长的孩子，如何改进自己的工作方式。从这个意义上来说，难道不也是促进了老师的成长吗？

自从确定班干部后，我明显感觉到班级形成了良好的舆论氛围，当有学生做得不好时，班干部会主动管理，即使老师偶尔有事外出，班级也能正常运转，从而形成比较好的常规管理。

（四）爱的认同

常规教育是永久的教育内容，又是必不可少的教育内容。古人云："没有规矩，不成方圆。"我始终把常规教育贯穿于班主任工作之中，在活动中让学生初步树立要自觉遵守日常行为规范的意识。

教育无小事，教育孕育在随手乱扔纸屑、谈话无礼貌等小事中。这些看起来是小事，但如果不防微杜渐，就会在日积月累中形成习惯。

树立"身边的榜样"，把竞争机制引入课堂，引入生活，在班级中开展"争当班级之星"的活动。根据每位同学的爱好、特长以及在校内外的表现，开展"学习、纪律、卫生、劳动、发言、作业、体育、朗读、绘画"等竞赛活动，要求每人结合自己的特长，选两项作为自己的努力方向，月末评选班级之星，并进行表彰奖励。

事事落实到个人，让每个人都成为班级的中心。

明确每位学生在班级中的位置和责任，使学生体会到自身的价值和尊严。调动每一个学生的积极性，使每一位学生都可以在班级中找到一个合适的位置。担负一项具体的工作，人人都为集体作贡献，人人都意识到自己是班集体中不可缺少的一员。

（五）爱的评价

中高段学生已经具有了一定的集体观念，这种对集体的热爱可能是共同进步的开始，也可能是小团体的形成。因此，让孩子们在相亲相爱的基础上和谐竞争又团结发展。

我把班级全体学生分成四大组，每组9-10人，同班徽的四种颜色相对应，通过组与组的竞争来培养学生的集体观念、集体意识，然后通过评选优秀小队和优秀个人的方式来激励学生。通过学习、纪律、卫生、课间操、作业、出勤、课堂表现等来评比。当个人做得好时，就奖励不同颜色的花，粘在评价手册上，10朵花兑换一个学校发的大粘贴，每月进行评比，选出最佳小组和最佳个人；"明星小组"的每人都有喜报奖励，每个"明星个人"也都有奖励。

这种"组荣我荣、班荣我荣、校荣我荣"的小集体、中集体、大集体的意识，让孩子们的爱更有目标，爱得更"深沉"也更有力度了。我相信，"理智让情感更有效，真情是共同进步的动力。"

三、爱的延续

2016年12月，北京小学通州分校为我成立了王汉博班主任工作室，目的在于引导新入职教师尽快入轨，并带领青年教师研究班主任工作。我把对教育事业的这份执着而朴素的热爱由学生延续到我的伙伴，共同进步，共同成长！

唐胜楠老师是2016年9月参加工作的新教师，她在工作室成立仪式上的发言点明了工作室成立的目的所在："任职一学期以来，我每次遇到生活或工作上的任何问题，都能得到王老师悉心教导，以及教研组其他老师们的热心帮助，让我感到很温暖的同时，也对自己的成长和发展充满信心。今天，班主任工作室成立了，它给班主任们搭建了一个更大的交流平台，大家既可以分享共性的经验，也可以探讨个性的创造，百家争鸣方有文化繁荣，班主任工作为何不能多一些思想碰撞的火花呢？在这样的交流、分享、沟通与争论中，相信学校的班主任工作一定

会日益成熟，更上层楼。将会有更多的年轻班主任从中受益。"

2017年1月，工作室邀请我校班主任骨干教师朱彩霞老师做《班主任工作一日梳理》讲座。

2017年3月，工作室针对如何写好班主任计划举办总结会。活动前，每位工作室成员都详细翻阅了其他班主任的工作计划，并对重点翻阅的计划进行点评，指出值得自身学习的优点，也针对个别方面提出切实有效的建议，起

到了扬长补短的作用。随后，组织个别班主任着重分享自己在班级管理工作中的具体措施，并分别给予分析和指导，以便其他教师有针对性地学习。例如，刘慧老师的班干部培养措施、王楠老师的班级文化渗透方式、周晓萱老师的岗位认领负责制的实施、唐胜楠老师的微信公众号的开展等，都凝聚着年轻教师的心血，也彰显着年轻教师的活力，获得了韩校长和王汉博老师的高度赞赏。

2017年4—7月，我们先后针对如何开好家长会、如何面对后进生等进行网络互动，促进教师横向交流，借鉴别人的宝贵经验，听取大家的意见和建议，不断改进工作，提高工作质量。在网络互动中，我们越来越意识到微信、QQ等信息平台的重要性，我们借助网络，迅速了解、查阅，以达到共同提高的目的。

我们在沟通的过程中，不断发现新班主任身上的新思路、新创意、新举措，再发到群内，引发大家新思考。老师们都很可爱，很敬业，都希望得到大家的认可与支持，这个平台是大家的，是共学习、同借鉴的场所，是促进反思、加强交流的平台。更是北分"活力教育"一抹惊艳的亮色。

班主任工作室的活动，以需求为导向，以实效为目标。对于班主任老师来说，尤其是年轻班主任教师，在班级管理的道路上又多了一些有效的方法，让学校班主任的班级管理素质走上新的台阶！

"一花一世界，一叶一菩提"，每一个人都是一个世界，要想成为学生和老师的朋友，要想得到信任，需要付出很多的心血。但是，这一切都很值得，因为，我得到的将是一个美丽的世界！

（本文于2016年获北京市通州区区级论文评选一等奖）

我和"礼韵轻语"的故事

——巧用微信公众号 开展班级管理工作

唐胜楠

互联网+时代的到来，给人类提供了两种交往方式：虚拟关系和真实交往。说到虚拟，免不了提到手机。而对于手机的管理，一直都是班主任的大难题。对大人而言，手机是一个工具，一个通信工具。而对学生而言，它也是一个工具，但是一个娱乐工具。除了娱乐的需求，还有交往的需求、世界连接的需求和获得信息的需求。面对学生对手机的种种需求，教师如果只是一味地制止，便会困难重重。

为了实现班级管理与互联网的结合，我创建了属于我们班级的微信公众号——礼韵轻语。从此，我和"礼韵轻语"的故事就开始了……

一、老师心语——和孩子们说说心里话

班主任的工作会面临很多困境，比如烦琐的事务、家校的沟通、束手无策的学生等，这就意味着班主任处于一种无法和学生进行深入交流沟通的窘态，师生关系便很难上升为朋友的关系。身为一名新教师，对教育的热情和对孩子的关注度始终在提醒我必须打破这种困境，实现师生关系的新高度。

于是，在班级微信公众号——礼韵轻语中，我创立了"老师心语"专栏。我会根据平时对学生的观察，写一些随笔文字。从朋友的角度，和学生们以互联网中文字的形式进行交流沟通，和他们说说心里话。今天学生们卫生打扫得很干净，拍几张照片，表扬一下；今天学生们有些浮躁不踏实，写几段文字，提醒一下；今天要有统一检测了，写一些话，鼓励一下。用心交流，才能得到学生的真心回应。

二、学生佳作——每个孩子都是潜力股

"港湾晚灯，山顶破晓。摘下怀念，记住美妙"　　　——林夕《沙龙》

纪录片《互联网时代》中有这样一个观点：我们正生活在由传统社会向网络化生存的大迁徙中，90后和00后是这个世界的"原住民"，而70后和80后是"移民"，而50后和60后是"难民"。问题就是："移民"教育"原住民"，会面临很多困难。为了解决这个问题，我抓住手机微信的平台，创立"学生佳作"专栏，将平时孩子们的作业，进行评比和拍照，上传至公众平台，让其他学生和家长们共同欣赏，既提高了被表扬学生的自信心，也激发了其他学生的上进心。

生活没有想象的那么美好，但也没有想象的那么糟糕。有一种幸福是站在自己喜欢的景色里。身为班主任，我每天都满怀期待地走进班级，走入学生中间，发现他们的闪光点。即使有时没能如我所愿，但我依然静待花开，争取让每一个学生都在明媚中提升自信。

三、班级活动——创造我们的图文记忆

丰富的校园活动和班级活动是学生在校期间无法忽视的内容。例如，"第一次跳蚤市场活动""元旦庆祝活动""圣诞庆祝活动""第一次家长会活动"。每一个活动，都值得教师用图片进行记录，都值得和家长进行分享。于是，每次活动后，我将每一幅照片配上文字，在微信公众号中的"班级活动"专栏进行分享。让看到文章的每个学生能再次回想起活动时的欢乐场景，让看到文章的每个家长能了解自己的孩子在校期间的表现。

我们每天度过的称为"日常"的生活，也许是一个个奇迹的连续。我们每天度过的反复无常的班主任生活，也许会造就一个个专属于我们的图文记忆。

四、信息共享——创建家校沟通新桥梁

微信公众号平台除了在日常的学习生活中会被经常使用外，在课余时间也是家校联系的一座桥梁。

家长不再对自己孩子的在校情况产生疑惑，因为在平台中，不只能够了解自己孩子的情况，而且能够了解全班孩子的情况，找到自己孩子和其他孩子的差距，进而努力配合老师，双管齐下，实现对孩子的教育作用。

此外，在校内资源有效利用的基础上，紧紧抓住家长资源的丰富性。为家长们特意创立"信息共享"专栏，为专业性更强的家长提供平台，既拓展了学生的知识面，又激发了家长的积极性，更有利于班级凝聚力的提升。

"礼韵轻语"开办两个多月了，虽然没有做到每日更新，但我一直在坚持。我一直觉得每个人都是有特定潜力的，而这股潜力的所在就隐藏在每个人热爱的事物上。成功往往都不是空穴来风，它是你接受一次又一次的挫败后的觉醒，一次又一次落魄后仍能勇往直前的勇气，所以我相信，我的努力终将有迹可循。希望能够把每一天的日子过成诗，然后，像海德格尔说的那样，诗意地栖居在大地上。

（本文于2018年获北京市教育学会创造教育研究会论文评优二等奖）

巧用孙子兵法，走近学生与家长

王　立

教师和家长之间的关系犹如一把双刃剑，用得好，会达到事半功倍的效果；用不好，则会适得其反。尤其是当班主任面对特殊班级、特殊学生的时候，更要注意和家长之间的沟通，适应孩子的心理需求，让学校与家长、教师与学生之间的距离达到最佳。上个学期，我接手了这样一个班级——一个家长"事儿"特别多、学生存在各种问题的班级。为此，我采取了如下做法，并取得了良好的效果。

一、摸清情况　掌握第一手材料

《孙子·谋攻篇》中说："知己知彼，百战不殆；不知彼而知己，一胜一负；不知彼，不知己，每战必殆。"开学后不久的一天中午，发生了这样一件事：我看着学生上午自习，巡视的时候发现班里最"扎手"的学生——苏××周围一塌糊涂。想起他最近一段时间上课迟到、排队说话的各种不良表现，我的火气一下子就冲到了脑门儿，开始批评他："你看看你的周围，那么多的垃圾，这刚开学，你就那么邋遢！你没给班级做什么贡献也就算了，但是你不能扯班级的后腿啊！你以为你给同学们带一些零食就能弥补自己的不足吗？"他听我这样一说，立刻低下了头，一脸的不高兴。我心想：不高兴就对了，谁让你那么不遵守纪律的呢？我没想到的是，他居然哭了。我想，可能是我的语气太重了，为了了解他的真实想法，我俯下身轻轻问他："怎么，你周围那么脏，老师刚才不应该批评你吗？"他一边哭一边说："不是，您批评得对，可是有一点我不同意，您说我没给班级做出什么贡献。我带零食给同学不是为了讨好大家，那些零食是老家的特产，我就是想给同学们尝尝。"看着他哭红的眼睛，我心如刀绞，是我应该就事论事，怎么把一切都混为一谈了呢？于是，我把他拉到我的怀里，说："孩子，你周围脏，老师批评你，是为了你好，也为了集体好。但是，老师不应该把这件事跟你给同学们带零食的事混在一起评价，请你原谅老师吧！老师以后注意。不过，你的个人卫生也要注意了啊！"他听我这样一说，立刻点头答应了。

学生的很多事情是不一定直观展现给老师的。要想及时全面地了解学生，教师平时还要注意观察学生的变化，这样才能更好地做好学生管理工作。从那以后，我常利用班会和课余时间与学生多交谈沟通。让他们谈自己家中的趣事、自己的兴趣爱好，甚至是学习上、生活中的烦恼，观察他们的喜怒哀乐，对班级大部分学生的性格特点和兴趣爱好有了基本了解。有了学生的信赖和拥戴，我开展班级工作就等于有了坚实的基础。

二、抓住教育时机　促进学生发展

抓住教育学生的时机，就是要求班主任针对学生的心理特点，选择和运用最适合的方法和手段，在最有效、最易发生作用的时间段对学生进行教育。班主任要充分利用好时间这个客观条件，当教育学生的时机未到时，要善于等待；当时机来临时，要立即抓住；当时机已过，应善于迂回并创设、捕捉另外的时机。

机不可失，时不再来。一次语文课上，我请学生组词。大家都高高地举起手，在组了多个词语之后，我叫到了班里的大队委张文一。这个学生一直担任大队委工作，家长又是家委会成员，优越感特别强，开学没几天，已经指出了我好几处的"问题"，我都一一微笑化解了。但是，我却一直在寻找一个机会给这个目空一切的孩子好好上一课，纠正一下她的言行举止。

终于，几天之后的这节语文课给了我机会。只见她站起来之后并没有组一个新词，而是一脸不屑地说："这个词语已经有人组过了。"我见此情景，当即表扬了她听讲认真，然后语重心长地对她说："张文一，老师能给你提个建议吗？"她点了点头。"我们平时看同学的时候，要多看看别人身上的优点，而不要只盯着别人的不足。他刚才组了一个和别人相同的词语确实缺乏创新性，但是他并没有说错啊！并且，他积极举手回答问题，声音还响亮，这些你发现了吗？"看着她的眼里瞬间就充满了泪水，我的心又软了，于是又打了圆场："看看，老师也没有批评你啊！只是建议你要用欣赏的眼光地看别人，你想试试吗？我想，只要你这样做了，一定会有意想不到的收获的。"她又点了点头，坐下了。在此后的这段时间里，这个孩子确实收敛了许多，平和了许多。已经很难看见初接班时她颐指气使的样子了。

另外，班里另外一个学生叫崔瀚文，在这个40人的班级里，他有些与众不同。一节语文课，我正讲到精彩的地方，突然看见他高高地举起了手，我以为他有什么疑问，马上叫起了他。他张口就说："老师，我要上厕所。"我听了之后，沉思片刻，对他说："崔瀚文，你是特别想去吗？"原本我想他若是真的很想去就让他去了，孩子嘛，也许课间只顾得玩儿就忘了去了，这个可以理解，虽然不鼓励，但是也不能让孩子憋着，对身体不好。没想到，他居然这样回答我："原来我就上课上厕所。"其他学生也附和着他的话。听了之后，我觉得又一个机会来了，何不借此机会也纠正一下他这个"毛病"呢？

对此，我并没有直接做出允许与否的回答，而是问他："你是真的现在想上厕所，还是习惯上课的时候上厕所呢？"他说："我以前就上课的时候上厕所，习惯了，现在也不是很想去。"听见他还算诚实的回答，我知道这是一个被"惯坏"了的孩子，只要正确引导一下就可以改正。于是，我和颜悦色地对他说："如果你现在真的想去厕所，那老师就让你去；如果你只是习惯上课上厕所，那老师告诉你这是一个很不好的习惯。现在老师正在讲课，你总不能让大家都等你一个人吧？那老师要是接着讲课，你就会因为上厕所而漏掉一些重要的知识哦！所以，你能坚持到下课就下课再去吧，实在坚持不了就再告诉老师，老师一定让你去。"就这样，他一直坚持到下课才去。我为了知道他刚才是否真的想去厕所，还一路尾随而至，发现他走路的时候慢慢腾腾的，根本就不着急，我的一颗悬着的心也就放下了。如此反复了几次后，他再也没有在上课的时候提出上厕所的要求了。

教师抓住有利的教育时机，对学生进行思想政治教育，开展班级管理，往往会收到事半功倍的效果，产生良好的"时机效应"。

三、捕捉闪光点　鼓励所有学生上进

俗话说："金无足赤，人无完人。"再好的学生难免也有不足之处，再差的学生身上也有自己的优点，及时捕捉学生的闪光点进行因势利导，使他们产生积极的情感，从而以点带面促使学生全面进步。这是班主任工作至关重要的一环。

在这个班中，有一个极为特殊的孩子——苏佳鹏。很多老师可能对他妈妈的了解远远多于他。通过开学初几天短短的接触，我发现这是一个敏感、聪明、课外知识丰富而自我约束能力比较弱的学生。校领导虽然在开学前就对班内的情况大致向我进行了介绍，但是为了避免在工作对这个孩子"另眼看待"，我对他的教育更为谨慎和用心，同时，也更为"平常"。

开学不久，学校要求各班上交假期布置的手抄报作业。当看到苏佳鹏的手抄报时，那工整的字迹、规矩的绘画明显不是出自这个刚刚步入三年级孩子的手。心念一动，我没有生硬地点破或者批评，而是在给所有学生欣赏优秀作品的时候，顺势也表扬了这张手抄报完成得很认真。然后又说："不过，这些文字和图画显得有些成人化了，如果再加入一些童趣就更好了。"说着，不经意地看了他一眼，他立即躲开了我的目光。看来，我的判断准确。没想到的是，我对这件事以及前面讲的几件小事的处理，他讲给了家长听，他的妈妈对我的做法大加赞赏。我不能确定他是否带录音笔上学，只是在听到他妈妈电话里跟我聊起来时原原本本地例数着这些点滴，让我有一种情景再现的震惊。震惊之余，我在想：走近孩子，也就走近了家长。

抓住契机，鼓励上进。从心理学的角度看：一个人只要体验一次成功的欢乐，便会激起追求无休止的成功的力量和信心。果然，开学后的一篇作文《新学期 新打算》，苏佳鹏居然洋洋洒洒写了两篇半的稿纸，并且具有内容具体、条理清晰、书写工整等诸多优点。虽然作文里面有很多家长帮助的痕迹，

但是就凭着孩子的这份认真，家长的这种支持，我又怎能不表扬他，让他更加充满信心呢？尽管这个孩子还常常管不住自己的嘴，可是哪个孩子没有缺点呢？爱说是好事，说明他头脑聪明，只要正确进行引导，让坏事变成好事的例子比比皆是。而这，不正是我们做班主任要做的吗？

（本文获北京市通州区教研中心德育论文评优一等奖）

建立班级多元评价　促进学生健康发展

滕海玲

一、以综合素质评价为载体，培养学生日常行为习惯

《小学生综合素质发展评价手册》是学生评价方面的权威性的、纲领性的指导手册。手册内容包括量化考核的各项内容。例如，品德方面的表现、参加社会活动、身体的变化、日常学习情况等。

学校的办学特色是活力教育，校训是"活于心、力于行"要求学生要有积极乐观、思维活跃、文明健康、乐于创造。我们学校每月会评选"活力五好少年"。

我将其中的内容进行量化，结合班级文化特色，制订了评选"班级之星"的办法，激励学生寻找自身的闪光点，找到身边值得学习的小榜样。具体内容包括：朝阳文明之星、朝阳团结之星、朝阳劳动之星、朝阳管理之星、朝阳健康之星、朝阳学习之星等。

我通过每天表现记录加分，每周班队会上进行评比小结，评选产生每周的"班级之星"，并予以表彰，并且从中选举产生两名同学担任光荣的升旗手，由主持人介绍升旗手事迹。榜样的力量是无穷的。有人曾说："播撒一种思想收获一种行为，播撒一种行为收获一种习惯，播撒一种习惯收获一种性格，播撒一种性格收获一种命运"。播撒一种榜样，我们能够时时看到奋斗的目标和参照物。榜样是一种向上的力量，是一面镜子，是一面旗帜。通过班级之星的评选和升旗手的事迹，让这种榜样作用在学生中产生"鲶鱼效应"，使整个班级形成了你追我赶的学习氛围，让每个学生都有一种积极向上的状态，形成了良好的日常行为习惯。

二、以学校活力评价标准为导向，培养学生的责任意识

责任心是一种良好的品德，表现为对工作的认真负责的态度。具有责任心的小学生对学习、生活和所负责的工作积极主动、一丝不苟；对他人、对集体很关心，反之，缺乏责任心的小学生常表现出马虎、自私、任性，不会关心他人，不会关心集体等缺点。一个人有责任心，才会自觉学习，才会不断进取，才会天天向上。

学校是培养学生的责任心的一个重要基地。作为教师可以从小事做起，来培养学生的责任心。比如说，让尽可能多的学生参与到集体活动、班级管理中来，教师可以给学生创设机会，让班中人人有事做、人人有责负。事事责任到人，力求每一个学生都能在班级中找到自己满意的位置，从而充分利用学生的表现欲，调动他们的积极性，让每一个学生品尝到为集体、为他人尽责的辛苦和幸福，从而学会尊重他人，并经常开展竞赛，在竞赛中培养学生的责任心。

学校不仅进行"活力五好少年"的评选，同时也进行"奋进班集体"评比。为了班级的荣誉，增强学生的集体意识，我在班级管理中做了如下的尝试。

（一）人人有岗位职责

我曾经聆听了魏书生的报告，他的教育理念"让学生进行自我管理，每个人都是班级的主人，每个人都有自己的岗位。"让我印象深刻。因此，我也借用了这种方法。我先采取自荐的形式让学生报名承担一些岗位，然后进行协调，形成制度贴到墙上，形成大家自我监督、互相监督的机制，并纳入班级明星的评比制度。

从制度实施之后，许多学生对此非常重视，除了早上到校，自觉履行职责以外，课间也经常看到大家积极踊跃的身影。有的学生发现墩布坏了，就主动拿去修理；发现黑板脏了，就有人悄悄擦干净；发现地面擦不干净，就买来洗涤灵、刷子……积极干活的身影越来越多，追跑打闹的身影越来越少。

（二）干部有分工合作

班干部是老师的小助手，学生的好榜样。结合学校"活力五好少年"评价标准，我在班级实行班干部评选制度，应聘上岗，随时下岗。开学初，班上进行干部选举，想参加的学生自行准备演讲材料，进行现场竞选发言，由全班投票选举自己认可的班干部。班干部任职期间，明确工作职责，互相合作，严格要求自己，协助老师做好组织学生上操、集会等活动。如出现履职不认真、自律性不强的行为达到三次，即取消其班干部资格，从其他同学中重新选举产生。

三、以班级评价标准为准则，促进学生健康发展

（一）班级评价的内容

教室里设有软扎板，它是班级评价的主要阵地。在家长协会的协助下，班级评价分为语、数、英三科，为基础评价，内容又分为课堂表现、小组合作和作业评比等。

班里设有好事簿，让大家互相发现身边的好人好事。

班里还有量化统计表，每人每周基础分100分，根据每天的表现进行加分或减分纪录，每周进行小结，统计作为班级之星的评比条件。

（二）对学生的促进作用

班里大多数学生对班级评价采取积极配合的态度并一一落实到自己平时的学习生活中。但也有个别同学对这些熟视无睹，依然我行我素。比如朱河锦和王鑫宇两位同学。他们缺乏集体意识，自我意识膨胀，上课爱说话，随便下座位，课间追跑打闹。针对他们身上出现的情况，我采取班级评价和个性管理相结合的办法。比如朱河锦，班里课间的打闹事件多与他有关，如果班里少了他是不是就消停了？我决定给他安排点事干，让他既管理了别人，也没有时间影响班级课间纪律。于是，在开学初，我就任命他为小队长，主要负责整个楼道课间纪律的监督。开始我将这项决定在全班面前宣布，让大

家都来监督他是否认真履职。同时也让他觉得这项工作责任重大，自己受到了重用，提高责任意识。开始，我给他一张学号表，便于他记录违纪的同学。一天下来，这张表上被记得满满当当，很快表就用完了。第二天，他拿来了一张新表，上面不仅有我们班的学号，而且还分别有这个楼层的所有班级。工作之用心令我很感动。接下来，他虽然有时候会偷个懒，但是我们约定，如果三次没有认真执勤，就会取消他的小队长职务。每天看着他在楼道里忙着追问违纪同学的学号，忙着把情况汇总并及时通知相关的老师，那一副认真的模样，丝毫找不到他以前野马一样，乱踢乱打的样子。针对他对工作认真负责的行为，我在全班同学面前对他进行了表扬。慢慢地他仿佛变了一个人，班级也因此和奋进班集体有了缘分。

德国作家席勒有句名言："还有比生命更重要的，那就是荣誉。"教育技巧的全部诀窍就在于抓住儿童的上进心，道德上的自勉。要是儿童自己不求上进，不知自勉，任何教育者就都不能在他的身上培养出好的品质。可是只有在集体和教师首先看到儿童优点的地方，儿童才会产生上进心。

总之，有道是"没有规矩不成方圆"。合理可行的多元评价是做好班级管理工作的基础，也是促进学生发展的前提。以综合素质评价以及学校活力评价体系为依托，建立班级评价体系，使学生参与中不断自我调整，自主改进，最终促使其积极主动地向前发展。

（本文获北京市"十二五"教育评价与督导研究会立项课题通州区阶段成果评选二等奖）

小学班级管理中矫正攻击性行为的策略研究

肖 娟

　　班级集体活动是学校按班级组织学生的教育活动。班级是学校系统的细胞，是学校中开展各类活动的最基本且稳定的基层组织。班级既是学校教育教学工作的基本单位，也是学生学习、活动的基层集体。学生的成长离不开班级组织。同时班级也由每名学生共同组成。在班级中，不可避免会出现让人头疼的"问题学生"，其中就包括具有攻击性行为的学生。我国的心理学工作者认为，攻击性行为就是"伤害他人的身体行为或语言行为""是有意伤害别人或不为社会规范所许可的行为"。这类学生的存在，严重影响了班级的和谐，影响到了班级的稳定与发展。

　　那么如何矫正这些学生的行为呢？以下，我将结合自己平时积累的案例，谈谈如何矫正攻击性行为学生的策略。

一、观察与分析学生

　　古人有云："知己知彼，方能百战百胜。"在教育教学过程中，班主任只有注意观察学生的一举一动、一言一行，留意他们细微的心理变化，细致地分析这些心理表象和外在行为的内在根源，才能更有针对性地"对症下药"，才能真正地了解学生，发现问题根源，做到有的放矢。苏联著名的教育家、心理学家赞可夫说："敏锐的观察力是每个教师最宝贵的品质之一。对一个有观察力的教师来说，学生的快乐、兴奋、惊奇、恐惧、受窘和其他内心活动的最细微的表现都逃不过他的眼睛。一个教师如果对这些表现熟视无睹，就很难成为学生的良师益友。"因此，转化具有攻击性行为的学生时，教师首先要去了解学生。

例如，班级里有一名"小霸王"，经常动手打同学。只要和同学一语不和，或者同学惹着、碰着他了，他便拳脚相加，还扬言："我打的就是你，疼就对了。"为了他，我是用尽法子，批评、表扬和请家长，却毫不奏效。直到那次，他又气势汹汹地冲到同学面前，说道："我揍的就是你。"同学吓得赶紧跑。他在后面紧追不舍，一边追一边凶巴巴地说："今天我要是没揍到你，你就别想回家。"我生气地一把把逃跑的同学拽住，送到他面前，说道："每个孩子都是家长的宝贝。你要想揍你就揍吧，自己考虑后果。"这时他怯怯地看着我，什么也不敢说，什么也不敢做。看到他的表现，我也有些诧异。于是，我利用这次事件，和他心平气和地谈了一次。我了解到，原来他认为做别人不敢做的事可以显得自己特别厉害，让同学都佩服他。我明白，他年龄小幼稚，强烈的自我意识正在发展，不顾一切地反叛老师、家长显示自己的力量，这就是孩子的"逆反心理"在作祟。因此，对于这样一名特殊的、极其想显现自己的力量的、与众不同的学生，我调整了自己的教育方式。遇到问题和事情，教师冷处理，让学生自己做出选择，发挥他自省的力量，取得了良好的效果。这良好的结果正是源于教师对学生的观察和了解。

又如，有的学生经常发生与同学肢体碰触的情况。其实有时与学生缺乏社交技巧有关。这时教师进行适当的引导，以及创设多种游戏活动，都能较好地削弱孩子的攻击性行为。

再如，有的学生具有攻击性行为，是因为家庭教养方式不当。家庭太过于溺爱孩子，一味地迁就孩子。当学生的需求在学校不能够得到满足时，他自然而然具有就有了攻击性行为。针对这种情况，教师可以采用与家长一起有步骤地制定挫折教育，帮助学生调适其心理。

因此，转化攻击性行为的学生，教师首先要做到认真观察与分析学生的问题。只有这样，才能做到有的放矢。

二、教师真诚接受、赞美学生

首先，真诚接受、赞美学生，能够发挥教师对学生的教育作用，从而实现对学生攻击性行为的矫正。夏丏尊先生说过："教育如果没有爱，就等于无水之地，爱是教育的基础，没有爱就没有教育，为师爱生是天职。"教育家苏霍姆林斯基说："教育是人和人心灵上最微妙的相互接触。"这都说明了只有爱才能教育，只有爱才能打开心门，教师只有用爱与宽容对待具有攻击性行为的学生，才能让教师对他的教育与影响发挥作用。攻击性行为的学生本身具有易怒、情绪暴躁的特点，反之，如果教师排斥学生，那么学生的反叛心理就更加强烈，情绪更加激烈，教育效果便无从谈起。

例如，一天中午，班里发生了一件不愉快的事情。乐鹏不小心把禹皓的写字帖封皮弄烂了一点。禹皓大怒，非要乐鹏把他的字帖拿给他，也要把他的弄坏。我说道："把老师的换给你。"孩子理直气壮地说："不行，我就喜欢我自己写的。他弄坏了，他得承担责任。"于是，我给了他们时间自我考虑这件事情应该怎么做。午休结束了，禹皓挠着头，手捧着字帖递给我，不好意思地和我说："老师，我还是不撕他的了。"抓住这件事情，我大力表扬他，理智控制自己的情绪，并带领他问问同学对这件事情的看法，他更加清楚了自己应该如何做。我也利用这件事情，向他的家长真诚地表达我对他的欣赏，肯定他是一个好孩子。正是在爱中，学生渐渐信任我，接纳我，也愿意接受我的引导。他还经常惦记着给我送小礼物，如红笔、练习本等。

其次，真诚接受、赞美学生，能够取得家长信任与支持。苏霍姆林斯基说过："教育的效果取决于学校和家庭的教育影响的一致性。如果没有这种一致性，那么学校的教学和教育过程就像纸做的房子一样。"这说明，教育学生的过程中，必须发挥家长的作用。学生攻击性行为的养成与家庭教育方式有很大关系，如家庭教养的方式、家长粗暴、家长对攻击性行为的态度。但是要让家长参与到老师的教育中，老师必须做到真诚地接受学生、赞美学生。记得有一位教育家说过，爱孩子是任何父母都会做的事情。如果一味地批评，不能发现孩子的闪光点，会引起家长对老师的反感，认为老师有失偏颇。

例如，在对待本班有攻击性行为的学生时，我努力捕捉孩子方方面面的闪光点，尤其抓住学生对同学友好、善意的行为。我更是用特殊的方式——家长信，让学生把表扬带回家，把情况带回家。这让家长感受到老师对学生的关心、关注，对学生真诚的教育。因此，在这样的一封封家长信中，家长才会与老师配合，共同教育。在后续的家庭教育中，我提出对学生不良的行为要进行小惩罚，家长乐于接受、配合。

因此，架构教师与学生心灵的桥梁，实施教师的引导，教师的赞美与爱，是学生矫正攻击性行为的第二步。

三、发挥学生自省的力量

伽利略曾说："人不可被教，只能帮助他发现自己。"教育要发挥作用，最终是启发他自我认识。同时，具有攻击性行为的学生，一般具有个性强、自尊心强的特点。具有这种特点的学生，只有他自己充分地认识到错误，他才能真正地从内心自发去矫正他的行为。因此，这些都说明，教师要充分发挥学生自省的力量。

（一）发挥学生自省的力量，让其进行问题的思考与处理

当学生面对冲突问题，情绪难以控制时，教师可以将问题丢给他，由他自我思考自己的行为与后果。学生才是学习和发展的主体。只有充分发挥学生的主体性，教育才能进入学生的心灵。现代认知结构理论认为，学习不是教师向学生传递知识的过程，而是学生自己建构知识的过程。

例如，在禹皓与乐鹏字帖事件中，禹皓非要把乐鹏字帖撕坏。这时我反将一军，我立马掏出乐鹏的字帖给他，说道："好吧，你撕吧。首先他只是不小心弄坏了你封面一点，并不影响你写字。若是你撕坏了他的，你的并没有修补好。他的被你弄坏了，对你的不宽容也很生气。若是下次你遇到需要他帮助你的事情，我想他肯定不帮你。再有，同学之间难免不小心，你这样做同学们都会觉得你蛮不讲理。你自己好好想一想吧。我现在就把他的字帖放在桌子上。若是过了一个小时你还很生气，我让你把他的撕坏。"结果，禹皓最后将字帖还给了我，并没有撕坏同学的字帖。这正是因为我将禹皓立为自我处理问题的主体，他反而能够认真仔细思考问题，从而控制自己情绪，矫

正行为。

（二）发挥学生自省的力量，让学生进行换位思考

一般来说，攻击性学生不能理解和体会他人的情绪，即他们缺乏移情能力。因此换位思考，也就是让学生将自己放在他人的位置，让他们学会体察他人的情绪，理解他人的情感，从而与人产生共鸣。让学生换位思考，可以让学生深刻体验到他人的情绪、情感，从而控制自己的攻击性冲动，减少攻击行为的产生。换位思考可以促进儿童的自我控制、自我反省。

例如，因为下象棋的事情，他与同学发生争执，气愤至极的他甚至摔了同学的水杯，就连无辜同学的笔他也扔了。同学们看不过去，纷纷指责他。禹皓更是火冒三丈，公然在班级文化墙上张贴"我与全班同学绝交"。同学们也气愤至极，表示同意"绝交"。但是，我作为班主任，并没有第一时间冲出去教育同学"讲团结，讲和谐"，我知道是时候让他有个教训，认识到他是多么地需要同学。

没过几分钟，他气也消了，又开始想和同学和好。我暗暗授意同学，这几天同学们就是不和他下象棋、不和他玩篮球，让他意识到同学的重要。就这样一连几天，他急了，说道："老师，您必须帮帮我！同学不理我，我真的太难受了。"于是我说道："看来你是需要同学的，想想自己应该该怎么做，以后应该怎么做吧。"他认真地想了想，真诚地说："我应该控制自己的情绪，能够想到同学感受，我再也不能这样对待同学了。"事后，他主动向大家承认错误，并为班集体做贡献。这当中学生的转变正是换位思考中，他充分地感受到了同学的重要性，因而约束自己的行为，去与同学相处。

四、良好的班级制度是保障

具有攻击性行为的学生，其行为要想得到矫正，光靠自律是远远不行的。这还得需要他律的方式帮助他矫正。因此，制定班级制度，严格执行班级制度，让学生在制度中约束自我行为，也是矫正攻击性行为的重要策略。

　　例如，针对我班学生攻击性行为，我特意制定了班级管理制度，并且人手打印一份，帮助学生随时学习。班级管理制度制定时让学生共同参与，增强学生的自主意识，以及学生的认同意识。班级明文规定奖惩措施，俗话说没有惩罚的教育是不健全的，让学生在惩罚中感受到后果的严重性从而对矫正其行为有一定的帮助。班规结合小学生爱游戏的特点，将奖励与惩罚与游戏挂钩。这样学生为了游戏，能够有效地约束自己。同时班规坚决执行，让学生感受到权威与不可撼动，从而心生敬畏，约束自我的行为。

　　综上所述，以上策略能够有效地矫正学生的攻击性行为。

（本文于2016年获得北京市基础教育科学研究优秀论文一等奖）

传承家风　做有温度的老师

周晓萱

苏联著名教育家苏霍姆林斯基有句名言："没有家庭教育的学校教育和没有学校教育的家庭教育，都不可能完成培养人这样一个极其细微的任务"。毋庸置疑，家校合作是实现高质量学校教育和良好家庭教育的纽带。学生是家长与学校联系的纽带。通过家校合作可以实现学校教育和家庭教育的共赢。"家风正，则后代正，则源头正，则国正。"知礼仪、重家风是中华民族的优秀传统。因此作为小学班主任的我，在教育中传承着家风，做有温度的教师。

一、让南风吹进学生心中

感人心者莫乎情，温暖胜于严寒，感化胜于压服。如今作为一名班主任老师，我深知自己的言行潜移默化地影响着学生们的心灵，塑造着学生们的性格。在教育界被传为佳话的陶行知先生的"四块糖"的故事就是一例。学生打人了，陶行知没有斥责，而是用四块糖让学生认识到了错误并发掘了自己的优点。古人云："数其一过，不如奖其一长。"和风细雨有时胜于暴风骤雨。面对犯错误的学生，我用宽容和尊重，促他们自省。爱是班级管理的灵魂。一个学生周记里写着这样一句话让我至今难忘："放学时，周老师轻轻拍了我的肩膀微笑着跟我说再见，那微笑就像一抹阳光，我想周老师一定很喜欢我！我真高兴！"难以想象，我的举手之劳却带给学生如此之大的触动。不吝啬自己所能给予孩子的温暖，鼓励每个孩子把温暖传递给家人、朋友……尽情释放生命的温度，也许点点滴滴，就能改变学生的一生。做有温度的老师，在习习南风的温暖包围下，让学生卸下盔甲，向老师敞开心扉。

二、让诚信为成长铺路

"言必信，行必果"是我的家风准则。诚信是一个人的名片，诚信同样也是立身处世的根本，引导学生做"有诚信的人"需要从日常生活的点滴做起。在行动中做表里如一、言行一致，不失信于学生的教师比单一说教更有说服力。教育家陶行知先生说："千教万教教人求真，千学万学学做真人。"其"真"的根本是诚信，教师的一言一行、一举一动都应当体现诚信。在与学生相处时，以平等的身份与学生谈话，和学生约定的事要付诸行动，不能给学生留下"老师说话不算数"的印象。许多学生在未完成家庭作业时，为逃避批评，他们往往会说："我写了，没带来。"犯错误时，明知是自己的错，还说"不是我干的""不是我拿的""是他先骂我，我才打他的"。每当此时，我都会严厉地指出其不诚实是错上加错的行为，不准再次发生。此外，我也会及时表扬犯错误后勇于承认错误的学生，赞扬敢于承认错误、不说谎话的精神，以宽容的心态正确认识学生犯下的错误及以后的表现。

引导和帮助孩子们扣好人生的第一粒扣子是教师的责任！只有帮助学生背上诚信的行囊，抓牢诚信的果实，才能使他们成长的步履更平稳，足印更坚实。

三、传承家风实现共赢

人生的童年时代就是人类的精神家园。如何让学生们度过一个美好的童年是班主任和父母们的共同心愿，所以家校合作中的一个重要内容就是让学生们学会感受、欣赏，从而引导学生学会做好人。四年级下学期，我特意召开班会，布置了让学生和家长共同讨论自己的家训家风的任务。家训家风的班会得到了家长的好评，更是让学生有了很大的改变。一个学生的作文中这样写道：

在我家，长幼有序是第一位的。每次一起吃饭，妈妈都会先给姥姥姥爷盛饭，等他们动筷子了，我们再开始吃。记得有一次，我飞奔向餐桌，抢了一个最优越的位置坐下去，拿起筷子就准备吃饭，这时妈妈说："咱家的家风被你扔了，长辈还没有坐下，你就动筷子了。"我恍然大悟，这就是家风啊！没一会儿，我又把葱、姜、蒜都挑出来，放在碟子里不吃，妈妈发话说："怎么又忘记家风了，不能挑食，不要剩饭，不可以浪费哦。"原来这也是家风啊。此时，我明白了我的家风处处都在。

"讲卫生，懂礼仪"在我家也是很重要的。有一次去公园游玩，闲着无所事事的我，一边用小手牵着妈妈的大手，一边观赏着美丽的风景，突然，"呸"的一声，一口痰调皮地从我的小嘴跳了出来，随即，又不听话地蹦到了地上，这时妈妈的顺风耳和千里眼察觉到我的动静，马上着急地说："你怎么能这样破坏环境呢？知道吗，环卫工人早出晚归，不管什么节日都没有假期，非常辛苦！你的不文明的行为是不珍惜他们的劳动成果！我们的家风不可以乱扔垃圾、乱吐痰、破坏环境。"听着妈妈的教训，我渐渐地把红得像桃一样的小脸低到了地上——那次后我明白了一个道理：不以善小而不为，不以恶小而为之。生活中微不足道的小事都可以体现我们的家风。

除了这些，妈妈说我们家风还有很多，例如诚实守信、尊老爱幼、助人为乐等。好的家风养育着我，伴我成长。我从一个衣来伸手、饭来张口的小公主，变成了一个积极向上、乐于助人、诚实守信的好孩子。"播下一种行为，收获一种习惯，播下一种习惯，收获一种性格，播下一种性格，收获一种命运。"家风给我播下、收获了一种习惯、性格、命运，最终成就了一个优秀的我。家风牢记我心，也会伴随着我一直传承下去！

通过各种形成的教育活动以及对自己家风的了解和感染，让学生们不仅从老师，更是从家里学到好的行为习惯，努力做一个心灵美的人。改变的不仅是一个名称，更重要的是改变那种学校一言堂、说了算的"家长制作风"，以更科学、民主的方式进行深入、广泛的合作。

家是缩小的国，国是放大的家。良好的家风传承是社会风尚的健康发展前提，弘扬良好家风家训传承，体现时代精神，对培育和弘扬社会主义核心价值观具有鲜明的时代意义和现实意义。传承家风，做有温度的老师。一切为了学生，为了学生的一切。这是我始终坚持的教育理念，也是家长的奋斗目标。我们常说："人人有才，人无全才，扬长避短，人人成才。"学校和家庭共同努力，厚积薄发，家校合作必能给学生的成长插上更丰满的羽翼。

（本文获北京市通州区家校共育征文一等奖）

有效沟通，助梦飞翔

党范文

教师的职业特征决定了沟通在教学过程中的重要地位，但是科任教师在现实中与学生沟通少之又少，与潜能生的沟通更是许多教师可望而不可即的。文章以笔者与潜能生的一次有效沟通为例展开，从而说明在科任课上与潜能生有效地沟通是教学成功的重要一步，而有效地沟通的前提是了解学生的需求，只有做到有效沟通才能帮助学生和老师实现梦想，达到教学双赢。

一、沟通对于教师的意义

沟通是人与人之间、人与群体之间思想与感情的传递和反馈的过程，以求思想达到一致和感情的通畅。教师，是一个与人打交道的职业。教学中的沟通技能是指教师在与学生的交往中，运用语言、情感手段，通过倾听、反馈，交换观点、意见，实现理解、信任、尊重、彼此接纳、合作，达成共识形成良好的人际关系的一类教学行为。

曾经有人把班级比喻为一支球队，班主任是主教练，科任教师是教练，家长是亲友团，学生是球员，而学校是俱乐部。其中，班主任是沟通的核心枢纽。作为班主任必须全局在胸，通盘考虑，与学生、科任教师、家长、学校一起构筑教育的统一战线，多维度、立体式地凝成教育合力，让教育产生整体效应。苏霍姆林斯基曾经说过："学校内许许多多的冲突，其根源在于教师不善于与学生交往。"

二、有效沟通的实例

对于一名新任教师，最主要的沟通是在课堂上与学生进行的。因此，有效的课堂沟通就显得十分重要，著名特级教师詹明道说过："孩子的潜力是很大的，教师充满深情的眼神、笑貌，给孩子赞扬、肯定，滋润学生的心田，焕发他们的自尊、自信、自爱、自强，激荡起孩子幸福、欢乐、奋发、向上的激情，他们会显得特别活泼、开朗，与老师的感情也会特别相融，自然生发求知欲望。孩子一旦与老师有约定，被老师寄托了期望，在他的身上就会产生'皮格马利翁效应'，他们的智力、情感，甚至个性都能顺利成长，学生个个都可雕琢的神话就变成了现实。"

每一个学生其实都有想成功的想法。我是一名科学老师，在一次帮美术老师代课的时候，发生了这样一件事：学生李某是班级里公认的特别淘气的一个学生，而且从来不愿意上美术课，也没交过美术作业。在上课的过程中基本上没有听讲，而且一直在玩笔和纸，等到全体学生开始作画的时候，李某把他折好的纸飞机扔了出去，飞机飞到了别的同学的座位，有同学举手说："李某每次都不认真上课，而且还影响别人，老师您应该把他的纸飞机给撕碎了。"看着李某那种生气的表情，我决定跟他好好聊一聊。

我问李某为什么不画画却在那叠纸飞机。他并没有回答我，只是歪着头，嘟着嘴巴看着我。我突然意识到我的沟通好像没有什么效果，我决定换一种语言和方式，想了想后，我对他说："老师是主要教科学的，你叠的纸飞机我想看看它能飞多远，你可以去楼道里给老师展示展示吗？"这时能感觉到他跃跃欲试，有种想出去试试的感觉，但是迈出去的步子又收了回去，用一脸疑惑的表情看着我。能看出来他对我并不是特别信任，我接着用充满期待的眼神看着他，拿着他折成的其中两个飞机，看着飞机他若有所思地说："我觉得一个尖头的，一个平头的，这俩飞机肯定飞得不一样远，嗯！应该是尖头飞得更远。"这时他终于按捺不住了，对我说："我们去走廊试飞吧！"我反而摇了摇头说："就在教室里吧，为什么去走廊试飞呢？"他笑着对我说："老师，你怎么傻了？教室是大家学习的地方，我们不能影响别人。"我露出了欣慰的笑容，对他竖起了大拇指，他拉着我的衣袖，拿着四架不同的纸飞机往走廊上走去。

李某开始跟我探讨"试飞计划"。首先他仔细观察了四架飞机，并总结了飞机的基本特征。我给他录像，他试飞了两次后总结了一些规律，并知道了尖头的飞机和方头的飞机飞行远近和方向上存在的问题。此时，他想解决飞机存在的问题，他说他想把问题记在纸上，方便下次改进。抓住这个机会，我对他说："飞机设计师是飞机成功起飞降落的关键，设计飞机第一步就是要会纸上构图，你画的图别人看不懂可不行，所以美术也是很重要的，虽然不考试但是需要我们有最基本的画图本领，所以你认为你应该在美术课上做什么？"李某笑着走进了教室，安静地坐在椅子上开始画飞机。对于与调皮的学生之间需要进行单独沟通，单独沟通时最重要的是走进学生的世界，了解学生的需求。

三、有效沟通需注意

和学生谈话时，教师先"把丑话说在前头"，学生心里必然紧张、焦虑，担心老师对自己的印象不好。随着谈话的进行，褒奖的成分开始增加，学生的心情也随之变得晴朗。在社会心理学中，人们把交往双方的角色在心理上加以置换从而产生的心理效应现象，称为角色置换效应。在师生沟通中，教师不仅要常做换位思考，还要把这种思维方式传递给学生。老师有意引导，学生耳濡目染，学生也逐渐学会理解他人，学会宽容和分享，对学生的成长和发展产生长远效益。教师只要懂得如何去与学生沟通，懂得如何去满足学生的需要，并引导学生懂得如何来满足教师的需要，师生之间建立相互信任、尊重、彼此接纳、理解的关系，那么，任何教育活动都可以使学生产生兴趣而被接受。

沟通是教育中的润滑剂，是教学中的催化剂，巧妙的沟通是一种手段，也是一门艺术。有效沟通需要教师拥有一双慧眼，可以提前预判出学生的心之所属。有效沟通是指教师要明确学生的需求是什么后再进行的积极正面的交流和引导。要想建立起良好的师生沟通关系，不是一件容易的事情。这就需要教师在平时的教育教学中仔细地学习和研究理论知识，并能结合具体的事例认真地分析、总结，做到学中做、做中学。相信不久的将来，我们会很快地成为一名沟通行家。无论对学生还是教师，有效的沟通，都会助梦飞翔！

（本文获北京市通州区德育论文评优一等奖）